U0948545

梁由之 策划

曾国藩传

朱东安 著

辽宁人民出版社

图书在版编目（CIP）数据

曾国藩传 / 朱东安著 . — 沈阳 : 辽宁人民出版社 , 2014.1（2019.1重印）

ISBN 978-7-205-07715-0

Ⅰ . ①曾… Ⅱ . ①朱… Ⅲ . ①曾国藩（1811 ~ 1872）—传记 Ⅳ. ①K827=52

中国版本图书馆 CIP 数据核字 (2013) 第 196386 号

出版发行：辽宁人民出版社
地址：沈阳市和平区十一纬路25号 邮编：110003
电话：024-23284324（邮　购） 024-23284321（发行部）
传真：024-23284191（发行部） 024-23284304（办公室）
http://www.lnpph.com.cn
印　　刷：辽宁星海彩色印刷有限公司
幅面尺寸：170mm × 240mm
印　　张：26.75
字　　数：394千字
出版时间：2014年1月第1版
印刷时间：2019年1月第6次印刷
责任编辑：娄　瓴
装帧设计：琥珀视觉
责任校对：赵小云
书　　号：ISBN 978-7-205-07715-0
定　　价：58.00元

关于“回顾丛书”

约半年前，艾明秋女士来电，要我“再做点贡献”。小艾是辽宁人民出版社文史编辑室主任，也是我的第一本书《大汉开国谋士群》的责任编辑，我们的合作非常愉快，进而“成为生活中的益友”（张立宪语）。

对小艾的要求，我一向近乎有求必应。听她谈过初步设想后，觉得挺有意思，可以操作。随后，辽宁人民出版社副总编辑张洪兄来电，进一步讨论、商定了相关细则。这便是“回顾丛书”的由来。

“回顾丛书”拟每年出一辑，每辑6册左右。以经过时间和市场淘洗的旧书再版为主，新作为辅；以专著为主，文集为辅；以史为主，政治经济军事社会思想文学为辅。入选的各类书籍，都是我所感兴趣的，有料，有趣，有种。回顾的目的，当然是为了更好地前瞻、前行。

太白诗：却顾所来径，苍苍横翠微。2008年初夏，收到首册样书时，欧洲杯激战方酣。去年秋天再版，新书出炉时，我正沿着318国道驱车前往珠峰大本营。此情此景，宛如昨日。我想，再过五年、十年，回过头来看这套“回顾丛书”，又会是什么心境呢？

是为序。

梁由之

2013年6月6日，夏历癸巳蛇年芒种后一日，于深圳天海楼。

却顾所来径·苍苍横翠微

自 序

回顾一生的治学经历，感慨良多。

我生于1939年苦难之秋，长于鲁西北穷乡僻壤，家境贫寒，世代务农，很少有人识字。多亏家乡实行了土地改革，方有入学之机，并于1964年进入中国科学院哲学社会科学部（今中国社会科学院）近代史研究所。只是十余年间与史学研究无缘。迨及潜心向学，提笔习练，已近不惑之年。书海无涯，时不我待，若非龙盛运先生的耐心指导，很难迈出开头那艰难的一步。不意，借多方推助之力，发表一篇论文，积累一点写作经验，却行文议事未脱当时的流行模式，殊非史学正途。

我于马克思主义，马恩列斯著作所读不多，但于四卷《毛选》却颇下过一番功夫，通读默记，略知大意。故当世上纷传“信仰危机”“诚信危机”之际，我对马克思主义坚信不疑，而于史学信誉不佳却深感警惧。遂于1977年转换研究课题之时，遍访马克思主义名家，以求其为学之道、格致之方。然千言万语终不外毛泽东所说的“实事求是”四字：“‘实事’就是客观存在着的一切事物，‘是’就是客观事物的内部联系，即规律性，‘求’就是我们去研究。[1]

于是，反思史学研究的现状和自身经历，决心改弦更张，另起炉灶，遵

1. 毛泽东：《改造我们的学习》，《毛泽东选集》第3卷，人民出版社，1991年第2版，第801页。

循马克思主义的相关论述，参照司马迁“究天人之际，通古今之变，成一家之言”的治学格言，实事求是地研究历史，以探索社会发展的客观规律为第一要义，力戒史学无诚信之弊。

为此，在研究过程中，坚持科学性第一，坚持独立思考，坚持自主论断。凡属研究课题的基干部位，不接受现成答案，不遗留研究死角。一切现有成果均视为学术动态，即便有所吸纳，也是在经过自己的研究之后。只有那些一时无力研究而又不可或缺的相关内容，如《曾国藩传》中清代学术和幕府幕僚部分，另当别论。有关清代学术部分，《曾国藩传》初版时只能搬用现成说法，及至修订再版即以新的研究成果予以替换，并发表《清儒汉宋之争与曾国藩集团的思想基础》一文，以为诠释。而有关幕府幕僚部分，则因《曾国藩传》初版时其相关成果过于薄弱，不得不以为时十年的专门研究出版《曾国藩幕府研究》一书，并于《曾国藩传》修订再版时压缩为“知人慎用幕府称盛”一章，既弥补了昔日的缺憾，也为其后的曾国藩集团研究打下基础。

新的课题研究从曾国藩入手，围绕晚清政治和传统文化步步推进。由曾国藩而曾国藩集团、太平天国、晚清政府，又进而推及义和团运动、庚子之战，并从晚清满汉关系的角度对清末新政和辛亥革命进行了粗浅的探讨。最后，一直延伸至周初政治、孔子思想、古史分期、史学理论。同时，还在文字上也下过一些功夫。要求自己的作品内容上符合客观真理，文字表述则准确、精练、流畅。其初衷是方便读者，也出于对史学先贤的景慕。

多年来，我深居简出，心无旁骛，主要时间和精力集中于晚清政治史领域，做一些基础性研究，成果结集为《曾国藩传》《曾国藩集团与晚清政局》《曾国藩幕府研究》三部学术专著，一批学术论文和几部集体著作。但于学术上一些平日未曾留意而突然汹汹袭来的问题，也往往形格势禁，不得不应。有关排外主义、神权政治、天津教案、庚子之战的几篇文章，就是对来自社会或学术界的几次挑战，被迫做出的回应。

自 1977 年以来，对自己当年的选择无怨无悔，坚持不懈。虽往往事倍功半而所获成果不多，然幸能经受时间的考验，未因风潮的变幻而引起社会价值的涨落。至于这些科研成果同先前那段社会实践的关系，则古有“史识”[1]之说。其与史学作品的质量干系甚大,但只能从社会实践中获得。假若我没有十年社会实践的历练，对史学问题的识别能力没有得到相应提高，就写不出现在这样的著作和论文。更重要的是，社会实践使我对社会、对人生有所感悟，深感人生艰辛、生命可贵。而作为一名史学研究人员，其人生价值和社会奉献主要体现于笔下。既有近代史所这样优越的客观条件[2],若不写出点好书好文章，那就有负今生!

回望几十年治学历程，若非这口倔强之气积聚于心，我就不会以破釜沉舟的决心而选择实事求是的治学之路，也难以在科研事业上苦战几十年，攻坚克难，浴火重生。至于对这些科研成果乃至今生今世的自我估量，则如古人云“尽人事而知天命”。既已尽心竭力、无憾无悔，那就顺其自然吧。

几十年来，我所以能沿着实事求是的治学之路走过来，并在学术上取得些许成绩，还有一个更为重要的原因，那就是20世纪80年代以来科研环境的宽松和众多前辈、师友的鼓励帮助。曾在科研工作中给我很大帮助的老师，除前面提到的龙盛运先生步步扶掖、督促鼓励外，还有我做研究生时的导师钱宏先生，学术界前辈罗尔纲先生、刘大年先生、荣孟源先生，以及蔡美彪、何重仁、张振鹍、王其榘、贾熟村等诸位先生。至于一言之师，切磋之友，则更是不胜枚举。几十年来，凡我著述文稿，字字句句皆有他们的心血。值此书出版之际，再次向诸位前辈和师友致以深深的谢意。

---

1. 刘知几《史通》认为，史家须兼有“史才”“史学”“史识”三长，尤重“史识”。
2. 这里资料丰富、良师众多、治学严谨，更有崇尚无私奉献的“二冷”精神，可以大有作为。“二冷”即坐冷板凳、吃冷猪头肉，是范老的口头禅，喻生前受人冷落，死后配享孔庙。

前 言

曾国藩(1811—1872)是个在中国近代史上引人注目而又颇有争议的人物。一百多年来，不同的阶级，不同的派别，甚或同一派别的不同人物，都曾对他做出过不同的评价。

曾国藩在世时就兼有“中兴第一名臣”的桂冠和“曾剃头”“曾屠户”“卖国贼”的徽号；曾国藩死后，清政府称他“学有本源，器成远大，忠诚体国，节劲凌霜”[1]；他的门生故吏则颂之为“德埒诸葛，功迈萧、曹，文章无愧于韩、欧，实为一代名臣、名将、名相”。辛亥革命前后，一些独尊程、朱的理学家和革命党人开始对曾国藩进行思想上和政治上的批判。有人说他倡“就地正法之制”，兴“抽厘聚敛”[2]之风，“以夷狄攻中国”[3]，“杀人割地”[4]，取媚洋人，实为祸国殃民的“罪魁戎首”[5]；也有人斥他为“残杀同胞”的败类、“遗臭万年”的“汉奸”[6]。著名民主革命家章太炎则采取客观主义的态度，称曾国藩“誉之则为圣相，

1. 曾国藩：《曾文正公全集》，传忠书局版，首卷，第5页。

2. 夏震武：《灵峰先生集》，浙江印刷公司版，第四卷，第56、57页。

3. 同上，第一卷，第1页。

4. 同上，第四卷，第56、57页。

5. 同上，第四卷，第42页。

6.《湖北革命实录馆武昌起义档案资料选编》，湖北人民出版社1981年版，中卷，第82页。

谳之则为元凶”，“命以英雄诚不虚”，然斥为“民贼”，亦“虽孝子慈孙百世不能改也”[1]。

出现这种情况的主要原因是，曾国藩生活的时代正是中国社会性质急剧变化、民族危机不断加深、阶级矛盾空前激化的时代。为适应新的形势，曾国藩提出一整套解决国内外矛盾的方针、路线和办法，并取得一定成效，故受到一些阶级和政治派别的竭诚拥护，为其继承下来，尊为圣典。但是，这条路线终究归于失败，事实证明它不能挽救中华民族的命运，因而受到另一些阶级和政治派别的坚决反对，口诛笔伐，视若寇仇。在长达一百多年的整个近代史上，社会性质和基本矛盾一直没有根本改变，中国向何处去的问题则不时出现在人们面前，尤其在历史的重大转折关头，更成为中国政治的中心议题。这样，曾国藩就不能不成为引人注目的人物，而对他的评价也不能不带有浓厚的政治色彩。

作者曾天真地认为，这不过是前人的历史局限，岂料今人亦未脱此态，总想借曾国藩做大文章。史学难如其意，就利用小说的舆论功能，终至在社会上掀起一场读曾国藩、学曾国藩的热潮。谁能相信，这一度席卷中华大地的“曾国藩热”，与现实政治、海峡两岸都毫不相干？唯作者相信，历史乃严肃的科学，治学之道亦历有明训，初心依旧，志趣难移，只好沿着自己选择的道路走下去。

自本书初版以来，又陆续出版两次，此为第四版。但凡舛误、不当之处，无论新版旧版，著作论文，皆欢迎批评教正。

1. 萧一山：《曾国藩传》，1964 年中国台北版，第 2、3 页。

曾國藩传

曾國藩传

曾國藩传

一　跻身六曹

（嘉庆十六年至咸丰二年　1811—1852）

曾國藩傳

时代与故乡

清王朝是以满洲贵族为首的满汉地主阶级联合专政的封建政权，其国体政体无异于前代，但在统治阶级内部权力分配上，明显地带有种族歧视的痕迹。

早在入关之前，满洲贵族就实行联合汉族地主阶级的政策。入关之后，他们尤为重视拉拢汉族士人参加政权，在中央各部、院的官职设置上，使满汉缺额，即官员编制中满人与汉人的数量相当，对地方官员的任命也采取满汉参用的做法，从而笼络了汉族地主，扩大了清王朝的统治力量。然而，满洲贵族对汉族官吏常常存有戒心，设计防范，不使他们掌握实权，尤其是军权。

清朝政权的中枢机构是内阁和军机处，其下设吏、户、礼、兵、刑、工六部分管各项行政。内阁仅康熙一朝较有实权，自雍正朝设立军机处之后便失去实权，变成例行公事的机关。总揽一切大权的是军机处，重大问题都在这里讨论，由皇帝做出决定，向全国发号施令，所以时人和后人皆称军机处为“政府”。军机大臣由皇帝在亲王、内阁大学士、各部、院堂官（尚书、侍郎等）中特简差派，并有在军机大臣上行走与在军机大臣上学习行走的分别，按固定顺序排列。皇帝还指定一名亲王或大学士为首席军机大臣，称为“领班”，又称“首枢”。首席军机大臣多为满人，仰仗皇帝的倚重，总揽大权，汉员没有多少发言权，即使提出正确的意见也往往不受重视。鸦片战争时期的军机大臣王鼎，就是为起用林则徐一事，在道光皇帝面前与首席军机大臣穆彰阿一再苦争无效，愤而自杀的。六部的实权也多掌握在旗员手里，汉员往往不过是随同画诺而已。掌握清朝地方大权的官员是总督和巡抚，而总督的权力尤重，各地绿营兵及其长官提督，即受总督管辖。为防止汉族官员掌握军权，总督多任命满人，汉员不多。对于身任疆寄的汉族地方督抚，清廷有时也放心不下，往往指使满员暗中监视，密报他们的动向。对于一些地位不高但颇有实权的员缺，也限制汉员插足。例如掌管户部三库锁钥的下级司员和地处北京后方的热河道道员，就只限任旗员，不用汉人。此外，旗员还享有其他种种特权，遇婚、丧、疾病皆可请假，假满复职。汉员遇父母丧葬，必须回籍守制三年；遇结婚或久病不愈也要开缺；服阕或假满之后，除内阁中书等少数员缺外，都须重新入班候补，不能径复旧职。至于科考、补缺、升迁的难易，满汉之间更是悬若天壤了。

清王朝创立初期，几代统治者都颇为善于治理国家，其文治武功并不稍逊于汉唐盛世。经过顺治、康熙、雍正三代的发展，乾隆之世达到鼎盛时期。乾隆后期，各方面矛盾开始暴露，贪污成风，吏治败坏，朝政日趋紊乱。奸相和珅的用事更加速了这一腐化过程。乾隆死后，嘉庆帝虽然处死和珅，惩办了一批罪恶昭著的官吏，但无力扭转这一衰败趋势，贪风不止，腐败日甚，直至道光末年无稍改变。在政治上日趋腐败的同时，清朝的财政与军事状况也渐形恶化。乾隆中期以前，清朝财政每年收支相抵，尚有盈余，及至嘉庆末年，国库已日呈入不敷出之势。清朝开创之时，主要依靠八旗，绿营仅起辅助作用；俟平定三藩时，八旗业已腐败，战斗力大为削弱，攻取战胜，全仗绿营苦战之力。乾隆后期，绿营又重蹈八旗覆辙，嘉庆初年镇压五省白莲教大起义，主要靠各地团练武装追堵拼杀，绿营不过效八旗故伎，冒功而已。

随着统治阶级的腐败和人民负担的加重，国内阶级矛盾和民族矛盾也日益尖锐起来。乾隆中叶以后，长期潜伏民间的各种反清团体，诸如白莲教、天地会等及其名类繁多的支派逐渐活跃起来，零星的个别反抗渐渐发展为有组织的起义。乾隆三十九年（1774），王伦领导的清水教（白莲教支派）在山东首举义旗，接着发生了甘肃回民新教徒起义。这些起义虽然规模不大，时间不长，此伏彼起，旋兴旋灭，但却揭去了清王朝太平盛世的面纱，引发了川楚白莲教大起义。川楚白莲教大起义于嘉庆元年（1796）首先在湖北荆襄

地区爆发，很快发展到四川、河南、陕西、甘肃。清政府征调半天下，耗银二亿两，花了九年的时间才把它镇压下去。这次起义成为清王朝由盛转衰的契机。从此，各地起义、变乱不断发生，此伏彼起，殆无宁岁。

正当这个老大帝国腐败日甚、无可挽回地衰落下去的时候，新兴的西方资本主义列强乘机打了进来。道光二十年至二十二年（1840—1842），英国殖民主义者在鸦片战争中打败了清朝军队，强迫清政府与之签订了丧权辱国的《江宁条约》，法、美等殖民主义者接踵而至，纷纷效尤，遂将中华民族推入半殖民地的苦难深渊。鸦片战争后，在资本主义列强的侵略和压迫之下，国内阶级矛盾和民族矛盾进一步激化，各地起义和反抗更加频繁，尤其在鸦片战争中首当其冲的两广和湖南，道光二十至三十年（1840—1850）间，这里几乎年年有起义发生，其中最著名的是道光二十七年的湖南雷再浩起义和两年后再度发动的雷再浩旧部李沅发起义。此伏彼起的群众反抗斗争的涓涓小溪，终于汇成汹涌澎湃的革命洪流，咸丰元年发生在广西金田村的拜上帝会群众的武装起义，把农民反封建斗争推进到一个新阶段，在全国掀起以太平天国为中心的革命高潮。

由于历史和地理环境的影响，在很长一段时期内，湖南的经济文化一直处于落后状态，直到清代的道光年间，在全国各省中仍属于不发达省份。王闿运说湖南“财赋全盛时，才敌一大县，院司之选在直省下等”[1]。曾国藩也称湖南为“山国荒僻之亚”[2]。所以，“道、咸前湘士殊少知名”[3]。

同时，湖南的民族关系和阶级矛盾也较为尖锐复杂。湖南的西部和南部多种民族杂处，分别与川、黔、两广接壤，社会矛盾错综复杂，一遇天灾人祸，往往发生起义或变乱。乾隆末年的湘黔苗民起义，使清政府调兵转饷倾动七省，成为持续九年的川楚白莲教起义的前奏。道光以来，各地起义更加频繁。道光十二年瑶族赵金龙起义，四年后又发生蓝正樽起义，而小规模的反抗和冲突则几乎年年不断，无地不有。这种频繁的动乱和极不安定的社会

1. 王闿运：《湘军志》，光绪十一年版，第一卷，第1页。

2. 曾国藩：《曾文正公全集·文集》（以下简称《曾文正公文集》），第四卷，第58页。

3. 湖南省文献委员会编：《湖南文献汇编》，1949年版，第二辑，第405页。

环境，造成了湖南地主阶级所特有的政治敏感和丰富的斗争经验。在这点上，他们与安逸舒适的江浙地主有着明显不同。

另外，湖南北阻大湖，境内多山，既远离全国的政治文化中心，又与文化发达的江浙地区很少往来，遂使湖南士人思想保守，消息闭塞，很不容易接受外部思想的影响。

湖南的这种地理环境和社会历史状况，造成湖南学术界的两个显著特点：一是程朱理学一直居于统治地位，一是注重经世致用。理学兴于北宋而成于南宋，其主要代表人物为张载、周敦颐、程颢、程颐、朱熹。因朱熹是理学集大成者，出于二程门下（二程又师承于周敦颐），所以理学以朱熹为正宗，称为程朱理学，又称宋学、道学或洛（二程）闽（朱熹）之学、关（张载）濂（周敦颐）洛闽之学。理学对湖南的思想学术影响很深。周敦颐籍隶湖南道州，"濂溪"先生的称号就源于他家乡的一条河流。北宋初年创建的长沙岳麓书院是当时全国最著名的四大书院之一，经常有著名学者在此讲学。南宋时，大理学家朱熹和张栻都曾在这里讲过学，弟子达千人。其后，学术界虽然经过心学、实学的几度变迁，又有清代训诂、考据之学兴起，但都对湖南士人影响甚微，程朱理学一直在这里占据着统治地位。有人描述当时的情形说，乾嘉以来汉学风行海内，"而湖湘尤依先正传述，以义理、经济为精闳，见有言字体、音义者，恒戒以逐末遗本。传教生徒，辄屏去汉唐诸儒书，务以程朱为宗"[1]。所以湖南文士多习理学，习汉学者很少。但无论治理学或者治汉学，都注重研究有用之学和社会实际问题，而论其功力则当首推魏源。魏源长期致力于经世致用之学，尤为重视历代典章制度的考订，对湖南的学术风气有着很大影响。他所辑录的《皇朝经世文编》一书，由贺长龄刊刻发行后，"三湘学人，诵习成风，士皆有用世之志"[2]。其余学者如王文清、罗典、欧阳厚钧、丁善庆、邓显鹤、贺长龄、贺熙龄、唐鉴等都是讲求程朱理学的，同时也都很注重经世致用。而籍隶安化的陶澍，更是经世致用之学的一代宗师。他曾长期担任苏抚江督，在水利、财政、漕务、盐务等方面办理卓有成效，为后世所师法。

1. 罗汝怀：《绿漪草堂文集》，光绪九年版，首卷，第5页。

2. 黄濬：《花随人圣盦摭忆》，上海古籍书店1983年版，第200页。

湖南的这种学术风气对曾国藩这一代士人影响很大，可以说是曾国藩集团形成的思想基础。当时，湖南有两个名气最大的书院，“皆肇自宋代”[1]，一个是前面提过的岳麓书院，另一个是城南书院。清代乾嘉以来，这两大书院的几代山长都讲习宋学，注重实用，实际上成为培育曾国藩集团的思想教育基地。曾国藩集团的首领和骨干人物，如曾国藩、胡林翼、左宗棠、罗泽南、郭嵩焘、刘蓉、刘长佑、曾国荃等都在这里学习过，非就学于岳麓，即肄业于城南，道光年间的山长欧阳厚钧、贺熙龄等人，就是直接向他们传道授业的老师。也有人说：“论道光以来人才，当以陶文毅为第一。其源约分三派：讲求吏治、考订掌故，得之者在上则贺耦庚，在下则魏默深诸子，而曾文正集其成；综核名实、坚卓不回，得之者则林文忠、蒋砺堂相国，而琦善窃其绪以自矜；以天下为己任、包罗万象，则胡、曾、左直凑单微。而陶实黄河之昆仑、大江之岷也。”[2]至于曾国藩本人之所以成为这个集团的首领，则又有其自身的原因。

家风与影响

曾国藩字伯涵，号涤生[3]，于清嘉庆十六年十月十一日(1811年11月26日)出生在湖南省长沙府湘乡县一个名叫白杨坪的偏僻的小山村里。这个村子坐落在湘乡、衡阳两县之间的高嵋山下，离湘乡县城一百二十里(今属双峰县)。白杨坪一带是丘陵山区，山青水绿，林茂竹长，风景十分秀丽，只是消息闭塞，文化相当落后。曾国藩在一首诗中说，“恨我不学山中人，少小从耕拾束薪”，“世事痴聋百不识，笑置诗书如埃尘”[4]，就是追述他幼时生活的环境。

---

1. 吴博夫：《湖南民性》，第12页。
2. 张佩纶：《涧于日记》，光绪五年十一月二十一日。
3. 曾国藩乳名宽一，道光十年去衡阳读书时取名子城，字居武。第二年又改号涤生。道光十八年中进士后始改名国藩。
4. 曾国藩：《曾文正公全集·诗集》(以下简称《曾文正公诗集》)，第三卷，第7页。

曾氏祖籍衡阳[1]，清初迁于湘乡县荷塘乡大界里，嘉庆十三年(1808)，他的祖父又把家迁到白杨坪。

曾国藩的祖父名玉屏，字星冈。父亲名麟书，字竹亭。曾麟书兄弟三人，排行居长，老二早殇，老三曾骥云无男，以兄子曾国华为继子。曾国藩一姊、三妹、四弟，共兄弟姊妹九人。曾国藩在兄弟五人中排行居长，二弟曾国潢字澄侯，称老四；三弟曾国华字温甫，称老六；四弟曾国荃字沅甫，称老九；五弟曾国葆字季洪，后改名曾贞幹，字事恒。曾国藩最小的妹妹早夭，实际上只有兄弟姊妹八人，以曾国葆最小，曾国藩称其为季弟。

曾氏迁于湘乡之初，家境并不富裕，直到曾国藩的高祖曾应贞（字元吉）一代，才渐渐富裕起来。据曾国藩说，曾应贞年轻时家中贫困，后来发起家来，积聚了价值数千金的产业，盖起几处宅院。曾应贞年老时，除留下衡阳境内的四十亩养老地和一处宅院外，其余全部分给了他的子孙，从此“子孙岁分其租以为常”。因为曾家的剥削生活是从曾应贞开始的，所以湘乡曾氏的族谱亦从他序起[2]。传至曾国藩的祖父曾玉屏一代，曾应贞其他支派的子孙已大多衰落，唯独曾国藩一家日渐富裕，成为一个据有百余亩土地的地主[3]。

曾国藩的祖父曾玉屏是个颇善于经营的乡下财主，曾家的产业在他手上得到很大发展。曾玉屏年少时游惰不事生产，经常骑着马跑到湘潭同一些纨绔子弟鬼混，或相逐于闹市，或日高酣睡。后接受别人的劝诫，卖掉马匹，徒步回家，从此终生未明而起，苦心治理自己的家业。他家当时有一部分梯田，垄峻如梯，田小如瓦，耕作起来很不方便。他带领长工凿石开壤，日夜苦干，终于把小块梯田开挖填补成大块平整土地。为了增加农作物的收获，他精心研究节令与种植的关系；为了提高产量，他亲自督率长工耕田种菜、养鱼喂

1. 曾国藩《衡阳曾氏谱序》（《曾文正公文集》，第三卷）称，其远祖为曾参十五世孙，西汉末年以关内侯南迁避王莽之乱，成为南方诸曾之祖，先居江西一带，后分出一支迁往湖南衡阳，遂成为湖南曾氏的祖先。

2. 据曾国藩在《祖四世元吉公墓铭》（《曾文正公文集》，第二卷）中的叙述可知，湘乡曾氏的系谱为：曾应贞—曾辅臣—曾儒胜—曾玉屏—曾麟书—曾国藩。

3. 赵烈文：《能静居日记》，1964 年中国台北影印版，同治六年九月初十日。

猪，彼此杂作，无稍空闲。曾家就是这样通过自身的劳动和对雇工的剥削（后者是主要的，前者数量有限）积聚起一份财产，并使之逐步增多。后来曾国藩把这套发家致富的经验总结为“考、宝、早、扫、书、蔬、鱼、猪”八字，作为治家的信条，用以教育其诸弟子侄。考就是祭祀祖先，宝就是接待亲族邻里，早即早起，扫即勤扫屋宇庭院，书、蔬、鱼、猪就是读书、种菜、养鱼、喂猪[1]。这八个字比较全面地反映了乡下土财主的生活。

曾国藩为官以前，他的家庭大约仅达到中小地主的水平，不少地方还保留着一些富农的特点。据他自己说，他的祖父、祖母和母亲，都一直没有脱离辅助性劳动，自己小时候也干过一些放牛、砍柴之类的零活，但没有参加过主要劳动；甚至曾国藩做了两江总督之后，他还时常令女儿和儿媳每人每年给他做鞋一双，以考查她们的女工[2]。他与曾国荃同时封爵之后，又特地写信嘱咐在家掌管曾氏家政的四弟曾国潢说：“余与沅弟同时封爵开府，门庭可谓极盛，然非可常恃之道。记得己亥正月星冈公训竹亭公曰：‘宽一虽点翰林，我家仍靠作田为业，不靠他吃饭。’此语最有道理，今亦当守此二语为命脉。望吾弟专在作田上用些工夫，以辅之以书、蔬、鱼、猪、早、扫、考、宝八字，任凭家中如何贵盛，切莫全改道光初年之规模。”[3]这些情况都直接间接地反映了曾家当时的经济状况及其对曾国藩的影响。

曾玉屏不仅是个生财有道的财主，同时也是个武断乡曲的土棍。他“声如洪钟，见者惮慑”，村里人无不畏惧。邻里间发生什么纠纷，曾玉屏常常居间排解，充当仲裁人。倘若有人不服，他便大发雷霆，声色俱厉，往往使一些性情倔强的当事人神气沮丧，就此罢休，甚至还要携樽登门道歉，方可了结。

曾玉屏在家里更是个专制暴君。他独断专行，说一不二，对家人动辄责骂，无人敢流露出丝毫不耐烦的表示。曾国藩的祖母平时“虔事夫子，卑诎已甚，时逢愠怒，则竦息减食，甘受折辱”，以求得曾玉屏的谅解和欢心[4]。曾玉屏

---

1. 曾国藩：《曾文正公家书》，商务印书馆 1938 年版，咸丰十年闰三月二十九日。

2. 同上，咸丰六年十月初二日。

3. 同上，同治五年六月初五日。

4.《曾文正公文集》，第四卷，第 53 页。

对长子曾麟书责求尤苛，“往往稠人广坐，壮声诃斥。或有所不快于他人，亦痛绳长子，竟日嗃嗃（音“贺”），诘责愆（音“千”）尤，间作激宕之词”。而曾麟书面对父亲的无理辱骂，总是“起敬起孝，屏气负墙，踧踖徐进，愉色如初”[1]。

曾氏先祖虽有过粗识文字之人，但并无人参加过科举考试。曾玉屏幼时本来是有条件读书的，但由于他放荡游惰，不以读书为意，所以早年弃学，文化程度不高。后来他成为乡里的头面人物，遇事又喜欢跑在人前指画，因而深感没有功名的缺憾，决心让自己的子孙上学读书，猎取功名，以跻入士绅的行列。他教督其长子曾麟书，“穷年磨砺，期于有成”。但曾麟书十六次院试都名落孙山，直到四十三岁那年才考取一个秀才，仅比曾国藩早一年入县学。曾玉屏深恨其不争气，常常加以常人不堪忍受的责骂。曾麟书亦自知才短，无望仕进，遂“发愤教督诸子”[2]，将光大门第的希望寄托在曾国藩兄弟身上。他为了教会自己的儿子，不惜一切努力，使尽了各种办法。曾国藩后来回忆当时的情形说：“国藩愚陋，自八岁侍府君于家塾，晨夕讲授指画，耳提不达则再诏之，已而三复之。或携诸途，呼诸枕，重叩其所宿惑者，必通辙乃已。”[3]

曾国藩对他祖父很崇拜，他认为曾玉屏的威仪、言论雄伟非常，他与曾国荃虽然位至督抚，但其威重智略远不如曾玉屏，只是由于没有机会，才使他祖父终老山林，而未能一展其志。曾国藩说，他祖父经常教训自己的子孙，“君子在下则排一方之难，在上则息万物之嚣”[4]。还说，他祖父教人，“以懦弱无刚四字为大耻，故男儿自立，必须有倔强之气”[5]。这些话都成为曾国藩做人的格言。可以说，曾玉屏的言谈笑貌、一举一动，无不对年青的曾国藩起着潜移默化的作用，其经营产业的殚思力行、训斥曾麟书时的专横刚愎，以及

1.《曾文正公文集》，第四卷，第 55 页。

2. 同上，第三卷，第 6 页。

3. 同上，第四卷，第 55 页。

4. 同上，第四卷，第 53 页。

5.《曾文正公家书》，同治三年六月十六日。

父祖两代功名心之急切，都深深地印在曾国藩年青的心灵上，不仅成为他当时发愤攻读、追逐名位的动力，而且成为他后来政治生涯中坚韧精神和顽强意志的思想渊源，他后来常说的所谓“挺经”，主要就是从他祖父那里来的。

读书与科第

曾国藩六岁上学，七岁[1]起开始在他父亲执教的家塾中学习。曾麟书是个忠于封建礼教的教书先生，经常向儿子灌输封建思想，并对他实行严格的监督和训练。这个时期，曾国藩除读《四书》《五经》外，还读《史记》《文选》等其他书籍。曾国藩自幼聪明，勤奋好学，在少年时期已小有才名。相传十四岁那年，他父亲的好友欧阳凝祉（号沧溟）到家塾中访友，看到曾国藩的诗文，大加赞赏。曾麟书亦有意卖弄一下儿子的才学，便请命题试之。曾国藩即席赋诗一首，欧阳一见大喜，认为前程无量，遂将自己的女儿许与曾国藩为妻，此即曾国藩的正妻欧阳氏。

曾国藩跟着他父亲学习了十余年[2]，自二十岁那年起开始到外地上学。先是求学于衡阳唐氏家塾和湘乡涟滨书院，道光十三年（1833）考中秀才后，又入湖南的最高学府——长沙岳麓书院学习。当时岳麓书院的山长是欧阳厚钧。欧阳厚钧字福田，号坦斋，嘉庆四年（1799）进士，曾任郎中、御史等官，年逾四十而以母老告归，主讲岳麓书院前后达二十七年，弟子著名者有三千人[3]。正是在这里，曾国藩开始比较系统地接受封建思想教育和湖南学风的熏陶，对其思想的形成和发展产生了很大的影响。

曾国藩在岳麓书院学习了大约一年，道光十四年肄业之后，随即考取湖南乡试举人。这年年底曾国藩开始从家中动身，前往北京参加会试。但是，

---

1. 曾国藩《台洲墓表》（《曾文正公文集》，第四卷，第55页）称“自八岁起侍府君于家塾”当为虚岁，此处据《曾文正公全集·年谱》（以下简称《曾文正公年谱》）第一卷，第2页。

2.《曾文正公年谱》（第一卷，第2页）称“公禀学于庭训者凡八年”，而按其前后记载推算当有十二年。

3. 光绪十一年重修《湖南通志》（以下简称《湖南通志》），商务印书馆影印版，第3册，第3792页。

道光十五年的会试和第二年的恩科他都没有考中，只好南归返乡。曾国藩此次进京，虽然会试落榜，但却使这个生长在深山的寒门士子大开眼界。留京期间，他曾精心阅读了韩愈的古文和一些经史书，返乡途中又用借贷和典当衣物的钱在江宁买了一部二十三史。回家后，曾麟书对他说，你借钱买书我不怕，可以尽力想法替你偿还，你但能圈点一遍，就算对得住我了。这几句话对曾国藩起了很大的激励作用，从此闭门不出，在家发愤苦读了一年。后来，还把他父亲的这几句话写在日记上，为自己限定进度，立下誓言："嗣后每日点十页，间断不孝。"[1]从而使曾国藩养成了对历史和古文的爱好，为以后更为广泛地研究一些学术问题、总结历代封建统治者的经验教训打下了基础。所以他后来回顾自己的治学过程时说："及乙未到京后，始有志学诗、古文并作字之法。"[2]

道光十八年，曾国藩再次赴京参加会试，中第三十八名贡士。殿试取三甲第四十二名，赐同进士出身。朝考一等三名，改庶吉士，入翰林院庶常馆深造。道光二十年一月，庶吉士散馆，列二等第十九名，授翰林院检讨，秩从七品。从此，开始了他为期十二年的京宦生活。

治学与交往

曾国藩在青年时代功名心是很盛的。他的好友刘蓉说他"锐志功名，意气自豪"[3]。曾国藩自己也承认，当时最大的心事是"急于科举"[4]。相传曾国藩成进士时，名列三甲，按照过去的惯例，三甲进士多不能入翰林，曾国藩以此又羞又愤，"即日买车欲归"。由于劳崇光（已授官翰林院编修，"有名公卿间"）多方劝慰，坚留不已，并答应为他帮忙，才使曾国藩回心转意，按

1. 曾国藩：《曾文正公手书日记》，中国图书公司版，道光二十二年十二月初七日。

2.《曾文正公家书》，道光二十三年正月十七日。

3. 刘蓉：《养晦堂文集》，思贤讲舍版，第三卷，第 17 页。

4.《曾文正公文集》，第二卷，第 34 页。

时参加了朝考[1]。

科举考试的顺利更加助长了他锐意进取的志向。曾国藩原名子城，字居武，中进士之后，“其师某病其鄙俗，始为改之”[2]。在此之前曾国藩已改号涤生，按照他的解释，“涤”即“涤其旧染之污”，“生”即“从前种种譬如昨日死，从后种种譬如今日生”[3]。这两件事联系起来，无疑是表示要涤除旧习，焕然新生，做一个藩屏封建国家的忠臣。他在诗歌中经常抒发感慨，表白志向，自比于李斯、陈平、诸葛亮等“布衣之相”，幻想“夜半霹雳从天降”，将他这个生长深山的巨材抛出天外，闻于当今天子，用为国家栋梁，并十分自信地表示，“莫言书生终龌龊，万一雉卵变蛟龙”[4]。他在给亲友的信中讲得更为直率，称“凡仆之所志，其大者盖欲行仁义于天下，使万物各得其分；其小者则欲寡过其身，行道于妻子，立不悖之言以垂教于乡党”[5]。又说：“君子之立志也，有民胞物与之量，有内圣外王之业，而后不忝于父母之所生，不愧为天地之完人。”[6]总之，就是要按照修身、齐家、治国、平天下的儒家准则，为清王朝干一番大事业，成为忠实维护封建秩序的地主阶级一代圣贤。他还向人表示，君子当以不如尧、舜、周公为忧，当以德不修、学不讲为忧[7]，并以“不为圣贤，便为禽兽，莫问收获，但问耕耘”[8]四语铭于座右，用来鞭策自己。这就是他的门徒所说的“毅然有效法前贤、澄清天下之志”[9]。

曾国藩非常自信地认为，只要立志不摇，奋发努力，他的目的是可以达到的。他说：“人苟能自立志，则圣贤豪杰何事不可为？”又说：“我欲仁，

1. 徐凌霄、徐一士：《凌霄一士随笔》，《国闻周报》，第九卷，第37期。
2. 徐凌霄、徐一士：《曾胡谈荟》，《国闻周报》，第六卷，第27期。
3. 曾国藩：《曾文正公全集·求阙斋日记类钞》（以下简称《求阙斋日记类钞》），上卷，第27页。
4.《曾文正公诗集》第二卷，第12页。
5. 曾国藩：《曾文正公全集·书札》（以下简称《曾文正公书札》），第一卷，第12页。
6.《曾文正公家书》，道光二十二年十月二十六日。
7. 同上，道光二十二年十月二十六日。
8.《求阙斋日记类钞》，上卷，第9页。
9.《曾文正公年谱》，第一卷，第6页。

斯仁至矣。我欲为孔孟，则日夜孜孜，唯孔孟是学，人谁得而御我哉！”[1]为了实现自己的目标，曾国藩刻苦治学，广为涉猎，付出了巨大的努力。道光二十年至二十七年间，曾国藩一直在翰林院、詹事府担任闲散文职，这两个部门并无具体事情可做，是供官员们读书养望的地方。曾国藩充分利用这个条件，大量读书，广为交游，精心研究历代典章制度和封建统治阶级治理国家、镇压人民革命的经验，不仅为当时步步高升奠定了基础，也为后来从军从政准备了条件。

曾国藩治学是从道光二十年担任翰林院检讨后开始的。当时的所谓学术，既无自然科学和社会科学的分科，也无其他学派的地位，实际上只有儒学一家。儒学经过长期的发展和内部派系的兴衰变迁，及至道光中期，主要有义理、考据、经济、词章及今文经学五个学科或门派。至于他们的相互关系与兴衰变化，则应追溯到清朝初年。

清王朝是少数民族入主中原而建立起来的一代政权，虽采取一些措施，如实行中央六部堂官旗员与汉员缺额对等，地方官旗员与汉员参用，吸收一部分汉族士绅参加满洲贵族为主的各级政权，但满汉藩篱坚固，民族歧视明显。这就无形中不断提醒汉族官绅民众的民族意识，使他们无时不感到自己在遭受着异族的统治。这个统治者高高在上，指挥一切，而自己面对着一些民族间的不平等、不公平，则只能服从，只能忍耐。这无疑会对清朝统治者产生不利影响，然而，这又是清王朝对待汉族官绅民众的根本方针，绝对不可能改变。因为满洲贵族只有通过这种方式，使旗人凌驾于汉人之上，给他种种特权和恩惠，才能增加本民族内部的凝聚力，达到利用少数人统治多数人的目的，借以保持其在中原的统治地位。再者，满洲贵族虽以弓马强悍征服了人数众多的汉族，但人数既少，文化程度又低，若打破民族界线，用人唯贤，科考取士，他们很快就会淹没在汉民族的汪洋大海之中，难以维持其统治地位。清朝统治者为了达到既能保持其特权地位、又能模糊汉人民族意识的目的，取得一箭双雕的效果，在采用哪一学派的思想作为本王朝的统治

1.《曾文正公家书》，道光二十四年九月十九日。

思想方面做了认真的选择。由于程朱理学特别注重伦理道德，将三纲五常强调到空前未有的高度，而其中作为纲中之纲的“君为臣纲”一条尤为适合满洲贵族的口味，所以几经审慎的考虑，决定采用程朱理学作为他们对全国官绅民众实行思想统治的主要工具。正是出于这一原因，清初的几代帝王都采取种种措施，极力推崇和倡导程朱理学，甚至亲自钻研、讲习。昭梿称，康熙帝“夙好程朱所著，几暇余编。其穷理至性处，虽夙儒耆学莫能测”。“尝出‘理学真伪论’以试词林。又刊定《性理大全》《朱子全书》等书，特命朱子配祀十哲之列”[1]，将朱熹的塑像塞进孔庙大成殿，与孔子最著名的弟子并列排放，从而将他的地位抬到空前的高度。企图借助于朱熹的伦理说教，将满汉间的民族关系变为君臣政治关系，使汉人自觉接受满洲贵族的统治，服服帖帖地称臣，真心实意地效忠，而忘记满汉间的民族界线。同时，对一批热衷于“君君臣臣”的伦理说教理学家大加提拔重用，一时汉员显官如熊赐履、李光地、汤斌等“皆理学耆儒”[2]。不过，这些人只会重复前人的说教，学术上没有创新，虽在统治者的大力扶植下名利双收，煊赫一时，但除方苞以文学名世外，在学术发展史上都没有什么名气，更很少为后人所知。

然而，这只是清代政治与学术的一个方面，而事实上还存在着与之对立的另一方面。清军入关之后，残酷地镇压汉族各阶级、阶层的反抗，却无法征服汉族人民的民心。这不仅表现在以天地会为代表的下层人民经久不断的反清复明活动，即在汉族士人之中，也有一部分人不满于满洲贵族的统治，通过他们的学术著作与学术活动，采取这样那样的形式，将他们的这种情绪表现出来。其中有些人通过一些文字游戏，有意无意地表达对前明的怀念或对清朝的藐视，但很快遭到清政府“文字狱”的残酷镇压，不仅自己身陷囹圄，且使亲朋好友受到株连。于是另一部分人便总结经验教训，采取更隐蔽、更高级但却完全合法的斗争方式，以名物考据打击清朝统治者所刻意扶植的程朱理学，以汉、宋门派之争的形式，曲折地表达汉族士人对清朝统治者更深层次的反抗情绪。他们不仅在政治高压下表现出高尚的独立人格，而且在

1. 昭梿：《啸亭杂录》，上海扫叶山房石印线装本，第一卷，第 2 页。

2. 同上。

学术上取得很大的成就，一时硕果累累，名儒迭出，在中国文化史上创造出一个辉煌灿烂的时代。

清代汉学家对程朱理学的致命一击，是采取釜底抽薪的办法，通过有理有据的考证，否定了理学家赖以立论的学术基础，从而推翻了它的整个学说。例如，阎若璩积三十年之功力，撰成《古文尚书疏证》一书，从篇数、篇名、字数、书法、文例等方面，列举128条确凿证据，证明东晋梅赜所献《古文尚书》是后人伪造的。而据丁晏所著《尚书余论》的考证，该伪书出于魏人王肃之手。这部《古文尚书》是宋代理学家尊奉的经典和赖以立论的根据，否定了它的经典性，也就推翻了理学家据以著论的根基，使理学变成以讹传讹的伪道学，从而失去信用。再如另一汉学家胡渭著成《易图明辨》一书，经考证指出，宋代的“河图”“洛书”之说，同唐以前完全不相符合，是陈抟、邵雍编造的。而朱熹所著《周易本义》一书，正是采用了宋初道士陈抟关于“河图”“洛书”的说法，并进而推衍出理、气、性、命诸说。这样，对陈抟学说的否定，也就否定了程朱理学关于理、气、性、命诸说的理论基础，从而推翻了宋代理学的哲学根据，使之威信扫地。因此，尽管统治者大力倡导，官绅士人中仍很少有人讲习理学。有人描述这种怪现象说：“近日士大夫皆不尚宋儒，虽江浙文士之薮，无以理学著者。转于八旗得二人:一为松尚书筠，蒙古人”；“一为唐水部嵩龄，满洲人”。[1] 这就愈加使人相信，在汉、宋学术之争与满、汉政治关系之间，确实存在着某种微妙的联系。

汉学家对程朱理学的打击是致命的，其目的绝不只是为了在清朝统治者面前同它争宠，而是从根本上摧毁这一学说，可谓必欲置之死地而后快。这就不能不使汉、宋两派结下深仇大恨，以致咸、同、民国年间还有人大张挞伐，将太平天国革命的爆发和西方殖民主义者的入侵统统归罪于汉学。如果没有政治上的因素包含其中，仅只出于不同学术观点的争论，何至倾毕生精力，去追求这样一个结果？如果说他们完全是出于学术上的追求，并不想同理学家为难，作为个人或许难料，但若作为一种社会现象，就很难做出这样的解释。

1. 昭梿：《啸亭杂录》，上海扫叶山房石印线装本，第八卷，第14页。

孔子及其学说曾被冷落多年，直到西汉初年才得到最高统治者的重视，以致《尚书》失传，仅据年老齿稀的伏生的口授成书，而仍被尊为经典，谁也不去追究其中的真伪和可信程度。直到汉武帝时在孔子宅壁中发现用古蝌蚪文写成的《古文尚书》,似乎才算找到了真凭实据,但也由此引发了一场有关《尚书》的今古文之争，从此出现今文经学和古文经学两个学术派别。不幸的是，西晋永嘉年间，汉武帝时在孔子宅壁中发现的《古文尚书》因战乱遗失，直到东晋元帝时才由梅赜奏献一部《古文尚书》，唐代时由孔子后人孔颖达作疏，多年来一直被人们奉为经典。不只理学家，古文经学家也是如此，因为他们所能看到的《古文尚书》只有这一本。该书比孔宅《古文尚书》多九篇，显然不是原来那一本。然而，一千多年来读过此书的人何止千万，怀疑此书的人也大有人在，却很少有人揭露此事。其原因无他，无论王朝的统治者还是理学家、今文经学家、古文经学家，他们需要的只是孔子学说，至于书本、史实、具体材料，则只看其有用无用，不看其是真是假。为了政治上和学术上的需要，儒家曾对中国历史上的不少重大事实，诸如尧舜禅让、周公圣贤、西周井田等进行了歪曲和捏造。所以，人们虽知其伪，仍当作真，更不会去揭露。因为伪书也比无书好,揭露之后还要用它,就不如不去揭露。时至今日，梅赜所献《古文尚书》仍被视为儒学经典，大量翻印，广为传布，就是最好的明证。因而清代汉学家拼一生精力去论证它为伪书，不能不令人认为他们在学术背后隐藏着一个政治目的。通过考证揭伪，直接打击的是理学，间接打击的是对其倍加推崇的清朝统治者。而这种学术风气的盛行，广大知识分子热心考据而冷淡理学，则表明当时确实曾有一大批知识分子在内心深处不愿同满洲贵族合作，有时甚至隐隐相抗，不顾政治上的高压，利用一切机会继续在思想上进行合法的、隐蔽的斗争。

然而，这种历史现象的存在是有条件的。随着时间的推移、民族仇恨的淡忘，尤其清朝统治者对汉族知识分子拉拢政策的加紧实施，具有较强民族意识的汉族知识分子亦逐步发生分化。有些人逐渐转变立场，由反清转而拥清，由对清廷不合作转为效忠。桐城文派的创始人方苞，就是这样一位具有典型意义的代表人物。

方苞字凤九，又字灵皋，安徽桐城人，晚年自号望溪，诸门生、学者称他为望溪先生。他出生于官绅名士之家，其父“民族意识甚强”[1]，清代初年仍经常书写一些怀念亡明的诗词，以抒发内心的感慨。与之友善、过从较密者，亦多为前明遗老。父辈的这种思想感情对青年时代的方苞产生很大影响。后来他在回忆这段经历时曾说：“仆少所交，多楚越遗民，重文藻，喜事功，视宋儒为腐烂。用此，二十年未尝涉宋儒书。”[2]正是这种思想基础，导致他与怀有反清情绪的同乡学者戴名世结为密友，并为其《南山集》作序。康熙四十九年（1710）戴名世的《南山集》为御史所劾，本人被收狱处死，方苞亦因为该书作序而株连入狱。解至京师后，先判死刑，后经多方营救免死，而将本人与整个家族改隶汉军旗籍充当奴婢。康熙五十一年以其为天下名士，奉旨转隶武英殿总管和素名下为奴。嗣后，连日奉命撰写为清王朝歌功颂德的文章，受到皇帝的赏识，旋即以白衣入值南书房，教诸王子读书。如此度过了长达十年半为人犯、半为王子师的生活。1723年雍正帝继位，将方苞及其家族赦免放归原籍。从此，方苞对清朝统治者又是恐惧又是感激，完全放弃了原来不合作甚或反对的立场，彻底归顺新王朝，不断用自己的作品向清王朝效忠。这样，他也就愈益受到清朝统治者的信任与重用。又过了十年，即雍正十一年（1733）擢内阁学士兼礼部侍郎。又四年，即乾隆二年擢礼部侍郎。这时方苞年已七十，不仅身跻卿贰，且成为皇帝的亲信。雍正遇有大政方针，往往咨询于方苞；方苞遇咨多密陈己见，“于是盈廷侧目矣”[3]。只是原因不明，不知究竟是出于嫉妒还是对其人格的鄙视，服刑反而成为接近皇帝的机缘，钦犯变成了亲信，人们的惊讶总是不可免的。

不过，这究竟是个别的例子，虽较为典型，但却不能代表大多数。大多数汉族知识分子对清王朝政治态度的根本转变，当在嘉庆年间，而推动这一转变的根本原因，应是嘉庆初年的白莲教起义。川楚白莲教大起义给清王朝以沉重的打击，成为其由盛到衰的转折点。它无情地揭去清王朝“太平盛世”

1. 王献永：《桐城文派》，中华书局1992年版，第13页。

2. 同上，第14页。

3. 同上，第15页。

的面纱，将各种社会矛盾暴露出来，使清朝统治者与广大士人受到巨大的震惊。面对共同的敌人，汉族知识分子的头脑渐渐清醒起来，他们终于认识到，只有将农民起义镇压下去，保住清王朝的统治，才能保住自己的身家地位。这样，阶级利益压倒了民族利益，阶级矛盾掩盖了民族矛盾，往日的一切“复明”梦想也就变得毫无意义；况且，经过一百数十年的时间，清王朝的统治已经完全巩固下来，他们也看不到有如元朝统治者那样的迅速败亡的迹象，于是广大汉族知识分子的政治态度也就产生根本性的变化，由反对或不合作转而拥护、归顺，甚至主动、自觉地去效忠清王朝。他们逐渐将自身的利益同清王朝连为一体，其政治希望不再是清的灭亡和明的复兴，而是寄托于清王朝的巩固与发展。这样，他们的注意力也就渐渐开始转移，不再集中于学术上的一些旧案，不再向故纸堆中寻求慰藉，更不再借打击归顺清朝的理学家来发泄自己对异族统治的不满。其中的一些有识之士，开始逐渐把自己的眼光转向社会现实问题，探索解决这些问题的方法，以求得清王朝的长治久安。于是，广大汉族士人对清王朝政治态度的变化带来学术风气的转变，盛极一时的考据学经过乾隆、嘉庆两朝的发展，终于在道光年间衰落下来，其在学术上左右潮流的领袖地位，渐为方兴未艾的经世致用之学所取代，学术风气为之一变。

经世致用之学又称经世济用之学，简称经济之学，但不是今天的经济学，而是包含政治、经济、军事、科学、技术等项内容的综合学科，实际上是当时的政治学。这一学派倡导学以致用，着眼于当前急需解决的政治与社会问题。道光年间这一学派的主要代表人物是陶澍、林则徐、魏源等人。鸦片战争前他们的主要精力放在内政方面，诸如兴修水利，清理财政，整顿漕务、盐务等，取得了显著成效。时任两江总督的陶澍对两淮盐政的治理成效尤为突出，其所推行淮南纲盐之法、淮北票盐之法遂成定制，多年之后仍为后人所师法。两淮盐政由两江总督专任，亦自陶澍始。

鸦片战争的发生则给当时的士人以极大的震动，堂堂天朝大国，竟惨败于“岛夷”小国手下，惨败之余又被迫签订了丧权辱国的《江宁条约》，使中国由一个独立国变为半独立国。于是关心国家命运的知识分子眼光转而对外，开始总结鸦片战争失败的教训，寻求强国御侮之策。他们一面介绍海外各国的情况，了解外国的长处，提出“师夷之长技以制夷”的思想；一面要求对照外国改造中国自身，提出学习西方某些制度，对中国的一些制度实行改革的主张。与鸦片战争前有所不同的是，当时作为地方大吏的陶澍，既手握重权，又得到清政府的支持，所以，思想上的认识可以立刻化为行动，并取得成效；而鸦片战争后的魏源等人，只是一些幕僚与学者，因而，他们的认识和主张十几年间一直停留在思想上，保存在著作中。虽然如此，但却使风气发生改变，广大士人渐以经世致用为尚，不再以闭门治学为荣，形成新的习尚，一时风靡全国。

对于这些情况曾国藩当时还不甚了解，因而在治学方向和内容上带有很大的盲目性。后来他在回忆自己治古文辞的过程时说：“仆早不自立，自庚子以来稍事学问，涉猎于前明、本朝诸大儒之书，而不克辨其得失。闻此间有工为古文诗者，就而审之，乃桐城姚郎中鼐之《绪论》，其言诚有可取。于是取司马迁、班固、杜甫、韩愈、欧阳修、曾巩、王安石及方苞之作悉心而读之，其他六代之能诗者及李白、苏轼、黄庭坚之徒亦皆泛其流而究其归。”[1] 又说：“国藩初解文章，由姚先生启之也。”[2] 姚氏后人姚永璞也说，“昔永璞先考慕庭府君尝言，吾师戴存庄孝廉入都，曾文正询古文法，存庄以《惜抱轩尺牍》告之。文正由是益肆力文章”[3]。通过这一时期的钻研，曾国藩不仅加深了对古文的兴趣，初步摸到做文章的诀窍，也受到桐城派思想观点的影响，把“文”提到与“道”相埒（音“烈”）的地位。他在《欧阳生文集序》中称赞姚鼐说：“当乾隆中叶，海内魁儒畸士崇尚鸿博，繁称旁证，考核一字累千万言不能休，别立帜志曰汉学，深摈有宋诸子义理之学，以为不足复存，其文尤芜杂寡要。姚先生独排众议，以为义理、考据、词章三者不可偏废，必义理为质而后文有所附、考据有所归。一编之内惟此尤兢兢。当时孤

1.《曾文正公书札》，第一卷，第 2 页。

2.《曾文正公文集》，第三卷，第 15 页。

3. 李鼎芳：《曾国藩及其幕府人物》，交通书局 1947 年版，第 61 页。“惜抱轩”是姚鼐的书斋名。

立无助，传之五六十年，近世学子稍稍诵其文，承用其说。”[1]当然，曾国藩所说的“诵其文，承用其说”的“近世学子”包括自己在内。不过，这一阶段曾国藩主要是自学，既无老师指教，也没有朋友与他一起切磋琢磨，学术上进展不快。更重要的是，由于曾国藩名利心切，学无专精，随着时间与兴趣的转移，治学方向与内容亦不断改变。他在交往中发现，梅曾亮、何绍基已经走在他的前面，在古文这个领域里自己很难超越同辈，一举成名，所以便另找出人头地的途径。后来他对这一转变自我解释说：“初服官京师，与诸名士游接。时梅伯言以古文，何子贞以学问书法，皆负重名。吾时时察其造诣，心独不肯下之，顾自视无所蓄积，思多读书，以为异日若辈不足相伯仲。”[2]但究竟应该读些什么书？又怎样读书呢？当时曾国藩仍是心中无数。于是便专拣名人著作阅读，自觉不自觉地转到治理学的道路上。

曾国藩治理学首先是从阅读《朱子全集》开始的。道光二十一年七月，曾国藩从琉璃厂买来一部宋代理学家朱熹的《朱子全集》(又称《朱子全书》)，回家后便随即阅读起来。为了弄清治学门径，三天后又去向他的同乡长辈唐鉴登门求教。唐鉴号镜海，湖南善化(今属长沙市)人，翰林出身，历任检讨、御史、府、道、臬、藩等官，道光二十年内召为太常寺卿。他“潜研性道，宗尚闽洛”[3]，号称理学大师，在京师士林中颇有声望。因而曾国藩慕名投拜，向他请教“检身之要，读书之法”。唐鉴告诉他，读书“当以《朱子全书》为宗，此书最宜熟读，即以为课程，身体力行，不宜视为浏览之书”。并说“治经宜专一经，一经果能通，则诸经可旁及。若遽求尽精，则万不能通一经”。为了进一步强调理学的重要地位和关键作用，唐鉴对曾国藩说：“为学只有三门，曰义理，曰考核，曰文章。考核之学多求粗而遗精，管窥而蠡测；文章之学非精于义理不能至；经济之学即在义理之中。”又说：“经济不外看史，古人已然之迹，法戒昭然，历代典章制度不外乎此。”“诗文词曲皆可不必用

1.《曾文正公文集》，第三卷，第20页。

2.赵烈文：《能静居日记》，同治六年八月二十一日。

3.《曾文正公文集》，第四卷，第36页。

功，诚能用力于义理之学，彼小技，亦非所难。”[1]“经济之学”是经世济用之学、经世致用之学的简称，几乎囊括了政治、经济及天文、地理等各方面的知识，与今天“经济”一词的含义不同。在此之前，曾国藩的主要精力都集中在应付科举考试上，目光被限制在应制时文（即八股文）和试帖诗的狭小范围内。做官之后，他虽曾摸索过做古文和诗词的方法，但终属支离破碎，对学术问题和治学方法缺乏系统了解与基本知识，因而对唐鉴的话感到见所未见，闻所未闻，大有顿开茅塞、一新耳目之慨。他在当天的日记中写道：“听之昭然，若发蒙也。”[2]在给贺长龄的信中也说，“国藩本以无本之学寻声逐响，自从镜海先生游，稍乃粗识指规”[3]。他在写给诸弟的信中回忆自己的治学过程时讲得更为详尽：“兄少时天分不甚低，厥后日与庸鄙者处，全无所闻，窍被茅塞久矣。”“近得一二良友，知有所谓经学者、经济者，有所谓躬行实践者；始知范、韩可学而至也，马迁、韩愈亦可学而至也，程、朱亦可学而至也；慨然思尽涤前日之污，以为更生之人，以为父母之肖子，以为诸弟之先导。”[4]可见唐鉴等人对他鼓舞之大、影响之深。

曾国藩按照理学家的严格要求进行修身养性，是从道光二十二年冬天开始的。本来，在上年夏天唐鉴向他传授“读书之法”时，同时也谈到了“检身之要”，要他熟读《朱子全集》，“即以为课程”，并举倭仁的例子说，“近时河南倭艮峰（仁）前辈用功最笃，每日自朝至寝，一言一动，坐作饮食，皆有札记，或心有私欲不克，外有不及检者，皆记出”[5]，希望他引为榜样，将读书和修身结合起来，同时进行。但曾国藩并没有完全照办，尽管每天专心阅读《朱子全集》，却并未作修身札记，也未做静坐工夫。这种情况一直延续到道光二十二年十月一日，曾国藩向倭仁请教修身之道。倭仁告诉他“研几工夫最要紧”。倭仁说：“颜子之‘有不善未尝不知’是研几工夫也；周子

1.《曾文正公手书日记》，道光二十一年七月十四日。

2. 同上，道光二十一年七月二十一日。

3.《曾文正公书札》，第一卷，第1页。

4.《曾文正公家书》，道光二十三年正月十七日。

5.《曾文正公手书日记》，道光二十一年七月十四日。

曰‘几善恶’，《中庸》曰‘潜虽伏矣，亦孔之炤’，刘念台先生曰‘卜动念以知几’，皆谓此也。失此不察则心放而难收矣。”还说，“心之善恶之几与国家治乱之几相通”。最后倭仁告诉他，必须“写日课”，并且要“当即写，不宜再因循”[1]。倭仁所说的“几”，就是思想或事物发展过程中刚刚露出的苗头，所谓“研几”就是抓住这些苗头加以认真研究，从而发现其发展趋势和利害关系。其“克己之法”就是通过静坐、札记等自省工夫和相互讨论，将一切不合封建圣道的杂念消灭在微露苗头之时，以使自己的思想沿着封建圣贤所要求的方向发展，并且将学术、心术、治术连通一气，使学问得到增长，道德水平得到提高，从而逐步体验和学习治理国家的本领。这就是理学家一套完整的修、齐、治、平理论。

回去之后，曾国藩就按倭仁的要求写修身日记。他每天静坐半个时辰，写下自己各种不合封建圣道的思想和行为，并经常将自己的日记拿给吴廷栋、冯卓怀、陈源兖等人阅读，交流心得体会。曾国藩还常把自己的日记送请倭仁批阅，倭仁的眉批无非是一些批评、鼓励之语。开始曾国藩对“静坐思”很不适应，每静坐未久辄昏然睡去，及离梦境，已半天过去。对此，他总是又气又恼而无可奈何，只好在日记中把自己痛骂一顿，第二天再重新开始，直到十几天之后才慢慢习惯起来。

然而，他这样搞了两个多月就变了主意。原来曾国藩本来体质孱弱，由于每天搞得太紧张，不久就得了失眠症，整日无精打采。勉强又坚持了二十来天，突发吐血之症。从此身体虚弱，心情不畅，再也不想刻苦修行、做一个专治理学的学问家了。他在病后不久写信给他弟弟们说：“无如体气本弱，耳鸣不止，稍稍用心，便觉劳顿。每自思念：天既限我以不能苦思，是天不欲成我之学问也。故近日以来意颇疏散，计今日若可得一差，能还一切旧债，则将归田养亲，不复恋恋于利禄矣。”[2] 是不是曾国藩改变了对理学的看法，从此之后不再搞理学了呢？不是。他在同一封信中对他弟弟们说：“读经以研寻义理为本，考据名物为末。”“自西汉以至于今，识字之儒约有三途，曰

1.《曾文正公手书日记》，道光二十二年十月初一日。

2.《曾文正公家书》，道光二十三年正月十七日。“义理”，原书为“理义”。

义理之学，曰考据之学，曰词章之学，各执一途，互相诋毁。兄之私意，以为义理之学最大，义理明则躬行有要，而经济有本，词章之学亦所以发挥义理者也”。还说，“此三途者皆从事经史，各有门径。吾以为欲读经史，但当研究义理，则心一而不纷。是故经则专守一经，史则专熟一代，读经史则专主义理，此皆守约之道，确乎不可易者也”[1]。可见曾国藩并无轻视理学、弃置不问之意。他对理学在儒学中的核心和指导地位亦并无怀疑，其读书方法也仍然坚持唐鉴的说法。他的转变主要是在治学内容上改变了理学与古文的主次地位。自道光二十年以来，曾国藩就追随桐城派学习古文诗词，并初步摸到一点做文章的门道，养成了对古文的浓厚兴趣。所以，虽然唐鉴告诉他“诗文词曲皆可不必用功”，而他仍不能忘情。他在给刘蓉的信中情不自禁地写道：“国藩既从数君子后，与闻末论，而浅鄙之资兼嗜华藻，好司马迁、班固、杜甫、韩愈、王安石之文章，日夜以诵之不厌也。”[2]可见他这时的做法是主攻理学，兼治古文，虽整日忙于读书、写字、静坐、写心得，仍没有放弃对古文的研究。

经过一个时期的学习和实践，他发现理学家的这一套治学和修身办法不适合自己的情况，遂改弦更张，将研究理学的目标仅限于领会其精神实质，即所谓“粗识几字，不敢为非，以蹈大戾”[3]，不再盲目仿效别人搞什么静坐自省、修身日记之类，其治学内容也改为主攻古文，兼治理学。一年后，他在家书中对弟弟们说：“余近来读书无所得”，“惟古文、各体诗自觉有进境，将来此事当有所成就”。[4]数月之后又更为自信地说：“若如此做去，不做外官，将来道德文章必粗有成就。”[5]可见他这时的主要精力集中在钻研古文诗词上，并略有进展，颇为得意，但并没有放松对理学的学习和个人修养的要求，不过改变了办法而已。同时，他治理学也不再限于阅读程朱的著作，开始追溯

1.《曾文正公家书》，道光二十三年正月十七日。“义理”，原书为“理义”。

2.《曾文正公书札》，第一卷，第12页。

3.《曾文正公家书》，道光二十三年正月十七日。

4. 同上，道光二十四年三月初十日。

5. 同上，道光二十四年十二月十八日。

而上，阅读张载、周敦颐的书，并对它们产生越来越浓厚的兴趣。只是在道光二十二年末及其后一个相当长的时间，对考据学仍抱轻视态度，把它当成细枝末节，明确表示“考据之学吾无取焉”[1]。

曾国藩学习文字训诂是道光二十六年的事。这年九月曾国藩在城南报国寺养病，携去段玉裁所注《说文解字》一部，随手翻阅。当时汉阳刘传莹也住在这里。刘传莹治古文经学，精通考据，曾国藩便向他请教。刘传莹也正为考据学“无当于身心”[2]的修养而感到苦恼，遂向曾国藩学习理学。于是二人经常相互学习，取长补短，遂成好友。曾国藩通过与刘传莹的交往受益甚大，不仅使他由此懂得了考据学，弥补了学识上的缺欠，而且使他进一步开拓了眼界，提高了认识，在学术上走上全面发展的道路。他在给刘蓉的信中表达自己在学术上的见解和志向时说，“于汉、宋二家构讼之端皆不能左袒，以附一哄，于诸儒崇道贬文之说尤不敢雷同而苟随”；而“欲兼取二者之长，见道既深且博，为文复臻于无累”。同时，在治学上曾国藩也不再独宗程朱，而是由程朱上溯到周敦颐和张载，尊奉孔、孟、周、张为儒学正统，将程朱理学和许郑汉学一概归之于不无偏颇的支流旁系。他说：“能深且博而属文复不失古圣之谊者，孟氏而下惟周子之《通书》、张子之《正蒙》，醇厚正大，邈焉寡俦。许、郑亦且深博，而训诂之文或失则碎；程、朱亦且深博，而指示之语或失则隘。”而自己治学则“上者仰企于《通书》《正蒙》，其次则笃嗜司马迁、韩愈之书，谓二子诚亦深博，而颇窥古人属文之法”[3]。以上这两方面都明确地表现出曾国藩在学术上独树一帜、自成一家的思想。这是曾国藩治学思想上的一个大的飞跃，对当时学识的增长和以后在学术上的发展都有很大影响。

然而，曾国藩却没有成为一位学问家，其主要原因是由于他的地位和全国政治形势很快发生了变化，没有时间和精力来专门研究学问了。后来他回

1.《曾文正公家书》，道光二十三年正月十七日。

2.《曾文正公年谱》，第一卷，第 14 页。

3.《曾文正公书札》，第一卷，第 4—5 页。曾国藩文中所说的“汉学”指古文经学，对于今文经学，在他的言论中从未提及过。

顾自己的京师生活时说，本来想多读些书，与梅曾亮、何绍基诸名士一比高低，“无何，学未成而官已达，从此与簿书为缘，素植不讲”[1]。就是说，他没有搞多久，还来不及著书立说，就已升为二品高官。从此天天忙于公事，便把做学问的事丢到脑后，无缘过问了。

这一时期，曾国藩在学术问题上除向唐鉴、倭仁、刘传莹请教外，还经常与吴廷栋、邵懿辰、何桂珍等人进行讨论。这些人多为治理学者，唯刘传莹、邵懿辰治汉学，刘传莹属古文经学派，邵懿辰为今文经学派，他们在京师都有些名气。这些交往活动不仅使曾国藩增长了各方面的见识，也大大提高了个人声望。所以他的门徒黎庶昌在为他作传时说：“始公（指曾国藩）居京师，从太常寺卿唐公鉴讲授义理学，疾门户家言，汉、宋不通晓，亦宗尚考据，治古文辞，与蒙古倭公仁、六安吴公廷栋、师宗何公桂珍、汉阳刘公传莹、仁和邵公懿辰数辈友善，更相砻砥，务为通儒之学。由是精研百氏，体用赅备，名称重于京师。”[2]他自己也说“昔在京颇著清望”[3]，这也是他得以迅速发迹的重要原因之一。

穆彰阿的得意门生

曾国藩在仕途上的发展是颇为顺利的。他于道光十八年（1838）中进士，道光二十年授翰林院检讨，道光二十七年即超擢内阁学士兼礼部侍郎衔，道光二十九年又升授礼部右侍郎，并于此后四年之中遍兼兵、工、刑、吏各部侍郎。十年七迁，连跃十级，这在当时是很少见的。对于生长深山、出身寒门的曾国藩来说，真可谓“朝为田舍郎，暮登天子堂”，变化如此之快，连他自己都感到事出意外。他在升任内阁学士时写信对他祖父说：“六月初二日孙荷蒙皇上破格天恩，升授内阁学士兼礼部侍郎衔，由从四品骤升二品，

---

1. 赵烈文：《能静居日记》，同治六年八月二十一日。

2. 黎庶昌：《拙尊园丛稿》，光绪十六年版，第三卷，第1页。

3.《曾文正公家书》，咸丰八年四月初九日。

超越四级，迁擢不次。”[1] 又不无自负地写信对他的弟弟说，湖南“三十七岁至二品者本朝尚无一人”，“近年中进士十年而得阁学者，惟壬辰季仙九师、乙未张小浦以及余三人”[2]。在给朋友的信中他说得更加坦白：“回思善化馆中同车出入，万顺店中徒步过从，疏野之性，肮脏之貌，不特仆不自意其速化至此，即知好三数人，亦不敢为此不近人情之称许。”[3] 曾国藩升发如此之快，究其原因不外有二，一是个人勤奋干练，在士林中有一定声望；二是得到穆彰阿的垂青，受其举荐。而后一条尤为重要。如果没有穆彰阿的援引，无论他多么勤奋好学，聪明能干，要在十年内爬上二品京官的高位，都是不可能的。所以颇为洞悉内情的王闿运就坚持认为，曾国藩的迅速发迹，主要得力于穆彰阿的扶持，比他稍后的人也大都持同样看法。

穆彰阿（1782—1856）字鹤舫，满洲镶蓝旗人，姓郭佳氏，翰林出身。他甚得道光皇帝信用，是鸦片战争时期有名的投降派。后来有人评论穆彰阿说：“在位二十年，亦爱才，亦不大贪，惟性巧佞，以欺罔蒙蔽为务。”[4] 这个说法是比较符合实际的。

中国历代封建王朝，自秦以来即实行中央集权统治，但皇帝个人专制的程度并不相同。唐及其以前诸朝，丞相有相当一部分权力。明清以来，事无大小皆由皇帝专决，相权也就不存在了。道光帝嗣位后，“尤虑大权傍落，必择谨善之士佐治，故一时才臣半遭废斥”，而唯与曹振镛、穆彰阿“有水乳之合”。曹振镛“性模棱，终身无所启沃，入对但颂而已。又最忌士之有能者，稍出己上，必排挤之使去”。曹振镛死后，穆彰阿继之，其“用人行事一遵其辙”[5]。他最善于窥测道光皇帝的意向，进而施加自己的政治影响，党同伐异，无所不用其极。鸦片战争时他打击抵抗派，陷害林则徐，极力怂恿道光皇帝对英妥协投降，就是施展的这种手法。穆彰阿“自嘉庆以来，典

1.《曾文正公家书》，道光二十七年六月十七日。

2. 同上，道光二十七年六月十八日。

3.《曾文正公书札》，第一卷，第 23 页。

4. 汪士铎：《汪悔翁乙丙日记》，明斋丛刊版，第三卷，第 26 页。

5. 赵烈文：《能静居日记》，同治元年五月二十八日。

乡试三，典会试五。凡复试、殿试、朝考、教习庶吉士散馆考差、大考翰詹，无岁不与衡文之役。国史、玉牒、实录诸馆皆为总裁”。多年来，他利用衡文大权网罗党羽，培植亲信，遂致“门生故吏遍于中外，知名之士多被援引，一时号为穆党”[1]。而对于不附于已者，则极力加以排挤。相传罗惇衍与何桂清、张芾同年中进士，主考官即穆彰阿，张芾、何桂清皆附于穆，而罗不肯；庶吉士散馆三人同得考差，罗又不去拜见穆彰阿，“次日忽传旨，罗惇衍年纪太轻，未可任衡文之任，著毋庸前往，另派某去。”其实当年罗惇衍十九岁，张芾十八岁，何桂清只有十七岁，张、何二人的岁数都比罗惇衍小。据说，清朝“已放差而收回成命者”，仅罗惇衍“一人而已”。对于这次罕有的更动，时人皆认为系“穆所为”，并有“其权回天”之叹[2]。

曾国藩的际遇与张芾颇为相类，只是时间稍后，机会来得也晚一些。曾国藩戊戌年会考中式，正总裁就是穆彰阿，二人遂有师生之谊，时相往来。曾国藩有几分才干，对穆彰阿在鸦片战争中的民族投降主义政策十分称赞[3]，所以甚得穆彰阿的器重和赏识，处处受到关照。道光二十三年大考翰詹，穆彰阿为总考官，交卷之后，穆彰阿便向曾国藩索取应试诗赋，曾随即回住处誊清，亲自送往穆宅[4]。这一次拜访似乎成为曾国藩其后飞黄腾达的起点。在此之前，曾国藩之秩品一直滞留未动；从此之后，则几乎是年年升迁，岁岁加衔，五年之内由从七品一跃而成为二品大员，前后的变化是非常明显的。一些稗史曾对曾国藩官运的这一转机做过生动的描述：一天，曾国藩忽然接到次日召见的谕旨，当晚便去穆彰阿家中暂歇。第二天到了皇宫某处，却发现并非往日等候召见的地方，结果白白等了半天，只好退回穆宅，准备次日再去。晚上，穆彰阿问曾国藩说：“汝见壁间所悬字幅否？”见曾国藩答不上来，“穆彰阿怅然曰：‘机缘可惜。’因踌躇久之，则召干仆某，谕之曰：‘汝亟以

1.《清史稿·穆彰阿传》，中华书局 1977 年版，第 38 册，第 11417 页。

2. 胡怀琛：《清谈》，台北影印版，第 12—13 页。张芾，号小浦，乙未进士，即前面曾国藩所说“近年中进士十年而得阁学者”。

3.《曾文正公家书》，道光二十年九月十七日。

4.《曾文正公手书日记》，道光二十三年三月二十八日。

银四百两往贻某内监，属其将某处壁间字幅炳烛代录，此金为酬也。"' 明晨入觐，则皇帝所问，"皆壁间所悬历朝圣训也。以是奏对称旨，并谕穆曰：'汝言曾某遇事留心，诚然。'" 从此曾国藩"骎骎（音"亲"）向用矣"[1]。曾国藩对穆彰阿也极为感激，穆彰阿被罢斥后，曾国藩每过穆宅，总不免感慨一番。二十年后，曾国藩赴任直隶总督前进京陛见时，还专程拜访穆宅。后来曾赴天津办理教案，恐自己再无机会进京，又专门写信，令其子曾纪泽再次前往穆宅，向穆彰阿的儿子萨廉致意。

道光三十年咸丰皇帝对穆彰阿的惩处虽然丝毫没有牵连曾国藩，但却使他失去一个有力的后台。从此以后，每遇到关键时刻和重大问题，皇帝身边很少有人为他说话，办起事情来也就很难再像以前那样顺利。道光三十年至咸丰十年间，清政府对他时冷时热，忽信忽疑，久久不愿把地方督抚大权交到他的手里，致使他在政治上事事棘手，处处碰壁，可能与此有很大关系。

革除弊政的尝试

鸦片战争后的清王朝，就像《红楼梦》中连遭大劫的贾府一样，一下子塌了架子，暴露出老大腐朽的本质。与此同时，中国人民却在鸦片战争的炮声中惊醒过来，开始注意世界发展大势，重新考虑中华民族的前途和命运，以新的斗争反抗外国资本主义列强的侵略和清朝的封建统治。鸦片战争后的十年间，革命形势日益高涨，两广、湖南尤著先声。鸦片战争前，广州是中国的唯一对外口岸，不少物品通过湖南、广西运往广东；鸦片战争后，外贸中心渐次移至上海，广州贸易量减少，昔日运输线上的水手、驮夫等陷于失业。同时，鸦片战争时曾招募大批勇丁，战后骤加裁撤，也使这一大批人无以聊生。另外，这几省历来是会党活跃的地区，他们将走投无路的广大群众串联组织起来，不断发动反抗斗争，对于革命形势的发展亦起了推动作用。

1. 徐珂：《清稗类钞》，商务印书馆 1917 年版，第 11 册《荐举类》，第 8—9 页。

当时形势发展最快的是广西。这里土瘠民贫，各族杂处，社会矛盾错综复杂，本来就是容易发生起义和变乱的地方；再加上广东的大批失业群众沿江西上，到这里谋生；广东的小股起义军在当地无法立足时也向广西转移。这就使各种矛盾更加激化，形成一触即发的形势。同时，这里山高水险，地旷人稀，远离清朝的统治中心，是清政府控制力量较为薄弱的地方。派到这里的地方官亦因油水不多，总想早点调离，遇事敷衍，不愿深究；甚至有意掩饰，蒙混不报。而当地士绅又人少位低，无力与地方官抗衡，不能起到监督作用。这样，在力量对比上就大大有利于革命形势的发展。所以在很长一段时间，对于广西的问题，清廷一无所知，地方官放任不问，地主士绅无可奈何，在统治阶级中形成群龙无首、一片混乱的局面。直到道光三十年夏天，由于不断有人上奏反映，清政府才开始发现广西局势不妙，下令将广西提督闵正凤革职，调派号称敢战的湖南提督向荣任广西提督，并派前云南提督张必禄赶赴广西，协助广西巡抚郑祖琛、提督向荣办理军务。同年十月，广西士绅赴京上控，清廷进而了解到广西局势的严重性，立即将郑祖琛革职，派因病乞归原籍的前云贵总督林则徐为钦差大臣兼广西巡抚，驰赴广西，督办军务。不久林则徐病死于赴任途中，清政府又改派在湖南原籍养病的前两江总督李星沅为钦差大臣，前漕运总督周天爵为广西巡抚，驰赴广西督剿会党起义。

这时，不仅广西局势如火如荼，广东、湖南不时发生起义，江淮一带和黄河两岸的会党、白莲教等也在积极活动，酝酿起事。总之，全国政治形势动荡不安，统治阶级内部人心惶惶，已呈现出阶级斗争的巨大风暴即将来临的种种征兆。一部分地主阶级知识分子已经预感到情况的严重性，并开始筹谋挽回颓势的对策。这些人或者是下层官吏，或者是乡居士绅，或者是中小地主出身的书生，他们都置身于阶级斗争的前沿，体验深刻，明了下情，故能最先发现问题，感受到问题的严重性。当时这类人物遍布全国，各省皆有，而尤以湖南最典型、最集中，其中不少人是曾国藩的好友，多年来一直与他保持着通信联系，不仅讨论一些学术问题，也时常交换对时局的看法，因而，学术观点和思想感情都比较接近。他们主要是刘蓉、郭嵩焘、江忠源、欧阳

兆熊、罗泽南等人。

刘蓉（1816—1873）字孟容，号霞仙，湖南湘乡人；郭嵩焘（1818—1891）字筠仙，湖南湘阴人。道光十四年十一月曾国藩赴京途中在长沙认识了刘蓉，道光十七年又通过刘蓉认识了正在长沙参加乡试的郭嵩焘，三人气味相投，遂成好友。江忠源（1812—1854）号岷樵，湖南新宁人，道光十七年中湖南乡榜，道光二十四年赴京参加会试，通过郭嵩焘求见曾国藩，二人一见如故，谈笑风生，江忠源遂拜曾国藩为师。曾国藩对江忠源非常欣赏，书札、家信中对他赞不绝口，称他是必诚必信的义侠之士、京中绝无的人才。江忠源非常注意自己家乡青莲教的活动，并暗中组织团练武装，积极进行准备，很快将雷再浩起义镇压下去。这就更加受到曾国藩的器重。道光三十年他奉旨荐举人才时，即将江忠源列名其中。欧阳兆熊，字晓岑，湖南湘潭人。道光二十年曾国藩授官翰林院检讨不久就病倒在果子巷万顺客店中，病情沉重，几至不起，多亏欧阳兆熊的精心护理才没有死去，从此二人成为好朋友。罗泽南当时还没有跟曾国藩见过面。道光二十四年，因曾国华与曾国荃欲随罗泽南读书，咸丰元年（1851）起罗泽南又与曾国藩的父亲曾麟书一起办团练，同曾家来往渐多，关系也越来越密切。曾国藩的儿子曾纪泽同贺长龄的女儿成婚，媒人就是正在贺家教书的罗泽南。曾国藩对罗泽南很尊敬，常在书信中表示敬慕之意，称赞罗泽南读书明大义，是邑中的颜渊，以不曾会面畅谈为憾。

刘、郭、江、罗以及欧阳兆熊诸人相互之间亦皆为好友，经常保持着联系。他们通过各种途径把地方上的情况和自己的意见传给曾国藩，又由曾国藩反映到封建统治阶级的最高层。这样，身为二品京官的曾国藩就充当了他们政治上和思想上的代理人。

曾国藩对清政府的态度是矛盾的。首先，他拥护这个政府，因为这个政府是地主阶级的政治代表，同曾国藩及其家庭的根本利益是一致的，正是这个政府，为曾国藩本人和家庭的发展提供了可能性。曾国藩出身中小地主，生长僻远山村，如果没有科举制度，无论他多么聪明能干、刻苦攻读，都不可能爬上官僚阶层。就他个人来说则尤为幸运，其科考之顺利、升迁之迅速、地位之显、兼职之多，都是当时一般中小地主出身的知识分子望尘莫及的，所以曾国藩对清政府充满感激之情和效忠之念。他在给朋友的信中说："一介贫窭，身跻六曹，且兼摄两职，若尚不知足，再生觖望，则为鬼神所不许。"[1] 他在家信中又进而表示："自是以后，余益当尽忠报国，不得顾身家之私。"[2] 但另一方面，他对清政府又是不满意的。首先他不满清政府的腐败。他认为道光末年到处造反的严重局面，都是官吏的贪暴和腐败造成的。咸丰元年，他在写给朋友的信中谈到这年春天广西农民起义迅速发展的原因时说："推寻本源，何尝不以有司虐用其民，鱼肉日久，激而不复反顾。盖大吏泄泄于上，而一切废置不问者，非一朝夕之故矣。"[3] 结果官逼民反，危及整个地主阶级的统治，这是曾国藩至为痛恨的。其次，他也不满清政府对中小地主利益的过多侵害。他在《里胥》一诗和《备陈民间疾苦疏》中，就部分地反映了当时社会的真实情况和他的这种不满情绪。《里胥》诗写道："贫者勉自效，富者更可悲。隶卒突兀至，诛求百不支，蒨蒨纨绔子，累累饱鞭笞。前卒贪如狼，后队健如橐（音"牦"），应募幸脱去，倾荡无余资。"[4] 他在《备陈民间疾苦疏》中列举了三大苦情："一曰银价太昂，钱粮难纳也"；"二曰盗贼太众，良民难安也"；"三曰冤狱太多，民气难伸也"[5]。显然这都是为中小地主阶层鸣冤诉苦的。

正是曾国藩的这种矛盾态度，决定了他对清政府的基本立场和对策，即企图针对清政府的种种弊政进行一些改革，以使它变得坚强有力，从而能够担负起镇压农民起义、维护封建制度的任务。

咸丰皇帝上台之后，为了挽回人心，渡过难关，除罢黜穆彰阿、惩办耆英外，还下令征言，命各大臣就用人、行政事宜各抒己见，封章密奏。曾国藩以为时机已到，便在一二年内连上奏章，希图说动清朝皇帝，采取措施，革除弊政，从政治、军事、经济、文化各方面对清政府进行一番整顿。道光三十年他上了两个奏折，一是谈人才的发现、培养和考察；一是推荐李棠阶、吴廷栋、严正基、

1.《曾文正公书札》，第一卷，第 27 页。

2.《曾文正公家书》，咸丰元年五月十四日。

3.《曾文正公书札》，第一卷，第 30 页。

4.《曾文正公诗集》，第一卷，第 2 页。

5. 曾国藩：《曾文正公全集・奏稿》（以下简称《曾文正公奏稿》），第一卷，第 40、41、43 页。

王庆云、江忠源五人。但这些奏折呈上之后，并没有发生什么实际效果，而政治形势却继续发展。不久，在广西金田村爆发了太平天国起义，将全国革命形势推进到一个新阶段，清朝的政局也为之一变。

金田起义是太平天国领袖洪秀全有组织、有计划地发动的。洪秀全（1814—1864）原名仁坤，广东花县人，中农家庭出身，自幼生活在劳动人民中间。他的家乡官禄㘵村距广州90里，长期受到三元里等群众反英斗争的影响，养成了强烈的爱国主义思想。洪秀全自幼读书，成年后在村塾任教，因屡试不中，激起对整个封建制度的不满和反抗。他既忧国忧民，又为自己的不幸遭遇愤懑不平，在绝望之中逐渐觉醒，把个人的命运和国家的前途联系起来，毅然以天下为己任，决心推翻旧王朝，建立新政权。为此，他进行了大量的准备工作，道光二十三年创立农民革命团体拜上帝会，并发展了冯云山、洪仁玕等最早的一批会员。翌年又同好友冯云山等去广西贵县传教，组织发动群众。随后洪秀全返回原籍，编写了《原道醒世训》《原道觉世训》《原道救世歌》三篇论文；冯云山则到桂平县紫荆山地区进行传教活动，发展了杨秀清、萧朝贵、韦昌辉、石达开、秦日纲等一批群众领袖和骨干分子，会员群众达二千人。二人不谋而合地为一场农民革命打下了思想和组织基础。道光三十年六月，洪秀全下令拜上帝会群众于十月一日（1850年11月4日）在金田村团营（即各路起义大军集合编队），十二月十日（1851年1月11日）举行起义，建号太平天国。

清政府对广西的情况反应是很迟钝的，而对拜上帝会的情况则知道得更晚。开始，清政府的主要注意力一直集中在遍地开花的天地会方面，直到金田起义前夕，清兵与拜上帝会群众发生了一场大战，清政府才发现这支革命力量。由于清军对太平军的作战一开始就连吃败仗，因而引起清政府的特别注意，感到这支队伍不同于一般会党群众，遂集中主要兵力对太平军实行跟追堵截，只用少数兵力对付天地会起义。不过这时他们对太平天国内部的情况还不甚了解，往往称拜上帝会为“添弟会”，并把韦昌辉当成主要领导人，还不知道太平天国的领袖是洪秀全。但太平天国起义早已从广西前线传到清朝的统治中心北京，在统治阶级内部所引起的震动，成为官员们私下谈论的主要话题[1]。

1.《曾文正公书札》，第一卷，第37页。

对于这种情况的出现，曾国藩却并不感到意外，他似乎早就隐隐约约地感到，清朝政治弊端层出，必有此一天[1]。使曾国藩着急的是，面临全国四面起火、处处狼烟的形势，清政府财政拮据，军队衰朽，根本无力对付这场战争；而尤为严重的是，对于这种极为紧迫的情况，清朝当轴者却懵然无知。他在给朋友的一封信中描述自己的焦急心情说："内度身世，郎署浮沈，既茫乎未有畔岸；外观乡里，饥溺满眼，又汲汲乎有生涯日蹙之势。进不能以自效，退不能以自存，则吾子之迫切而思以吁于九阍（音"昏"）者，实仁人君子之至不得已也。"[2]为了引起清廷的注意，及时采取有力措施，曾国藩于咸丰元年三月再次上疏，提出裁兵、节饷、加强训练三项措施，企图首先从军队着手，打开一个新局面。他说："天下之大患盖有两端，一曰国用不足，一曰兵伍不精。"他在列举了清朝军队的腐朽状况后指出："医者之治疮痈之甚者，必剜其腐肉而生其新肉。今日之劣弁羸卒，盖亦当量为简汰以剜其腐者，痛加训练以生其新者"，否则永远也不能扭转这种武备废弛的状况。接着他列举大量事实说明"兵贵精而不贵多"的道理，并提出一个裁减绿营兵五万的计划。他解释说，此举付诸实施，每年可节省饷银一百二十万两，若专用于救荒赈贫和废除捐例，又可使社会情况和吏治大为改善[3]。

但是，咸丰皇帝下令征言不过是故弄姿态，装出孜孜求治的样子，以挽回人心，并没有决心革除弊端，一新其政。所以继位年余，政治情况毫无起色，而军事上作战失利的消息却从广西前线不断传来。开始清政府四处调兵，打算把太平天国革命扼杀在摇篮里。但是前线将帅矛盾重重，各持己见，不仅钦差大臣李星沅与广西巡抚周天爵意见分歧，文臣与带兵将领不和，而且广西提督向荣和随后调去的广州副都统乌兰泰也各不服气，互相掣肘。因而指挥不统一，行动不一致，一再失利。太平军在金田起义之后很快占领大湟江口，向武宣方面进发，沿途吸收天地会起义群众，声威大壮，由起义时的

1.《曾文正公书札》，第一卷，第 30 页。《曾文正公年谱》（第一卷，第 12 页）载，曾国藩目送江忠源远去的背影，回头对郭嵩焘说，"是人必立功名于天下，然当以节义死"。"时承平日久，闻者或骇之"。

2. 同上，第一卷，第 30 页。

3.《曾文正公奏稿》，第一卷，第 25—27 页。

一两万人发展到三万人。咸丰元年二月，洪秀全在武宣县境内的东乡称天王，并任命杨秀清、萧朝贵、冯云山、韦昌辉分别为正军师、又正军师、副军师、又副军师，兼领中、前、后、左各军主将，石达开为右军主将，使领导体制日渐形成；同时各项条规陆续制定，作战经验也一天天丰富起来。咸丰皇帝见李星沅、周天爵软弱无能，即将二人革职，任命自己的舅舅、首席军机大臣、大学士赛尚阿为钦差大臣，担任广西前线的最高统帅，以统一指挥权，并任命顺天府尹邹鸣鹤为广西巡抚，协助赛尚阿办理粮饷事务。在朝臣中，赛尚阿地位最高，与咸丰皇帝关系最亲，将他派往前线，足以说明事态的严重，因而咸丰皇帝的这一举动在朝野上下引起了更大的震动。

曾国藩看到形势日趋紧迫，而自己的建议又不被采纳，呼天不应，报国无门，也就不能不感到惶急和愤懑。他在给朋友的信中说，自去春求言以来，朝廷各大臣献纳不下百余章，“或下所司核议，以‘毋庸议’三字了之；或通谕直省，则奉行一文之后，已复高阁束置，若风马牛不相与”。“书生之血诚，徒供胥吏唾弃之具，每念及兹，可为愤懑”[1]。而正是这种对地主阶级和清政府的一片“血诚”，使曾国藩在困难面前不肯退避，于咸丰元年四月鼓足勇气再上一疏，其锋芒直指咸丰皇帝。他在家书中对弟弟们说：“廿六日余又进一谏疏《敬陈圣德三端预防流弊》，其言颇过激切。”他所以甘冒风险上此奏折，主要是由于自己“受恩深重，不能不报”。他认为，“官至二品，不为不尊；堂上则诰封三代，儿子则荫任六品，不为不荣。若于此时再不尽忠直言，更待何时乃可建言”！他上疏的目的是为了杜绝咸丰皇帝的“骄矜”之气和扭转廷臣的“唯阿之风”。他认为咸丰皇帝天资聪明，“满廷臣工遂不敢以片言逆耳，将来恐一念骄矜，遂恶直而好谀”，“是以趁元年新政，即将此骄矜之机关说破，使圣心日就兢业，而绝自是之萌。此余区区之本意也。现在人才不振，皆谨小而忽于大，人人皆习脂韦唯阿之风。欲以此疏稍挽风气，冀在廷皆趋于骨鲠，而遇事不敢退缩”[2]。

其实这并不是曾国藩个人一时心血来潮。在此之前，他曾不断收到朋友

1.《曾文正公书札》，第一卷，第30页。

2.《曾文正公家书》，咸丰元年五月十四日。

的来信，其中刘蓉和罗泽南的信尤起了激励作用。刘蓉在信中说："大疏所陈，动关至计，是固有言人所不能言、不敢言者；然言之而未见其效，遂足以塞大臣之责乎？国是未见其益，而闻望因以日隆，度贤者之心不能不歉然于怀也。"又说，"不爱钱，不惜死"的壮语虽足可明志，但却未可"慰天下贤豪之望，尽大臣报国之忠"[1]。罗泽南的信未见原文，仅从曾国藩的复信中透露出一二句。曾国藩送上奏折之后，复信对罗泽南说，来信所谈"有所畏而不敢言者，人臣贪位之私心也；不务本而徒言其末者，后世苟且之学也"四语，"乃适与拙疏若合符节"，"今录往一通，阁下详览而辱教之。山中故人如刘孟容、郭筠仙昆季，江岷樵、彭筱房、朱尧阶、欧[阳]晓岑诸君，不妨一一寄示，道国藩忝窃高位，不敢脂韦取容，以重负故人之期望者，此疏其发端也"[2]。很明显，曾国藩此举并不是个人的孤立行动，而是在一部分地主阶级知识分子的支持和推动下采取的。这些支持者的绝大多数，后来都成为曾国藩集团的骨干成员，所以这件事在这个集团形成和发展的历史上有着重要意义，从某种意义上可以说，这是曾国藩集团前期集体采取的第一个政治行动，其结果直接影响着这个集团未来的发展道路。

从内容上看，曾国藩此疏也非同寻常，他本着"济世以匡主德、结人心、求人才为要"[3]的宗旨，直接对咸丰皇帝提出批评。其内容可归结为三方面：一曰"防琐碎之风"，批评咸丰皇帝苛于小节，疏于大计，对发往广西的人员安排不当。二曰"杜文饰之风"，批评咸丰皇帝徒尚文饰，不求实际。奏折说："自去岁求言以来，岂无一二嘉谟至计？究其归宿，大抵皆以'无庸议'三字了之；间有特被奖许者，手诏以褒倭仁，未几而疏之万里之外；优旨以答苏廷魁，未几而斥为乱道之流。是鲜察言之实意，徒饰纳谏之虚文。"三曰去"骄矜之气"，批评咸丰皇帝出尔反尔，自食其言，刚愎自是，饰非拒谏。奏折说："去岁求言之诏，本以用人与行政并举，乃近来两次谕旨，皆曰：'黜陟大权朕自持之'，不容臣下'更参末议'。"又说："今军务警报运筹于一人，取决于俄顷，皇上

1. 刘蓉：《养晦堂文集》，第五卷，第9—10页。

2.《曾文正公书札》，第一卷，第33页。

3.《曾文正公手书日记》，道光二十二年十一月二十九日。

独任其劳，而臣等莫分其忧。使广西不遽平，固中外所同虑也；然使广西遽平，而皇上意中或遂谓天下无难办之事，眼前无助我之人。此则一念骄矜之萌，尤微臣区区之大惧也。”最后警诫咸丰皇帝说：“昔禹戒舜曰‘无若丹朱傲’，周公戒成王曰‘无若殷王受之迷乱’。舜与成王何至如此？诚恐一念自矜，则直言日觉其可憎，佞谀日觉其可亲，流弊将靡所底止。臣之过虑实类乎此。”[1] 总之，是批评咸丰皇帝骄傲自满、言行不一，以促成其革除弊政的决心。

毫无疑问，上这样的奏折是要担一定风险的。所以曾国藩在一封家信中说：“折子初上时，余犹恐犯不测之威，业将得失祸福置之度外。”[2] 这的确不是曾国藩故意吹牛和过于多虑。奏折送上之后，咸丰皇帝披览未毕，即“怒捽（音“昨”）其折于地，立召军机大臣欲罪之”，只是由于祁寯藻、季芝昌为他苦苦求情，才免于获罪。这件事对曾国藩刺激很深，大概他很快就从房师季芝昌那里了解到咸丰皇帝对他“优诏褒答”[3] 的真相。从此之后，曾国藩不仅打消了对清朝政治从上至下进行整顿的念头，而且锋芒顿减，再不敢在奏折中批评皇帝，对其大政方针表示不满了。这一方面固然由于后来做了封疆大吏，地位发生了变化；亦因经此次碰壁之后谨慎起来，再不敢盲目仿效古代的谏臣了。一个月后他在一封奏折中说：“臣材本疏庸，识尤浅陋，无朱云之廉正，徒学其狂；乏汲黯之忠诚，但师其憨。”[4] 似颇有忏悔之意。

此后，曾国藩又上奏《备陈民间疾苦疏》和《平银价疏》两折，并先后兼署刑部左侍郎和吏部左侍郎，表面上一切平顺，仍受重用，实际上则心情越来越沉重。因为全国革命形势正在迅速发展，以太平天国为代表的农民革命运动已成为不可阻挡的洪流。而清政府却拒绝一切革除弊政的要求和建议，使他愤懑、焦虑而又无计可施，这就不能不越来越深地陷入进退维谷、报国无门的苦恼。同时，由于他看不惯官场的腐败风气，又在会审琦善一案中得

1.《曾文正公奏稿》，第一卷，第32—37页。引文中“禹”应作“尧”。原稿如此，并非刊刻之误。

2.《曾文正公家书》，咸丰元年五月十四日。

3. 朱孔彰：《中兴将帅别传》，光绪二十五年版，第一卷，第2页。黎庶昌：《曾太傅毅勇侯列传》，《拙尊园丛稿》，第三卷，第2页。

4.《曾文正公奏稿》，第一卷，第39页。

罪了名族权贵，处境愈益孤立，“诸公贵人见之或引避，至不与同席”[1]。这就使曾国藩对京宦生活愈感乏味。

十余年的京宦生活，尤其是地位的变化和理学的熏陶，使曾国藩的思想境界有了很大不同，已经由极力谋求个人和家庭的发展一变而为整个地主阶级和封建制度争生存。但是，当他不顾个人安危，决心为挽救清王朝江河日下的形势而竭尽一切努力时，却发现他曾引以自豪的二品京官并不能为他提供什么帮助，这就使他早年那颗热衷功名的心渐渐冷淡下来。所以他在《孙鼎庵先生六十寿序》中说自己“急于科举而淡于仕宦者又与先生之志趣相类”[2]，并在一首诗中发出“补天倘无术，不如且荷锄”[3]的慨叹。

咸丰二年六月，曾国藩得江西乡举试差，并获准事罢回家探亲。他得此机会如释重负，立即登程南下。走到安徽太湖县境内的小池驿，忽然接到其母江氏去世的讣闻，遂迅速由九江乘船西上，急急回籍奔丧去了。

赛尚阿赶到广西之后，清军内部不和的问题仍然无法解决。各路清军围困永安半年，指挥始终不能统一，行动也难于一致。咸丰二年，太平军从永安突围北上，各军多遥遥尾随，唯乌兰泰穷追不舍，遂为太平军伏兵所败，不久即在桂林城外被太平军打伤，死于阳朔。于是太平军的主要对手就剩下向荣一人了。自从蔡村大败又遭赛尚阿参劾之后，向荣一直心怀不满，消极观望。太平军由桂林解围北上后，清政府命向荣跟追，向荣称病留驻桂林，拒不从命。咸丰皇帝愤而将其革职留用，亦无济于事，直到赛尚阿被劾革职，他才匆匆由桂林赶到前线。

曾国藩行至武汉，从湖北巡抚常大淳处得知长沙被围，便从岳州改行旱路，经湘阴、宁乡转回故里，从此开始了为期四个月的乡居生活。

1. 黎庶昌：《拙尊园丛稿》，第三卷，第 2 页。

2.《曾文正公文集》，第三卷，第 34 页。

3.《曾文正公诗集》，第三卷，第 10 页。

二 创建湘军（咸丰三年至咸丰四年 1853—1854）

曾国藩传

应命出山

曾国藩在白杨坪居住了不到半年。在这短短的几个月中，太平天国革命又有了很大发展，全国政治形势也发生很大变化。

当太平军围困长沙时，从各地赶来的清军又从外面将太平军包围。清军方面，城内外共有一大学士、两总督、三巡抚、三提督，总兵十一二员，兵勇六七万人。但由于没有统一指挥，所以行动很不一致，除向荣一试败北之外，其他各部皆观望不进，以致太平军夜半撤围北走，直到第二天上午清军才发觉，亦不敢紧追。因而太平军一路顺风，渡洞庭湖后如入无人之境，仅月余时间，即克岳州，占汉阳，下武昌。消息传到北京，清政府一片惊慌，立即下令将署理钦差大臣、署理湖广总督徐广缙革职拿问[1]，改任湖北提督向荣为钦差大臣，倚为长城。然而他已经吃尽了太平军的苦头，既不敢穷追紧逼，更不敢迎头拦截，只不过远远尾追而已；直到太平军攻占江宁后，向荣才赶到城外，在孝陵卫一带扎下大营。这就是史书上所说的清军江南大营。不久，琦善又在扬州设清军江北大营，与向荣一起威胁和监视太平天国的首都天京。

在太平军的进攻面前，各地驻军更是一触即溃，有的甚至闻风而逃。太平军从全州至武昌攻占所有各城，都没有遇到强大的抵抗。江忠源后来曾大发感慨地说："军兴以来，法玩极矣！全州以失援陷，而赴援不力者相仍；道

1. 徐广缙此前已被革除两广总督之职，但仍署理着钦差大臣和湖广总督之职。

州以弃城陷，而望风逃溃者接踵。驯至岳州设防不能为旦夕之守，九江列舰不能遏水陆之冲，文武以避贼为固然，士卒以逃亡为长策。”[1]曾国藩也说：“自军兴以来二年有馀，时日不为不久，糜饷不为不多，调集大兵不为不众，而往往见贼逃溃而未闻有与之鏖战一场者，往往从后尾追而未闻有与之拦头一战者。其所用兵器，皆以大炮、鸟枪远远轰击，未闻有短兵相接，以枪钯与之交锋者。”[2]在太平军的打击下，清朝绿营兵的腐败无用暴露得就更加明显。

嘉庆初年镇压白莲教起义时，清政府曾号召所在地方官举办团练，协助绿营兵堵截追杀。最出名的团练武装主要有两股，分别由四川惯匪罗思举和游民桂涵带领，其凶残亡命过于官军，为清政府屠杀革命人民效尽犬马之劳。后来二人皆官至提督。鉴于这一历史经验，清政府在镇压太平天国革命和各地会党活动之初，就非常重视团练的作用。早在道光三十年九月，清政府就指示两广总督徐广缙亲赴广西劝谕士绅举办团练，至咸丰元年四月，广西地方官向清廷奏称，广西已通省举办团练，并一再奏报团练武装捕杀当地会党群众的情形，为反动士绅请功。团练武装不仅在各地拦击小股起义队伍，袭杀零散会党群众，还直接配合清军围剿太平军。太平军紫荆山根据地的双髻山要隘，就是当地团练武装配合清军向荣部攻陷的。咸丰二年太平军进入湖南，清政府又命令两湖地方官，尤其湖南官员举办团练，并令原湖北巡抚罗绕典驰赴湖南，协助湖广总督与湖南巡抚劝谕士绅，办理团练。不过当时还没有任命团练大臣。到了这年秋天，清政府见各地官员出于种种原因，不能有效地组织当地士绅举办团练武装，太平军所到之地，整个统治机器顷刻瓦解，遂采取两条措施，加紧举办团练。一是扩大举办团练的范围。自咸丰三年二月起，清政府发布命令，要求全国各省地方官普遍举办团练，不再限于太平军已经到达的地区。二是任命丁忧或请假在籍的官员为团练大臣，利用其人地两熟、便于联络各地士绅的条件，专门负责团练事务，以弥补地方官之不足。

清政府最早设团练大臣是在咸丰二年八月，任命的第一个团练大臣是江

1. 朱孔彰：《中兴将帅别传》，第三卷，第 12 页。

2.《曾文正公奏稿》，第一卷，第 56 页。

西团练大臣、前刑部尚书陈孚恩；接着，当年十一月二十九日（1853年1月8日）任命曾国藩为湖南团练大臣；十二月二十五日任命在籍养病的前广西巡抚周天爵为安徽团练大臣；不久，又命工部侍郎吕贤基、翰林院编修李鸿章回安徽原籍办团练。不过这时设置团练大臣还仅限于太平军势力所及各省，人数也比较少。自咸丰三年二月将举办团练的政策推行于全国各省之后，团练大臣也一天天多起来，至当年二月底止，短短一个月内，就先后任命四批团练大臣，连陈孚恩、曾国藩、周天爵、吕贤基在内总计达45人，人数最多的山东一省就有团练大臣13人，比它稍次的江苏省也有团练大臣8人。同时，清政府还命令内阁将咸丰皇帝历次下达的有关举办团练的谕旨以及嘉庆年间明亮、德楞泰的《筑堡御贼疏》、龚景翰的《坚避清野议》刊刻印发各省，参照执行。由此可以看出清政府的团练政策和为动员各地土豪劣绅举办团练所做的努力。

湖南地主阶级具有丰富的镇压农民反抗的经验，其举办团练的历史也是由来已久的。早在乾隆末年，辰州府凤凰厅同知傅鼐就曾用普遍筑堡办团、募勇集练成军的办法镇压了湘黔边境的苗民起义。道光以来，反动士绅募勇成军镇压农民和少数民族起义的例子更是屡见不鲜，史不绝书，其中最突出的事例是江忠源。江忠源的家乡新宁县文化非常落后，“清代向无捷乡试者，迨丁酉科江忠源以拔贡中式，人谓之破天荒”[1]，以是小有名气。但因其赌博嫖妓，遂为湖南“礼法之士”所不齿，唯与欧阳兆熊、郭嵩焘、曾国藩等人友善[2]。道光二十七年，江忠源家乡新宁县爆发雷再浩起义，被他募勇镇压下去，由此名声大噪，保为知县，简发浙江，很快实授秀水知县，不久丁忧回籍。咸丰元年六月，赛尚阿充任钦差大臣，疏调江忠源随营差遣。他闻命即起，迅速赶往广西前线，留在乌兰泰幕中参谋军事，并令其弟江忠濬募勇五百名带往广西随营作战，号称楚勇，甚得乌兰泰赏识。这是湖南乡勇最早出省作战。咸丰元年（1851）年底，江忠源从永安城外回家养病，闻太平军围攻桂

---

1. 徐凌霄、徐一士：《曾胡谈荟》，《国闻周报》第六卷，第27期。

2. 欧阳兆熊：《春窗梦呓·英雄必无理学气》，《小说月报》第二年第8期。《曾文正公文集》，第三卷，第70页。

林，又立刻增募新勇，力疾再出，并邀请刘长佑为助手，兼程赶赴桂林军营。刘长佑（1818—1887）字子默，号印渠，湖南新宁人，出生于一个小富绅家庭。自幼读书，屡试不中，在岳麓书院先后读书十二年，直到道光二十九年始考取拔贡生。这年冬，雷再浩旧部李沅发在新宁起义，刘长佑亲自组织团练，参加了镇压活动。转年经江忠源引荐，在京求见曾国藩。曾国藩对他“深相爱重”，一见即“叹曰：‘戡（音“堪”）乱才也’”[1]。他与江忠源自幼气味相投，又是姻亲，所以一得到邀请便欣然应命，从此开始了镇压太平天国革命的军事生涯。在桂林城外，江忠源、刘长佑率领的楚勇曾屡次与太平军交战，江忠源亦因此迁为知府。后因与向荣意见不合，离营回湘，闻太平军从桂林撤围北上欲入湖南，急在湘江上游的险要地段蓑衣渡设伏袭击太平军，致使太平军兵力损耗一半，辎重给养全部丢弃，杰出领导人冯云山壮烈牺牲，遭受起义以来从未有过的损失。当时长沙兵力空虚，士无战心，城墙倾圮，城门残缺不全，若太平军沿湘江顺流而下，攻取长沙是很容易的。由于江忠源的袭击，迫使太平军不得不弃舟登陆，绕道湘南，以致丧失了攻克长沙的最好机会。其后江忠源又间道趱程赶往长沙，参加了各路清军防守长沙的战斗，并因长沙城守及镇压会党起义之功擢为道员。

曾国藩的家乡湘乡县也是湖南举办团练最早的县份之一。早在道光二十九年曾国藩的二弟曾国潢就在家乡组织“安良会”，对付吃“排饭”的饥民。咸丰元年刘东屏、刘蓉父子和曾麟书、曾国潢父子在湖广总督程矞采、湘乡知县朱孙诒的支持下组织团练武装，镇压湘乡县境内的抗粮斗争。他们亲自购置眼线，率勇捕人，连自己的亲戚朋友也不放过，很快把这场斗争镇压了下去。咸丰二年春太平军久攻桂林不下，广西巡抚邹鸣鹤即移咨湖广总督程矞采，言太平军有入湘之象，让湖南方面早作准备。消息传出后，湖南各县官绅纷纷举办团练，而湘乡知县朱孙诒则尤为积极。他亲自召集各乡巨绅议定团练章程，并在湘乡县城和永丰、娄底两处分设三个团练局，号召各乡士绅普遍办团。同时还在湘乡县城成立总团，请曾国藩的父亲曾麟书以湘乡首

1.《曾文正公手书日记》，咸丰八年九月初十日，《中兴将帅别传》，第四卷，第 22 页。

户巨绅总其成，并敦请著名士绅罗泽南、刘蓉等协办本县团练。

罗泽南（1807—1856）字仲岳，号罗山，自幼家贫，十九岁起以教书为生。他刻苦攻读，屡应乡试不中，直到道光三十年才被湘乡知县朱孙诒举为孝廉方正。罗泽南早年交游不广，道光十八年始与刘蓉交好，道光二十四年又与郭嵩焘、郭崑焘兄弟相识，直到咸丰元年在善化贺长龄家教书时方与曾国藩通信。罗泽南是个忠于封建礼教的士人，多年来潜心程朱理学，并著有《西铭讲义》《人极衍义》等书,甚为曾国藩所推崇。曾国藩说罗泽南之志“以为天地万物本吾一体，量不周于六合，泽不被于匹夫，亏辱莫大焉”[1]。他曾长期在善化、湘乡等地教书，向青年学生灌输封建伦理观念，培养出一大批忠于封建秩序的儒生。湘军骨干人物王鑫、李续宾、李续宜、刘腾鸿、杨昌濬、刘典等都是他的学生。王鑫（1825—1857）字璞山，原名开作，字家宾，二十岁入县学，同年投到罗泽南门下为弟子，初办团练时王鑫最积极，在罗泽南诸弟子中地位亦最高，湘乡练勇集训之始，他就独领一营，所以后来的湘军将领多为罗、王、江、刘旧部。李续宾（1818—1858）字迪庵，湖南湘乡人。李续宜字克让，号希庵，李续宾胞弟。李续宾年少时膂力过人，不喜读书，因亲老家贫，以贩煤养亲并供弟读书。罗泽南欣赏他的“孝友”，将他兄弟二人一并收为弟子。刘腾鸿字峙衡，杨昌濬字石泉，刘典字克庵，皆为湘乡人，罗泽南办团练时他们都一齐参加进来，后来皆成为著名的湘军将领。

太平军进入湘南地区后，湖广总督程矞采曾令湘乡知县朱孙诒募勇千人赴衡州防堵，从此，湘乡县不仅有遍布各乡的团丁，还有一支由官府出钱、集中于县城进行编练的练勇。当时湘乡练勇有一千多人，分为中、左、右三营，分别由罗泽南、王鑫、康景晖带领（后来右营营官改任邹寿章）。太平军离开湖南后，罗泽南因办团练出力被保为候补训导。

除新宁、湘乡而外，湖南的其他县份也办起了团练，用以对付会党起义和群众抗粮斗争。其组织办法与湘乡相似，通常是各乡普遍办团，同时招募

1.《曾文正公文集》，第四卷，第 20 页。

部分乡勇在县城集中训练，称为练勇，费用由各府、县官库支给。其余各乡团练则由各乡绅自行筹集，自行经管。在镇压各地会党和防堵、袭击太平军的活动中，除以上两县外，辰州、宝庆、泸溪、浏阳等地的练勇也比较有名，皆已编练成军。这些练勇就成为后来曾国藩创办湘军时最初的组织基础。

曾国藩于咸丰二年十二月十三日（1853 年 1 月 21 日）接到寄谕，令其协同巡抚办理湖南团练，镇压农民反抗。当时，他刚在两个月前将其母的棺柩厝置于居室之后，还没有来得及举行葬礼，接到这个谕旨，不由使他左右为难起来。当时太平军离开湖南不久，各地会党十分活跃，纷纷起事，犹如一锅即将沸腾的开水。对地主阶级来说，镇压这些在太平天国革命鼓舞下即将起来造反的群众，尽快恢复封建秩序，不能说不是当务之急。这也正是曾国藩日思夜想、视为至重至大的问题。他在丁忧乡居期间所写的《保守太平歌》，其主旨就是动员地方士绅组织起来对抗农民革命的。既有如此机会，何不出手一试？从这方面想，曾国藩觉得是应该出山的。但想到另一方面，又使曾国藩感到难于成事，顾虑甚深。他一怕丁忧期间出来任事受人讥笑，二怕在自己家乡办理地方事务多有不便；不过这还都是次要的，更为主要的是，他痛恨统治阶级当权者的腐败无能和一般地主士绅的软弱散漫，担心难以同这些人合作。倘若事事掣肘、处处荆棘，则自己无望成功、有缘受过。与其将来自遗后悔，不如现在就深居不出。他在给朋友的信中描写当时愤愤不平的心情说：“今日不可救药之端，唯在人心陷溺，绝无廉耻。……窃尝以为，无兵不足深忧，无饷不足痛哭，独举目斯世求一攘利不先、赴义恐后、忠愤耿耿者不可亟得，或仅得之而屈居卑下，往往抑郁不伸，以挫、以去、以死，而贪饕退缩者果骧首而上腾、而富贵、而名誉、而老健不死。此其可浩叹者也。”[1] 想到这些，又使曾国藩神气沮丧，裹足不前，遂具疏辞谢，陈请终制，准备交张亮基代发。

不料就在这时，忽然接张亮基的来信，惊闻太平军攻克武汉的消息。曾国藩的心立刻紧缩起来，深恐太平军一旦反攻过来，巢穴不保，安身无处，

1.《曾文正公书札》，第二卷，第 5 页。

因而心为所动，感到深居山林，亦非乱世良策，又对自己的决定踌躇起来。恰在此时，郭嵩焘受张亮基之托，连夜赶到曾家，敦劝曾国藩出山。郭嵩焘对曾国藩说，你“本有澄清天下之志，今不乘时而出，拘于古礼，何益于君父？且墨绖从戎，古之制也”[1]。这些话正中曾国藩的下怀，只是难于改口。于是郭嵩焘又去动员曾国藩的父亲，曾麟书亦同意郭的看法，怂恿曾国藩出办团练。这样，曾国藩既有保全桑梓的名号，又有父命可秉承，就不怕别人疑其用心、讥其不孝了，因而破釜沉舟，决意出山。后来他在给江忠源的信中解释自己的这一思想变化时说：“大局糜烂至此，不欲复执守制不出之初心，能尽一分力，必须拼命效此一分，成败利钝，付之不问。”[2]这些话是基本符合他的实际情况的。这也说明，他在乡居的几个月中思想又深化了一步。他之所以把问题看得那么难，就是因为他对问题想得比当时的一般人深透得多，要解决这些问题就决不是小修小补所能奏效的，因而不干则已，干必从头做起，放手大干。曾国藩就是带着这种拼命直前、不顾一切的情绪投入对农民阶级和内部反对派的斗争的。

咸丰二年十二月十七日（1853 年 1 月 25 日），曾国藩和郭嵩焘一起从家乡动身前往长沙。途经湘乡县城时，又特意会见了朱孙诒、罗泽南、刘蓉、王錱等人。他们刚接到湖南巡抚张亮基征调湘乡练勇一千人赴省守卫的札饬，便与曾国藩一同启程，二十一日赶到长沙。这些人也就成为曾国藩办理团练、训练湘军的最初班底。

办团练勇

太平军离开湖南后，湖南原有驻军大部分跟随向荣一起尾追而去，因而造成湖南省城长沙和全省各地兵力空虚的局面。对于这种状况，曾国藩深感忧虑，一方面害怕太平军重新打回来，攻打长沙，本省无力防守；一方面又怕群众起

1. 朱孔彰：《中兴将帅别传》，第一卷，第 2 页。

2.《曾文正公书札》，第三卷，第 39 页。

来造反，省城与各县无兵可派。曾国藩的担心并非无据。太平军攻克武昌后声势大震，已成不可阻挡之势，虽然暂时移兵下游，但依照曾国藩之见，必有重新打回来的一天，只不过时间早晚而已。因而长沙没有重兵守卫是非常危险的。当时湖南各地的会党群众，尤其衡阳、永州、郴州、桂阳地区和宝庆府，在太平天国革命的鼓舞下十分活跃，若不及时镇压下去，必然变成第二个广西。曾国藩对这种情况的担心并不亚于前者。倘若两种情况同时出现，交相呼应，湖南就不为官府所有了。因而曾国藩一到省城，就面临两个最迫切的任务：一是加强防卫省城的军事力量，太平军一旦来攻，可据城防守；二是迅速将各地会党镇压下去，清除太平军的内应，恢复和稳定被打乱的社会秩序。这两件事都必须赶在太平军打回湖南之前做完，否则结局不堪设想。

针对上述情况，曾国藩采取了三种对策。曾国藩认为，对付集中而强大的太平军，必须有一支凶悍敢战的军队。有了它，太平军返回湖南，可以据城抵抗，守卫桑梓；太平军不来湖南，则可以出省作战，主动进攻。而这支军队的来源不外两个途径；一是从外省调拨，一是自己募勇训练。从当时情况看，第一种办法是行不通的。各省既已自顾不暇，何有兵力支援别省？况且即使费尽气力拼凑一些，也不一定顶用。因而最好的办法还是募勇训练，自己解决。湖南巡抚张亮基早已想到了这一点，并且在此之前已札调湖南一些府、县的练勇来省城助守。曾国藩带领湘乡练勇赶到长沙时，各县练勇也陆续赶到，其中主要有新宁县的新宁勇、辰州府的辰勇、宝庆府的宝勇、浏阳县的浏勇、泸溪县的泸溪勇等。曾国藩还就如何办理团练和集训练勇的问题与张亮基进行过讨论。曾国藩认为，“团练仅卫乡里，法由本团醵（音“聚”）金养之，不饷于官，缓急终不可恃”[1]。因而提出将所调各县练勇改为募勇，训练成军，用以对抗太平军和镇压本省各地会党活动。张亮基同意了曾国藩的意见，遂将调集省城的各县团练武装改为官勇，由湖南巡抚和团练大臣负责指挥，发粮饷。当时曾国藩称湖南官勇为“大团”。他到达省城的第二天，就在征得张亮基的同意之后，发出了他早已拟好的奏折。曾国藩在奏折中说，

1. 黎庶昌：《拙尊园丛稿》，第三卷，第3页。

太平军既破武昌，就有重回湖南的可能，长沙为省城重地，不能不严为防守。现在湖南兵力空虚，长沙防御薄弱，而邻近各省又无兵可调，因于湖南省城立一大团，就各县曾经训练之乡民，择其壮健而朴实者招募来省，参照前明戚继光、近人傅鼐成法，实力操练，以便镇压各地大股农民起义和守卫省城。可以说这是曾国藩募勇成军的最初设想。

曾国藩虽然身为团练大臣，但并不相信团练武装在对太平军的作战中能发挥什么作用。他认为，嘉庆年间虽有依靠团练武装镇压白莲教起义的成功经验，但至咸丰初年，情况发生了很大变化，已不甚适用了。首先是饷源不同。嘉庆初年，团练费用出自国库，因而可以大力举办，不会增加地方和民间负担。到了咸丰初年，清政府财政拮据，军饷尚且难以为继，何有余力供给团练费用？因而团练经费概由地方士绅自筹自管，与官府无涉。其次是作战对象不同。当时的白莲教起义人少分散，此伏彼起，内部宗派分歧，没有统一指挥，利于各地团练武装堵截追袭，各个击破。而太平军则组织严密，指挥统一，水陆并进，号称百万。一旦行动起来，急如风雨，力过千钧，清朝正规军八旗、绿营且逃之唯恐不速，团练武装何能螳臂当车？更有甚者，如果委任不得其人，承办人员乘机搜刮民财，必使走投无路的广大群众起而反抗，无异火上浇油。这样来举办团练，不仅不能达到自救的目的，反而会引火烧身，加速灭亡。这在历史上是不乏其例的。明代末年加派辽、练、剿三饷所引起的严重后果，对清朝来说可谓殷鉴不远。曾国藩熟悉往代历史，深恐发生这种情况，所以对举办团练一事采取不求其成，但防其弊的态度，即使团练自行瓦解也在所不惜。他在给朱孙诒的信中说，“去冬之出，奉命以团练为名，近来不谈此二字，每告人曰乡村宜团不宜练，城厢宜练不宜多。如此立说，明知有日就解散之弊，然解散之弊尚少；若一意操切行之，则新进生事者持札四出，讹索逼勒，无所不至，功无尺寸而弊重邱山，亦良可深虑也。”[1] 他在给张亮基的信中则干脆说：“唯团练终成虚语，毫无实裨，万一土匪窃发，乡里小民仍如鱼听鸣榔、鸟惊虚弦，恇怯四窜，难可遽镇也。”[2]

1.《曾文正公书札》，第二卷，第16页。

2.《曾文正公书札》，第二卷，第21页。

但曾国藩是团练大臣，咸丰皇帝给他的任务是“帮同办理本省团练乡民搜查土匪诸事务”，并没有让他募勇练兵，建立军队。所以他不得不打着办团练的旗号，把自己的计划纳入其中，以求名正言顺。为此，他在“团练”二字上大做文章，将本来并无二致的一个名词“谬加区别”，一分为二，一则称“团”，一则称“练”，把它变成高下悬绝的两种不同组织。他说：“团练二字宜分看：团即保甲之法，清查户口，不许容留匪人，一言尽之矣；练则制械选丁，请师造旗，为费较多。”[1]后来他在向别人介绍经验时又说，“团练一事，各省办法不同，议论各异，约而言之不外两端：有团而兼练者，有团而不练者。团而不练者不敛银钱，不发口粮，仅仅稽查奸细，捆送土匪，即古来保甲之法；团而兼练者必立营哨，必发口粮，可防本省，可剿外省，即今日官勇之法。国藩于咸丰二年冬奉旨办团练，即募乡勇一千零八十人在省集训”，“系在藩库支饷。余皆团而不练，不敛民财”[2]。可见曾国藩当时虽名为团练大臣，但对于一般乡团并无太大的兴趣。他既没有机械执行清政府的命令，也没有盲目效仿前人，照抄邻省，而是根据实际情况和地主阶级的根本利益，打着办团练的旗号另搞一套，志不在团练，而在建军。应该说，曾国藩的政治眼光还是高出清政府和同时流辈的。他自己对此亦非常得意，说“默思所行之事，唯保举太滥是余乱政，不办团、不开捐是余善政”[3]。

对于那些已经组织发动起来、而州县又无力对付的大股会党起义，曾国藩则令当地官员和团练头子提供情报，布置眼线，一面就地监视，一面向省城报信，由他派勇前往镇压。当时曾国藩集练的湖南官勇，即所谓“大团”，主要是在省内作战，镇压本省公开起来造反的农民和堵截邻省进入湖南的小股起义军。咸丰三年二月，衡山会党曹戭、李跃在草市聚众起事，曾国藩即派刘长佑、王鑫率勇前往镇压。这是这支初创的反动武装第一次离开长沙赴外县作战。从此以后，凡遇有规模较大的起义而州县无力对付者，辄派他们前往，凶焰遍及酃县、衡山、兴宁、茶陵、安仁、宜章等地。

1. 曾国藩：《曾文正公全集·批牍》（以下简称《曾文正公批牍》），第一卷，第1页。

2.《曾文正公书札》，第十三卷，第1—2页。

3.《曾文正公家书》，同治元年十二月二十日。

曾国藩集练的湖南官勇第一次出省作战，是咸丰三年赴援江西之行。这年夏天，湖北按察使江忠源奉命帮办江南军务，由湖北广济前往江南大营赴任，行至九江，惊闻太平军欲攻打南昌的消息，急忙赶到南昌城中助守，以所带兵勇过于单薄，奏请增援。曾国藩同湖南巡抚骆秉章商定，派楚勇二千、湘勇一千、镇筸兵六百，共计三千六百人，由夏廷樾、朱孙诒、郭嵩焘、罗泽南率领，分三批启程前往南昌。结果带兵书生心狠手拙，在南昌城下遭到太平军的伏击，死骨干七人、兵勇七八十人，罗泽南的得意门生谢邦翰、易良干、罗信东、罗镇南等同日毙命。曾国藩听到这个消息且喜且忧：喜的是书生临阵敢战，远胜绿营员弁，亦证明他不用营弁、纯用书生带兵的办法切实可行；忧的是初集之勇尚不善战，尤其谢邦翰、易良干等人皆为罗泽南手下得力骨干，竟一战死去，不能不使曾国藩痛心。当时湘勇虽数逾两千，经过训练者实则只有三营一千多人。罗泽南带往江西的一千湘勇，也只有一营受过训练，其他两营皆是未经训练的新募之勇，谢邦翰营即其中之一。从此曾国藩更加重视对新勇的训练，把它看作决胜的基础。

咸丰二年底曾国藩初到长沙时，张亮基所调各县练勇，除湘勇外还有新宁勇、浏勇、泸溪勇、辰勇、宝勇等，其后新宁勇、泸溪勇在张亮基调任署理湖广总督时全部被带走，辰勇、宝勇交由塔齐布教练，实际上由曾国藩直接训练的只有湘勇。曾国藩最初带往长沙的湘勇只有一千零八十人，分为三营，中营由罗泽南管带，左营由王鑫管带，右营由邹寿章管带。咸丰三年夏，湘勇已增募至八营二千七百人，罗泽南率领三营一千人赴援江西，王鑫率一营前往衡山、桂东、兴宁一带镇压会党，邹寿章率一营去浏阳守卡，防止太平军由江西进入湖南。这样，曾国藩身边便只有新募的新化勇三营一千多人了，于是他便对这批新勇进行严格训练。

曾国藩对付个别群众和小股会党反抗活动的政策是“就地正法”。其具体办法是令各地团练头子直接捕杀和捆送形迹可疑、眉眼不顺之人，或批令各县就地处决，或送往省城交他讯办。当时政局动荡，天下大乱，一般地主富户都不敢公开同贫民、会党作对，各地肯于出面办理团练的多是为恶一方的土豪劣绅。他们平时武断乡曲，鱼肉百姓，一旦办起团练，就更是无法无天，成为当地的土皇帝。他们所纠集的乌合之众虽然打起仗来没什么战斗力，但其残忍嗜杀则过于清朝的正规军。所以曾国藩说，“以之御粤匪则仍不足”，但“以之防土匪则已有馀”[1]。为了迅速地把各地农民的反抗活动镇压下去，曾国藩大张绅权，积极扶植这帮地主，用以对付贫苦农民和会党群众，并美其名曰“借一方之良锄一方之莠”[2]。所谓“良”即“良民”，指那些积极起来维护封建秩序的土豪劣绅；“莠”即“莠民”，指那些不甘忍受封建剥削和压迫的贫苦农民。

曾国藩还提倡以本乡、本族之绅捕杀和捆送本乡、本族敢于反抗之民，“轻则治以家刑，重则置之死地”[3]，处治大权尽归团长、族长掌握，这样既了解情况，又可避免引起乡村或宗族间的争斗。开始，曾国藩与张亮基商定，各地团练头子抓到会党群众捆送省城者，概交湖南首县善化县审理；后来曾国藩嫌其杀人不多不快，便在团练大臣公馆设立审案局，甚至已经送到善化县的人，也要强行提来杀掉。曾国藩早就对清朝地方官吏腐败无能深怀不满，更不信任承办案件的胥隶、书役人员，决心于司法机关之外设置新的机构，自行审案杀人。他在给朋友的信中说：“顷已在公馆立审案局，派知州一人、照磨一人承审匪类，解到重则立决，轻则毙之杖下，又轻则鞭之千百。敝处所为，止此三科，巨案则自行汇奏，小者则惟吾专之，期于立办，无所挂碍牵掣于其间。案至即时讯供，即时正法，亦无所期待迁延。”[4]

他为了调动州县官员和土豪劣绅的积极性，将过去衙门办案的“一切勘转之文、解犯之费都行省去，宽以处分，假以便宜”[5]，为这些恶棍捕杀和捆送农民大开方便之门。同时，对被捆送者的处置，既不依照法律条文，也不需任何证据，唯以土豪劣绅们的言辞和要求为据，稍加讯问，立即结案，重则砍头，轻则杖毙，最轻的也要鞭之千百，瘐死狱中。总之，曾国藩的审案

1.《曾文正公奏稿》，第二卷，第2页。

2.《曾文正公书札》，第二卷，第5页。

3. 同上，第二卷，第4页。

4. 同上，第二卷，第15页。

5. 同上，第二卷，第1页。

局就是阎王殿，土豪劣绅犹如无常鬼，凡是被各地团练头子捆送审案局的人，就休想活着回去。据曾国藩自己奏称，截至咸丰三年六月止，仅四个月内，审案局就直接杀人一百三十七名，其中“立予正法”者一百零四名、“立毙杖下”者二名、“监毙狱中”者三十一名。曾国藩批令各县就地处死者和后来捕捉的串子会群众九十二名尚不在其内[1]。他自己后来承认杀了二百多人，实际当大大超过此数。

曾国藩所以采用这种非常手段对付敢于起来进行反抗的农民群众，不外这样几个目的：首先是制造白色恐怖，使当地群众不敢接近太平军。当他听说江西百姓纷纷欢迎太平军，并以粮食、用品相接济时，恨得咬牙切齿地说：“贼若侵犯楚疆，敢有乱民效彼之为，吾纵不能剿贼，必先剿洗此辈！”[2]他认为只有“使民畏我远过于畏贼”[3]，才能达到孤立太平军的目的，这样，即使有一天太平军打进湖南，得不到当地群众的支持，也就无所作为了。其次是杀一儆百，使在太平军鼓舞下革命情绪日趋高涨的广大群众重新屈服于清朝反动统治者的淫威之下，以尽快恢复被太平军和会党冲乱了的社会秩序。曾国藩认为，由于几十年来“应办不办之案”“应杀不杀之人”层积无数，加以各地农民纷纷造反，尤其太平天国革命的鼓舞，使社会底层的贫苦农民也抬起头来，“遂以为法律不足凭，长官不足畏”，“若非严刑峻法，痛加诛戮”，就不能打消人民企图摆脱清朝统治的念头，使一些即将起来造反的人重新回到封建秩序中来。所以他效法“武健之吏”，“不复拘守常例”，用极为残酷的手段对付敢于反抗的农民，惩既往而儆效尤。他还在奏折与书信中一再表示，只要能使地主士绅安居乐业，自己即“身得残忍严酷之名亦不敢辞”[4]。第三是为土豪劣绅撑腰，以便把他们发动起来，举办团练，重新组织起地主阶级的队伍，对抗农民革命。早在咸丰元年曾国藩就已经看到，在会党活跃的湘南地区，已有一部分地主士绅向当地农民低头，虽然心里不情愿，表面上却不得不低

1.《曾文正公奏稿》，第二卷，第 6 页。

2.《曾文正公书札》，第二卷，第 26—27 页。

3. 同上，第五卷，第 42 页。

4.《曾文正公奏稿》，第二卷，第 2—3 页。《曾文正公书札》，第二卷，第 9、12、16 页。

声下气，甚或送钱送酒讨好会党，以求旦夕之安。他认为，在整个地主阶级人心惶惶、垂头丧气的情况下，如果不把农民的气势压下去，乡里的大多数地主老财便不能抬起头来，更不敢公开响应他的号召，组织团练对抗太平军和当地起来造反的农民。因而他在给欧阳兆熊的信中说："人心陷溺固已抵此，独严缚匪党，动与磔死，差令良善得以伸彼之气而应吾之令耳。"[1]

当时湖南会党的势力是很强的，虽有一部分随太平军离开湖南，但潜在势力仍然很大，他们正积极活动，准备发动较大规模的起义，整个形势若箭在弦上，弯弓待发。湖南地方官明知此情却莫敢如何，深恐激成大变，引火烧身，因而相与掩饰，以求苟安一时，其情形与太平天国起义前夕的广西非常相似。曾国藩于咸丰三年春在奏折中描写当时的形势说："湖南会匪之多人所共知。去年粤逆入楚，凡入添弟会[2]者大半附之而去，然尚有余孽未尽。此外又有所谓串子会、红黑会、半边钱会、一股香会，名目繁多。往往成群结党，啸聚山谷，如东南之衡、永、郴、桂，西南之宝庆、靖州，万山丛薄，尤为匪徒卵育之区。""盖缘近年有司亦深知会匪之不可遏，特不欲祸自我而发，相与掩饰弥缝，以苟且一日之安，积数十年应办不办之案而任其延宕，积数十年应杀不杀之人而任其横行，遂以酿成目今之巨寇。"[3]由于曾国藩的残酷镇压，致使已经发动起来的起义尽被扑灭，正在酝酿的起义销声敛迹，被冲乱的封建秩序迅速得以恢复，地主官绅重新巩固了自己在广大城乡的统治，使湖南不仅没有成为一个新的革命策源地，反而成为曾国藩集团镇压太平天国革命的首要基地。

但是，曾国藩如此残暴地屠杀会党群众，不仅为广大人民所切齿痛恨，也受到社会舆论的抨击，一时间"曾剃头""曾屠户"之类的诨号和各种诅咒传遍湖南，致使对他追随很紧的李瀚章等人都为他担起心来，不得不致书规劝。

当统治阶级用正常的法律手段无法镇压人民的反抗时，总是采用一种非常手段。所以，曾国藩的做法虽然遭到人民的痛恨和一部分士绅、官员的反

1.《曾文正公书札》，第二卷，第 14 页。

2. 此处"添弟会"系指太平天国的拜上帝会。

3.《曾文正公奏稿》，第二卷，第 2 页。

对，但却得到清朝最高统治者咸丰皇帝的支持。咸丰三年二月曾国藩上奏自己办理团练的政策时说，对于“教匪”“盗匪”“会匪”以及逃兵、溃勇、乞丐、游手等“游匪”，“尤认真查拿，遇有形迹可疑曾经抢掠结盟者，即用巡抚令旗，恭请王命，立行正法。臣寓馆设审案局，派委妥员二人，拿获匪徒，立予严讯。即寻常痞匪，如奸胥、蠹役、讼师、光棍之类，亦加倍严惩，不复拘泥成例，概以宽厚为心”；又说：“当此有事之秋，强弱相吞，大小相侵，不诛锄其刁悍害民者，则善良终无聊生之日，不敢不威猛救时，以求于地方有益。”他向皇帝表示：“臣之愚见，欲纯用重典，以锄强暴。但愿良民有安生之日，即臣身得残忍严酷之名亦不敢辞；但愿通省无不破之案，即剿办有棘手万难之处亦不敢辞。”[1]奏折呈上之后，咸丰皇帝立即在上面朱批道：“办理土匪，必须从严，务期根诛净尽。”[2]当曾国藩在湖南官场中极为孤立的时候，得到咸丰皇帝的这个朱批，如获尚方宝剑，再不怕地方官员的反对和社会舆论的谴责；湖南大吏对曾国藩的这套做法虽有反感，亦不敢公开进行阻挠，只好听之任之。这样，曾国藩就在近代史上开了最恶劣的先例，撇开一切法令条文和司法机关，不经任何法律手续，随意捕人、杀人。因而，他受到其后所有反革命刽子手的崇拜和效法，同时也受到革命人民和一切正直学者的批判。早在清朝末年就有人指出：“就地正法之制倡于湘乡（指曾国藩），秦、隋之暴所未有也。不经法司而可以杀人，则刑部为虚设，而民命同于草芥。淫刑已逞，惨酷已极，彼尚不肯奏改于贼平之日，而谓其不得已之苦衷可以告天地，质鬼神，其谁信之？”[3]应该说，这些话是很有道理的。

本来，清政府在各省设立团练大臣，令其协同地方督抚组织团练，镇压当地农民的反抗活动，不过是在兵力不足、财政拮据的情况下临时采取的辅助手段和应急措施，张亮基札调各县练勇助守省城也是临时抱佛脚的办法，谁也没有把消灭太平军的希望寄托在这伙土头土脑的地主乡团武装的身上。有些官吏甚至把它看成是一种应景的事，虽然太平军攻来时一片惊慌，一旦

1.《曾文正公奏稿》第二卷，第3—4页。

2. 同上，第二卷，第3—4页。

3. 夏震武：《灵峰先生集》，第四卷，第55页。

时过境迁，就很少有人认真对待了。即使一些凛遵王命、办事认真的人，也不过墨守成规，照章搬用，花费巨款纠集一群乌合之众，并无多大作为。正是这种普遍存在的腐败风气和短浅眼光，使那些湖南官员很少有人理解曾国藩的所作所为对他们本阶级的意义，一见曾国藩越俎代庖，到处伸手，严重侵犯了他们的权力，便多方阻难，层层设防，甚至视若寇仇，群起而攻之。

团练大臣既非地方大吏，又非钦差大臣，非官非绅，处境尴尬，是很难有所作为的，更何况力排众议，独辟蹊径？有人说，曾国藩初办团练时，一到长沙就受到“三宪”的轻慢[1]。这里所说的“三宪”当为湖南巡抚潘铎、布政使徐有壬、按察使陶恩培，这是张亮基调走后的情况。湖南巡抚张亮基对曾国藩还是很支持的，曾国藩的出山，甚得张亮基敦促之力。张亮基在长沙时，曾国藩办事很顺利。可惜好景不长，不几天张亮基即被调走，改任湖南布政使潘铎署理巡抚，原云南布政使徐有壬调任湖南布政使，按察使则是刚由衡永郴桂道提升不久的陶恩培。这三个人都不买曾国藩的账，对曾国藩集练的官勇尤为歧视。特别是徐有壬、陶恩培二人，始终反对曾国藩，有时甚至有意刁难，不断发生矛盾，双方结怨甚深。咸丰三年三月潘铎因病请假，前湖南巡抚骆秉章重任旧职，这一变动对曾国藩的处境也并没有带来什么改善。虽然就整个来说，骆秉章是同曾国藩集团配合最好的地方大吏，但在咸丰三、四年间对曾国藩的做法并不理解，虽然没有发生什么公开冲突，但关系却相当淡漠。这就使那些对曾国藩不满的湖南官吏感到有机可乘，无所顾忌，曾国藩也就更加孤立，难以在长沙立足了。

曾国藩在湖南搞得如此狼狈，主要还是由于他手伸得太长，越职侵权，一味蛮干，令湖南大吏无法容忍。例如曾国藩所设审案局随意抓人杀人，便是对湖南司法机关（提刑按察使司）的公然蔑视和侵越；令绿营军官与练勇一起会操，以及弹劾德清、保荐塔齐布，便是对提督权力的蔑视与侵越。他之所以这样做，并非不懂得这层道理和湖南官吏的心理，而是有意标新立异，独出心裁，摸一摸老虎屁股。他在给龙启瑞的信中说：“今年承乏团务，见

1. 赵烈文：《能静居日记》，咸丰十一年八月二十一日。

一二当轴者自藩弥善，深闭固拒，若唯恐人之攘臂而与其间也者。欲固执谦德，则于事无济，而于心亦多不可耐。于是攘臂越俎，诛斩匪徒，处分重案，不复以相关白。”[1] 在给骆秉章的信中也说：“侍今年在省所办之事，强半皆侵官越俎之事。以为苟利于国，苟利于民，何嫌疑之避？是以贸然为之。”[2] 这样，在湖南官员中就不能不引起对曾国藩的憎恶和不满。

按照清朝常例，各省绿营兵辖于总督，巡抚及其以下文官，除兼有提督衔者外，不得干预抚标营以外营兵操练事务。湖南设有提督，绿营操练例由提督负责，巡抚无权过问。曾国藩以在籍礼部侍郎帮办团练事务的身份，当然更无权干预营务了。但是曾国藩却不避嫌疑，通过塔齐布渐渐把手伸向了绿营军。塔齐布（1817—1855）字智亭，满洲镶黄旗人，姓陶佳氏。曾国藩刚到长沙时，曾聘请三位教师教练官勇武艺，塔齐布为其中之一。后来曾国藩辞去其余二人，仅留塔齐布一人，令其教练辰勇和宝勇。当时塔齐布以都司署理抚标中营守备，因其剽悍骁健，无一般旗人和绿营官弁的腐败习气而甚受曾国藩的赏识，一再为他保奏，很快由都司而游击，而参将。塔齐布对曾国藩感恩戴德，唯命是从；曾国藩为取得清政府的信任，亦有意礼贤下士，倾身交纳这个旗人出身的绿营末弁。二人遂交往渐密，事事相依。

曾国藩练勇，除每日进行军事训练外，还规定三、八两日进行政治训练，其具体办法是由曾国藩亲自对兵勇训话，重点是纪律教育和为人处世之道。从咸丰三年四月起，又通过塔齐布传令营兵会操，并与练勇一起听取政治训话，虽盛夏亦无一日之间断。绿营将骄兵惰，一向蔑视团练，轻视文官。在他们看来，曾国藩以团练大臣的身份令他们与练勇会操，简直是一种污辱。此外，他们平日根本不进行认真训练，更兼有烟酒恶习，何能忍受“夏练三伏”之苦？因而对曾国藩此令大为不满，尤以长沙协副将德清反对最力。结果，令出之后，唯塔齐布独领所部前往，其余驻长沙各营不仅拒绝会操，还指责塔齐布谄事曾国藩，群起而攻之。曾国藩闻之，遂以平日惰于操练、战时临阵退避为由参劾德清。德清不服，前赴湖南提督鲍起豹处诉冤，并反控曾国

1.《曾文正公书札》，第四卷，第 43 页。

2. 同上，第二卷，第 41 页。

藩六月操兵为虐待军士，塔齐布与练勇会操为破坏营制。鲍起豹遂扬言，盛夏操兵乃虐待军士，敢有违令操演者军棍从事！塔齐布闻之畏惧，从此再不敢领营兵前去会操。湖南司、道官员等见此情景心中暗喜，认为是对好事者应有的惩戒。在这种气氛下，绿营兵就更加气焰嚣张，肆无忌惮。

不久，鲍起豹的提标兵（又称永顺兵）与塔齐布统带的辰勇因赌博发生斗殴，提标兵鸣号列队，准备讨伐辰勇。曾国藩欲杀一儆百，稍抑绿营兵这种怯于战阵而勇于私斗的风气，遂移咨提督，指名索捕肇事士卒。鲍起豹非常气愤，故意大肆张扬，公然将肇事者捆送曾国藩公馆。提标兵群情汹汹，散满街市，先去围攻塔齐布，毁其居室，塔齐布匿于草中幸免丧命；接着又于当晚冲进曾国藩的团练大臣公馆，枪伤随身亲兵，几乎将他击中。曾国藩狼狈万状，只得向骆秉章求援。曾国藩的公馆就设在湖南巡抚衙门的射圃内，中间仅一墙相隔，事情闹到这般地步，近在咫尺的骆秉章竟装聋作哑，坐观事态的发展，直待曾国藩前去打门，方才故作惊讶，出而解围。骆秉章一到，便给肇事者亲自松绑，并向其赔礼道歉，而对备受屈辱的曾国藩却无一语相慰。事过之后，骆秉章对永顺兵和鲍起豹亦无追究弹劾之词，永顺兵事件遂不了了之。更使曾国藩难堪的是，长沙城中浮言四起，湖南巡抚及司、道官员皆认为曾国藩不应干预兵事，永顺兵事件实属自取其辱。这样，曾国藩就再也无法在长沙待下去了，只好借口湘南形势不稳，须亲自坐镇，于咸丰三年八月离开长沙，移驻衡州躲避。事后他给骆秉章复信解释说："自六月以来，外人咎我，不应干预兵事，永顺一事竟难穷究。省中文武员弁皆知，事涉兵者，侍不得过而问焉。此语揭破，侍虽欲竭尽心血，果何益乎？是以抽掣来此。"[1]

这件事给曾国藩以非常强烈的刺激。经过这次打击和挫折，使他愈益感到绿营兵的腐败不可用，从而更加坚定了另起炉灶、重建新军的决心。同时也使他感到，他所从事的事业是异常艰难的，在他前进的道路上每走一步都会遇到障碍，而欲达到自己的目的，不仅要战胜强大的太平天国革命者，还要排除墨守成规的所谓"文法吏"的层层阻难。要战胜这些反对派，不仅取

1.《曾文正公书札》，第二卷，第 41 页。

决于内部斗争，而且决定于对太平天国军事斗争的成败。因而在自己立足未稳的时候，不想把永顺兵一事反映上去，在咸丰皇帝面前打一场毫无意义的笔墨官司，而是发愤图强，百倍努力，以求早日练成一支精锐的武装，借以取代八旗和绿营等常备军的地位和作用，担负起镇压太平天国革命、支撑清王朝封建政权的任务。用他自己的话说，这叫作“好汉打脱牙和血吞”[1]。后来他在聊天时对心腹幕僚赵烈文说：“起兵亦有激而成。初得旨为团练大臣，借居抚署，欲诛梗令数卒，全军鼓噪入署，几为所戕。因是发愤募勇万人，浸以成军。其时亦好胜而已，不意遂至今日。”[2] 当然，这不过是曾国藩事成之后的自鸣得意之词。然而也可以从中看出他的性格特点和碰壁之后的心理状态。

改革军制

早在京宦时期曾国藩就认为，绿营兵惰将骄，窳（音“宇”）败已甚，不经过一番大力裁汰和痛加训练，根本无法担负起镇压太平军的任务。当时他的建议没有被清政府采纳。回到湖南后，经过一个时期的观察和体验，对绿营兵有了进一步的认识，从而认为“居今之世，用今之兵，虽诸葛复起，未必能灭此贼”，只有改弦更张，另建新军，才有“成功之一日”[3]。

但是未来的新军究竟采取哪种形式呢？这是曾国藩需要考虑的第一个问题。当时，清朝统治者用以镇压人民反抗的武装力量主要有兵、勇和团练三部分。兵又称额兵，是有固定编制的国家军队，其中包括八旗和绿营两部分。八旗即八旗骁骑营，又称旗营，是满洲贵族入关前建立的武装力量，共约二十五万人。绿营以执绿色旗帜得名，是满洲贵族入关以来陆续收降改编的汉族地主武装，共约六十四万人。八旗和绿营皆有兵籍，弁兵父子相承，世

1.《曾文正公家书》，同治五年十二月十八日。

2. 赵烈文：《能静居日记》，同治六年八月二十一日。

3.《曾文正公书札》，第三卷，第 1 页。

代为业。勇指国家临时招募的官勇，有事临时招募，事过随即遣散。这是清政府在遇有战事而兵力不足的情况下采取的一种临时措施。鸦片战争时清政府就曾招募过官勇；太平天国革命兴起后，清政府也曾募集过官勇。江南大营悍将张国梁所统带的就是勇营，穷凶极恶过于绿营；江忠源带往广西的楚勇也属于官勇的性质。团练则是散布乡镇的地主乡团武装，基本上不脱离生产，属于民兵的性质。八旗和绿营都是封建国家的常备武装，团练和官勇则是非常备武装；营兵和官勇经费出于国库，团练自咸丰初年以来基本上由民间筹资，乡绅经管。官勇不同于团练，也不同于营兵，介于二者之间而又兼有二者的特点，带有半官半民的性质。曾国藩既认为绿营兵不可用，又认为团练武装难以得心应手，遂选择了官勇的形式。

另起炉灶、重建新军的思想，曾国藩早在咸丰二年底建议张亮基将所调各县练勇“改募成军”时就很明确。他在给宝庆知府魁联的信中解释采取这一决策的原因说：“就现在之额兵练之而化为有用，诚为善策。然习气太盛，安能更铸其面目而荡涤其肠胃？恐岳王复生，半年可以教成其武艺；孔子复生，三年不能变革其恶习。故鄙见窃谓现在之兵不可练之而为劲卒，新募之勇却可练之使补额兵。救荒之说，自是敝邑与贵治急务。”[1]

然而未来的新军究竟是什么样子，曾国藩胸中并无成熟方案，因而他在建立所谓“大团”时，仅强调“今欲改弦更张，总宜以练兵为要务”[2]。直到这年夏天，江忠源在给清廷的奏折中表示欲采取兵勇混用的办法（从各地征调绿营六千人，从湖南招募官勇四千人，组成一支万人之师）战胜太平军时，曾国藩才致信江忠源等人，指出绿营兵制的根本弊病，将其致败的主要原因归咎于调遣之法不善，提出改革军制的主张。他说，“今日兵事最堪痛哭者，莫大于‘败不相救’四字”，“虽此军大败奔北，流血成渊，彼军袖手而旁观，哆口而微笑”[3]。他认为，造成这种积弊的主要原因是由于调遣成法不善。曾国藩指出，“当其调兵之时，东抽一百，西拨五十，或此兵而管以彼弁，或

1.《曾文正公书札》，第二卷，第 10 页。

2.《曾文正公奏稿》，第一卷，第 56 页。

3.《曾文正公书札》，第四卷，第 22 页。

楚弁而辖以黔镇”[1]，“卒与卒不习，将与将不和”[2]，遂造成“胜则相忌，败不相救”的风气。既然“危急之际无人救应，谁肯向前独履危地，出万死之域以博他人之一微笑？是以相率为巧，近营则避匿不出，临阵则狂奔不止，以期于终身不见贼面而后快”[3]。他认为，太平军所以无往不胜，不仅由于其纪律严明，深得民心，还由于它内部团结，誓同生死，“若非练兵万人，合成一心”，断难制此强敌之死命。因而，这支军队必须“呼吸相顾，痛痒相关，赴火同行，蹈汤同往，胜则举杯酒以让功，败则出死力以相救。贼有誓不相弃之死党，吾官兵亦有誓不相弃之死党”。只有这样，“庶可血战一二次，渐新吾民之耳目而夺逆贼之魂魄”[4]。可以说这是曾国藩对所建新军政治素质的要求，他制定军制改革的各项措施都是以此为出发点的。

曾国藩对绿营军制的改革主要表现在两个方面：一是以募兵制代替世兵制，二是将“兵为国有”变为“兵为将有”。前面已经讲过，绿营兵实行世兵制度，基本上是父子相承，当兵为业，绿营子弟成年后即可随营习武，称为随军余丁，一旦营中出现空额，便可补缺吃粮。所以，绿营一般不从外面招募，只有在余丁不足时才自外募兵补缺。湘军属官勇性质，数额不定，全部招募，且随着形势的变化和需要的不同随时增减或裁撤。曾国藩为了不使湘军染上绿营的种种恶习，首先要求湘军在组织上与绿营彻底割断联系。他认为，绿营的腐败习气已“深入膏肓，牢不可破”，只有“尽募新勇，不杂一卒，不滥收一弁”，“特开生面，赤地新立”，才能“扫除陈迹”[5]，练成劲旅。他还说：“国藩数年来痛恨军营习气，武弁自守备以上无不丧尽天良，故决不用营兵，不用镇将。”[6]曾国藩规定，湘军士兵主要招募健壮、朴实的山乡农民，不仅不收营兵，也不要集镇码头上油头滑面之人，更不要曾在衙门当

---

1. 同上，第四卷，第22页。
2. 同上，第二卷，第35页。
3. 同上，第二卷，第35页。
4. 同上，第二卷，第35页。
5. 同上，第四卷，第2页。
6.《曾文正公书札》，第四卷，第31页。

过差的书役、胥吏之类。湘军的军官，主要招聘绅士、文生充任，对政治、思想和身体条件都有一定要求。曾国藩在给朋友的信中提出四条标准，请人为他物色湘军军官。他说："带勇之人，第一要才堪治民，第二要不怕死，第三要不急急名利，第四要耐受辛苦。治民之才不外公、明、勤三字，不公不明则诸勇必不悦服，不勤则营务细巨皆废弛不治，故第一要务在此。不怕死则临阵当先，士卒乃可效命，故次之。为名利而出者，保举稍迟则怨，稍不如意再怨，与同辈争薪水，与士兵争毫厘，故又次之。身体羸弱过劳则病，精神乏短者久用则散，故又次之。"又说："四者似过于求备，而苟阙其一则乃不可以带勇。""大抵有忠义血性，则四者相从以俱至；无忠义血性，则貌似四者终不可恃。"[1]可见条件虽多，关键还是政治思想表现。曾国藩选拔军官始终坚持政治标准第一的原则，只要被他认为"有忠义血性"者，不论营弁、营兵、书生，都可录用。后来成为湘军名将的塔齐布、周凤山、鲍超、杨载福都是营弁或营兵出身。至于其他条件，则各有高低差等，更可以在战争中磨炼和培养了。

为了加强对士兵的控制和湘军内部的团结，曾国藩又在两个方面做出了努力：一是加强各级军官的权力，下级绝对服从上级，士兵绝对服从军官；二是募勇的地域原则和私人情谊至上的原则。曾国藩规定，湘军的招募，统领由大帅挑选，营官由统领挑选，哨官由营官挑选，什长由哨官挑选，士兵由什长挑选。曾国藩认为，"口粮虽出自公款，而勇丁感营官挑选之恩，皆若受其私惠，平日既有恩谊相孚，临阵自能患难相顾"[2]。曾国藩还认为，一营一军之中若募有两地的士兵，必然造成地区之间的不和。因而不如干脆只用一地之人，可以利用地域观念和同乡感情加强团结。所以湘军一般只在湖南募兵，又主要在长沙、宝庆二府招募，尤以湘乡最多。湘军不论在何地作战，凡添新勇，都要回湖南招募。湘军军官外省人间或有之，而士兵则外省人极少——只是到了后期，才偶尔募集少量外省士兵，以补充兵源的不足。为防止士兵逃跑，曾国藩还规定，凡应募者必须取具保结，并将其府县里居及父

1. 同上，第三卷，第2、3页。

2.《曾文正公奏稿》，第二十八卷，第18—19页。

母、兄弟、妻、子姓名详细登记入册，这样士兵就不敢逃离营伍；即使有逃跑者，亦可按籍捉拿归案。对于湘军内部的关系，曾国藩规定：一军之权全付统领，大帅不为遥制；一营之权全付营官，统领不为遥制。“如封建之各君其国，庶节节维系，无涣散之虞。”[1] 为了保持湘军从大帅到营、哨官的垂直指挥系统，曾国藩规定，只看事寄轻重，不管官位尊卑。即使士兵已保至提、镇大员，而营官仅止从九品，士卒也要绝对服从于营官。营官之于统领亦然。

这样，士卒由私人关系转相招引，军官则凭个人好恶任免，官与官之间也靠同乡、同事、师生、朋友等私人感情相维系，遂形成湘军各树一帜、各护其长的风气，久而久之，逐渐变成一支军阀武装。

募集和训练官勇镇压农民起义，并不是曾国藩的发明。仅就曾国藩集团来说，除前面提到的江忠源外，胡林翼早在道光末年在贵州任知府时就已开始募勇镇压境内各族人民的反抗活动。但他们都没有触及军制的改革，其饷源也没有很好地解决，所以他们招募的官勇无论在数量上和质量上都不足以独当一面，也从未改变作为绿营兵辅助力量的地位。曾国藩前后用了几年的时间，对绿营、八旗、团练、官勇以及历代兵制都作过精心研究，对太平军也有所了解，他取长补短，根据当时的各种条件进行了军制改革，从而把官勇由辅助性的武装力量变成为独立的、自成体系的新式军队。这正是曾国藩比江忠源、胡林翼诸人高明的地方，他之所以成为湘、淮军集团的领袖并不是偶然的。

对于兵勇的训练，曾国藩一开始就比较重视。曾国藩初到长沙时曾训练过三营湘勇，其后在镇压湖南各地会党起义中甚感得力。而派往江西的一千湘勇则有两营从未进行过训练，因而伤亡惨重，不堪一战。正反两面的经验使曾国藩的认识又大大提高了一步，进而增强了练兵的信心和决心。他在给骆秉章的信中说：“不练之兵断不可用。侍今年在省练过三营，虽不足当大寇，然犹可以一战。六月援江之役，新集之卒未经一日训练，在江不得力，至今懊悔。”[2] 他在批札中也一再强调，乡勇不难于招募而难于训练，并详列训练的内容和要求，令部下遵行。曾国藩把训练的内容和要求分为两部分，

1.《曾国藩致邓厚甫函》，见中国社会科学院近代史研究所藏《曾国藩往来函札》。

2.《曾文正公书札》，第四卷，第3页。

一称为“训”，一称为“练”。“训”侧重于政治与思想方面，“练”侧重于军事与技艺方面。他说：“新募之勇全在立营时认真训练。训有二，训打仗之法，训做人之道。训打仗则专尚严明，须令临阵之际，兵勇畏主将之法令甚于畏贼之炮子；训做人之道则全要肫诚，如父母教子，有殷殷望其成立之意，庶人人易于感动。练有二，练队伍，练技艺。练技艺则欲一人足御数人，练队伍则欲数百人如一人。”[1]训做人之道又包含两方面的内容，一是纪律教育，一是封建伦理教育。湘军初立时查禁甚严，尤其严禁吸食鸦片。因为军队要求士卒体魄健壮，而鸦片不仅搞坏士卒身体，而且士卒容易学会偷盗、抢劫，破坏纪律。所以严禁吸食鸦片一条明文载于营规，各军皆然，而其他诸禁则各军略有不同。据说老湘营查禁最多，左宗棠禁止赌博，王鑫则连饮酒都禁止，空闲时间只准练习武艺，优者给予奖励。

曾国藩对湘军进行纪律教育，主要是出于政治斗争的需要，目的在于使湘军不至像清朝的其他军队那样漫无纪律，肆意抢劫，以改变政治上的不利地位。当时太平军纪律严明，秋毫无犯，所到之处深受群众欢迎。而清军，尤其潮勇则奸淫掳掠，无所不为，受到社会各阶层的反对和谴责，使清政府在舆论上处于很不利的地位。为了挽回人心，改变政治上的不利局面，把群众从太平军方面争取过来，曾国藩从一开始就很注意对湘军进行纪律教育，其主要方式是将官兵集合起来，由他亲自训话。他在给张亮基的信中说：“练勇之举亦非有他，只以官兵在乡不无骚扰，而去岁潮勇有奸淫掳掠之事，民间倡为谣言，反谓兵勇不如贼匪安静。国藩痛恨斯言，恐人心一去不可挽回，誓欲练成一旅，秋毫无犯，以挽民心而塞民口。”为达此目的，他“每逢三、八操演，集诸勇而教之，反复开说至千百语，但令其无扰百姓”；以至“每次与诸弁兵讲说，至一时数刻之久，虽不敢云说法点顽石之头，亦诚欲苦口滴杜鹃之血”。“盖欲感动一二，冀其不扰百姓，以雪兵勇不如贼匪之耻，而稍变武弁漫无纪律之态”[2]。由此也可以看出曾国藩的政治眼光和对本阶级的忠诚是高于一般清朝官员的。同时，这样带着明确的目的对军队进行政治和

1.《曾文正公批牍》，第二卷，第 45 页。

2.《曾文正公书札》，第二卷，第 42 页。

纪律教育，也是历来所没有的，可以说是曾国藩的一项发明创造。

曾国藩的军事训练主要可归结为操、演、巡、点四个方面，操即上操，演即演习诸般武艺和阵法，巡即巡逻、放哨、站墙子，点即点名。曾国藩规定，湘军士兵每天在黎明和傍晚各上操一次，中午和熄灯前各点名一次，五更三点与掌灯后各派三成队伍站墙子一次。他还规定，每晚派一成队伍站墙子，一人唱更，如离敌很近则加倍。关于武艺、阵法的演习，对新勇规定尤细。新募之勇每十日中逢三、六、九日上午演武艺、阵法，逢一、四、七日上午演抬枪、鸟枪打靶与阵法，逢二、八日上午练习跑跳，逢五、十上午演连环枪法，而每天下午则演习拳、棒、刀、矛等。阵法主要练戚继光的鸳鸯阵、三才阵，要求士兵能整齐熟练，变化自如。技艺操练则要求士兵能纵身上一丈高之屋、越一丈宽之壕，抛火球于二十丈之外。新勇与旧勇仅演武内容有些不同，日常操点、巡哨则完全一样，除打仗外，天天如此，不得间断。与八旗、绿营各营比较，除训练抓得很紧外，每天两次点名、站墙子也是湘军的特点。点名是为了防止士卒随便离营，士卒离营则部队减员，降低战斗力。站墙子就是守卫营墙，实际上属于班哨、排哨之类，早晚派三成队伍站墙子则是为了防止敌人的突然袭击，因每日早晚是最容易受到敌人袭击的时刻，若有三分之一的人处于戒备状态，一旦受到袭击就可以暂时顶住，使其余的人有足够的时间做好准备，投入战斗，不至于一触即溃。这都是接受以往教训，提高军队战斗力的措施。

同时，曾国藩对湘军的行军扎营亦有具体规定，择地、布局详加指划，挑沟、筑墙皆有尺寸，每天一驻扎下来必须大修工事，在工事做好之前，既不准休息，也不准与敌人开仗。所以湘军行军异常缓慢，简直如蜗牛爬行，每日迟行早住，行程不过三十里，用于筑垒的时间竟与走路的时间一样长。

湘军的编制以营为基本单位，营以下为哨，哨以下陆师为队，水师为船，马队为棚。起初湘军仅有陆勇数千人，营以上不再设官，各营直辖于曾国藩。当时曾有人提议设总统管辖各营，曾国藩没有采纳[1]。后来湘军人数渐

1.《曾文正公书札》，第四卷，第 38、40 页。

众，遂于营官之上设置统领、分统等官统辖各营。统领之制始于咸丰四年二月湘军东征之初，曾国藩率水陆一万七千人自湖南出发往攻湖北的太平军。为便于统辖，遂设水、陆营务处各一人，水路为褚汝航，陆路为朱孙诒。他认为，历来军营皆有统带大员，“或称翼长，或称统领，或但称营务处”[1]，名称不同，其实质并无区别。所以他有时称其为总统[2]，有时称之为总提调[3]，尚无固定名称。长沙整军和城陵矶大战之后，水师仅存杨载福、彭玉麟、李孟群三支，陆师只有塔齐布、罗泽南二部。咸丰四年年底五年年初李孟群离开水师，湘军水陆大将就只有塔、罗、杨、彭四人了，统领的名称大约是在此前后开始使用的。咸丰六年下半年后湘军人数迅速扩充，统领也日益多起来。至咸丰末年，湘军人数愈众，李续宜、多隆阿、鲍超、曾国荃皆领万人左右，为便于统辖，遂又于统领之下设置分统以管辖各营。分统之制始创于胡林翼[4]。他首先在李续宜部设置分统，时间在咸丰十年[5]。同治元年（1862）曾国藩把它推广于曾国荃、鲍超两军，始称分统。设立分统之初，李续宜部不足万人，分为四军，李续宜自统一军，另设蒋凝学、萧庆衍、成大吉三分统，各领二千至三千人。鲍超的霆营约十五营九千人，分为三军，鲍超自领一军，另设娄云庆、宋国永两分统，每人约领五营三千人。曾国荃部约三十营一万五千人，分为六军，曾国荃自领一军，另设彭毓橘、萧孚泗、张诗日、刘连捷、易良虎五分统[6]，每人约统五营二千五百人。后吉字营增至三万五千人，霆营增至约一万九千人，分统人数或所统兵员亦相应增加。

---

1. 同上，第五卷，第 11 页。
2. 同上，第四卷，第 40 页。
3. 同上，第四卷，第 52 页。
4. 罗尔纲：《湘军新志》，商务印书馆 1939 年版，第 106—107 页。
5. 胡林翼：《复李希庵》，咸丰十年二月二十八日，《胡文忠公手札》，1933 年长沙摹印本，第 1 册。胡林翼：《复李希庵》，咸丰十年五月初六日、六月初八日，《胡文忠公手札》，第 4 册。
6.《曾文正公家书》，同治元年四月十二日、六月十二日。赵烈文：《能静居日记》，同治二年五月二十日，同治三年六月二十三日。鲍超的霆营营制则为每营六百人（见陈昌:《霆军纪略》，上海申报馆版，第一卷，第 22 页）。

湘军陆师营制最初为每营三百六十人，大约是咸丰二年朱孙诒奉程矞采之命募集湘勇时与刘蓉、罗泽南、王鑫等人一起制定的。曾国藩移驻衡州后，咸丰四年十二月又与罗泽南、刘蓉、郭嵩焘、曾国葆改定营制，每营加长夫一百二十人、抬枪十六人，成五百人之数[1]。但这次所定营制未收入曾国藩全集，在别处也未发现原文。咸丰八年曾国藩再出后，又于咸丰十年参照左宗棠、王鑫、胡林翼、李续宜诸家营制，同李榕一起详定营制[2]，对各项章程规定得甚为详细完整。这个核定过的营制后来收入曾国藩全集中[3]，谈湘军营制者皆以此为本。水师营制大约是咸丰三年十月改定陆师营制时制定的，亦未收入曾国藩全集，而被王定安转录入《湘军记》一书中。据罗尔纲先生考证，曾在咸丰五年至六年间做过个别修正。马队营制，据罗尔纲先生考证最初制定于咸丰九年，同治四年或五年，曾国藩曾在镇压捻军期间做过修改[4]，改定后的马队章程亦被收入曾国藩全集中[5]。

湘军饷章亦与绿营不同。曾国藩认为，绿营兵之所以缺乏训练、战斗力甚低，一是差役太重，二是坐饷太低。绿营兵平时每月饷银马兵二两，战兵一两五钱，守兵一两。清朝初年尚可维持生活，及至道光、咸丰年间已不够五口之家食用，因而不得不出营做小贩谋生，再加上经常离营供差，就很少有时间在营训练了[6]。曾国藩为了使士兵为他卖命，除每营增加长夫一百二十人以减轻士兵的劳役负担外，还提高了士兵平日粮饷供应标准。湘军饷章是咸丰三年十月改定营制时制定的。当时往来于湖南的各路兵勇很多，饷章各有不同，张国梁勇营每人每月饷银五两四钱，江忠源楚勇每人每月饷银四

1.《曾文正公书札》，第三卷，第 42 页。郭嵩焘：《玉池老人自叙》，光绪十九年版，第 5 页。

2.《曾文正公手书日记》，咸丰十年九月十九日。

3. 曾国藩：《曾文正公全集・杂著》（以下简称《曾文正公杂著》），第二卷，第 36—44 页。

4. 罗尔纲：《湘军新志》，第 98—99 页。有关湘军水师营制的部分内容，又散见于曾国藩书札（《曾文正公书札》，第五卷，第 1—10 页）中。

5.《曾文正公杂著》，第三卷，第 45—47 页。

6. 罗尔纲：《湘军新志》，第 201 页。咸丰后期绿营军饷愈薄。张集馨《道咸宦海见闻录》（第 279 页）载，“营中公费，近年益缺，各种杂出费用‘无一不摊派兵饷，是以每月每兵仅得饷三钱有零，不敷一人食用，别寻小本经纪或另有他项技艺，借资事畜’”。

两五钱。咸丰三年夏，内阁学士、帮办军务胜保曾奏请招募陆勇，每月饷银四两五钱，经户部议准，以后江南大营募勇即照此办理，定为奏销常例。曾国藩参考这几种饷章，尤其江忠源、张国梁勇营饷章，量为酌减，制定了湘军粮饷章程[1]。规定陆师营官每月薪水银五十两，办公银一百五十两，夫价银六十两，共计二百六十两，凡帮办、书记、医生、工匠薪水及置办旗帜、号补各费用统统包括在内。其他各弁兵每月饷银为哨官九两，哨长六两，什长四两八钱，亲兵护勇四两五钱，伙勇三两三钱，长夫三两。水师兵饷营官与陆师营官同，头篙、舵工与哨长同，舱长与什长同，唯哨官薪水为陆师两倍，每月银十八两[2]。总计湘军饷用，大约平均每人每月需银六两。曾国藩为防止各军统领多设官员、长夫，冒领军饷，特在饷章中规定，凡统带千人者月支饷银不得超过五千八百两，统带万人者不得超过五万八千两[3]。

湘军饷章对弁兵薪饷的规定是相当优厚的，尤其是营官和统领，连曾国藩都不能不承认“章程本过于丰厚”[4]。统计其各项收入，营官每月为二百六十两，分统、统领带兵三千以上者三百九十两，五千以上者五百二十两，万人以上者六百五十两[5]。故王闿运说：“将五百人则岁入三千，统万人岁入六万金，尤廉将也。”[6]湘军将领除多隆阿一人外，“人人足于财，十万以上赀殆百数”。于是，“将士愈饶乐，争求从军”[7]。这固然调动了湖南农民，尤其绅士、文生的从军积极性，但同时也为日后筹饷带来困难。为解决这个矛盾，湘军采取发半饷的办法，一般只发五成饷，欠饷数月以至半年成为普遍现象，久而久之，形成风气，士兵亦习以为常。为防止士兵离营，甚至有意拖欠军饷，或扣下大部分饷银存入公所，等士卒遣散或假归时进行核算，酌发部分现银以充川

1.《曾文正公奏稿》，第二十三卷，第 34 页。

2. 王闿运：《湘军志》，岳麓合刊本，第 162 页。

3.《曾文正公杂著》，第二卷，第 37—38 页。

4.《曾文正公家书》，咸丰五年五月二十五日。

5.《曾文正公杂著》，第二卷，第 39 页。

6. 王闿运：《湘军志》，岳麓合刊本，第 163 页。

7. 王闿运：《湘军志》，岳麓合刊本，第 166 页。

资，其余部分由粮台发一印票，至湖南后路粮台付清[1]。若士兵擅自离营，欠饷、存饷即被没收，不再发给。这样，士兵苦无川资，又恋于饷银，也就不会轻易离营了。同时，士兵一旦假归或遣散回家，就能领到一大笔银两，对未曾应募入伍的人也可以产生巨大的诱惑力。这样，曾国藩就达到了一箭三雕的目的：既减轻了筹饷的困难，又防止了士兵的逃跑，还能引诱大批农民和书生踊跃应募。

编练成军

湘军分为水、陆两部。陆师的建立最早应从咸丰三年算起。这年夏天曾国藩同江忠源商定练勇万人的计划，初步确定了湘军的规模。曾国藩打算编练成军之后，概交江忠源指挥，以为镇压太平天国革命的军事资本。这年秋天，又奉创办水师之命，遂改原定集练陆师万人的计划为水、陆各五千人，营制亦改为每营五百人。然而这时湘军陆师的实际人数已大大超过五千人，因而不得不对现有各营进行缩编。曾国藩提出，邹寿章、周凤山、储玫躬、曾国葆和新化勇各为一营五百人不变，塔齐布、罗泽南各将两营七百人缩编为一营五百人，王鑫六营约二千二百人缩编为三营一千五百人，其余遣散。王鑫不服，认为这是曾国藩借故打击自己，并诉之于骆秉章。骆秉章认为王鑫所募新勇可用，无须遣散。从此王鑫率营脱离曾国藩，投靠骆秉章的门下。又因罗泽南年岁（四十六岁）较大，不愿再次远征，而湘南地区仍有天地会的活动，亦须留有一定兵力，遂将罗泽南部湘军留驻衡州。这样，随同曾国藩出征的陆师就仅有六营三千人了。恰在这时，平江知县林源恩投书曾国藩，愿充一营官。曾国藩令其募平江勇五百，编为一营；另外又令朱孙诒、邹世琦、杨名声各募一营，凑成十营五千人之数，使湘军陆师初具规模。

湘军水师的筹建晚于陆师，它是在曾国藩移驻衡州后开始的。清朝绿营

1. 徐宗亮：《归庐谈往录》，光绪十二年版，第一卷，第8页。

水师分为外海和内江两部分，外海水师驻广东、福建沿海，内江水师驻长江沿岸各要隘。至咸丰初年，外海水师尚存，而内江水师久已废弛，两湖三江皆无炮无船；偶有少数炮船，亦不过在民船上装炮而已，实不能作战。自咸丰二年十一月太平军在益阳、岳州得民船万只，建立水师之后，千船百舸，蔽江而下，千里长江完全控制在太平军手中。翌年太平军围攻南昌之初，曾有个名叫黄经的御史上奏清廷，请饬湖南、湖北、四川造船练兵，从水上攻击太平军。咸丰皇帝遂批令两湖、四川照奏执行。命令发到湖南后，骆秉章甚感为难，便以力所不及为由将其搁置起来，不予照办。及至郭嵩焘赴援南昌，见太平军驻兵船上，进退自如，往来迅速，感到欲与太平军争雄，必先建水师，夺回舟楫之利，遂向江忠源提出筹建炮船的建议。江忠源对此极为重视，马上上奏清廷，请饬两湖、四川造船，并由广东购洋炮千尊，以装备炮船，兴建水师。清廷依议，这年八月再次命令两湖、四川制造战船，并令广东购洋炮五百尊交湖广、四川，安置船上，顺流而下，与下游水师夹击太平军。命令传到湖南后，曾国藩便与骆秉章商定，以筹建水师自任。这是湘军筹建水师之始。开始一个阶段，既缺资金，又无人才，甚至连适合造船的木材也找不到，只好购买钓钩、小艖之类民船加工改造，暂充炮船。这年十月清廷令曾国藩赴援湖北，曾国藩以水勇未练、炮船不齐予以拒绝，并乘机奏请提取存放长沙的广东解往江南大营的饷银四万两，以为购炮造船的经费。曾国藩得到这批银子后，造船的速度便大大加快了。

由于湖南无人懂得炮船船式，工匠亦不会造船技术，曾国藩在造船过程中曾遇到过很大困难。最初制造大筏以压风浪，后又仿端午竞渡之舟制造战船，结果均告失败。后来，岳州水师守备成名标、广西同知褚汝航来到衡州，才使曾国藩懂得拖罟、快蟹、长龙诸船式。这时在广西购置的大批木材也运到了，曾国藩遂于衡州设总厂，湘潭设分厂，由成名标、褚汝航分任监督，召集大批工匠，日夜兴工，赶造战船。在拖罟、快蟹、长龙各船即将修造完工的时候，曾国藩邀请黄冕前往船厂参观。黄冕曾在江南办过海防，熟悉水战船式。他建议曾国藩每营添造十只舢板船，其船身短小，轻巧灵活，便于在河湾港汊行驶，可补快蟹、长龙之不足。曾国藩接受了这个建议，即日开工，

日夜赶造舢板船[1]。曾国藩不仅在造船上精选木料，不惜工本，力求坚固耐用，而且对于炮的质量与安装亦很讲究。他认为当时中国各省铸造的大炮炮身笨重，射程很短，即如二三千斤的重炮仍不如数百斤洋炮的射程，且时常有炸裂的危险。所以曾国藩不惜重金，派人从广东购买大批洋炮，并组织人力反复研试，解决了一系列技术难题，把它安装在战船上，建成了当时中国技术最先进的内河水师。咸丰四年正月湘军船炮齐备，计有大小船只三百六十一号，其中拖罟大船一号，快蟹船四十号，长龙船五十号，舢板一百五十号，用钓钩船改造而成的战船一百二十号。同时在船上装备大小炮五百七十门，其中新购洋炮三百二十门，从广西借来一百五十门，提用本省一百门，炮重二三百斤至三千斤不等。

湘军水师的营制略同于陆军，五千人分为十营，四营募自湘潭，六营募自衡州，营官分别由褚汝航、夏銮、胡嘉垣、胡作霖、成名标、诸殿元、杨载福、彭玉麟、邹汉章、龙献深担任。水勇的募练晚于陆师，大约是与改造钓钩船同时开始的。水勇的招募也较陆军为难。湘乡人多以上船为苦，视水战为畏途。文生、士绅亦多不愿担任水师营官。招聘营官的消息传出后，士人以为延请陆师营官，纷纷应聘；而一旦知道是水师，即掉头而去，走之唯恐不速。杨载福和彭玉麟后来皆为水师名将，而初由陆师改水师时，亦曾大费口舌，经曾国藩反复开导，才稍去畏难情绪，勉强应命。杨载福字厚庵，湖南善化人，后来同治皇帝载淳为避已讳，亲为改名岳斌。杨载福出身绿营世兵家庭，自幼习骑射，成年后补缺入营当兵，咸丰二年以镇压李沅发起义和防堵太平军有功，升为宜章千总，咸丰三年秋入湘军陆师。彭玉麟字雪琴，湖南衡阳人，幼年丧父，寡母以纺纱、织布的微薄收入供其读书。彭玉麟自幼聪明，刻苦攻读，甫成年而入县学，后以家贫，另谋生计。开始在衡阳城守协副将手下充掌书记，后又为一富商在耒阳看仓库，从而学会了一些骑射技击武艺和经商本领。咸丰二年因参与镇压李沅发起义和对抗太平军保为绿营把总。但彭玉麟不愿以文生补授武职，拒不受命，由耒阳回到衡阳继续为

---

1. 郭嵩焘 :《玉池老人自叙》，第 5 页。

富商代管商业，咸丰三年秋应募入湘军陆师。开始，杨载福与彭玉麟皆在曾国葆营，曾国葆以为他们才可大用，将他们推荐给曾国藩，曾国藩亦欣赏他们的才干，遂令他们招募水勇，充水师营官。当时曾国藩的水师营官除成名标、褚汝航外皆不习水战，其困难之大是可以想见的。尽管如此，曾国藩经过一番努力，毕竟还是搞起了一支内河水师，且在技术、装备上大大超过太平军。这也正是曾国藩得意的地方。

曾国藩原打算将水陆各军练好之后再上奏清廷，出省作战。不料他刚把练勇万人的计划告诉江忠源，就被江忠源和盘奏出，结果船炮未齐就招来咸丰皇帝的一连串征调谕旨。第一次是咸丰三年十月，太平天国西征军进至蕲、黄一带，武汉危急，清廷接连下令曾国藩率炮船增援湖北；第二次是咸丰三年十一月中下旬，太平军大将胡以晃进攻庐州，清廷令曾国藩督带船炮兵勇速赴安徽救援；第三次是咸丰四年正月，太平军袭破清军黄州大营，清廷再次催促曾国藩赴援武汉。曾国藩深知太平军兵多将广，训练有素，绝非一般农民起义队伍可比，没有一支劲旅是不能贸然去碰的；况且与太平军争雄首先是在水上而不在陆上，没有一支得力的炮船和熟练的水勇，是无法与拥有千船百舸的太平军相抗衡的，甚至连兵力调动和粮饷供应都会发生困难。因而打定主意，船要精工良木，坚固耐用；炮要不惜重金，全购洋炮，船炮不齐，决不出征。他在给朋友的信中说，“剑戟不利不可以断割，毛羽不丰不可以高飞”[1]。“此次募勇成军以出”，“庶与此剧贼一决死战，断不敢招集乌合，仓卒成行，又蹈六月援江之故辙。虽蒙糜饷之讥、获逗留之咎，亦不敢辞”[2]，一时形成“千呼万唤不出来”的局面。

其实清廷催曾国藩赴援外省，不过以湖南乡勇可用，令其前去配合绿营作战，以解决兵力不足的困难，这也是过去常有的事，决非要他充当主力，独力担负与太平军作战的重任。所以当曾国藩在奏折中处处以四省合防为词，声言“事势所在，关系至重，有不能草草一出者”时，咸丰皇帝即以讥讽的口吻在奏折上批道：“今观汝奏，直以数省军务一身克当，试问汝之才力能

1.《曾文正公书札》，第四卷，第3页。

2. 同上，第四卷，第4页。

乎否乎？平日漫自矜诩，以为无出己之右者，及至临事，果能尽符其言甚好，若稍涉张皇，岂不贻笑于天下！”[1]可见咸丰皇帝对曾国藩是很不理解的，在他看来不过是无知书生的好高骛远和自我吹嘘，并非深思熟虑的举动，因而咸丰皇帝再次促其“赶紧赴援”，并以严厉的口吻对曾国藩说：“汝能自担重任，迥非畏葸者比，言既出诸汝口，必须尽如所言，办与朕看。”曾国藩接到谕旨后仍然拒绝出征，他在奏折中陈述船炮未备、兵勇不齐的情况之后，激昂慷慨地表示：“臣自维才智浅薄，唯有愚诚不敢避死而已，至于成败利钝，一无可恃。皇上若遽责臣以成效，则臣惶悚无地，与其将来毫无功绩受大言欺君之罪，不如此时据实陈明受畏葸不前之罪。”并进一步倾诉说：“臣不娴武事，既不能在籍终制贻讥于士林，又复以大言偾事贻笑于天下，臣亦何颜自立于天地之间乎！中夜焦思，但有痛哭而已。伏乞圣慈垂鉴，怜臣之进退两难，诫臣以敬慎，不遽责臣以成效。臣自当殚尽血诚，断不敢妄自矜诩，亦不敢稍涉退缩。”[2]咸丰皇帝看了奏折，深为曾国藩的一片“血诚”所感动，从此不再催其赴援外省，并以“朱批”安慰他说：“成败利钝固不可逆睹，然汝之心可质天日，非独朕知。”曾国藩“闻命感激，至于泣下”，更以十倍的努力加紧了出征的准备。多少年后，他还对此念念不忘，并专门请人从京中抄回原奏（因底稿在九江水战中座船被俘而丢失），与咸丰皇帝的朱谕一起保存，“同志恩遇”[3]。

曾国藩为坚持船炮不齐不出省作战的原则，不仅拒绝了清朝最高统治者咸丰皇帝的命令，也摈弃了师友的私人情谊。当湖北第一次危急时，他于咸丰谕旨之先已接到湖广总督吴文镕求其急速援救的函札。吴文镕是曾国藩的老师，长期以来二人交谊甚厚，无论公理私情他都是应该迅速赴援的。但是曾国藩接到吴文镕的信函后仍不想赴援，只是由于王鑫暂报江西谢邦翰等人被歼之仇，积极要求赴援湖北，才不得不勉强同意；后来一接到“武昌解严，

1.《曾文正公奏稿》，第二卷，第 20 页。

2. 同上，第二卷，第 26、27 页。

3.《曾文正公书札》，第三十二卷，第 17 页。

暂缓赴鄂”[1]的谕旨，便乘机取消了王鑫赴鄂之行。不久，太平军西征部队回师西上，吴文镕接连发信向曾国藩求援，曾国藩皆复函拒绝，并反复说明不能草草轻发的道理。吴文镕终于被其说服，虽自料必死，仍令曾国藩万勿草草而出。当太平军进攻庐州时，江忠源危在旦夕，曾国藩亦拒绝出征，仅派刘长佑和江忠濬率一千新勇由陆路赴援。结果江忠源、吴文镕二人先后兵败自杀。这对曾国藩是个沉重的打击。江忠源在曾国藩诸门生中办团练最早，最有实战经验，同时也任职最高，最得清政府的信任。曾国藩曾打算练勇万人概交江忠源指挥，完成镇压太平天国革命的重任，而自己只在后方办理练兵筹饷等事。不料未待出征而江忠源毙命，这无异于砍去曾国藩的左膀右臂，使他明知自己不善带兵而又不得不亲自出征。吴文镕的死对曾国藩打击更甚，吴文镕身任湖广总督，既是曾国藩的老师，又是他强有力的后台。若吴文镕仍在，处处有人帮他说话，或许不至陷入后来那样的政治困境。可见，曾国藩坚持不轻易出省作战的方针虽然使他赢得了充分的准备时间，为其后的军事胜利打下了基础，但同时也为此付出了巨大的代价。

1.《曾文正公奏稿》，第二卷，第 17 页。

三 坐困江西（咸丰四年至咸丰七年 1854—1857）

曾国藩传

初战败绩

太平军在武汉未停一月，即于咸丰三年正月初二弃城东下，五十万大军水陆并进，势如破竹，连克九江、安庆、芜湖、太平等城，同年二月十一日攻占江宁，改名天京，建立起同清王朝对峙十一年之久的农民革命政权。

太平军自起义以来高举反清大旗，所到之处打富济贫，军纪严明，深得群众拥护，广大农民纷纷投军，队伍迅速扩大。建都天京后，太平天国又进而制定出自己的纲领，提出不论男女，平分土地的主张，反映出广大农民渴求土地的愿望，得到各族人民的积极响应，从而把全国农民革命推向高潮。

定都天京之后，太平天国的领导人既想再占赣、皖、鄂、湘，巩固上游，又想轻取京、津，乘得胜之势一举推翻清王朝，因而同时发动了北伐和西征，在战略上犯了"两个拳头打人"的错误。咸丰三年四月，西征军从天京出发，沿江而上，几经周折，于咸丰四年正月十九日第三次占领汉口、汉阳，进围武昌。因久攻武昌不下，西征军留林绍璋、石凤魁等率军驻守汉口、汉阳，监视武昌的敌人，其余部队继续西进：一支由曾天养率领西取四川，一支由石祥贞率领进攻湖南。武汉上接荆襄，下连江皖，南达三湘，北通河南，居天下之中，镇长江腰际，其战略地位之重要不亚于南京。太平军不待攻克武昌即绕城西上，也不留下重兵攻占周围府县，大力经营湖北以作基地，遂造成分兵锐进、后方空虚的局面，为其后的丢舟弃粮、一败千里埋下伏机。

曾天养一军进展顺利，连克孝感、德安、随州、安陆，四月二十二日攻占宜昌，摆出进兵四川的态势，引起四川地方官绅的巨大震动。石祥贞一军沿江而上，二月一日攻克岳州，连下湘阴、靖港、宁乡，形成长驱直入的形势，前锋距湖南省城仅有六七十里，长沙城内一片惊慌。

咸丰四年一月，曾国藩已练成水陆兵勇各十营五千人，决计不再等待广西右江道所募水勇的到来，立即出发，进行东征。一月二十八日，曾国藩率军从衡州出发，顺水而下，经湘潭到达长沙。为防止出省后粮食、物品供应不及时或士卒领到饷银在当地买不到东西，特雇用民船一百余号、夫役水手七千余人随行，将所用之物统统装载上船，致使出发时的人数总计达一万七千人。他还将一只拖罟大船作为自己的座船，大营的全体人员都集中在这只船上，随水师一起行动。

临出发之际，曾国藩还发布了一通名曰《讨粤匪檄》的檄文，号召忠于封建礼教的所谓“抱道君子”或者募勇助战，或者入幕理事，或者捐资助饷，追随其后，参加镇压太平天国起义的战争。这篇文字除极尽造谣惑众、颠倒黑白之能事外，还有如下几个特点：一、称太平军为“粤匪”，利用地方主义孤立太平军。太平天国革命兴起于两广，故骨干分子和领导成员几乎全为广东和广西人，军中称为“老兄弟”。后来在两湖三江地区有了很大发展，这些新成员多处于被领导的地位，称为“新兄弟”。曾国藩利用这个分别极力造谣生事，挑拨离间，煽动地方主义，借以从内部分化瓦解太平军。他称两广人为“匪”，称两湖三江人为“被胁之人”，对这两部分人规定不同的政策，甚至说“粤匪自处于安富尊荣而视我两湖三江被胁之人曾犬豕牛马之不若”，这对一些人是有一定欺骗性的。二、抓住“田则天王之田”一说，利用私有观念煽动群众反对太平天国。太平天国《天朝田亩制度》的核心是没收地主土地，平分给无地少地的贫苦农民。但其理论根据却是“人人不受私，物物归上主”，这就不分青红皂白地打击了自耕农以上的各个阶级和阶层，扩大了打击面。曾国藩抓住这个弱点极力进行挑拨，煽动中农以上中小土地私有者同地主阶级站在一起反对太平军，力图将贫苦农民孤立起来，其用心是很恶毒的。三、利用封建伦理观念反对太平天国。太平天国宣布天下男子皆兄弟，天下女子皆姊妹，军民上下皆以兄弟姊妹相称。这本是对封建礼教的冲击。

但是君臣、父子等封建人伦观念已存在了几千年，对人们毒害很深。曾国藩别有用心地宣称太平天国不让人们称自己的父母为父母，而只能称为兄弟姊妹等，无疑会使一些人对太平军产生反感，达到在政治上孤立太平军的目的。四、利用尊孔思想争取封建文人。当时的知识分子绝大多数是尊孔的，即使有些人不满于清王朝的统治，但并不反对封建制度和儒家思想。这部分人人数不少，他们中只有少数人可以爬上去，多数人不得重用，没有出路，是一支不可忽视的政治力量。曾国藩抓住这个特点竭力争取这部分人，吸引他们同自己一道维护清朝的统治。他指责太平天国反对孔孟，而自己则以卫道者自居，便很容易得到这些人的好感。五、利用鬼神迷信反对太平天国。太平天国独尊上帝，在思想领域里反对孔孟，反对鬼神迷信，甚至连颇受民间尊敬的关羽、岳飞的塑像也往往加以毁坏，这就不仅遭到封建地主阶级的反对，连那些思想保守的人也想不通。曾国藩抓住这个弱点大肆煽惑，力图引起一些人对太平天国的不满，达到孤立太平军的目的。太平天国革命是农民阶级反对地主阶级的革命，是广大人民群众反对满洲贵族为代表的清朝卖国政府的斗争，是正义的和进步的。这场战争本来是绝大多数人反对少数人的战争，是中国人民反对外国侵略者及其走狗的战争。而在曾国藩的檄文里却被完全颠倒过来，似乎他倒成了中华民族的代表、大多数人的代表。好像他反对太平天国革命并非为了维护地主阶级剥削农民的权力，而是为了大多数人的财产不受侵犯。我们不能不承认曾国藩是个聪明人，他对太平天国确实进行过一些了解和研究，为这篇文章很动过一番脑筋。在文章中，他不立论于维护满洲贵族的统治，而立足于维护孔孟、礼教、田产、神灵以及两湖三江的地方利益；他不把清政府与“外夷”联系起来，反而把太平天国描写成“外夷”的代理人，这都明确表现出曾国藩争取多数、孤立少数的策略思想。他的这一策略思想不仅表现在这篇文章中，也始终贯彻于他的行动中。他之所以成为湘、淮军集团的领袖是不奇怪的。

正当曾国藩准备离开衡州前往长沙之时，胡林翼从贵州奉调来到湖南。胡林翼（1812—1861）字贶生，号润芝，湖南益阳人，道光十六年中进士，选庶吉士，道光十八年散馆授翰林院编修，道光二十年因事降为内阁中书。

其父胡达源于道光二十一年夏病死京中，曾国藩曾以湖南同乡前往吊唁，并亲送灵榇出城。胡林翼将其岳父陶澍的集子《陶文毅全集》赠送曾国藩，以表示谢意。胡林翼回籍后，丁忧未满，又遭岳母丧，直到道光二十六年才在乡试门生的资助下报捐知府，分发贵州试用。先后担任云贵总督的林则徐、程矞采、吴文镕、罗绕典对胡林翼都很赏识。他先后担任安顺、镇远、思南、黎平等处的知府，实行筑堡、保甲等法，并捐出家资募勇训练，不惜重金购置眼线，很快将当地各族人民的反抗活动镇压下去，号称干吏，保为升用道员。胡林翼手段毒辣，杀人甚众，以致连当地的士绅官吏都认为他是"贪功妄杀"[1]，"胡屠户"的诨号亦因之而起。咸丰四年胡林翼奉吴文镕的奏调率黔勇六百人赴援湖北，走到金口附近，忽闻吴文镕败死黄州，太平军正在沿江西进，急忙退回岳州暂住。曾国藩见胡林翼孤立无依，遂商同骆秉章，将胡林翼奏留湖南。他很欣赏胡林翼的才干，早在一年之前即致函称：余自抵省垣，"日与张石卿中丞、江岷樵、左季高三君子感慨深谈，思欲负山驰河，拯吾乡枯瘠于万一。盖无日不共以振刷相勖，亦无日不屡称台端鸿才伟抱，足以救今日之滔滔，而恨不得会合，以并纾桑梓兵后之余虑"[2]。因此，胡林翼的到来不能不使曾国藩喜出望外，在一定程度上弥补了江忠源过早去世所带来的缺憾。故此曾国藩在咸丰皇帝面前大力推荐胡林翼，称其"胆识绝人"，"才大心细，为军中万不可少之员"[3]。在此之前，由于曾国藩是穆彰阿的门生，而胡林翼同林则徐比较亲近，所以多年来虽有一面之交，但却很少往来。现在面临共同的敌人和"国破家亡"的威胁，这不同师承的两部分人逐渐走到一起，开始了密切合作。

曾国藩从长沙临行前，曾聘请左宗棠参与军幕，欲携之同行，结果遭到左宗棠的拒绝。左宗棠（1812—1885）字季高，湖南湘阴人，其父以教书为业。青少年时期家境不太富裕，上学主要靠公费，自入赘周家之后，生活始有了依靠。道光十二年，左宗棠考取举人，三试礼部而不中，遂于道光十八

1. 梅英杰：《胡文忠公年谱》，梅氏抱冰堂版，第一卷，第42页。

2.《曾文正公书札》，第二卷，第8页。

3.《曾文正公年谱》，第三卷，第38页。

年会试落榜后绝意仕进，一边教书一边研究学问，天文地理，历代典章，无不考究。道光十七年，左宗棠在醴陵渌江书院任教时，缘于一副“春殿语从容，廿载家乡印心石在；大江流日夜，八州子弟翘首公归”[1]的楹联，认识了两江总督陶澍。陶澍一见倾倒，叹为奇才，约为婚姻，后至临终时又托其代管家产和育子成人。此后左宗棠在陶家住了八年，阅读了陶家的大量藏书，为以后参与政治活动准备了条件。左宗棠自视才高，常以诸葛亮自比，既不愿轻出以任微员，又为自己的怀才不遇而愤懑。据传，咸丰二年太平军围攻长沙时，左宗棠曾步行几十里赶往太平军大营拜会洪秀全和杨秀清，建议洪、杨放弃拜上帝教，改尊孔孟，遭到拒绝。其后不久，左宗棠便应邀参与了新任湖南巡抚张亮基的军幕，为其谋划守城之策，对抗太平军。咸丰二年底张亮基署理湖广总督，左宗棠随行湖北，同年九月张亮基调抚山东，左宗棠辞归。骆秉章再抚湖南，几次派人邀左宗棠入幕，均未获应允。左宗棠当时很有点瞧不起曾国藩，又为向陶家勒捐事与其结下私怨，因而不愿充任曾国藩的幕僚。不久，太平军占领湘阴，左宗棠在乡下无法立足，携女婿陶桄逃往长沙，随即入骆秉章的幕府。

曾国藩还同时发出另外几封邀请信，但应者寥寥，甚至连好友冯卓怀、郭嵩焘都不肯随行，刘蓉虽被他强拉硬扯出来，但不久即坚辞而归，留下来的只有李元度、陈士杰数人。陈士杰字俊臣，湖南桂阳州人，以拔贡考取小京官，分户部，遭父忧回籍。因与曾国藩曾有师生之谊，后在家办团练镇压当地会党又为曾国藩所赏识，在衡州招聘入幕。李元度字次青，湖南平江人，以举人授官黔阳教谕。李元度曾上书曾国藩言兵事，为其所赏识，约于咸丰四年正月前后入幕。曾国藩深感孤立无援之苦，他在给弟弟们的信中很有感慨地说：“兵凶战危之地，无人不趋而避之，平日至交如冯树堂（卓怀）、郭云仙（嵩焘）者尚不肯来，则其他更何论焉！”又说：“甄甫先生去岁在湖北时，身旁仅一旧仆，官亲、幕友、家丁、戈什哈一概走尽。此无足怪之事。兄现在局势犹是有为之秋，不致如甄甫处萧条已甚。然以为此为乐地，而谓人人

1.《左宗棠年谱》，第15页。

肯欣然相从，则大不然也。”[1] 曾国藩当时惨淡经营的情形由此可见一斑，亦足见几年之后他将当时的情形描写为“群雄蔚起，云合景从，如龙得雨，如鱼得水”[2] 云云，是很不可信的。

当曾国藩驻军长沙时，还没有来得及出发东征，太平天国的西征军石祥贞部就已占领岳州、湘阴、宁乡，前锋逼近长沙。曾国藩派储玫躬前去攻夺宁乡，遇伏败死。石祥贞见湘军来势汹汹，以为必有大军继至，连夜从宁乡、湘阴、岳州等处撤兵，退向湖北。行至中途，恰遇自汉阳西上的林绍璋部援军，两军会合后重又取道咸宁、蒲圻南下，杀向湖南。曾国藩见太平军后退，遂议攻湖北。他先派胡林翼、塔齐布、林源恩由陆路往攻通城，并约定与湘抚骆秉章派出的王鑫部湘军三千人会攻蒲圻，而自己则率大军由水路向岳州进发。王鑫行至羊楼峒，与太平军大队遭遇，大败而回，急入岳州据守，遂被太平军团团围困。曾国藩行至南津，始闻前军失利及王鑫被围消息。他与王鑫结有私怨，又怕自己陷入重围，遂背弃自己“败则死力相救”的誓言，打算迅速退兵。后经陈士杰再三苦劝并为之献策，曾国藩始采纳陈士杰的建议，派炮船至岳州城外虚张声势，连放数炮，王鑫等九百余人闻声乘机缒城逃出，保留了老湘营的一批骨干。太平军随后攻占岳州，全歼王鑫部湘军千余人，并乘胜前进，再占靖港、湘阴、宁乡，前锋攻克湘潭，形成对长沙的钳形攻势。

曾国藩出师不利，除塔齐布一支外，其余各军皆退守长沙，处境极为窘迫。当时湖南官绅议论纷纷，有的骂曾国藩无用，有人主张乘机解散湘军。骆秉章虽因无兵守卫长沙，不同意解散湘军的主张，但对曾国藩的态度却极为冷淡。十几年后曾国藩还颇为感慨地对人说：“起义之初，群疑众谤。左季高以吾劝陶少云(陶澍之子)家捐资，缓颊未允，以至仇隙。骆吁门从而和之。泊舟廓外，骆拜客至邻舟，而惜跬步不见过。”[3]

由于太平军对湘军缺乏认识，进攻太锐，分散了自己的兵力，暴露出不

1.《曾文正公家书》，咸丰四年七月二十七日。“甄甫先生去岁在湖北时……”一段，是指湖广总督吴文镕被迫离开武昌前往黄州时的情形。

2.《曾文正公书札》，第八卷，第27页。

3. 赵烈文：《能静居日记》，同治六年七月十九日。

少弱点。尤其占领湘潭的林绍璋一军，由于后军不继，攻势停顿，已陷入孤立无援、被动挨打的境地，表面上好似全军的锋锐，实际上却变成全军最脆弱的部分。曾国藩及时抓住这个弱点，制订了集中兵力攻打湘潭的作战计划。当时曾国藩虽然吃了败仗，但湘军主力并没有遭受多大损失。他回到长沙后便召集诸将商讨进止。会上有两种意见：一是全力固守长沙，二是对太平军实行反攻。主张反攻的人在选择反击点上又有三种意见：一是靖港，一是宁乡，一是湘潭。讨论的结果否定了株守长沙的意见，认为入城固守必陷于被动，一旦失利，全局将不可收拾；不如置长沙于不顾，全力攻击湘潭，万一作战不利，长沙丢失，仍可退守衡州，徐图恢复。于是决定派塔齐布一军和全部水军往攻湘潭，其行军序列是杨载福、彭玉麟等五营先发，曾国藩率其余五营于次日续进。曾国藩进攻湘潭的决定无疑是正确的，这一着正好击中太平军的弱点；加以主将林绍璋忠厚有余而将才不足，遂致湘潭战败，锋锐尽失，各路大军不得不退守岳州。

曾国藩临行前之夜半，忽有靖港民团前来报告说，那里太平军人少而无备，往攻必胜，并称已搭好浮桥，愿助攻，充前导。曾国藩遂放弃原定计划，率所余水陆各营改攻靖港。结果水陆大溃，逃回长沙。曾国藩见士兵反奔，亲自执剑督阵，并竖令旗于岸边，上书“过旗者斩”。湘军败兵如山倒堤溃，皆绕旗狂奔，遂成不可挽救之势。曾国藩一再讥笑绿营兵望风逃溃，不料自己训练的湘军亦是如此。左思右想，又羞又愤，遂决定跳水自杀，一死了之。幕僚陈士杰、李元度见曾国藩支开随从，神情有异，遂指使“小委员”章寿麟乘小船潜随其后，以备不虞。行至铜官渡，章寿麟见曾国藩跳水寻死，急出抢救，将其背负船上，与陈士杰、李元度一起劝回大营。曾国藩生前对铜官投水一事讳莫如深，很多人唯风闻其事而不得其详。曾国藩死后，章寿麟曾作《铜官感旧图》自记此事，并请王闿运作诗、李元度和左宗棠作序，此事颠末才得以公之于天下。

湖南司道官员本来就憎恨曾国藩多事，轻视湘军无用，闻其又吃了败仗，便幸灾乐祸，乘机煽动，肆意攻击。以布政使徐有壬为首，纷纷找骆秉章告状，要求参劾曾国藩，解散湘军，一时闹得满城风雨。曾国藩亦悲观到了极点，回到长沙后犹不肯更衣，蓬头跣足，不饮不食，并写好遗嘱，暗令曾国葆买回棺木，准备次日自杀，以谢丧师败北之罪。黎明时分，忽然传来湘潭取胜的消息，犹如一阵大风，吹散了曾国藩的满面愁云，也改变了长沙城内黑云压城的形势。从此之后，徐有壬等人渐渐偃旗息鼓，骆秉章也开始转变态度。不过，曾国藩在政治上的最大收获，是由于湘潭之战的胜利引起清廷对湘军的重视，他募勇成军的做法得到咸丰皇帝的支持。黎庶昌《拙尊园丛稿》载："方兵之初起，大学士某倡言于朝曰：'曾某以在籍绅士，非上素所令召，而一呼万人，此其志不在小。'语浸淫上闻。湘潭克复，奏捷至京师，大臣或指为妄。上心知非是，一日特旨召见编修袁芳瑛，问所以破贼状"，"因举颠末为上备陈之。上大悦，即日授芳瑛松江知府，而公(指曾国藩)志以明。"[1]随后咸丰皇帝以株守长沙不主动迎敌的罪名将湖南提督鲍起豹革职，任命云南腾越镇总兵常存为湖南提督，其未到任前，由湖南补用副将塔齐布暂署。两个月后，骆秉章奏参常存前在长沙守城时畏葸逃避。咸丰皇帝遂下令降常存为副将，发往直隶差遣，实授塔齐布为湖南提督。这可以说是曾国藩对湖南军政大吏长期斗争的一个重大胜利，至此，曾国藩在湖南士绅官员中完全站稳了脚跟。

曾国藩从靖港逃回之后，认真总结了岳州、靖港、湘潭这三次战斗的经验教训，认为致败的根本原因是功罪不清、赏罚不明。要扭转这种情况，必须从明赏罚、严军纪做起。他根据各营在这几次战斗中的表现，对湘军进行了组织整顿。据查，湘军在岳州大溃败时，敢于抗拒太平军的只有彭玉麟一营；湘潭之战，敢战者只有塔齐布两营、杨载福两营。他根据兵贵精而不贵多和首在敢战的原则，对湘军进行大力裁撤，凡溃散之营不再收集，营哨兵勇一律裁去不用。经过整顿之后，湘军水陆仅保存五千人。曾国藩的弟弟曾国葆亦在被裁之列。据说曾国葆回家后感到无脸见人，好几年都闭门深居，拒见宾客。同时曾国藩决定将王鑫留在湖南镇压各地农民起义，令罗泽南随同出征，并令塔齐布、罗泽南、彭玉麟、杨载福大量增募新勇，使湘军总人

1. 黎庶昌：《拙尊园丛稿》，第三卷，第3页。袁芳瑛，湖南湘潭人，曾国藩的好友与亲家。

数很快扩充至一万数千人。仅塔齐布一军，包括原带之抚标中军和新带之提标各营在内，即达到六七千人，罗泽南部也增至一千余人，其他各军多少不等。经过这次整顿，湘军的战斗力大大提高了一步。更重要的是，从此为湘军立下一条规矩：凡想追随曾国藩升官发财者，必须为他卖命，不允许任何人滥竽充数，冒功冒饷。这样，湘军就与那些溃而复集、集而复溃的绿营兵大不相同了，湘军以后所以能战，跟这次在长沙的整军有很大关系。曾国藩对长沙整军亦估价颇高，看作是建军成功的重要一步。后来他在回顾自己走过的道路时说，“甲寅年靖港、岳州败后，栖于高峰寺，为通省官绅所鄙夷”[1]，“为长沙所唾骂”。自己“一味忍耐，徐图自强”，最后终获成功。此即所谓“好汉打脱牙和血吞”，亦是“余生平咬牙立志之诀”[2]。他这里所说的“徐图自强”，即指长沙整军一事。

攻占武昌

湘潭战后，太平军又重新调整了军事部署。林绍璋经靖港、岳州迅速撤至常德一带，向正在西进的曾天养部靠拢。曾天养听到湘潭失利的消息，亦由宜昌南下澧州、安福。咸丰四年四月两军会合后一起回到岳州，并筑垒浚濠，准备迎击湘军的进攻。

在长沙经过一番休整、调配，并修好被太平军打坏的船只之后，湘军重新向太平军发动攻势。在此期间，湘军除本身的扩充和胡林翼的黔勇增募至二千人外，还新添了另外两支水军船队：一支是登州镇总兵陈辉龙率领的广勇六百五十名，一支是广西候补道员李孟群率领的广西水勇一千人。咸丰四年六月曾国藩率水陆大军从长沙出发，二十二日塔齐布所部七千人占领新墙，逼近岳州，罗泽南、周凤山率数千人以为后援。三十日太平军迎战失利，连夜退守城陵矶要塞。七月十六日，陈辉龙、沙镇邦、褚汝航、夏銮不顾水军

1.《曾文正公家书》，同治五年十二月十八日。

2. 同上，同治六年三月十二日。

大忌，乘风顺水飞舟直薄城陵矶下，正好冲入太平军早已设好的伏击圈内。结果片帆未返，四人亦落水而死。这一次水战杨载福没有参战，但却赶来观看，远远跟在陈辉龙等人后面，等着看他们的笑话。由此可以看出，湘军水师从一开始就存在着湖南人与外省人、营兵与官勇的矛盾，他们互相排斥，互相轻视，临危不能相互救援。陈、沙、褚、夏四人死后，曾国藩没有再奏调营将，从此杨载福、彭玉麟便成为水师统领。湘军水师除李孟群统带的广西水勇一千人外，其余则同陆师一样，成为清一色的湘人。

太平军水战取胜后，曾天养率军登陆，准备扎营据守。七月十八日，塔齐布率湘军陆师赶到城陵矶，双方展开大战。塔齐布是湘军第一悍将，精于马术，颇善骑战，仍保留着旗人初入关时的那种剽悍气质。曾天养是太平军的著名猛将，起义以来威名远震，屡立大功。这一仗短兵相接，打得异常激烈。当曾天养发现塔齐布后，便大喊一声，匹马冲入敌阵，直刺塔齐布，不幸坐骑被塔齐布之亲兵刺中，马蹶人倒，壮烈牺牲。曾天养的牺牲对太平军打击很大，顿时人心动摇，军中大乱，再也无志与湘军争锋，只好向武昌退去。

城陵矶大战之后，湘军水陆东下，气焰嚣张，简直不可一世。其水军尤其猖狂，士兵皆露立船头，不披甲胄，不避枪弹，顺流直抵武昌城下。曾国藩对此非常得意，后来他在一篇笔记中说，初办水师时，尝博求御炮子之法，竟无法可御。后来杨载福等人将牛皮等物摒弃不用，“直以血肉之躯植立船头，可避者避之，不可避者听之”，而部下水师官兵亦纷纷效尤，相率植立船头，“直前无所回避”[1]。可见湘军确有亡命之徒的特点，其凶悍好战远过于绿营。

湘军陆师则从岳州出发，经蒲圻、咸宁、山坡、纸坊一路直抵洪山、花园一带。当时与湘军同行的还有清军已革副都统魁玉和已革总兵杨昌泗率领的二千人，这些兵全是太平军攻占武昌时逃出的溃勇，基本上没有什么战斗力。他们从荆州出发，奉命交湖广总督杨霈差遣，由北岸到达汉阳城外，配合湘军水师发动对汉阳的进攻。在进军途中，曾国藩曾召集湘军将领在金口会商进攻武昌的策略。罗泽南出图指画，建议湘军陆师兵分两路：一路攻洪山，

1.《曾文正公杂著》，第二卷，第35页。

一路攻花园。据探太平军在花园布有精锐部队万余人，分别在江边、堤上和青林湖畔设大营三座。罗泽南认为，若全军进攻洪山，花园太平军就可能抄其后路。因而罗泽南自报花园一路，任其难者。曾国藩采纳了这个方案。

咸丰四年八月二十一日（1854 年 10 月 12 日）湘军从金口出发，当天就攻克了太平军花园大营；第二天进至鲶鱼套，并将附城营垒尽皆攻毁，形成兵临城下的严重局面。

负责守卫武昌的太平军将领黄再兴、石凤魁等人，或则文官，或则国宗，皆不习战事。他们见湘军气势汹汹地攻到城下，便丧失信心，于二十二日夜间带领精壮弃城逃往田家镇。汉阳守将见武昌失守，亦弃城逃走。这一对太平天国至关紧要的上游重镇，就这样被他们轻而易举地送给了敌人。更可恨的是，他们只顾自己逃命，竟没有预先通知停泊在汉水里的大批水军，汉阳失守后，这些船队被完全封死在里面，遭到彻底毁灭。陆军士兵也有一大批没有来得及撤走，大部被湘军当场杀害或赶到湖里溺死。湘军除亡命好战的特点外，就是残忍、暴虐、嗜杀，罗泽南甚至诱迫和怂恿他的部下士兵生吃被俘太平军战士的血肉心肝，充分表现出其地主武装的野蛮本性。

当时咸丰皇帝正被太平军打得晕头转向、六神无主，不料湘军异军突起，竟能如此迅速地攻下武汉这个军政重镇，消息传来，使他高兴得简直不知如何是好。最早向皇帝报信的并不是曾国藩，而是湖广总督杨霈。湘军攻占武昌后的第七天，即咸丰四年八月二十九日咸丰就收到杨霈的奏报，称“探闻湘军攻占武昌”云云。因非正式捷报，咸丰皇帝尚不敢深信，仅作为传闻批转内阁。又过了六天，即九月五日，曾国藩的报捷奏折才送到咸丰皇帝案前。湘军的胜利使处于悲观失望之中的咸丰皇帝备受鼓舞，看过捷报之后，立刻任命曾国藩为署理湖北巡抚，并在奏折上批道：“览奏感慰实深。获此大胜，殊非意料所及。朕惟兢业自持，叩天速赦民劫也。”[1] 他还眉飞色舞地对军机大臣说：“不意曾国藩一书生，乃能建此奇功。”某军机大臣进言说：“曾国藩以侍郎在籍，犹匹夫耳。匹夫居闾里，一呼，蹶起从之者万余人，恐非国

1.《曾文正公奏稿》，第三卷，第 62 页。

家福也。”咸丰皇帝听罢，“默然变色者久之”，一时被胜利冲昏的头脑渐渐清醒过来，从此严奉祖训，再不肯把地方督抚大权交给手握重兵的曾国藩，使其六七年内一直处于客军虚悬的地位，“不获大行其志”[1]。

恰在此时，御史沈葆桢上一奏折，要求曾国藩乘胜东下，进攻长江中下游的太平军，以便一鼓作气，将太平天国运动镇压下去[2]。咸丰皇帝便乘机收回成命，赏给曾国藩兵部侍郎衔，办理军务，令其率领水陆各军乘胜东下，迅速进攻江西、安徽的太平军。而鄂抚一职则由曾在湖南与曾国藩屡次作对的江苏布政使陶恩培担任，其未到任前，由刚刚因曾国藩攻占武汉而从“署理”转为“实授”的湖广总督杨霈兼任。

刚收到令其署理湖北巡抚的谕旨时，曾国藩还假意推辞了一下，以掩饰自己的功名之心，免得由于丁忧期间立功受职而为人讥笑指责，有碍“名节”。然而曾国藩的辞谢奏疏还没有送到北京，咸丰皇帝就改变了主意，并已收回成命。更令人啼笑皆非的是，咸丰皇帝还自作聪明地在曾国藩的奏折上批道：“朕料汝必辞，又念及整师东下，署抚空有其名，故已降旨令汝毋庸署理湖北巡抚，赏给兵部侍郎衔。”接着又倒打一耙说：“汝此奏虽不尽属固执，然官衔竟不书署抚，好名之过尚小，违旨之罪甚大。著严行申饬。”[3]曾国藩攻占武汉，远远观望的荆州将军官文和署理湖督杨霈皆得重赏，而他本人不仅未得到地方实权，还受到“严行申饬”，这不能不引起曾国藩的深思。从此曾国藩更进一步看透了清政府对他的猜忌心理，时怀警惧，处处谨慎，有时甚至感到悲观和伤心。

咸丰皇帝的错误还不止于此。原来曾国藩打算攻占武汉后好好经营一下湖北，再以两湖为基地，进取江西、安徽，稳扎稳打，一步步地攻向太平天国的首都天京。八月三十日曾国藩曾上奏清廷，提出攻占武汉后立即东下的三可虑：一是经过从岳州到武昌的一系列战斗之后，湘军人员、武器均有很大损耗，需进行一个较长时期的休整和补充，以巩固和提高其战斗力；二是

1. 薛福成：《庸庵全集·庸庵文续编》(以下简称《庸庵文续编》)，光绪十五年版，下卷，第7—8页。

2. 李元度：《天岳山馆文钞》，光绪六年版，第十四卷，第35页。

3.《曾文正公奏稿》，第三卷，第79页。

太平军虽然遭到很大损失，但仍有相当实力，又得到湖北、江西广大群众的支持，湘军若孤军深入，稍有挫折就可能陷入太平军的包围之中；三是湖北经济未及恢复，不能建立粮饷基地，湘军东取江、皖，仍须湖南供给。这样，远离后方，供应困难，就有可能因缺乏粮饷而导致军士溃散、前功尽弃的结局[1]。应该说，曾国藩的这些考虑是有远见的，在取得一系列重大胜利之后，头脑还是清醒的，仍能客观地观察和估计敌我形势。但咸丰皇帝急于求成，完全低估了太平军的力量，拒绝接受曾国藩的意见，仍命其迅速东下，将善后工作交给杨霈处理。咸丰皇帝的这一错误决策完全打乱了曾国藩的计划，迫使他脱离后方，锐兵轻进，重犯了西征太平军的错误，数年内陷于进退维谷的困境。

湖口惨败

杨秀清听到武昌失守的消息又惊又气，立刻命令燕王秦日纲前往田家镇布置战守，并将黄再兴、石凤魁锁拿天京；同时还派人送去木簰（同“排”）五座,令秦日纲加紧布防,截击湘军。长江“自武穴以上,夹岸皆山,水面渐窄,至蕲州而山峡始开”，其间尤“以田家镇对岸之半壁山最为隘口，江流仅一里余,山势直压中洪”,乃自古“水战必争之地”[2]。秦日纲除在半壁山层层筑垒、沿江安设大炮外，还在江面上横拦铁索六道，一端连接田家镇，一端连接半壁山；并于铁索之下按一定距离排列数十只小船，上面安放枪炮，用以保护铁索。太平军的防御不可谓不严密，但湘军却采用更加狡猾凶狠的手段，对太平军发动猛烈进攻，双方在这里进行了十天的激烈战斗。

战斗首先在长江南岸的半壁山展开。湘军攻占武昌后几乎没有经过什么休整，便兵分三路，水陆东进。固原提督桂明率领的湖北军队沿北岸推进为第一路，湘军水师顺流而下为第二路，湘军陆师沿南岸前进为第三路。湘军

1.《曾文正公奏稿》，第三卷，第 69 页。

2. 赵烈文：《能静居日记》，同治六年十月二十四日。

陆师离开武汉后又分为两支：塔齐布一支经武昌县进攻大冶，罗泽南一支经金牛堡进攻兴国；两地取胜后，合军进攻半壁山。咸丰四年十月一日（1854年11月20日）罗泽南率军先到，塔齐布继至，双方在半壁山下展开大战。结果太平军迎战失利，退回山上[1]。十月四日太平军增加了新的援军，由秦日纲、韦俊亲自指挥，分两路向湘军发动反攻，自辰至酉，大战竟日，太平军再次大败奔北，退向对岸的田家镇，半壁山要隘被湘军夺占。

田家镇一战的关键还在水师方面。当塔齐布、罗泽南陆师与太平军争夺半壁山要地时，湘军水师还在蕲州与太平军纠缠。蕲州守将是太平军青年猛将陈玉成，布防非常严密，岸上驻有陆军，江上设有舟城，互为犄角。湘军水师屡攻不下，遂滞留不得前。十月八日曾国藩改变策略，采取越寨攻敌之策，命水师置蕲州于不顾，绕越太平军水上舟城，顺流直驶田家镇江面，配合陆师破太平军拦江铁索。彭玉麟、杨载福与塔齐布、罗泽南会商后，将湘军水师分为四队，第一队负责破坏太平军拦江铁索；第二队负责攻击太平军战船，压制对方炮火；第三队准备在铁索断后冲向下游，放火烧船；第四队负责守护后方辎重船只，防止太平军的突然袭击。布置就绪后，彭玉麟、杨载福亲自出马，分别率领二、三队。十三日，湘军水师首先发炮击沉太平军护索小船，再用巨锅盛油脂置船上，将铁索烧熔砍断。拦江铁索既断，湘军船队便顺流而下，抢先赶到武穴，截断太平军船队的归路，然后再溯江而上，沿途放火，使太平军数千船只顿时化为火海。太平军西征以来，水师船只不下万艘，湘潭、岳州、武汉几次大战皆被焚毁不少，而田家镇之战损失尤为惨重。经此一战，太平军九江以上的船只荡然无存，水师也基本瓦解了。湘军水师得手之后，塔齐布、罗泽南陆师也赶来助攻。太平军险要尽失，士气大丧，遂于十月十四日撤出田家镇，退向黄梅。十五日蕲州太平军也弃城而走，撤向广济。两路太平军会合后，在黄梅、广济之间的双城驿、大河埔一带布下阵势，同从后面追来的湘军再次进行激战。太平军又遭失败，放弃黄梅，继续向九江方面撤退。

---

1. 朱洪章：《从戎纪略》，光绪十九年版，第10页。

田家镇之战，湘军虽然取胜，但也遭到巨大伤亡。湘军将领朱洪章回忆当时的情景时说，“我军亦伤亡不少，水师尤多”，曾国藩谓行军以来未有“丧师如此次之惨者，言毕放声大哭”[1]。

田家镇战败的消息传到天京，杨秀清立刻派太平天国的优秀将领石达开、罗大纲赶赴西线指挥。当他们兼程赶到九江时，黄梅已失守，大批太平军正在后撤。罗大纲亲赴前线，指挥从黄梅退出的万余太平军和新带来的一万援军在孔垅驿一带布防，阻击湘军。十一月十二日，湘军进攻孔垅驿，双方展开大战。太平军再度败北，只好南渡长江，并力据守九江、湖口两城。湘军陆师乘胜进攻，十五日（1855年1月3日）占领小池口，二十一日渡江，二十五日扎营九江大东门外四里坡。与此同时，水师从湖北追来，停泊九江附近江面，形成水陆夹攻九江的态势。为了配合湘军的攻势，湖广总督杨霈进驻广济，并派副将王国才带兵四千驻扎黄梅，按察使胡林翼带兵二千由咸宁东出瑞昌，拊攻九江之背。湖北方面各军皆交曾国藩统一指挥。这样，清朝方面围攻九江的水陆总兵力已达二万六七千人，连战取胜，气势汹汹，大有黑云压城之势。

当时太平军驻守九江的将领是著名骁将林启荣。他能攻善守，将九江变成一座坚不可摧的长城，有力地顶住了湘军的攻势，使曾国藩的一切招数都不能奏效。连罗泽南也不得不承认，太平军守城，平日“静若无人，夜无更柝号火”，湘军一至城下，“则旗举炮发，环城数千堞，旗帜皆立如林”。林启荣之善守，真太平军中“一将才也”[2]！曾国藩见连日攻城毫无效果，便亲自赶到九江城外，与塔齐布、罗泽南会商，决定将湘军陆师分为两支，一支由塔齐布率领继续攻城，一支由罗泽南率领进驻湖口城外的盔山，与胡林翼合力进攻梅家洲，以牵制湖口太平军，割断九江与湖口的联系。起初，石达开与罗大纲皆坐镇九江调度指挥，今见湘军分兵进攻湖口和梅家洲，亦相应改变部署，由林启荣守九江，石达开守湖口，罗大纲守梅家洲，深沟高垒，坚壁不出，使湘军顿兵坚城之下，寸步难进。

---

1. 朱洪章：《从戎纪略》，第11—12页。

2. 罗泽南：《罗忠节遗集·年谱》，咸丰九年版，上卷，第25、26页。

太平军见湘军锐气已挫，便进而谋划破敌之策。他们认为，湘军之攻取战胜，在很大程度上依仗水上优势，欲战胜湘军，必先破其水师。湘军水师分为大船和小船两部分，大船笨重，小船灵活，二者互相配合，取长补短，以进行水战。若能将其分开，他们必然自顾不暇，失去战斗力。同时，太平军大部分船只被毁，所余少数水军难以与湘军水师争锋，欲破强敌，亦只能智取，不能强攻。于是他们就在这方面大动脑筋，终于找到制敌奇策。太平军先用少数小船不断袭扰湘军水师，使其日夜不得安宁。湘军屡胜之后，即生骄气；屡被袭扰而又求战不得，必生躁气；骄而且躁，必有可乘之隙。十二月十二日，太平军利用湘军水师急于求战的心理，把湘军舢板等轻便战船一百二十多艘诱入鄱阳湖内，然后塞断湖口水卡，修筑工事，安装大炮，将其死死地封锁在湖内。从此湘军水师被肢解为外江和内湖两部分，外江水师只剩下运转不灵的长龙、快蟹等大船，丧失了作战能力，陷于被动挨打的局面，战争的主动权也就随之转移到太平军手中。

太平军乘机反攻，对湘军水师展开了有计划的袭击。第一次袭击是十二月十二日，即肢解湘军水师的傍晚与夜间，驶入湘军船队中的小划与岸上的太平军互相配合，不断投掷火球、火罐等引火之物，共烧毁湘军大船九号、中等船只三十号。湘军水师遭到袭击后纷纷上驶，不听彭玉麟指挥。曾国藩无奈，只得急忙调回正在武穴养病的杨载福，以统率原来由他带领的那部分水师。在陆军方面，曾国藩也重新做了调整。他见长江北岸小池口被太平军重新占领，前去夺垒的周凤山营又大败而归，遂放弃对湖口的进攻，将驻扎盔山的胡林翼、罗泽南调回九江，以集中兵力，加强对九江的攻击力量。

就在罗泽南回到九江的当天晚上，即十二月二十五日夜间，太平军对湘军水师再次发动了更大规模的袭击。这天晚上，夜黑迷漫，咫尺莫辨，太平军分别从九江与小池口抬出小船三十艘放入江内，携带各种火器，钻入湘军船队放火延烧。湘军水师顿时大乱，纷纷挂帆上逃，大小船只损失无数，曾国藩座船亦被太平军俘获。曾国藩再次投水自杀，被幕僚救起，用小船送入

罗泽南营中[1]。他遥望江内水师纷纷溃逃，只剩下少数船只停泊在南岸罗泽南营旁边，情景十分凄凉。念及自己花费数年心血惨淡经营起来的湘军水师竟遭如此下场，深感大势已去，羞愤难当，遂欲效仿春秋时晋国大将先轸的榜样，策马赴敌而死。慌得罗泽南、刘蓉紧紧抓住马缰，众幕僚寸步不离，经过好一番拉扯、劝解始罢[2]。

太平军在湖口、九江袭击湘军水师成功之后，便分三路上行，发动战略性反攻。东路由小池口向北进发，连下黄梅、广济，将湖广总督杨霈一直追到汉口；中路由九江逆水而上，沿途攻占蕲州、黄州，追至武汉；西路由富池口渡江，经兴国拊攻武昌之背。咸丰五年正月七日（1855 年 2 月 23 日）太平军重占汉阳，并对武昌发起攻击。这一下清政府慌了手脚，急令曾国藩派兵回援武汉。曾国藩随即派原属湖北方面的陆军胡林翼、王国才两部以及水师中的李孟群、彭玉麟两支回援武汉——实则是让水师去金口修复船只。不久，留在九江的杨载福水师遭到风浪袭击，四十条船被完全毁掉，其余七十多条亦皆破烂不堪，不能使用，只好退回湖北金口一带补充修理。这样，湖北武穴以下江面再没有湘军船只，重新成为太平军水师的天下。二月十七日太平军三克武昌，并重新控制了湖北的大片地区，为太平天国鼎盛局面的形成打下基础。

这时，曾国藩更加确信上年八月攻占武汉后，不待后方巩固、经济恢复即迅速东下是错误的，并在奏折中旧话重提，对清廷的决策提出婉转的批评。他说，细思臣等办理错误之处盖有两端：一是武汉克复当留重兵驻守，并留战船数千号以为后路声援；二是九江未破不应进攻湖口，以致兵力分散，两处受阻。咸丰皇帝不同意这一看法，认为湘军湖口之败主要是水师舢板冲入内湖所致，即曾国藩指挥上的疏忽与无能造成的，与湖北方面未留重兵和缺乏声援无关，仍命令曾国藩迅速攻克九江，合军东下，攻取天京。咸丰的这种瞎指挥固然无异于梦呓，而曾国藩自己也害怕退兵会引起士气低落，人心动摇，越发不可收拾，因而宁可顿兵坚城，被动挨打，也不肯撤出江西，回

1. 李元度：《天岳山馆文钞》，第十四卷，第 36 页。

2.《曾文正公年谱》，第三卷，第 30 页。

争武汉，遂造成坐困江西的局面。

罗走塔灭

太平军攻占武昌后的第十天，即咸丰五年二月二十七日（1855 年 4 月 13 日），咸丰皇帝任命湖北布政使胡林翼署理湖北巡抚，以代替死于城中的原湖北巡抚陶恩培。胡林翼的受命甚得肃顺的推荐之力。在满洲官员中，肃顺和文庆最重视汉族官员——尤其是曾国藩、胡林翼等人的作用。他们认为要把太平天国革命镇压下去，非重用和依靠这些汉族官员不可。因而极力在咸丰面前推荐胡林翼，使其得任鄂抚。肃顺此举补救了咸丰皇帝撤销曾国藩署理鄂抚之命的错误，从而成为日后湘军转败为胜的契机。

湘军外江水师退回上游之后，留在江西的水师就只剩下被封死在鄱阳湖内的一百二十条舢板和二千水勇了。由于没有辎重大船随行，这些战船不仅无法冲出鄱阳湖，就是本身的生存都发生了很大困难。为了解决这一问题，曾国藩不得不专程跑到南昌，与江西巡抚陈启迈商量，请求江西为他造长龙船三十号，交内湖水师使用。与此同时，曾国藩还为恢复外江水师进行了巨大努力。在此之前，曾国藩在湖北新堤建有一座船厂，如今正好为湘军水师修复旧船，赶造新船。曾国藩还奏请湖南为他添造战船，招募水勇，并催促其将已造好的船只迅速送往湖北金口一带，交湘军水师使用。当年四月，湖南新船百余号运到金口，九江损坏之船亦基本修好，彭玉麟又从湖南募来一批新勇，与旧勇合为三千人。六月杨载福带领大批战船和二千新勇由湖南岳州赶到金口，与彭玉麟原带水师合为一处，外江水师又有十营五千人，基本上恢复了原来的规模。又以李孟群水师多羸弱不可用，遂令李孟群改领陆师留守金口，抽出胡林翼陆师，会同水师一起进攻武汉。

此时湘军内湖水师也扩充到八营四千人，供应、造饭问题均得到解决，连战取胜之后复又猖狂起来，不断进攻湖口水卡。这年七月末，内湖水师统领萧捷三在湖口中炮而死，不久内湖水师又遭惨败，损失战船二十余条，重新陷入被动挨打的困境。为了改变这种不利局面，曾国藩急调彭玉麟由湖北赶往江西，统领内湖水师。正在湖南衡阳省亲的彭玉麟闻命启程，假扮客商穿越太平军控制的地区，步行数百里赶到南康府，从此，杨载福分领外江水师，彭玉麟分领内湖水师，成为定制。

太平军击垮湘军水师之后，亦曾在九江设立船厂，仿照湘军船式制造战船，力图恢复和改进自己的水师，使之适于水战。至咸丰六年四月，太平军已有船只数百条，其中仅适于水战的炮船就有二百多条，驶至武汉江面，屡与湘军水师交锋。杨载福生怕太平军水师再次强大起来，屡次寻机决战。后见其藏匿不出，遂选亡命徒三百人，将太平军战船全部烧毁，致使太平军为夺回水上优势所做的多年努力一时化为乌有。

曾国藩自出省作战以来一直随水师行动，自座船在九江丢失后便弃船登岸，随陆师行动。其后为整顿内湖水师，移驻南康，和内湖水师驻在一起。但内湖水师被封死在湖内，很难采取什么大的军事行动，所以曾国藩要在江西立住脚，主要还是依靠陆师。

起初，湘军陆师在江西者约有一万二千人左右，分别由塔齐布、罗泽南、李元度统领。塔齐布部人数最多，约有六千五百人，罗泽南部约为三千五百人，李元度所带平江勇仅四营两千人。李元度原为曾国藩幕僚，眼睛深度近视，从没有带兵打过仗。湖口败后，内湖水师驻扎南康附近水面，岸上无陆军相依护，易受袭击。李元度自告奋勇愿领陆军，曾国藩无人可用，只好让他募平江勇四营随自己行动。平江勇人数不多，战斗力也不强，所以曾国藩在江西主要还是依靠塔齐布、罗泽南两部，平江勇不过是次要的辅助力量。

湖口、九江战后，塔齐布、罗泽南两部仍继续围攻九江。曾国藩预计兵力集中后能够很快攻陷城池，因而连日攻坚，昼夜苦战，结果士卒死伤惨重而战事毫无进展。为稍改其被动局面，曾国藩和江西巡抚陈启迈商定，将塔齐布、罗泽南两部分开，留塔齐布一军继续围攻九江，抽出罗泽南部以充游击之师。咸丰五年二月二十八日，罗泽南部离开九江，经南昌前往弋阳、广信、景德镇一带同太平军作战。五月底，太平军自湖北回师江西，很快攻占义宁，并全歼由南昌派去的援军。江西省城大为震动，曾国藩、陈启迈急将罗泽南调回。六月五日,罗泽南率军回到南昌,只身前往南康拜会曾国藩,商讨进止。曾国藩急于进攻都昌,以使内湖水师冲出湖口,与陆师会合,因而欲留罗泽南暂驻南昌,另派李元度赴援义宁。而江西巡抚陈启迈则令罗泽南驰赴义宁救援,以堵截太平军由鄂返赣之路。

罗泽南察看南康、湖口的形势后上书曾国藩,以为解决战略问题、争取战争主动权的关键并不在攻克湖口一关。太平军上控制武汉,下占据南京,湖口乃中游要塞,是其在所必争之地,即使湘军攻克湖口,亦难于据守,更不能摆脱与之相持长江中段的被动局面。要打破僵局、改变目前的被动地位,必须回军上游,力克武汉;而要攻克武汉,又必先据其上游的崇阳、通城、咸宁一带,以拊攻武昌之背。因而罗泽南建议首先攻占义宁,以打开赣、鄂之间的通路。罗泽南的见解无疑是正确的,这一计划正好弥补了上年攻占武汉后未留重兵驻守的错误。曾国藩并非不明白这层道理,只是出于政治上的考虑,不敢率领主力大踏步退往上游。七月十五日罗泽南攻占义宁后,又再一次上书曾国藩,进而阐明武汉战略地位的重要性和要克武汉必先据有崇阳、通城的道理。对于罗泽南的道理,曾国藩是赞成的,从长远的观点来说,也是对湘军有利的。但是,罗泽南回援武汉必然对他在江西的处境产生不利影响,因为罗泽南部湘军是曾国藩最初训练的一批骨干,也是他赖以起家的本钱,所以他内心深处并不想让罗泽南离开自己而去从属他人的。更使他犹豫不决的是,正当罗泽南提出回军湖北的关键时刻,塔齐布因久攻九江不下,于七月十八日呕血而死。这样,曾国藩就更不愿放走罗泽南了。但曾国藩考虑再三,最后还是同意了罗泽南的意见,派他率军回援,并从塔齐布部下拨出普承尧、彭三元、李杏春一千五百人随行,使其兵力增加到五千人。同时又派自己的好友刘蓉随同西上,充当罗泽南的助手。曾国藩为什么最终还是同意罗泽南去湖北呢?当时曾有人对曾国藩说,你所依靠的主要是塔齐布、罗泽南二将,今塔齐布已死,罗泽南若远走湖北,倘有不测,更赖何人?因而劝曾国藩毋放罗泽南走。曾国藩无可奈何地表示,罗泽南既然要走,留是留不住的,自己只好同意。可见,对于罗泽南的离己他去,曾国藩口头上虽然同意,而内心是不甚情愿的。后来曾国藩追述自己当时的矛盾心情时说:"咸

丰五年余率水陆驻扎南康，志在攻破湖口一关。五、六两年竟不能攻破，七年，余丁忧回籍，寸心以此为大憾事。罗罗山于五年八月至南康、湖口一看，知其不足以图功，即决然舍我而去，另剿湖北。其时有识者皆佩服罗山用兵能识时务，能取远势。余虽私怨罗山之弃余而他往，而亦未尝不服其行军有伸有缩、有开有合也。”[1]罗泽南走后，曾国藩手中的主要兵力还有三支：一支是内湖水师四千人，由彭玉麟统带，驻南康；一支是李元度的平江勇二千人，亦驻南康；还有一支是塔齐布旧部五千人，塔齐布死后由周凤山接统，仍在围攻九江。周凤山一军为湘军主力，也是曾国藩所依靠的主要力量。

罗泽南于九月初从义宁出发，连下通城、崇阳、蒲圻、咸宁，十一月底进抵武昌城下。十二月下旬（1856年1月中）开始分兵攻城。罗泽南的回援成为湖北形势的转机。胡林翼担任湖北巡抚后有一个时期曾经非常困难，被太平军赶得东奔西走，站不住脚，有一次被打得几乎全军覆没，甚至欲骑马冲入敌阵自杀。其后他采取了两方面的措施，一是调整了与湖广总督官文的关系，二是在上游设厘局抽收厘金。咸丰五年四月，原湖广总督杨霈被革职，荆州将军官文接任湖广总督。官文字秀峰，姓王佳氏，满洲正白旗人。此人官僚习气很重，生活挥霍无度，而又不理政务，诸事皆委托幕友、家丁处理。胡林翼对此甚为恼火，欲将官文一举劾而去之。当时有人劝告胡林翼说，武汉居天下之中，战略地位极为重要，一向驻有重兵，清廷决不会把这个地方完全交给汉族官员。若将官文劾去，必另派新人，后来者未必就比官文更好些，那时又将如何？因而不如利用官文不理政事的特点，拿钱让他挥霍，供其享乐，每年不过耗银百万两，诸事可得自主，不致掣肘。魁联也用这番道理劝说胡林翼，并自告奋勇愿为官文、胡林翼说项。胡林翼遂转而笼络官文，甚至极力讨取其宠妾的欢心，认为义妹。从此官文对胡林翼言听计从，不仅使其对湖北诸事全权在握，展布自如，而且遇有奏请之事皆由官文出面，遂至事事依奏，极为顺利[2]。官文亦由此得以坐享其成，不费一点气力而优先加官晋爵。他的协办大学士、太子少保以及一等伯世爵都是这样白捡的。

1.《曾文正公家书》，同治元年十月十三日。

2. 徐凌霄、徐一士：《凌霄一士随笔》，《国闻周报》，第十二卷，第45期。

与此同时，胡林翼还于咸丰五年四月设立湖北总粮台，委荆宜施道道员庄受祺总其责，并在宜昌、沙市等地设局抽厘，以解决军饷问题。经过一个时期的努力，湖北厘金收入大增，军饷亦很快充裕起来。但由于缺乏一支军事骨干，湖北陆师的战斗力始终很低，无法与太平军抗衡。湖北原来的军队多是几经溃散而又收集起来的绿营兵，曾国藩早就指出湖北军队之不可用，只因没有一支精锐部队为骨干，所以胡林翼迟迟未能进行整顿。胡林翼原先从贵州带来黔勇六百人，咸丰四年夏又增募新勇，将其扩充至二千人。以后转战湖口、回援武汉，带领的就是这支队伍。但终因兵单将寡，不甚得力。罗泽南的到来，成为胡林翼自天而降的救星。胡林翼为讨得罗泽南的欢心，对罗泽南恭敬备至，从不以部下相待，言必称“先生”，遇事言听计从，必与罗泽南商量而后行，以使罗泽南一心为他卖命。对罗泽南的心腹大将李续宾、李续宜兄弟，亦极尽笼络之能事。胡林翼知道李氏兄弟家贫而颇讲孝道，有老母在家无人照顾，特地将其母接到自己署中，礼敬有加。过分的礼遇以致引起李氏兄弟的怀疑。有一次，李续宾写信问曾国藩，胡林翼对他们兄弟这样好，是否出于权术？曾国藩明知如此而不敢点破，只好说若待别人，权术或有之，但对你们兄弟纯出于真心，绝非权术。胡林翼依靠罗泽南一军为骨干，对湖北军队进行了全面整顿，将原有绿营兵逐步裁汰，按照湘军的榜样重新建立起湖北的武装力量，并不断派人去湖南募勇，连年扩军，一时成为长江上下军力最强的省份。

与湖北的情形恰好相反，曾国藩在江西的处境日益狼狈起来。太平天国在湖北的军事形势稳定之后，石达开便将韦俊留在武昌据守，自己带兵回到江西，乘罗泽南回援湖北之机，在江西展开强大攻势。从咸丰五年十月起，石达开联络广东天地会起义军，连下瑞州、临江、袁州等府，并发兵围攻吉安府城。吉安的告急文书雪片般飞来，曾国藩只好从九江撤围，调周凤山部陆师驻扎樟树镇，作出南下应援的姿态。樟树镇依傍赣江，直通鄱阳湖，东接抚州、建昌，西连瑞州、临江，进可援吉安，退可保南昌，实为江西的战略要地。曾国藩令周凤山驻扎此处，名为赴援吉安，实则观望形势。当时吉安形势紧迫，南昌兵力空虚，江西官员一片惊慌，有人主张援吉安，有人主

张防省城，众说纷纭，莫衷一是。曾国藩既怕省城有失，又怕孤军深入，救不了吉安，自己反被包围。因此心里实不愿南下，仅为鼓励吉安坚守计，故作赴援之态。石达开利用周凤山军举棋不定、犹豫观望的机会，于咸丰六年一月攻克吉安府城，二月乘胜北上，袭破湘军樟树镇大营。周凤山全军大败奔北，溃兵纷纷逃入南昌城。曾国藩闻讯大惊，只好从南康动身，厚着脸皮去南昌城中收拾残局。

这时太平军在江西的军事形势发展到最高峰，控制了十三府中的八府五十四州县。曾国藩困守在南昌和南康两府的狭小地区，文报不通，联系中断，连送家书都不得不用隐语蜡丸，化装潜行；即使如此，送信人还是往往被太平军识破，被捕杀者达百人以上。后来王闿运在写《湘军志》时，连夜阅读当时的文件，朦胧之中好似见到曾国藩当年的窘迫之态。他在当天的日记中写道："夜览涤公奏，其在江西时实悲苦，令人泣下。……'闻春风之怒号，则寸心欲碎；见贼帆之上驶，则绕屋彷徨'。《出师表》无此沉痛。"[1] 曾国藩亦描写当时的情形说："方其战争之际，炮震肉飞，血瀑石壁，士饥将困，窘若拘囚，群疑众侮，积泪涨江，以夺此一关而不可得，何其苦也！"又说："余昔久困彭蠡之内，盖几几不能自克。"[2] 由此可见曾国藩当年的处境是何等狼狈！

委军奔丧

正当曾国藩在南昌岌岌可危的时候，杨秀清将石达开调回天京，参加攻破江南大营的战斗，曾国藩遂得死里逃生，于是曾国藩便为恢复江西的军事力量进行了又一番努力。苦于兵力单薄，形势孤危，他不得不暂时收起不收溃勇的主张，对从樟树镇逃回的溃勇进行清理，并将他们重新拼凑成两支军队：一支约三千五百人，由黄虎臣统带；一支约一千人，由毕金科统带。此外他还令江西粮道邓仁堃的儿子邓辅纶募勇两千人，与李元度的平江勇合为

1. 徐一士：《一士类稿》，古今出版社 1944 年版，第 36 页。

2.《曾文正公文集》，第三卷，第 37 页。"一关"指湖口水卡。

一军。这样，曾国藩在江西的陆军就有三支八千五百人了。但这些军队的战斗力并不强。毕金科与黄虎臣都是有勇无谋的武夫，不久即分别败死于景德镇与建昌，部队亦随之星散，不复成军。李元度与邓辅纶皆非将才，擅长文学而不善带兵。尤其李元度，带兵虽久而始终未脱文人习气，军中犹不停著述；对部下则一味姑息宽容，放任自流，因而平江勇纪律极坏，很不得力。在这种情况下，曾国藩便把扭转江西军事形势的希望寄托于罗泽南的回援上。

当时罗泽南正在紧张地进攻武汉，接到曾国藩的求援文书，不禁为难起来：欲不援江西，实感有负于曾国藩；欲援江西，武汉则功败垂成。他决定不顾一切，猛烈攻城，企图一举攻下武昌，然后再回援江西。结果在一次攻城时被太平军击中头部，五天之后，于咸丰六年三月十日（1856 年 4 月 14 日）死去。胡林翼遵其遗嘱，令李续宾代领所部湘军。恰在此时，曾国华来见胡林翼。他是听到曾国藩兵败被困的消息，奉曾麟书之命前来替曾国藩求援的。胡林翼只得分出刘腾鸿、普承尧、吴坤修等四千人，交曾国华带往江西救急，留下李续宾等主力部队继续进攻武昌。咸丰六年七月，曾国华由咸宁、蒲圻、崇阳、义宁一路来到瑞州城外，猛攻瑞州。在此前后，湖南派出的援军也陆续开进江西。咸丰六年二月刘长佑、萧启江率兵五千由萍乡、万载进入江西，十月底攻占袁州，然后兵分两路向临江方向发动进攻。另一支援军约六七千人，分由曾国荃与周凤山统带，十一月初攻占安福，并分两路向吉安进攻。咸丰七年初，王鑫率四千余人进入江西，四月进抵临江城外助攻，以后转战于江西各地，成为一支游击之师。这一时期曾国藩往来于南昌、瑞州之间，军事形势大为好转。

但是，军事形势的好转并没有完全解除曾国藩的苦恼。曾国藩突然失掉署理湖北巡抚一职，已深感清廷对自己的不信任；湖口惨败之后不久，正当他悲愤欲绝的时候，又忽然传出某相国对他的攻击，这就不能不使他更为伤心。东汉时有个名叫杨震的著名学者，后来官至太尉，因得罪朝中权贵，最后仍不免遭受排挤，被迫在洛阳城西夕阳亭自杀身死。曾国藩感到自己将来

也许会落到这般下场，故与自己的好友刘蓉谈及“夕阳亭事，怆叹久之”[1]。刘蓉只好拿一些当今“皇帝圣明”、不同于东汉之类的空话来宽慰他。

这一时期曾国藩不仅为清廷所猜忌，还始终受到江西大吏的排挤和刁难。这是因为曾国藩以团练大臣创办湘军，又以乡绅带兵打仗，都被当时一些官员视为越轨举动。咸丰五年九月丁忧服阕之后，虽已补授兵部右侍郎，但没有钦差头衔，仍为地方官所轻视，调度不灵。他所统带的湘军亦因不是国家经制之兵，政治地位远不如绿营，虽负“能战”之名，仍处处受到歧视。同时，由于曾国藩没有地方大权，其所带湘军处于客军之位，军饷、物资主要仰求于江西。江西官吏往往视之为额外负担，事急则用，事过即弃，战胜不予奖励，战败则讥笑百端，且不时以停止供饷相要挟。这就不能不使曾国藩时时有寄人篱下之感。

曾国藩不仅在经济上要依赖江西，政治方面也处处离不开江西。譬如曾国藩要抽厘筹饷，就不能不聘用江西绅士，不能不与江西地方官打交道。这在江西地方大吏看来无疑是侵越其权，因而就来个针锋相对，寸权必争。曾国藩要办厘局，江西也办厘局，或分润钱财，或行政干预；曾国藩要用某一地方绅士，地方官就扣住不给，甚而对敢于接近曾国藩的绅士进行打击。这样，久而久之，司、道、府、县官员皆知江西大吏与曾国藩互为水火，很少有人敢于同曾国藩接近，甚至有人故意起而刁难、谩骂攻击，以取悦上司，致使曾国藩数年之间步步荆棘、处处碰壁。

曾国藩初到江西时，巡抚为陈启迈。本来陈启迈与曾国藩同乡，又曾同为翰林院官，是应特为关照的。但恰恰相反，陈启迈对曾国藩处处看不惯，事事闹别扭。当时有个名叫彭寿颐的举人，在万载办团练杀人，对抗太平军，甚得曾国藩的赏识，欲调入幕府任用。而彭寿颐是个很不安分的家伙，恰在不久前因事与所在地方官闹翻，正在打官司。陈启迈收到曾国藩的咨文后，以为在这种情况下调用彭寿颐是对自己的挑衅，不仅不允调用，反而将彭寿颐投入狱中，严刑拷讯。曾国藩不堪其辱，遂抓住此项把柄，罗列数事，将

1. 刘蓉：《养晦堂诗集》，台北影印版，第二卷，第28页。

陈启迈参劾革职。但是，接替陈启迈的文俊行事一如前任，因而曾国藩的处境并没有因为陈启迈的去职而得到改善。毕金科原为塔齐布旧部，素以骁悍著称，樟树大营溃散后，独领千人在饶州一带活动，屡次与太平军交战，甚为曾国藩所欣赏。年底，毕金科军内乏饷，士有饥色，屡次索饷皆不可得。后来地方官员根据江西巡抚的授意告诉他，如能攻占景德镇，立下大功，便立刻为他发饷。毕金科一向莽撞，今又穷困已极，便决意一试。景德镇是赣、皖、浙三省交通枢纽，具有重要的战略地位，太平军在这里坚固设防，布有重兵。毕金科率一千饥疲之卒贸然来攻，何异于以卵击石！结果全军覆没，毕金科丧命。曾国藩对毕金科的死既惋惜又气愤，这笔账也就记在江西官员身上，多少年后还一直对此耿耿于怀。咸丰九年六月，曾国藩等人攻陷景德镇后，曾国藩在毕金科丧命的地方立下石碑一块，亲为撰写碑文，其中“内畏娼（音“冒”）嫉，外逼强寇，进退靡依，忍尤丛诟”[1]数语尤为沉痛，实际上这不仅是对毕金科，也是对曾国藩自己当时政治处境和内心世界的生动写照。

曾国藩在江西这段时间是精神上最感痛苦的时期，不仅在军事上连遭挫败，政治上也经常受到反对派的攻击和污辱。后来他在回忆这一时期的遭遇时说，“江西数载，人人以为诟病”，樟树镇兵溃之后，“尤为丛镝所射”[2]，“几乎通国不能相容，遂致浩然不欲复问世事”[3]。他还对他的好友刘蓉说，“吾以在籍侍郎，愤思为国家扫除凶恶，而所至龃龉，百不遂志。今计日且死矣，君他日志墓，如不为我一鸣此屈，泉下不瞑目也”[4]。

咸丰六年秋，太平军方面发生巨大变化，一场亲痛仇快的领导集团内讧，严重削弱了太平天国的政治影响和军事实力。咸丰六年十一月，胡林翼和李续宾乘机攻陷武汉，并经由黄州、大冶、兴国移兵江西，于十二月进抵九江城外，再一次发动对九江的攻击。这时太平军已全部失掉湖北的根据地，江西的瑞州、临江、吉安亦处于湘军的围攻之中，军事形势完全倒转过来。但

1.《曾文正公文集》，第三卷，第 32 页。

2. 赵烈文：《能静居日记》，同治六年七月十九日。

3.《曾文正公书札》，第二十四卷，第 26 页。

4. 刘蓉：《养晦堂诗集》，第二卷，第 28 页。

军事形势的好转并没有给曾国藩带来更多的宽慰，因为这些湘军虽然是由曾国藩一手创办的，但却由湖南与湖北发饷，由骆秉章和胡林翼指挥，攻取战胜都是他们的功劳，与曾国藩无缘。曾国藩可以报功的地方只有瑞州一城，且难得全功，还要归功于湖北的增援。这就更没有多大意思了。退一步想，就是功再大，像上次独克武昌省城那样，到头来自己又能得到些什么呢？于自己目前这种政治困境的改变又能带来什么帮助呢？

曾国藩在江西还是有不少朋友的。他虽然在官场中极为孤立，但却得到一部分士绅的支持，刘于淳、甘晋等人都曾给他不少帮助，可谓患难之交。尤其在籍刑部侍郎黄赞汤，为曾国藩劝捐筹饷达八九十万两白银，在江西大吏利用军饷问题百般刁难的情况下，真可以说是雪中送炭，使他感恩戴德，终生不忘。然而这些人都不处于当权地位，不能帮助曾国藩从根本上改变极为不利的政治处境，因而也就不能使他从苦闷中解脱出来。

咸丰七年二月十一日（1857 年 3 月 6 日），曾国藩在瑞州城外湘军大营忽然接到其父曾麟书于二月四日死去的讣告，好似遇到摆脱困境的天赐良机，于奏报丁忧并陈请开缺之后，不待谕旨即委军而去，于二月二十一日和他的胞弟曾国华一起从瑞州启行，二十九日回到家中，过起了内心极不平静的乡间生活。作为一个领兵大臣，这样不待批准即离开军营，本来是要获罪的。只是由于湖南巡抚骆秉章、湖北巡抚胡林翼反复为他说情，才得到通融解决，给假三个月，令其回籍治丧，假满仍回江西办理军务，委军一事免于追究。

咸丰七年五月假期将满，曾国藩不想再过客位虚悬的日子，遂奏请在家守三年之制。咸丰皇帝以其“身膺督兵重任”不予批准，命他仍遵前旨，假满即返江西军营，继续督办军务。曾国藩被逼无奈，只好向咸丰皇帝摊牌，讲明自己不愿回江西督办军务的真正原因。他在《沥陈办事艰难仍恳终制折》中诉说了在江西督办军务的三点难处：一是没有军权。因他率领的湘军属于临时募集的官勇，不是国家经制之兵，所以虽能征敢战，而有功人员却不能像绿营弁兵那样补授实缺；自己“虽居兵部堂官之位，而事权反不如提镇”，即使补授小缺，也须向巡抚、总兵求情，久而久之，很难取信部下，鼓励士气。二是没有政权。他以兵部侍郎带兵，在地方上处于虚悬客位，既无政权、财权，又无赏罚黜陟之权，所以遇事掣肘，处处碰壁，兵饷没有保障，动辄受到断饷的要挟。三是没有钦差大臣的职衔。曾国藩以团练大臣募勇成军，只奉有出省作战之谕，并没有钦差赴某省办理军务的正式命令，更没有正式印信。因而处处受到地方督抚的歧视、刁难与排挤，有人甚至故意借此奚落，令其窘迫难堪。最后，曾国藩向咸丰皇帝郑重表示，以上三点“其端甚微，关系甚巨。臣细察今日局势，非位任巡抚有察吏之权者决不能以治军；纵能治军，决不能兼及筹饷。臣处客寄虚悬之位，又无圆通济变之才，恐终不免于贻误大局”[1]。也就是说，若仍令其办理江西军务，“非位任巡抚”不可，否则终归不能成功；与其如此，还不如“由将军、巡抚会办，事权较专，提挈较捷”，而使自己“在籍终制”[2]，以尽孝心。

对于曾国藩上述奏折的真实含义，咸丰皇帝不会看不明白。但是他恪守祖训，只让曾国藩带勇打仗，坚决不肯让其兼有地方实权。同时他也看到太平天国势力日趋衰落，觉得有无曾国藩无关大局，遂顺水推舟，批准曾国藩“在籍终制”的要求，使其陷于难言之苦。

1.《曾文正公奏稿》，第九卷，第 76 页。

2. 同上。

四　决战安庆

（咸丰八年至咸丰十一年　1858—1861）

曾國藩传

再次出山

曾国藩在家守制期间，对他前几年的经验教训进行了全面总结。对于到处碰壁的原因，除悟出领兵而未兼地方实权这一道理外，还对自身修养方面的种种弱点作了一番认真检查。同时他的亲戚朋友亦对他以往一味蛮干的做法给予一些批评、劝导，使他对自己在对人处事方面的种种错误有所悔悟。一年之后再次出山，曾国藩的处世作风有了很大转变，便与这一时期的自我反省有着很大关系。

这种转变主要表现在两个方面：一方面曾国藩从此较有自知之明。后来他在给其弟的信中说："兄昔年自负本领甚大，可屈可伸，可行可藏，又每见人家不是。自从丁巳、戊午（指咸丰七年、八年）大悔大悟之后，乃知自己全无本领，凡事都见得人家几分是处，故自戊午至今九年，与四十岁前迥不相同。"[1]另一方面则较前工于应酬，日趋圆滑。胡林翼批评他再出之后"渐趋圆熟之风，无复刚方之气"[2]。他自己也承认，"寸心之沈毅愤发，志在平贼，尚不如前次之志；至于应酬周到，有信必复，公牍必于本日完毕，则远胜于前"[3]。以前，曾国藩对官场风气是很厌恶的，为此到处与人发生矛盾，受到舆论的讥讽。他在给朋友的信中说："国藩从官有年，饱历京洛风尘，达官

1.《曾文正公家书》，同治六年正月初二日。

2.《曾文正公书札》，第十卷，第 17 页。

3.《曾文正公家书》，咸丰九年四月二十五日。

贵人优容养望，与在下者软熟和同之气，盖已稔知之。而惯尝积不能平，乃变而为慷慨激烈，轩爽肮脏之一途，思欲稍易三四十年不白不黑、不痛不痒、牢不可破之习，而矫枉过正，或不免流于意气之偏，以是屡蹈愆尤，丛讥取戾”[1]。罗汝怀也说曾国藩向“无大僚尊贵之习”[2]。经过几年的斗争之后，曾国藩发现，他既不能改变这种状况，又离不开这种场合，这样就只好向官场风气屈服，并进而学习这一套，以求适应于这种乌烟瘴气的环境。正像他后来所表白的那样，“吾往年在外，与官场落落不合，几至到处荆榛。此次改弦易辙，稍觉相安”[3]。这一转变从侧面反映出曾国藩由中小地主的政治代表向封建权贵的转化。在此之前他还带有一点山野村夫的土气，此后则日趋世故圆熟了。这也表明曾国藩做官的本领大有提高，较前更善于做官了。

然而认识上的转变过程同时也是个痛苦的自省过程，所以，当曾国藩觉悟到“今是而昨非”时并没有得到多少快乐，而是立刻为“愧悔”往事的情绪所控制，每忆起昔日种种“与官场不和之事”[4]，辄陷于新的苦恼之中。

乡居期间，使曾国藩颇感苦恼的另一件事是舆论的压力。曾国藩以往所在与人龃龉，对人苛求不已，这一次却是委军奔丧于前，伸手要权于后，权未到手继而坚卧不起，这就与其理学家的身份很不相称，同往日的忠君言词大相径庭。因而招来种种责难与报复，又成为众矢之的。其他朋友的批评、规劝尚为可忍，令他最为不堪的是左宗棠的攻击。左宗棠权倾三湘，“肆口诋毁，一时哗然和之”，曾国藩心亏理短，无词可辩，遂“得不寐之疾”[5]。据说，自此以后曾国藩对左宗棠一直耿耿于怀，虽在镇压太平天国革命的问题上能够和衷共济，相互配合，但个人感情上却嫌隙甚深，无法泯除。后来他在向人谈起与左宗棠“致隙始末”时说，“我生平以诚自信，彼乃罪我欺，故此

1.《曾文正公书札》，第四卷，第 45 页。

2. 罗汝怀：《绿漪草堂文集》，第二十卷，第 19 页。

3.《曾文正公家书》，咸丰八年十二月十三日。

4.《曾文正公家书》，咸丰九年三月三日。

5. 欧阳兆熊：《水窗春呓》，中华书局 1984 年版，第 17 页。

心不免耿耿”[1]。

更使曾国藩感到痛苦的是他离开了阶级斗争的战场，不能为地主阶级立功。在曾国藩家居的一年中，全国形势发生了很大变化。曾国藩离开江西时，太平军与湘军正在争夺江西，九江、吉安、瑞州等地尚处于相持不下的局面。此后不久，石达开率二十万大军出走，江西太平军兵力空虚，湘军乘机攻下九江、瑞州、抚州等地，将整个湖北和江西的绝大部分地区控制在自己手里，并开始向安徽方面进攻。曾国藩在这种形势鼓舞下，对未来局势的发展做了完全错误的估计，认为一年之内就可以把太平军镇压下去。因而他很怕战争很快结束，使其失去立功扬名、光宗耀祖的大好时机，对上一年拒绝出山一事颇感后悔。他在给曾国荃的信中说：“愿吾弟兢兢业业，日慎一日，到底不懈，则不特为兄补救前非，亦可为吾父增光泉壤矣。”又说，近来胡林翼等人皆“大有长进，几于一日千里，独余素有微抱，此次殊乏长进”[2]。后闻湘军攻陷九江，杨载福、李续宾皆赏穿黄马褂，官文、胡林翼皆加太子少保衔，更使曾国藩羡慕不已，坐立不安，再也无法在家中待下去了。

由于“心殊忧郁”[3]，曾国藩常因细微小事怒斥弟媳，谩骂诸弟。他在家一年之中，和曾国荃、曾国华、曾国葆都闹过别扭，而且几乎都是曾国藩挑起的，且性情粗暴，语言卑陋，与官场中的曾国藩判若两人。这也从侧面反映出曾国藩的本色和他当时的心境。

与此同时，湘军的情况也发生了很大变化。湘军本来是曾国藩一手搞起来的，其将领全由曾国藩一手培养与提拔，甚至连其统帅人物如胡林翼等，都得到曾国藩的保奏。但是到了咸丰八年，不消说胡林翼官至巡抚，复加“宫保”（即太子少保）衔，即如当年以千总应募的杨载福也已官至提督，而曾国藩却仍是在籍侍郎。另一方面，则是湘军将领皆听他的号令，只有他可以统一指挥各路湘军，其在湘军中的地位是无人可以代替的。因而骆秉章和胡林翼很想让曾国藩出山，一方面可以加强湘军各部分的联合，助自己一臂之

1. 陈其元：《庸闲斋笔记》，宣统三年版，第四卷，第28页。

2.《曾文正公家书》，咸丰八年四月初九日。

3. 吴相湘主编：《湘乡曾氏文献》（以下简称《湘乡曾氏文献》），1965年台北影印版，第10册，第6405页。

力，同时亦可为曾国藩谋得一地方实权。咸丰八年三月石达开率二十万大军由饶州、广信一带转入浙江，很快攻占常山、江山等地，并对衢州发起围攻。胡林翼遂奏请起复曾国藩带兵赴援浙江。清政府同意这一奏请，谕令曾国藩再出统军；这时骆秉章亦奏请派曾国藩统兵援浙[1]。曾国藩接到谕旨后，再不敢提统兵大员非位任巡抚不足以成功的话，六月三日接旨，七日（1858 年 7 月 17 日）即从家里起身，很快赶往长沙，开始了援浙之行。

援浙之行

曾国藩这次出山，与骆秉章、左宗棠、胡林翼商定由湖南出兵，江西、湖北供饷。拨归曾国藩指挥的部队最初不足万人，其中有萧启江的果字营四千人，张运兰的老湘营四千人，吴国佐约二三营。后行至湖北兰溪，李续宾见其身边无兵，遂拨出朱品隆、唐义训两营一千人任亲兵，护卫大营。曾国藩令这两营士兵径赴河口，与张运兰的部队会合，而自己则绕道南昌拜会江西巡抚耆龄。耆龄与曾国藩的合作虽不如后来的毓科，但毕竟比昔年的陈启迈、文俊要好得多。这样，曾国藩与地方大吏的关系也得到改善，再不像咸丰五六年间的情形了。

咸丰八年八月八日（1858 年 9 月 14 日），曾国藩到达江西广信府铅山县的河口镇暂时驻扎。这时石达开已从衢州撤围，南走福建；其间虽有一部突然返回江西，引起一阵骚动，但稍有接触复又退回福建，因而曾国藩并没有什么仗好打。不久他由河口出发，先后辗转于弋阳、双港、金溪等地，九月九日到建昌，准备出云际关入福建。此时刘长佑军已先期驻扎新城县，亦准备出关入福建。曾国藩命萧启江、张运兰分由广昌、杉关入闽，他的大营则一直驻在建昌，未再向前移动。曾国藩这次出山以来未遇强敌，未打硬仗，

1.《曾文正公家书》载，胡林翼三月三十日前出奏，骆秉章五月二十五日出奏，咸丰皇帝五月二十一日发布派曾国藩率军援浙的命令。可见曾国藩的出山得到胡林翼、骆秉章二人的支持，但清廷的命令主要根据胡林翼的奏请，与骆秉章的奏请无关。

真可谓处处得手，一路顺风。不料正当他梦想一年之内把太平天国革命镇压下去的时候，波涛骤起，风云突变，迅速改变了湘军与太平军之间的力量对比。

石达开走后，洪秀全做了几次争取工作都没有奏效，便自兼军师，为扭转岌岌可危的形势采取了一系列措施。他首先罢免了不得人心的两个兄长，重新起用林绍璋，令其与蒙得恩一起管理朝政，又分别任命陈玉成、李秀成、李世贤、韦俊为前、后、左、右军主将，从而加强了内部团结和领导力量，使内讧后一度混乱的政治局势逐步稳定下来，军事力量亦得到一定程度的恢复。当时，清军利用天京内讧后的形势连陷镇江、浦口等重镇，步步进逼，妄图在咸丰八年内攻陷天京。面对清军的攻势，李秀成在这年七月于安徽枞阳齐集众将，约期会战，共解天京之围。七月中旬，陈玉成联合李世贤等军进克庐州(今安徽合肥)，随即挥戈东进，于八月下旬初会合先期到达的李秀成军，在滁州乌衣渡大败清军，接着乘胜追击，直下浦口，破清军江北大营，解天京之围。

湖北方面的湘军攻陷九江之后不久又大举进犯安徽。八月，湘军悍将李续宾和都兴阿、多隆阿、鲍超合军攻陷太湖，随后都兴阿等经石牌直抵集贤关外，李续宾分兵攻取潜山、桐城，打算两路夹攻安庆。此时忽闻庐州被太平军攻破，李续宾数奉咸丰皇帝立即夺回庐州的严命，于二十天内连陷桐城、舒城，九月底进扎庐州城南七十里的三河镇。三河城小而坚，地当要道，又是太平军的屯粮之所，所以太平军在此坚固设防，驻扎重兵，使李续宾屯兵坚城之下，寸步难行。

陈玉成闻李续宾进攻三河，急忙回兵，并奏请天王令李秀成随后赶到，共救安徽。十月初，陈玉成率兵赶到庐江城南的白石山、金牛镇一带，先分兵一支切断李续宾的后路，并阻击舒城敌人的增援，然后会合随之赶到的李秀成军，将围攻三河的湘军严密包围，发动猛攻。李续宾连年苦战未得休整，进入安徽后又悬军深入，一再分兵，屡犯兵家大忌；再加上所至饱掠，士无战心，其战斗力已经大大降低。对于这些情况李续宾是知道的，攻陷舒城之后，他曾将这些情况报告武昌，并请求派兵援助。其时李续宜率四千人屯黄冈，唐训方带三千人在英山，湖北是完全有兵可派的。然而这时胡林翼已回籍治丧，不在湖北；湖广总督官文忌恨湘军，收到李续宾的告急军报后，一不发兵增援，二不令其退兵，使其陷于进退维谷的困境。李续宾正当九江骤胜之后、名满天下之时，为一股虚骄之气所支配，既不肯自行撤退[1]，又不肯接受他人建议，“先收庐江”[2]以固后路，遂致孤军锐进，陷于死地。当时太平军内部团结，配合良好，乘得胜之势，士气高涨。所以陈玉成、李秀成联军发起攻击后不过几天的时间，李续宾部六千精锐即被全歼，舒城、桐城湘军及进攻安庆的都兴阿军亦闻讯败退。李续宾是湘军的骨干，曾东冲西闯不可一世，陈玉成歼此一军，不仅使太平军重振军威，也使其本人威名远震，成为湘军将领闻风惊惧的人物。

李续宾的覆军丧命，对于曾国藩集团是个沉重的打击。其时胡林翼正丁忧在籍，“一日，公（指胡林翼）居丧幄，忽急卒驰书至。公发书，大恸仆地，呕血不得起，家人惶骇，良久始苏”[3]。他还在给胜保的信中说：“三河溃败之后，元气尽伤。四年纠合之精锐，覆于一旦，而且敢战之才、明达足智之士亦凋伤殆尽。”[4]曾国藩也闻之大恸。这不仅由于三河一战使他赖以起家的这支精锐武装顷刻覆灭，其六弟曾国华亦同时毙命；而且因为经此一战之后，军事形势迅速变化，使他一年之内消灭太平军的梦想彻底破灭。他在给曾纪泽的信中说：“军情变幻莫测，春夏间，方冀此贼指日可平，不图七月有庐州之变，八、九月有江浦、六合之变，兹又有三河之大变，全局破坏，与咸丰四年冬间相似，情怀难堪。”[5]也就是说，三河之战对双方攻守形势所引起的变化，与当年湖口、九江之战差不多。足见其影响之大。由于形势的变化，曾国藩、胡林翼也不得不改变自己的计划。胡林翼放下丧事，连夜赶回湖北收拾残局，曾国藩亦奉命援皖。

曾国藩本打算由南昌坐船经湖口沿江入皖，不料正当他准备启程的时候，

---

1. 王闿运：《湘军志》，第三卷，第 13 页。

2.《吴廷栋致曾国藩函》，见中国社会科学院近代史研究所藏《咸同朝函札汇存》。

3.《胡文忠公年谱》，第二卷，第 48 页。

4. 胡林翼：《胡文忠公遗集》，同治六年版，第六十一卷，第 17 页。

5. 曾国藩：《曾文正公家书·家训》（以下简称《曾文正公家训》），咸丰八年十月二十九日。

忽然接到江西巡抚的咨文，请他派兵攻打景德镇。据守景德镇的太平军是与石达开决裂后由福建折回江西的杨辅清部，咸丰八年十一月，他们刚占据景德镇不久就遭到清军的进攻。杨辅清乘机发动反击，将其击溃。江西巡抚无兵可派，便移咨曾国藩求援。曾国藩只好将萧启江四千人留在江西南部，监视石达开的行动，把张运兰的四千人从福建调回进攻景德镇。由于久攻景德镇不下，他自己也只好仍把大营留在建昌。

咸丰八年十二月，李鸿章来到建昌。李鸿章（1823—1901）字少荃，安徽合肥人，其父李文安与曾国藩是道光十八年进士同年，道光二十五年李鸿章以“年家子”从曾国藩学习应试诗文，甚受器重。道光二十七年李鸿章中进士，改庶吉士入馆学习，二年后散馆授翰林院编修。此时曾国藩已升任礼部侍郎，李鸿章仍常往问业，关系甚为密切。曾国藩一生中收过不少门生，而真正亲赴门下问业受教者，则只有李瀚章、李鸿章兄弟二人。咸丰二年夏，曾国藩离京，李鸿章始与他的老师分别，而书信往还则始终不绝。咸丰二年底三年初，李鸿章随工部侍郎吕贤基回籍办团练对抗太平军，十一月吕贤基死于舒城，李鸿章则因与皖抚福济的师生关系找到新的靠山。咸丰七年，李鸿章因一再临阵脱逃而为福济所厌弃，令其离开安徽，回京叙职。从此李鸿章失去立足之地，四处游荡。当时其兄李瀚章正在曾国藩幕府，负责总理粮台、报销等事，随报销总局驻南昌、九江间的吴城镇。这次李鸿章来访，是从其兄处专程前来拜会老师的。曾国藩见其闲居无事，便把他留在自己属下，先令其招募马队，继令其随曾国荃攻打景德镇，后又令其充任幕僚，负责草拟书牍章奏，甚得曾国藩赏识。曾国藩曾对身边幕僚说：“少荃天资于公牍最相近，所拟奏咨函批皆有大过人处，将来建树非凡，或竟青出于蓝，亦未可知。”李鸿章也说：“从前历佐诸帅，茫无指归，至此如识南针，获益匪浅。”[1]真可谓气味相投，相得益彰。李鸿章初到时只是个候补道员，不到一年即实授福建延建邵道，从此步步高升，成为曾国藩的亲信大将。

咸丰九年年初，石达开由福建经江西南端辗转入湖南，萧启江尾追而去，

1. 薛福成：《庸庵笔记》，上海扫叶山房石印线装本，第一卷，第9页。

脱离了曾国藩的指挥。二月中旬，曾国藩将大营移至抚州，并令朱品隆回湘招募新勇四千人在抚州城外训练，以补足万人之数，待其练成之后，即派往景德镇助攻。四月底，曾国藩的九弟曾国荃到达抚州，曾国藩即将新旧各勇五千八百人交其指挥，令其带往景德镇，和张运兰一起攻城。

曾国荃最初募勇赴赣主要依靠吉安知府黄冕，其主要目标是攻陷太平军据守的吉安府城，因而这支湘军称吉字营。起初曾国荃与湘军宿将周凤山一起行动,后周凤山营溃败,黄冕就把整个部队六七千人统交曾国荃指挥。攻陷吉安后，曾国荃即将旧勇解散，自己也回家送钱送物，置田盖房。这次再出之后，所统军队主要是新募之勇，旧勇只有一千八百名，但名称未变，仍称吉字营。从此这支军队脱离湖南巡抚的指挥，成为曾国藩的嫡系。曾国藩还曾邀请刘长佑同行，因刘长佑染病在身，其部卒亦久战疲劳，病者太多而未果。

曾国藩本来打算攻陷景德镇后就带兵入皖的，不料景德镇还没有攻下，情况又发生了变化。咸丰九年六月，石达开久围宝庆不下，便有入川之意。骆秉章探知此情，便函会胡林翼，通过官文上奏清廷，请求派曾国藩入川预为布防，以确保湖北饷源。当时湖北湘军筹饷以川盐厘金为大宗，故把此事看得至关紧要;同时亦是为曾国藩个人谋得川督一席,使其有一落脚之地。六月十三日夜间，杨辅清以军粮垂尽弃城走皖南，第二天湘军进占景德镇。

不久，因张运兰的老湘营闻石达开入湘，人人欲回湖南护家，军心动摇，不可再用。曾国藩因势利导,将其派回湖南作战,曾国荃的吉字营亦撤回抚州。于是曾国藩便结束江西的军务，准备带兵入川了。

进围安庆

咸丰九年七月七日（1859 年 8 月 5 日），曾国藩率领他的幕僚属员从抚州启行，由陆路前往南昌，然后登船沿赣江北上，经鄱阳湖入长江，溯流西行，打算经湖北入川。行至黄州会见胡林翼后，情况又发生了变化。奏派曾国藩入川本来是胡林翼的主意，原以为清政府会因此将川督一职授予曾国藩，

借以为其谋一块地盘。等命令下来以后胡林翼才发现，清政府仍只令曾国藩督军，不肯授予地方大权。胡林翼认为，与其让曾国藩这样入川，依旧处于客军虚悬的地位，还不如将其留下，与自己合兵一处进攻安徽。这样不仅兵力加厚，取胜较有把握，而且集两人的智力，考虑问题也会更加周到。而曾国藩自己则更不愿入川，他在给左宗棠的信中说，“凡治事公则权势，私则情谊，二者必居其一”，自己这次入川，既无地方大权，又无朋友相帮，“虽欲独办一事难矣”[1]。因而还是留下来依靠胡林翼为好。于是胡林翼便通过官文奏请曾国藩暂缓入川，与自己一起进攻安徽。曾国藩刚走到武昌附近的阳逻镇，就收到咸丰皇帝新的命令，同意官文的奏请，令曾国藩暂缓入川，驻扎湖北，以图安徽。曾国藩接奉上谕后继续上行，在武昌驻了一个月后即返回巴河，与胡林翼共同筹划进攻安徽的步骤和路线。

清政府的这一决定成为曾国藩一生中的重要转折点，从此之后，不仅兵饷的供应有了保证，而且处处得手，事事有人相帮，再不像在江西、湖南时的情形了。曾国藩后来追忆自己的经历时说，以往在湖南、江西，办事都不顺利，时常遭人冷淡、排挤，甚至受到凌辱和斥骂。咸丰八年起复再出后，亦“倏而入川，倏而援闽”，丝毫“不能自主”。自咸丰九年与湖北合军，胡林翼“事事相顾，彼此一家，始得稍自展布”[2]。

曾国藩赴川途中，行至南昌，遇见了他最小的弟弟曾贞幹。曾贞幹原名曾国葆，字季洪，在曾国藩诸弟中最早带兵打仗。咸丰四年因在岳州、靖港连吃败仗，遂将兵勇遣散，回乡闭门闲居。咸丰八年十月曾国华死于三河，曾国葆声言为兄复仇，遂更名贞幹，字事恒，奔赴湖北投军。胡林翼令其募勇两营随己作战，取名湘恒营。这一次他本来是去抚州看望曾国藩的，不料曾国藩已启行赴川，遂追至南昌。不久，曾贞幹与曾国荃合军一处，对太平军作战，成为曾国藩的一个重要助手。

曾国藩进攻安徽的中心目标是太平军重兵设防的安庆。他在奏折中称：“自古办窃号之贼与办流贼不同”，“剿办窃号之贼，法当剪除枝叶并捣老巢。今之

1.《曾文正公书札》，第九卷，第 5 页。

2. 赵烈文：《能静居日记》，同治六年七月十九日。

洪秀全据金陵，陈玉成据安庆，私立正朔，伪称王侯，窃号之贼也”。他认为，“自洪、杨内乱，镇江克复，金陵逆首凶焰久衰，徒以陈玉成往来江北，勾结捻匪，庐州、浦口、三河等处叠挫我师，遂令皖北糜烂日广，江南之贼粮不绝”。因此，“欲廓清诸路，必先攻破金陵”；“欲攻破金陵，必先驻重兵于滁、和，而后可去江宁之外屏，断芜湖之粮路；欲驻兵滁、和，必先围攻安庆，以破陈逆之老巢，兼捣庐州，以攻陈逆之所必救。诚能围攻两处，略取旁县，该逆备多力分，不特不敢悉心北窜齐、豫，并不敢一意东顾江浦、六合。盖窃号之贼未有不竭死力以护其本根也”[1]。在他看来，天京之所以长期不能攻陷，太平天国之所以能在内讧之后声威再振，就是因为有滁州、和县、安庆以为屏蔽，有陈玉成联合捻军往来游击，屡次打败湘军与胜保等人的进攻。若集中力量进攻安庆，陈玉成必然全力来争，这样就可迫其进行战略决战。如能攻陷安庆，消灭陈玉成这支部队，天京的攻陷也就只是个时间问题了。所以他把攻陷安庆当作中心目标，甚至把它看成清王朝生死存亡和曾家气运兴衰的关键。

至于向安庆进兵的具体路线，最初胡林翼定为三路：都兴阿、多隆阿、鲍超与杨载福水军循江攻取安庆为第一路，曾国藩出太湖以取桐城为第二路，胡林翼自英山攻向舒城、六安为第三路，每路万人左右。当时袁甲三正驻扎临淮关督办安徽军务，听到胡林翼的计划非常紧张，认为这会把太平军赶向淮北。清廷也担心安徽太平军会兵锋北指，威胁北京，因而令曾国藩、胡林翼再行斟酌，以求万全。曾国藩遂与胡林翼商定，改三路进兵为四路进兵：第一路由宿松、石牌取安庆，曾国藩亲自担任；第二路由太湖、潜山进攻桐城，多隆阿、鲍超担任；第三路由英山、霍山取舒城，胡林翼担任；第四路由商城、固始进攻庐州，李续宜担任。由于李续宜迟迟不来，回来后又改驻青草塥，以为游击之师，因而这个四路进军的计划没有实现，实际上还是三路进兵，其所作的改变只是把担任第一路和第二路的人员调换了一下。三路部队各有不同的作战任务，其在整个战役中的地位和作用亦有所不同：第一路的任务是围攻安庆，为四路部队的主力；第二路的任务是切断庐州与安庆的联系，阻击庐州方面的援军；第三

1.《曾文正公奏稿》，第十一卷，第 26 页。

路的任务与第二路相似，所不同的是，除阻击太平军的援军外，还要防止太平军由安徽进入湖北，袭击胡林翼的后方。表面上看，好像第一路的任务最艰巨，其实第二路的部队最吃重。因为安庆一旦被围，陈玉成必然全力解救，其援军所造成的巨大压力，可能主要会落在第二路身上；然而一旦取胜，第一路必居首功，而第二路出力最大反而功居次位。所以这一变动对曾国荃甚为有利而不利于多隆阿，遂成为他们日后不和的根源。

咸丰九年十月二十四日（1859 年 11 月 18 日），曾国藩率军万人从巴河出发，经黄梅进驻宿松，并派李榕、朱品隆带兵前往太湖，与湖北方面的部队会合。湖北方面的军队由多隆阿、鲍超、唐训方、蒋凝学分别统领，总计约二万余人，已先期到达太湖城外。两路湘军会齐后，便对太平军据守的太湖发动进攻。太湖地当湖北通向安庆的要道，战略位置极为重要，是双方必争之地。太湖之战实际上也就成为安庆决战的序幕。十二月底陈玉成率大军援救太湖，扎营七十余座，欲自外包围进攻太湖的湘军。胡林翼当时已由黄州移驻英山，他闻讯后立即致信曾国藩，要求改变战略部署，仅留少数兵力监视太湖，集中主要兵力对付援军。并任命多隆阿为总统，统一指挥前线各军。

多隆阿字礼堂，姓呼尔拉特氏，满洲正白旗人，原驻防黑龙江，咸丰三年调入关内，先从胜保，后从僧格林沁，咸丰八年又调往湖北，隶荆州将军都兴阿部下。咸丰九年初都兴阿因病离营，多隆阿改归湖广总督官文和湖北巡抚胡林翼调遣，这年秋授为福州副都统，仍留安徽办军务。多隆阿基本上仍保持着关外旗人的气质，剽悍、质朴，精于骑术，颇善骑战；但甚为傲慢，对汉人、汉官极为轻视。由于胡林翼与官文关系较好，又善于笼络人心，所以多隆阿独乐于听从胡林翼的指挥，对曾国藩则从不买账。曾国藩本来不愿把前敌指挥权交给多隆阿，只是碍着胡林翼的面子，不得不勉强同意。湘军各将对此亦坚决反对，李续宜、曾国荃迟迟不来，直到太湖之战结束后才回营，主要就是这个原因。这样，多隆阿所能指挥的湘军大将就只有鲍超一人了。

鲍超字春霆，四川奉节人，其父为绿营世兵，本人以随营余丁考补绿营额缺。最初从向荣转战广西，不久入湖南长沙协标，后属塔齐布，以勇悍闻名。咸丰四年曾国藩在长沙整军时，调鲍超入水师营，隶杨载福部下充任哨官，后因拔救胡林翼于生死呼吸之间，为胡林翼所知。咸丰六年冬胡林翼令其回湖南募勇，改领陆军，初仅五营三千人，渐增募至六千余人。鲍超初隶荆州将军都兴阿，都兴阿因病离去后改由多隆阿统辖。鲍超本亦不愿听从多隆阿的指挥，只是碍于胡林翼的面子忍屈服从。他见太平军来势甚猛，欲在太湖附近进行阻击。多隆阿不许，一定要他带兵四千到太湖东北的小池驿驻扎，以阻挡太平军的大队援军。这里远离湘军的其他部队，唯与多隆阿较近；而多隆阿作战从来不顾别人，对鲍超亦弃置不肯援救，因而鲍军就成为湘军最突出、最孤立的部分。结果为陈玉成大军团团围困达二十余日，弹尽粮绝，几乎重蹈李续宾的覆辙。正当危急之时，胡林翼派金国琛、余际昌率军一万一千余人越天堂水吼岭袭击太平军之背，遂使鲍超乘机从垒中冲出，向太平军发动反攻。陈玉成作战失利，粮储被焚，只好于咸丰十年正月二十五日放弃太湖，连夜撤走。太湖是安庆的门户，太湖既失，湘军便长驱直入，进围安庆，仅剩下枞阳一线与桐城相通。这时李续宜、曾国荃自湘来皖，鲍超回川养伤。曾国藩、胡林翼根据情况的变化再次调整了兵力部署，议决由曾国荃围攻安庆，主任攻城任务；多隆阿驻桐城，主任阻援任务；李续宜驻军桐城、潜山间的青草塥，以为游击之师，主要任务是策应两路主攻部队，迎击援军，实际上是曾国藩、胡林翼专门用来打援的一支机动兵力。咸丰十年五月初叛徒韦俊在杨载福、彭玉麟水师配合下攻陷枞阳镇，使安庆完全处于湘军的严密包围之中。从此安庆内外隔绝，供应中断，日益陷入困境。

不料正当此时，太平军再破清军江南大营，并顺势东取苏州、常州，引起清廷一片惊慌，曾国藩乘时取得两江总督一席，遂可大展其夙志。

总督两江

咸丰九年三月，正当洪秀全感到佐政无人的时候，拜上帝会最早的成员之一、洪秀全的族弟洪仁玕由香港辗转来到天京，很快被封为军师、干王，受命总理朝政，从而加强了太平天国的领导力量。当年十二月太平军各路将

领齐集天京，共商破敌之策，洪仁玕遂献“围魏救赵”之计。他认为欲解天京之围，不可力攻，只可智取，须先发兵一支直指杭州，攻敌必救；待清军分兵远去，再回军猛攻江南大营，必然奏捷，清军可破，天京之围可解。洪秀全采纳了这一建议。咸丰十年二三月间，李秀成率军攻破杭州外城，击毙浙江巡抚罗遵殿，江南大营果然派张玉良援浙。李秀成见敌中计，急速回兵，会合陈玉成、杨辅清、李世贤等部击破清军江南大营，和春、张国梁仓皇出逃。太平军乘胜追击，连下苏州、常州名城。于是和春自缢，张国梁落水而死，江苏巡抚徐有壬自杀于苏州，两江总督与其他江苏官员逃往上海，一时形成树倒猢狲散的局面，苏南财富之区遂入太平军之手，从而大大加强了太平天国的力量。

江南大营的崩溃是对清政府的沉重打击。江南大营的和春、张国梁等人虽然没有多强的战斗力，但毕竟是所谓国家经制之兵，在清政府眼里，总觉他们比曾国藩募练的官勇可靠，因而将他们部署在天京城下，打算重施故伎，让湘军苦战，由绿营收功。江南大营再度崩溃后，清政府在南方的绿营武装已基本瓦解，无法重新组织起对天京的包围，从此只好依靠曾国藩湘军来镇压太平天国革命了。曾国藩集团早就看透了清政府的这种用心，亦早知江南大营是自己走向胜利的政治障碍，因而一听到江南大营溃败的消息，无不备感鼓舞，额手称庆，以为终有出头之日。清军江南大营始溃，左宗棠“闻而叹曰：‘天意其有转机乎？’”有人问其故，他说：“江南大营将蹇兵罢（疲），万不足资以讨贼，得此一洗荡，而后来者可以措手。”胡林翼也表示：“朝廷能以江南事付曾公，天下事不足平也。”[1]可见，击溃清军江南大营之举，固然是太平天国军事上的胜利，但更是曾国藩集团政治上的重大胜利，而归根到底还是湘军的胜利，正是太平军用自己的手搬去了湘军脚下的障碍，为其迅速发展扫清了道路。

早在李秀成进攻杭州时，清政府就有些心慌意乱，急令曾国藩与杨载福水陆东下，以分散太平军的兵力。不久，清政府闻江南大营溃败，苏州、常

1. 朱孔彰：《中兴将帅别传》，第一卷，第4页。

州危在旦夕，又强令曾国藩从安庆撤围东下，救援苏州、常州，并说曾国藩进攻安庆，顿兵坚城之下，遽难得手，即使能够很快攻下安庆，倘若苏州、常州有失，亦属得不偿失。其实当时苏州、常州已被太平军占领，曾国藩也已知道这一情况，只是清政府尚未收到奏报。在这种情况下，曾国藩当然不会放弃进攻安庆的计划而东攻苏州、常州。清政府见曾国藩不动，便先行赏给曾国藩兵部尚书衔，授以署理两江总督之职，令其兼程驰赴江苏上任，以保卫苏州、常州，收复失地。江苏、浙江是中国最富庶的地方，也是清政府的主要财源和粮食供应基地，因而，苏州、常州的得失对清政府来说确乎是至关紧要的。清政府将两江地方大权交给曾国藩，目的是要他为朝廷收回并保住这个钱库和粮仓。赵烈文后来评论这一任命时说："迨文宗末造，江左覆亡，始有督帅之授。受任危难之间，盖朝廷四顾无人，不得已而用之，非负扆真能简畀、当轴真能推举也。"[1]不过，说咸丰帝对曾国藩署理江督的任命是"不得已而用之"当属确论，而认为非"当轴真能推举"，则未必尽符事实。

曾国藩终获江督一席，甚得肃顺推荐之力。肃顺时任御前大臣、协办大学士、户部尚书，甚得咸丰皇帝信用。他和文庆是清政府中最为重视汉族官员作用的满族官员，他们都认为，要把太平天国革命镇压下去，保住满洲贵族的江山，非重用汉族官吏不可。对于曾国藩、胡林翼、左宗棠等湖南领兵将帅知之尤深，"颇能倾心推服"。平日与客谈论，常心折曾国藩之"识量"、胡林翼之"才略"。在镇压太平天国革命过程中起过重要作用的湖南巡抚骆秉章、湖北巡抚胡林翼等所以能够得到提拔重用，都与肃顺的推荐有关。原两江总督何桂清被革职之初，咸丰皇帝欲以胡林翼署两江总督，肃顺进言说："胡林翼在湖北，措注尽善，未可挪动，不如用曾国藩督两江，则上下游俱得人矣。"[2]咸丰皇帝采纳了这个建议，遂有曾国藩署理两江总督之命。

长期以来，曾国藩经常为得不到督抚大权而感到苦恼。他认为，自从军以来，自己所以处处榛莽，事事不能自主，无法充分发挥作用，皆因手无地方大权之故，因而时常暗自表露自己的不平情绪和压抑心情。咸丰九年十月

1. 赵烈文：《能静居日记》，同治三年四月八日。

2. 薛福成：《庸庵笔记》，第 10 页。

驻扎巴河时，偶与李榕谈到当时的政治问题，遂勾起他的心思。他在当天的日记中写道："申夫（李榕字）自黄州归来，稍论时事，余谓当竖起骨头竭力撑持。三更不眠，因作一联云：养活一团春意思，撑起两根穷骨头。"[1]移驻黄梅之后，又在日记中写道："思身无际，甚多抑郁不适于怀者，一由褊浅，一由所处之极不得位也。"[2]毫无疑问，所谓"所处之极不得位"，就是指统兵而未能兼管地方，不能做到"事权归一""操持在我"。清政府命其署理江督两月之后，随即实授两江总督，并授为钦差大臣，督办江南军务，遂使曾国藩如愿以偿。从此曾国藩实权在握，得以自行展布，大显身手，亦一扫往日郁闷心情。

胡林翼闻曾国藩署理江督，又得钦差大臣衔，异常兴奋，立即致函曾国藩，要他加募新勇四万，放手大干，于原定进围安庆的"三小支"部队外，另筹"两大支"武装力量，一出扬州，一出杭州，而曾国藩本人则居中指挥，率兵一支"从徽、宁鼓行而东"[3]，然后三路会合，直取太平天国的首都天京，以加速战争进程。曾国藩的幕僚姚体备也提出类似的计划，要他派兵两支分取下游，一支由沈葆桢率领取苏州、常州，一支由李元度率领取浙江[4]。而曾国藩却认为这些计划都是不现实的，决心置江浙于不顾，仍把战略重点放在安庆，继续采取稳扎稳打、步步为营的战术，坚持先取安徽，后取江浙，力争上游，以上制下的战略方针。他在给清廷的复奏中说："自古平江南之贼，必踞上游之势，建瓴而下乃能成功。自咸丰三年金陵被陷，向荣、和春等皆督军由东面进攻，原欲屏蔽苏、浙，因时制宜，而屡进屡挫，迄不能克金陵而转失苏、常，非兵力之尚单，实形势之未得也。今东南决裂，贼焰益张，欲复苏、常，南军须从浙江而入，北军须从金陵而入；欲复金陵，北岸则须先克安庆、和州，南岸则须先克池州、芜湖，庶得以上制下之势。若仍从东路入手，内外主客形势全失，必至仍蹈覆辙，终无了期。"而"安庆一军目前关系淮南之全局，

1.《曾文正公手书日记》，咸丰九年十月十四日。

2. 同上，咸丰九年十一月初七日。

3.《胡文忠公遗集》，第七十二卷，第1—3页。

4.《姚体备致曾国藩函》，见中国社会科学院近代史研究所藏《咸同朝函札汇存》。

将来即为克复金陵之张本”，所以“安庆城围不可遽撤”[1]。这就是曾国藩的基本战略思想，可以说比清政府的看法高明，比胡林翼的看法切实，从军事理论上讲无疑也是正确的。

为了既坚持原议，又给苏州、常州士绅以希望，略尽署理江督之责，在基本部署不变的情况下，曾国藩又制订了一个在长江南岸布兵三支的计划：一支由池州进攻芜湖，一支由祁门经旌德、太平进图溧阳，一支由广信入浙江。曾国藩自任祁门一路；令李元度募勇三千，合饶廷选平江勇二千五百人任广信一路；芜湖一路暂时未作具体安排。曾国藩还就兵饷大计与胡林翼做了进一步磋商，决定由湖南出兵员，湖北、江西供饷，集湘、鄂、赣三省之力夺取安徽。不久，清政府批准了曾国藩的计划，不再坚持撤安庆之围而移兵苏州、常州的要求；同时，还依照潘祖荫等人的保奏，赏给左宗棠四品卿衔，令其帮办曾国藩军务。从此曾国藩又增添了一个得力助手。

左宗棠本在湖南巡抚骆秉章幕中充任幕僚，甚得骆秉章信用，遇有部下向骆秉章汇报请示工作，骆辄令其去问“左师爷”，致使左宗棠有“左都御史”之称，意谓左宗棠的权力大大超过骆秉章。左宗棠才气四溢，精力过人，“自刑名、钱谷、征兵、练勇与夫厘金、捐输，无不布置井井，洞中机要”[2]。同时他还大力整顿吏治和财政、税收制度，裁撤冗员，剔除中饱，抽收厘捐，使湖南中产阶层以下负担减轻，全省财政状况却大为好转，办事效率显著提高，很快变成一个兵精粮足的省份，将大批兵员、粮饷、船只、枪炮、弹药、衣物等源源不断地供给出省作战的湘军，成为曾国藩集团镇压太平军和各地农民起义的首要基地。左宗棠虽未出仕，而久已被视为湘军集团中仅次于曾国藩、胡林翼的第三号人物，所谓骆秉章之功则左宗棠之功，并非虚语。据说石达开围攻宝庆时，实际上指挥湘军与太平军作战的就是左宗棠。因而湖南官员和湘军将领皆看左宗棠的眼色行事，奉若神明，不敢稍违。

左宗棠恃才自傲，性情狂放，这样一来，就愈益目中无人了。有一天，署理湖南提督、永州镇总兵樊燮找骆秉章议事，向骆秉章施礼罢，未向在座

1.《曾文正公奏稿》，第十一卷，第 44 页。

2. 毛鸿宾：《毛尚书奏稿》，宣统二年版，第三卷，第 26 页。

的左宗棠行跪拜大礼，仅一揖而已。左宗棠立即质问为何不向他行礼，樊燮以未有朝廷命官向师爷行礼之制度抗声相对。左宗棠勃然大怒，破口大骂，力批其颊，事后又以骄倨罪将樊燮革职。樊燮以二品武职大员竟为一个举人如此侮辱，心不能忍，上控于湖广总督官文[1]；以湖南藩司文格为首的一批官员，早就对左宗棠裁冗员、剔中饱等事怀恨在心，亦乘机煽动，暗中支持。官文遂罗列罪状上奏咸丰皇帝。清廷对此事极为重视，立即指令正在武昌主持乡试的主考官钱宝青查办此案，倘确有不法情事，即将左宗棠就地正法。这样一来，骆秉章慌了手脚，一面出章奏保，一面请王闿运在京城活动，全力援救左宗棠。当时王闿运正在肃顺家中教书，遂向肃顺求援。肃顺表示，必俟内外大臣有人保奏，皇帝问起时，方可说话。于是保荐左宗棠的奏折雪片般向咸丰皇帝飞来，至有“国家不可一日无湖南，而湖南不可一日无宗棠”之语[2]。咸丰原以为杀一举人无关大局，不想竟兴如此大波；且同一左宗棠，评价判若霄壤，不能不有所疑问。肃顺乘机保荐，大加推崇，左宗棠遂得保全，并有以四品卿衔襄办曾国藩军务之旨。

左宗棠初闻大案，情绪非常懊丧，于咸丰九年底退出骆秉章幕府，随即携女婿陶桄启程赴京，准备参加当年的会试。此时京中已流言满城，广布罗网，单等左宗棠的到来。胡林翼闻讯惊慌，急忙致函安襄郧荆道毛鸿宾，令其派员专候，阻止左宗棠进京。左宗棠行至襄阳，见到胡林翼信，知北京已不可去，只好改行英山大营，会见胡林翼。咸丰十年闰三月底又从英山赴宿松，会见曾国藩，要求领兵自效。不久胡林翼也专程赶到宿松。曾国藩、胡林翼、左宗棠经过反复磋商，决定由左宗棠回湖南募勇五千人，独领一军，在景德镇一带作战。左宗棠在曾国藩这里只住了二十天即启程返湘。在这二十天中，左宗棠“昕夕纵谈东南大局，谋所以补救之法”[3]，自与客游者有所不同，所以在曾国藩的幕僚名单中也留下左宗棠的大名。当曾国藩接到咸丰皇帝令左宗棠以四品卿衔襄办军务的谕旨时，左宗棠已离开宿松，尚未从湖南返回。

1. 徐宗亮：《归庐谈往录》，第十二卷，第 9 页。

2. 左宗棠：《左文襄公全集·年谱》（以下简称《左文襄公年谱》），湖南萃文堂版，第二卷，第 34 页。

3.《曾文正公年谱》，第六卷，第 16 页。

从此左宗棠对清政府感激涕零，拼命图报，在两军战场上，于曾国藩、胡林翼之外，太平天国又增加了一个新的对手。

曾国藩、胡林翼进攻安庆一开始就采用围城打援的策略，其目的不仅限于攻陷安庆这一军事重镇，更力图进行战略决战，歼灭太平军主力陈玉成部。这一方针是胡林翼首先提出并加以部署的，后来得到曾国藩的支持。他们为了实现上述战略意图，一再调整兵力部署。当时湘军水陆各营总兵力大约有五六万人，以多隆阿、李续宜两军较强，曾国荃一军较弱。曾国藩令曾国荃围城，多隆阿、李续宜两军打援，杨载福、彭玉麟水师封锁水道，兼管运输。这就使打援部队无论在质量和数量上都大大强于围城部队，兵力分配大约为二与一之比。所以王闿运在《湘军志》中说："安庆之围也，林翼计曰，用兵之道，全军为上，得地次之，今日战功破敌为大，复城镇为下。古之围者必四面无敌，又兵法十则围之。若我兵困于一隅，贼必以弱者居守，而旁轶横扰，乘我于不及之地，此危道也。然不围城则无以致贼而求战，故分三军，一军围，二军战。"[1]这里所说的"致贼而求战"，就是调动敌人，迫其就范，最后聚而歼之的意思。同时围城部队亦兼顾打援任务。五月初攻陷枞阳之后，曾国荃乘陈玉成回师天京和东征苏州、常州之机，用不可食用的霉变陈米千石、银数千两雇佣饥民开挖两道长壕[2]，深、宽各一两丈，内壕困安庆守军，外壕拒援师，安庆城三面都被包围在长壕之内，唯临江一面和东门外菱湖一段未修壕墙，由水师负责巡守。

曾国藩采取这一策略进攻安庆不是偶然的，长期以来湘军就采用这种办法对付能攻善守的太平军，使太平军无法发挥自己善于打运动战的长处，屡遭挫败，迭失名城。最初，挖壕筑墙不过是湘军的自卫办法。湘军初起，常在夜间受到太平军的袭击，曾国藩遂令湘军每日扎营后，无论一夜两夜，都要挖壕筑墙，用以自卫。后来湘军进攻武昌时，不仅为太平军救援部队所攻，也常常受到城内守军的反击，罗泽南就是在攻近城门时被从城中突然冲出的太平军击伤致死的。咸丰六年七月石达开率大军援救武昌，胡林翼、李续宾

1. 王闿运：《湘军志》，第三卷，第 20 页。

2.《曾文正公家书》，咸丰十年七月三日。

兵力单薄无力抵御，遂于青山、鲁巷间筑垒挖壕，将东湖、南湖、汤孙湖、青菱湖等一带湖群连接起来，并以水师炮船封锁水面，形成一道防线，内困武昌，外抗援军，使石达开无计可施，终于在当年十一月乘天京内乱之机攻陷武昌。从此湘军引为成功经验，在九江、瑞州、吉安，都是沿用这个办法将城攻陷的。不过当时重点都放在围城上，主要目标是攻陷城池，打援也是为攻城服务的。安庆之战则把这一办法向前发展了一步，把重点放在打援上，有计划地逼使对方进行战略决战，以歼灭太平军的有生力量。为此集中了曾国藩和胡林翼所能指挥的几乎全部兵力，造成湘军在安庆地区的显著优势。这也是前所未有的。

然而，这样一来就造成了他们后方兵力的空虚。江西尚有左宗棠五千人在景德镇，吴坤修、普承尧数千人在九江，湖北则黄州以上无湘军一卒一将，仅有官文率少数绿营兵驻防。这是湘军整个战略部署上一大漏洞，使之有懈可击，无论武昌、九江或南昌，只要被太平军攻克一城，安庆之围就会不攻自解。因而尽管曾国藩、胡林翼通力合作，考虑周密，苦心孤诣地在安庆地区设下坚固的攻防体系，造成局部优势，但并不是不能打破的。

洪仁玕毕竟是一位知识分子出身的太平天国领导人，虽然他没有陈玉成、李秀成等将领那样丰富的实践经验和卓越的组织才能，但在军事战略上却有较远的眼光，高人一筹。他善用“围魏救赵”之策，在提出虚攻杭州、实捣江南大营的正确建议之后，又提出分兵两路合取武汉以解安庆之围的计划。这个计划又称第二次西征，得到陈玉成.、李秀成二将的一致赞同和洪秀全的批准，遂于咸丰十年三月天京军事会议上商定，兵分两路，陈玉成由长江北岸进兵，李秀成由长江南岸进兵，于第二年三月在武昌、汉阳城外聚齐，合取武昌、汉阳。李世贤、杨辅清、黄文金等亦属于南路部队，与李秀成一起行动。这个计划正好击中湘军的要害，是当时解救安庆的唯一正确的方针。

太平军西征部队南路各军的必经之地皖南是个丘陵山区。在靠近浙赣边界的群山之中有一块小盆地，祁门县城就在这盆地的西端（其东还有黟县、休宁、歙县，同属徽州府），所以李鸿章说“祁门地形如在釜底，殆兵家之所谓绝地"[1]是不无道理的。曾国藩却认为，皖南地连赣、浙、苏三省，战略地位十分重要，"我守之，则可通敝处与尊处之气，可以固景德镇、湖口之防；贼得之，则隔我三面之气，阻我进兵之路，利害甚巨"[2]。为了使安庆围城湘军与江西后方连通一气，目前可阻太平军由浙、赣两省进援安庆之路，将来即为进兵苏南张本，曾国藩不顾所有人的劝阻，决心进驻祁门，与太平军争夺皖南。于是曾国藩、胡林翼决定，曾国荃留下继续围攻安庆，抽出鲍超六千人、朱品隆和唐义训二千人、杨镇魁一千人，并将张运兰四千人从湖南调回，共集兵一万三千人随曾国藩渡江南下，进驻祁门。

咸丰十年五月十五日（1860 年 7 月 3 日）曾国藩从宿松动身，先乘船至东流，然后陆行至祁门，当时随行的部队只有朱品隆等三千人，曾国藩令其步行至华阳镇渡江，然后赶到祁门会齐。张运兰的老湘营直到七月二十四日才到达祁门，四天后即由祁门拔营，经旌德进援宁国府。鲍超请假探亲迟迟不归，八月二十二日始至祁门，以无故逾期革勇号。这时霆营已由宋国永、郑阳和带领进扎太平县，本拟解宁国围，后闻宁国被太平军攻克，遂成徘徊不进的局面。

曾国藩进驻祁门不久，太平军开始第二次西征，以救援安庆。七月底八月初，西征南路部队杨辅清、李世贤、黄文金、刘官芳、赖文鸿、古隆贤等率部进入皖南，展开大规模的军事行动。八月十二日杨辅清等攻克宁国府，毙督办宁国军务、湖南提督周天受；八月二十五日李世贤等击溃李元度的平江勇，夺取徽州府城，兵锋直指祁门。曾国藩是第二天收到徽州失守的军报的。正当他为失去徽州、东面粮路已断焦急万分的时候，忽又接到英法联军进逼北京、咸丰皇帝仓皇出逃、严令鲍超驰援京畿的上谕与咨文。曾国藩捧诏悲泣，一下子堕入难以自拔的焦思苦虑之中。

1. 薛福成：《庸庵笔记》，第一卷，第 9 页。

2.《曾文正公书札》，第十七卷，第 20 页。敝处指曾国藩，尊处指左宗棠。

拒不北援

英国侵略者通过鸦片战争在中国攫取大量特权之后并不满足，为了掠取更多的特权，自咸丰四年起又开始进行所谓修约活动，提出广泛的侵略要求，实际上是要求签订一个新的不平等条约；其侵略要求被清政府拒绝之后，英国侵略者便联合法国，发动了第二次鸦片战争。这次战争从咸丰六年九月英法联军进攻广州开始，由南而北，由小而大，时战时停，前后延续了四年。咸丰十年六月英法联军从清军不予设防的北塘登陆，很快击败僧格林沁率领的精锐骑兵，攻占天津，并向北京方向推进。七月底八月初，英法联军在通州张家湾和京东八里桥再次击败从天津退回的僧格林沁残部和由北京赶来增援的胜保部队，直逼北京城下。咸丰皇帝令恭亲王奕䜣留守北京，准备与外国人谈判，自己则带领嫔妃宫监和亲信大臣由圆明园仓皇逃往热河；同时接受胜保的奏请，在逃跑途中接连发布谕旨，令各地督、抚、将军迅速带兵来京“勤王”。其中最早的一个谕旨就是给曾国藩的，要他饬派鲍超带领湘军二三千人“兼程前进，剋日赴京，交胜保调遣”[1]。这个命令是八月十一日发出的，二十六日送到曾国藩手中，恰是太平军攻克徽州的第二天。当时曾国藩孤守祁门，自身且吉凶未卜，哪有心思发兵北援？然而他深悉这道谕旨的分量，不敢有丝毫马虎，急忙四处发信，找人谈话，与胡林翼、左宗棠及部下将领、幕僚商讨对策。结果大都认为应该北援，连他本人和胡林翼也感到事关“勤王”，无可推诿，这就使他们为难起来。

首先，他们不愿放鲍超率兵北援。鲍超是湘军中以勇悍出名的将领，他所率领的霆营是湘军极为重要的一支机动兵力。自三河之战全歼李续宾后，湘军将领多怕陈玉成的威名，敢于同陈玉成对抗者只有多隆阿、鲍超二人。多隆阿在挂车河设营，主要目的就是为阻击陈玉成自桐城进援安庆，因而不能再行移动，曾国藩手中可资对付陈玉成援军的机动兵力只有鲍超一军。这

1.《曾文正公奏稿》，第十二卷，第 30 页。

是他们不放鲍超北援的首要原因。其次是他们对胜保存有戒心，认为胜保名为调兵勤王，实为挟君命以夺湘军兵将[1]。曾国藩、胡林翼皆靠湘军起家，无不以兵权为命根子，当然不愿把鲍超这样的猛将拱手送给胜保这个屡战屡败的大草包。

但是北援毕竟是“勤王”之举，是反抗外国武装侵略的行动，若托词推诿，拒不发兵，不仅有可能被人加上“不忠”的罪名，而且还会遭到社会舆论的抨击，赏给一顶“卖国贼”的帽子。这后一点对他们说来是尤为可怕的。胡林翼在一封信中对曾国藩说：“疆吏争援，廷臣羽檄，均可不较；士女怨望，发为歌谣，稗史游谈，诬为方册，吾为此惧。”[2]对于这一点曾国藩亦有同感。然而当时正值徽州失守、祁门危急之际，曾国藩正需鲍超赴援以救燃眉，若将鲍超抽走，必然影响安庆战局，危及自身安全，因而无论如何也不能派鲍超北援。

那么究竟应该怎么办呢？有没有一种既能保全名誉又可免于北上的办法呢？曾国藩苦思焦虑不得善策，急得如同热锅上的蚂蚁，连续几天“通夕不能成寐”[3]。他在给朋友的信中说：“弟自接奉谕旨，饬派鲍镇一队北上，涕泣旁皇，不知所以为计。”[4]又说：“自徽州失守，京信危急，弟实忧皇竟日，在室中徘徊私恸，几不能办一事。”[5]不料李鸿章寥寥数语便使曾国藩从困境中解脱出来。

当时李鸿章正在曾国藩幕中。曾国藩为慎重起见，就当否北援一事“集文武参佐各立一议，多以入卫为主”。李鸿章力排众议，“独谓夷氛已迫，入卫实属空言，三国连衡，不过金帛议和，断无他变”，而“楚军关天下安危，举措得失，切宜慎重”主张“按兵请旨，且无稍动”[6]。曾国藩接受了这一建议。

1.《胡文忠公遗集》，第七十七卷，第 24 页。

2. 同上。

3.《曾文正公手书日记》，咸丰十年九月初四、五、六日。

4.《曾文正公书札》，第十三卷，第 10 页。

5. 同上，第十三卷，第 17 页。

6. 徐宗亮：《归庐谈往录》，第一卷，第 20 页。

这时李续宜也来到祁门，他大约是受胡林翼派遣，专为商议北援之事而来。经连日磋商，曾国藩遂于九月六日上奏清廷，假意请求由曾国藩、胡林翼二人中指派一人统兵北上，护卫京畿，不过究竟谁去合适，须由咸丰皇帝钦定，一经接到明谕，无论曾国藩或胡林翼，即刻动身云云。为了掩人耳目，曾国藩还列举了种种理由，诸如湘军士兵惮于北行、途中筹饷困难、鲍超堪为战将，但非独当一面之才等。

据曾国藩称，这个主意是李续宜出的。他在给胡林翼的信中说："楚军入援之谕本日始行复奏，恭亲王之咨，亦钞折咨呈复之。兹将折稿录呈台鉴。主意系希庵所定，与侍初计相符。"[1]

将在外，君命有所不受，自古出征大臣即有机动专断之权。曾国藩若真心北援，无须一定要咸丰皇帝指派统兵人选，无论曾国藩、胡林翼何人统兵，都可由他们自己商定而行。当时奉命北援的各省督抚多亲自带兵北上，有的还携带粮饷，都是自己商定的，上谕并没有让他们亲自带兵，拒不奉命者只有曾国藩和苗沛霖二人；况且曾国藩过去两次奔丧都是发疏即行，从不要批准，为什么这次就一定要等咸丰皇帝的批准呢？至于曾国藩、胡林翼二人中何人统兵并无两样，既有微小差别又何关大局？显然曾国藩这样做的目的就是为了拖延时间。不过做得非常巧妙，不是直接提出要不要鲍超北援的问题，而是另出题目，要咸丰皇帝来做文章。按照他的计算，自祁门至北京，往返奏报大约需要一个月的时间，曾国藩估计，在这段时间里或者清政府已与外国侵略者订立城下之盟，或者另有他变，那时局势就大为不同了。

不过这毕竟是一种估计，曾国藩做事是向来不寄望于侥幸的。为此，他也做了一些准备，以免万一准行，临时陷于慌乱。他打算，若咸丰皇帝万一令其北援，就拨出兵力万人、月饷银五万两，由湖北负责筹措和运输。如令胡林翼带兵，即由李续宜偕行，大军退守湖北，暂不进兵皖北；如令他带兵，即由左宗棠偕行，大军退守江西，暂不进兵皖南。而无论属于哪种情况，安庆之围都坚持不撤。这样部署对安庆战局虽无重大影响，但毕竟分去一万人

1.《曾文正公书札》，第十三卷，第9页。

的机动兵力，整个形势就被动多了。因而上奏之后，唯恐咸丰皇帝会真的令他或胡林翼北援，倘若如此，就弄巧成拙，反不如派鲍超带兵二三千人应付一下合算。各种患得患失的考虑使他陷于不可名状的苦恼和不安。他为了减轻等待中的焦虑，便希图从神灵那里找点安慰。九月二十四日夜间，曾国藩卜了两卦，一问咸丰皇帝会不会派他北援，二问鲍超、张运兰进攻休宁能否得手[1]。当然神灵无法解答这些问题，也不会给他任何帮助。曾国藩就这样在煎熬中度过了一个来月，直到十月四日方接到廷寄一道，称“和议”已成，鲍超、曾、胡均毋庸北援。

《北京条约》的签订本是中国人民的灾难，它给中华民族带来极大的耻辱和损害，这使每个稍有爱国心的人，包括左宗棠在内，无不痛心疾首。然而曾国藩则完全相反，他一见到“就抚业有成议”的寄谕，便立刻兴高采烈起来，在当天的日记中写道，“旬日寸心扰扰无定，因恐须带兵入卫，又须进规皖、吴，兵力难分也”；今接奉此旨，“可专心办南服之事矣”[2]。他还在给胡林翼的信中说：“奉到寄谕，言抚议就绪，鲍军可不北行，初六日请派入卫之疏殆不准行，吾辈得以一意筹议南事，岂非至幸！”[3]

北援一事是曾国藩围攻安庆期间的一个小插曲。这件事本来只是一场虚惊，并未产生什么实际影响，但它却像一面镜子，使人从中更加清楚地看出曾国藩的真面目。英、法侵略中国的第二次鸦片战争是中国近代史上的一件大事，它与中华民族的命运息息相关，而一心剿灭太平天国革命的曾国藩集团却觉得不值一顾。他们在考虑问题的过程中，始终没有把中华民族的根本利益放在心上，唯有迫不及待地盼望清政府与外国侵略者早一点订立卖国条约，以撤销北援命令，使他们得以全力对付太平军。曾国藩“先安内而后攘外”的思想由来已久，而唯有这次在北援问题上表现得最为典型、最为集中，可以说是他思想发展中的一个重要标志，表明他的这种思想已经发展为一条顽固的思想政治路线。

1.《曾文正公手书日记》，咸丰十年九月二十四日。

2. 同上，咸丰十年十月初四日。

3.《曾文正公书札》，第十三卷，第 20 页。

在这场闹剧中，李鸿章扮演了一个关键性的角色，第一次显露出他出色的外交才能，正是在他的启发下，曾国藩、胡林翼二人才放弃北援的初议，按兵不动，以往返奏报的办法拖延时间，静待时局之变。最后事态的发展果如所料，从此李鸿章更为曾国藩、胡林翼所器重。后来曾国藩令人将这次献议集为一册，称《北援议》[1]，足见其对此事是何等重视。

一场虚惊总算过去了，然而曾国藩还没有来得及舒口长气，瞬息万变的军事形势就把他推入新的险境。

困守祁门

正当曾国藩为北援问题苦思焦虑、惴惴不安的时候，李秀成率领的二次西征南路主力部队进入皖南。咸丰十年十月十九日（1860 年 12 月 1 日），李秀成带大队破羊栈岭进克黟县，距曾国藩祁门大营“仅八十里，朝发夕至，毫无遮阻”[2]。当时曾国藩身边只有三千防兵。驻扎休宁的张运兰更是岌岌可危，无暇旁顾，只好急调鲍超驰援祁门。曾国藩自料难活，连遗嘱都写好了。祁门大营的幕僚惊慌失措，乱成一团。程桓生表示要大家“死在一堆”，其余一些人则打好行李放在舟中，准备随时逃跑[3]。曾国藩见人心已散，不可强留，便心生一计，声言愿走者发给路费，危险过后仍可回来。这样一来这些人反而不好意思走了，只好提心吊胆地留下来。可惜李秀成在休宁柏庄岭与鲍超、张运兰大战失利，随即匆匆撤兵南下，经屯溪、婺源转入浙江，使曾国藩白捡了一条命。在此期间，曾国藩表面上谈笑风生、神态自若，内心则极为恐惧。据说李秀成退兵之后，鲍超率亲兵一队前往祁门大营拜见曾国藩，“众迓之于营门，国藩亦从容而出。超下马，将行礼，国 [藩] 遽趋前抱持之

1. 徐宗亮 :《归庐谈往录》，第一卷，第 20 页。

2.《曾文正公家书》，咸丰十年十月二十日。

3. 牟安世 :《太平天国》，上海人民出版社 1979 年版，第 321 页。

曰：'不想仍能与老弟见面！'言已泪下，不复能自持矣"[1]。可见这次祁门被围，在精神上对曾国藩打击之重。

李秀成虽然走了，但太平军仍有大批人马留在皖南，尤其在占领徽州以后，太平军随时都有可能进攻祁门。所以曾国藩令鲍超留驻渔亭，张运兰驻扎黟县，以加强祁门大营的防卫力量。但由于皖南地形特殊，兵力对比上湘军又处于劣势，因而曾国藩仍没有从根本上摆脱困境。

十一月初，太平军兵分三路再次向祁门地区发动进攻。东路破德清、婺源直趋祁门，西路破建德、鄱阳转攻景德镇，北路入羊栈岭进逼黟县。曾国藩四面楚歌，再次陷于惊恐之中。他在家信中说："自十一月来，奇险万状，风波迭起，文报不通者五日，饷道不通者二十余日"[2]。曾国藩用兵皖南全靠江西之饷，徽州被太平军攻占之后，浮梁、乐平、景德镇一线成为祁门大营唯一的对外通道，一旦被太平军攻占，就会文报不通，粮饷断绝，立刻陷入困境。此次太平军进攻祁门的诸路人马中西路军人数最多，大约不下二万人，主将为太平军著名骁将黄文金，成为对湘军的最大威胁。因而曾国藩急调鲍超赶赴景德镇救援。黄文金与鲍超、左宗棠军激战负伤，率军退回皖南，使曾国藩得以很快恢复粮道、度过危机。但此后不久又发生了更为严重的情况。

先是李世贤从江西婺源向湘军左宗棠部展开进攻，咸丰十一年二月十三日（1861 年 3 月 23 日）在婺源甲路击败王开琳等营，迫使湘军退回景德镇。与此同时，刘官芳等人分路攻入榉根岭，二十五日对扼守历口的湘军营盘发起攻击。历口是出入祁门的交通孔道，距曾国藩大营仅二十里。曾国藩闻讯惊慌，急派朱品隆带兵往援。刘官芳等闻援兵将至，急急解围而去，退出岭外。不料祁门危机刚刚解除，江西方面又传惊耗。二月三十日，李世贤等攻克景德镇，并跟踪追击，向乐平发起进攻，兵锋直指祁门。曾国藩文报不通，饷道中断，内外隔绝，陷于绝境。三月三日，曾国藩由祁门移驻休宁，率领岭内各军张运兰、娄云庆等八九千人进攻太平军坚固设防的徽州城，企图从这里打开一条通往浙江的粮道，以求死里逃生。他在日记中写道："此举关系

1. 徐一士：《一士谈荟》，一家社 1948 年版，第 35 页。[ ] 内"藩"字为原文遗漏。

2.《曾文正公家书》，咸丰十年十二月初四日。

最大，能克徽州，则祁、黟、休三县军民有米粮可通接济；不能克徽，则三县亦不能保。是以忧灼特甚，夜竟不能成寐，口枯舌燥，心如火炙，殆不知生之可乐、死之可悲矣。”[1]不料湘军闻四面被围，军心动摇，士气低落，自三月四日赶到徽州城外，几次进攻都未能得手。三月十二日集兵再战，曾国藩令各军会攻东门，自晨至暮，列队终日，竟不能组织起一次进攻。晚间，太平军暗开城门，出城劫营，湘军全军大溃，二十二营中散掉八营，仅有十四营尚能保持建制。第二天太平军跟踪追击，围攻休宁，曾国藩只好退回祁门。此时曾国藩悲观到了极点，他再次写好遗嘱，安排后事，准备应付最坏的情况发生。他在给儿子曾纪泽的信中说：“此间局势危急，恐难支持，然犹力攻徽州，或可得手，即是一条生路。”不料全军奔溃，“与咸丰四年十二月十二日夜贼偷湖口水营情形相仿”。又说：“目下值局势万紧之际，四面梗塞，接济已断，如此一挫，军心尤大震动。所盼望者左军能破景德镇、乐平之贼，鲍军能从湖口迅速来援，事或略有转机；否则，不堪设想矣”[2]。

恰在这时，李世贤在乐平附近与左宗棠交战失利，遂弃景德镇东走浙江，湘军粮道复通，曾国藩也就再一次逃了活命。不过，这一次对他教训颇深，他在写给曾纪泽的遗嘱中说：“行军本非余所长。兵贵奇而余太平，兵贵诈而余太直，岂能办此滔天之贼？即前次屡有克捷，已为侥幸，出于非望矣。尔等长大之后，切不可涉历兵间，此事难于见功，易于造孽，尤易于贻万世口实。余久处行间，日日如坐针毡。”“近来阅历愈多，深谙督帅之苦。尔曹唯当一意读书，不可从军，亦不必作官。”[3]可见曾国藩当时的心理是何等灰暗，情绪是何等沮丧！从此之后，曾国藩再不肯亲临战场督战、指挥了。

自到祁门以来，曾国藩没有轻松过一天，正像他在给亲友书信中经常描述的那样，危机四伏，一夕数惊，无日不在惊涛骇浪之中。自从进攻徽州溃败之后，再不敢逞英雄、充硬汉，乘乐平取胜、军情好转之机，顺坡下驴，赶紧离开祁门这一险地。三月二十七日，曾国藩从祁门起程，四月一日到达

1.《曾文正公手书日记》，咸丰十一年三月初五日。

2.《曾文正公家训》，咸丰十一年三月十三日。

3. 同上。

东流，将大营设置在靠江岸停泊的大船上，由水师护卫。这样，就再也不用担心会遭到太平军的围歼了。

在祁门期间，曾国藩不仅军事上屡遭困厄，人事方面也极不顺心，其中使他最感苦恼者莫过于李元度的改换门庭和李鸿章的借故溜走。在曾国藩的诸幕僚中，除郭嵩焘、刘蓉这些老朋友外，就数李元度资历最早了。尤其在曾国藩几次被人“打落门齿”之时，连郭嵩焘、刘蓉这些老朋友都不肯出来，勉强拉出来的也很快借口离去，唯有李元度始终不渝，与曾国藩同甘共苦渡过六七年艰难的岁月。这种支持和忠诚对曾国藩来说真是太重要了，使他在书信中经常说一些感激李元度的话，至有所谓“三不忘”之说。曾国藩在家丁父忧期间写信对李元度说：“足下当靖港败后，宛转护持，入则欢愉相对，出则雪涕呜愤，一不忘也；九江败后特立一军，初志专在护卫水师，保护根本，二不忘也；樟镇败后鄙人部下别无陆军，赖台端支持东路，隐然巨镇，力撑绝续之交，以待楚援之至，三不忘也。”他借用庄子“生也有涯，知也无涯”的话说，唯此三不忘者“鄙人盖有无涯之感，不随有生以俱尽”。还说：“自读礼家居，回首往事，睠睠于辛苦久从之将士，尤睠睠于足下与雪琴二人。”[1]

然而，李元度擅长文学却不擅带兵，对部下更是用人唯亲，一味放纵，因而屡遭挫败，只是由于曾国藩私情袒护才仍得重用。曾国藩进兵皖南，保奏李元度为徽宁池太广道，令其回湘增募新勇三千人，再加上原由饶廷选带领的旧平江勇五营，共合五千五百人，驻防徽州，为曾国藩把守门户。曾国藩事前反复告诫，要他遇太平军攻城，只可固守，不可出城决战。李元度故违节度，在李世贤率大军进攻徽州时轻率出城开仗；后见形势不利，又率先逃跑，致使全军奔溃，徽州失守，危及祁门。李元度逃走之后，不即返回大营，而在浙、赣边境犹豫徘徊，经月不归；及至回到大营，又不束身待罪，竟擅自向粮台索还欠饷，径回湖南去了。曾国藩对此又悔又愤，决心将其参劾革职。不料，当曾国藩正要奏参李元度时，却遭到文武参佐的群起反对，无不怨其忘恩负义。他的得意门生李鸿章反对尤力，带领全体幕僚为李元度求情，

1.《曾文正公书札》，第六卷，第15页。

声称若定要劾奏李元度，学生不为具疏。曾国藩不肯让步，说你不草奏，我可以自己动手。李鸿章“力争之不能得，愤然求去”。曾国藩“立遣之”，令其赴延建邵道任[1]。李鸿章随即告辞，离开曾国藩的幕府，扬长而去。李鸿章早就不愿在祁门待下去了。曾国藩初至祁门，李即提出，“祁门地形如在釜底，殆兵家之所谓绝地，不如及早移军，庶几进退裕如”的意见。曾国藩不听，李鸿章“复力争之”。曾国藩说：“诸君如胆怯，可各散去。”[2]李鸿章无奈，只好硬着头皮待下去。现为李元度一事关系弄僵，李鸿章便乘机溜掉。曾国藩对此非常愤懑。他在那天的日记中写道：“日内因徽州之败深恶次青，而又见同人多不明大义，不达事理，抑郁不平，遂不能作一事。”又说，与人谈起“次青在徽州误事之情，日内中心恼怒殊甚”[3]；更怨李鸿章弃己而去，不是同他患难与共之人。最后曾国藩还是不顾别人的阻挠，力排众议，将李元度弹劾革职。

不料李元度回到湖南之后，又通过邓辅纶与浙江巡抚王有龄拉上关系。咸丰十一年初募勇八千人，名曰安越军，赴援浙江，投奔王有龄的门下，并随即撤销革职处分，升任浙江按察使。曾国藩对此更加恼火，他在给朋友的信中引用春秋时豫让的典故，指责李元度“以中行待鄙人，以智伯待浙帅”，从此“公私并绝，无缘再合”[4]。同治元年，曾国藩再参一片，将李元度革职；接着御史复加参劾，终使李元度被判充军，受到重罚。

曾国藩对李元度如此恼恨不是偶然的。当时湘军负敢战之名，不少省份的督抚大员都想拉一些湘军营官，以护卫自己的安全。浙江财源富饶，巡抚王有龄又以善于聚敛出名，早就想打湘军的主意。最初浙饷专供清军江南大营，和春、张国梁败死后，又专供在皖南督办军务的张芾所属部队。咸丰十年八月太平军攻克宁国，击毙周天受，大军拥入皖南。王有龄骤起恐慌，认为皖南这一屏障既失，浙江必首当其冲，急遣使者赴祁门向曾国藩求援。曾

1.《曾文正公手书日记》，咸丰十年九月十二日、十三日。

2. 郭嵩焘：《玉池老人自叙》，第 7 页。

3. 薛福成：《庸庵笔记》，第一卷，第 9 页。

4. 江世荣编《曾国藩未刊信稿》，中华书局 1959 年版，第 3 页。

国藩筹饷甚难，早就垂涎于浙江财富，正欲谋得浙饷，见浙抚遣使求援，以为原供江南大营的浙饷必转供湘军。不料来使竟“语不及军饷”，曾国藩遂以“兵勇未集”为辞，拒绝援助浙江[1]，甚至连业经奏明在案的派遣刘培元、李元度带兵援浙一事也一笔勾销。王有龄见公开求援不成，就私下进行活动，千方百计地挖湘军的墙脚。王有龄先拉刘培元，结果为胡林翼致函劝阻，没有搞成。接着又去拉李元度，许以撤销处分，官升藩司。胡林翼闻讯，又急忙去信加以劝阻。怎奈李元度急于转祸为福，不听劝告，遂改换门庭，投靠浙抚王有龄门下。曾国藩初劾李元度，仅以其战败负罪，只有“公”愤而无“私”恨，很有点挥泪斩马谡的意味；俟闻李元度改换门户，则公私并发，新旧账同算，决心加以严惩。在此前后，投靠外省督抚的陈由立等人也都受到惩治。可见曾国藩一再参劾李元度，不仅为显示自己赏罚严明，不徇私情，也是为了杜绝外省大吏引诱湘军将领擅自出走，以维护湘军实力。

攻陷安庆

从军事角度讲，安庆之战的参战双方战略方针都是正确的，然而湘军方面出谋划策、决定问题和用兵打仗者都是曾国藩、胡林翼二人，而太平军则策划者为洪仁玕，决策者为洪秀全，执行者为陈玉成、李秀成等带兵将领，因而双方行动起来就显得大不相同。

因为安庆的安危关乎太平天国的全局，而解救安庆的时间又非常急迫，所以洪秀全在批准李秀成顺手拿下苏州、常州的东征计划时只给他一个月的时间，令其一月之内肃清回奏。但李秀成随意迁延，擅自改变计划，经天王一再催逼才迟迟返回天京，致使西征计划的执行推迟了三个月，直到咸丰十年八月才开始行动。

太平军二次西征开始后，北路陈玉成部行动很快，咸丰十年八月中旬率

1. 王闿运：《湘军志》，第七卷，第 1 页。

军自天京渡江西进，不过数日便到达捻军的根据地定远。在这里，陈玉成联合捻军龚得树、孙葵心等部，声威更壮。十月中旬，陈玉成进至桐城西南挂车河地区，企图突破湘军阵地，直接救援安庆。但同多隆阿的几次交锋，皆因无法抵御其马队的冲击和包抄而一再失利。十月底，陈玉成退至庐州休整了两个多月之后，咸丰十一年正月底率五万大军自桐城出发，连克英山、蕲水，二月八日占领黄州，逼近武汉。胡林翼闻讯惊慌，骂自己是“笨人下棋，死不顾家”[1]，急调彭玉麟、李续宜水陆两军回救武汉。当时湖北兵力空虚，只有湖广总督官文率三千防兵驻守武昌，战斗力极差。闻太平军来攻，整个武汉三镇官员、富户逃徙一空，散兵游勇乘机抢掠，形成混乱不堪的局面。彭玉麟在给曾国藩的信中描写那里的情形说，“当夫初八贼破黄州时，武昌城人民一空，不堪笔叙。各粮台、军火局闻警散尽，阎丹初（即阎敬铭，时总办湘军后路粮台兼理营务）呼唤不灵，愤极自尽”;“满城无人”，“仅秀相（即协办大学士官文）司道数人在省垣以内而已”[2]。胡林翼深怕武昌失守，在太湖急得连日呕血，“大病垂危，后事均预备”[3]。

不料英国侵略者公然出面干涉，帮助曾国藩、胡林翼渡过难关。英国海军中将何伯当时正沿江察看《天津条约》和《北京条约》中所规定的对外开放的商埠，行至武汉，闻太平军攻占黄州，急派参赞巴夏礼赶到黄州会见陈玉成，以所谓维护武汉的商业利益为借口，反对太平军攻取武汉。这种强盗逻辑显然是不值一驳的。可惜年轻的陈玉成对外国侵略者缺乏认识和斗争经验，在这生死存亡的紧急关头竟轻易为巴夏礼所骗，答应不攻武汉，在形势极为有利的情况下放弃了第二次西征的原定目标。随后，陈玉成留赖文光驻守黄州，等待南岸李秀成的消息，自己率原定进攻汉口的两支部队转而攻取黄陂、麻城、德安等地。三月九日，陈玉成在随州闻安庆事急，迅速东援，带兵二万由广济、黄梅返回安徽，三月十八日攻入集贤关，对围困安庆的曾

1.《胡文忠公遗集》，第八十一卷，第 13 页。

2. 太平天国历史博物馆编《太平天国史料丛编简辑》(以下简称《太平天国史料丛编简辑》)，中华书局 1962 年版，第 6 册，第 205—207 页。

3.《太平天国史料丛编简辑》，第 6 册，第 212 页。

国藩部湘军展开猛攻。

当陈玉成兵临武昌、汉阳的时候，李秀成还在江西境内徘徊。由于李秀成对救援安庆抱着消极态度，所以直到咸丰十年九月底才从安徽太平府动身，一路东闪西躲、招兵买马，行动非常迟缓。十月下旬，李秀成破羊栈岭逼近祁门，一遇鲍超便绕道南下婺源，经玉山、常山去浙江过年，直到咸丰十年底十一年初才转入江西境内。李秀成连攻广丰、广信皆不下，正月二十七日进围建昌。当时曾国藩很紧张，唯恐太平军进攻兵力空虚的江西省城南昌。他在家信中说："若建昌有失，恐其径犯省城；若建昌幸保无恙，亦恐其由樟树以犯瑞、临；一至瑞、临，则九江、兴国、武宁、义宁、通山、通城处处震动，安庆之围必解矣。"[1]同时他又害怕西征湖北的陈玉成突然回来袭击围困安庆的曾国荃部湘军，因而急忙将鲍超调往江西，令其驻扎在彭泽附近的下隅坂，专为"两著之用:一著救安庆官军被围之急，一著防贼由樟树、瑞、临窜出九江"[2]。后见李秀成攻建昌、抚州皆不下，又未能在樟树渡江，转而沿赣江南下，便松了口气。他在家信中对曾国荃说："李秀成自入江境，不特未破一府城，并未破一县城，其机已钝，或不能成大害。"[3]不久李世贤进占景德镇，切断皖南湘军粮道，曾国藩急调鲍超驰往乐平，协助左宗棠对李世贤作战。不料李秀成三月十日在吉水渡过赣江，第二天占领吉安，随即沿江北上，进逼瑞州、临江。

曾国藩闻陈玉成率军入集贤关，心里很紧张，预料必有一场恶战，一面令曾国荃拼命顶住，坚守待援，一面令鲍超由景德镇驰往安庆救应。不料曾国藩刚发出命令，就接到九江守将吴坤修"瑞、临失守（其实李秀成攻临江不下，仅占瑞州），九江警急"的军报，遂又"飞函止鲍军北渡，请其在下隅坂歇息几日，怀（指安庆）急则北渡援怀，浔（指九江）急则西渡援浔"[4]。这时曾国藩已离开祁门，由进山时的原道动身返回东流。三月二十九日，即

1.《曾文正公家书》，咸丰十一年二月初七日。

2. 同上。

3. 同上，咸丰十一年二月二十六日。

4. 同上，咸丰十一年三月二十八日。清朝时怀宁为安庆府的首县，府、县同城。

发函的第二天，在赣、皖边境一个名叫沙滩的地方见到专程赶来请示进止的鲍超，曾国藩与之面订，“安庆急则援安，九江急则援九，维舟以待初二确信”[1]。经过三天的观察，曾国藩见李秀成没有动静，预料他没有胆量和气魄进攻九江，遂毅然作出决定，四月一日一到东流就发出命令，催鲍超驰援安庆，先解曾国荃被围之急。果然不出曾国藩所料，李秀成攻占瑞州后没有进攻九江，而是绕道义宁、武宁分两路入鄂，轻易放弃了配合陈玉成救援安庆的大好机会。

自太平军举行第二次西征以来，湘军内部便发生了意见分歧，议论纷纷，各持己见，甚至连胡林翼都发生了动摇，神态慌乱，大有江郎才尽之慨。而曾国藩则仍然较为清醒和坚定，两眼死死地盯着安庆，不为浮议所动摇。他在给朋友的信中说：“自今春以来艰难万状，逆党之救援安庆，其取势乃在千里之外。江西被陷一郡五属，湖北被陷二郡十一属，皆所以掣官军之势、解安庆之围。论者多思撤皖围之兵，回顾腹地之急，又有所谓弃皖南祁、黟等县敛兵退保江境者。鄙意皖围弛则江北之贼一意上犯鄂境，祁、黟退则江南之贼一意内犯抚、建，故始终仍守原议。”[2]又说，太平军在江西、湖北攻城略地，“皆所以分兵力，亟肆以疲我，多方以误我。贼之善于用兵，似较昔年更狡更悍。吾但求破安庆一关，此外皆不遽与之争得失，转旋之机只在一二月可决耳”[3]。他下定决心，“纵使江夏（即今武汉武昌）或有疏失，安庆围师仍不可退”。因为太平军“纵有破鄂之势，断无守鄂之力，江夏纵失，尚可旋得，安庆一弛，不可复围”[4]。他还一再致函，反复叮咛曾国荃，“无论武、汉幸而保全，贼必以全力围扑安庆围师，即不幸武、汉疏失，贼亦必以小支牵缀武昌，而以大支回扑安庆，或竟弃鄂不顾。去年之弃浙江而解金陵之围，乃贼中得意之笔，今年抄写前文无疑也。无论武、汉之或保或否”，总以陈玉成“回扑安庆时官军之能守不能守，以定乾坤之能转不能转。安庆之壕墙

1.《曾文正公手书日记》，咸丰十一年三月二十九日。

2.《曾文正公书札》，第十六卷，第6页。

3.《曾文正公家训》，咸丰十一年四月四日。

4.《曾文正公家书》，咸丰十一年二月二十六日。

能守，则武、汉虽失，必复为希庵（即李续宜）所克，是乾坤有转机也。安庆之壕墙不能守，则武、汉虽无恙，贼之气焰复振，是乾坤无转机也”[1]。因而，“此次安庆之得失关系吾家之气运，即关系天下之安危”[2]。为了使曾国荃心中有数，曾国藩还与之约定：“万一贼由集贤关攻安庆各营之背，弟须坚守五日。鲍军现在下隅坂，若渡江救援，一日可以渡毕，两日可抵集贤关，纵有风雨阻隔，五日总可赶到。”[3]在曾国藩的鼓动下，曾国荃决心不惜一切守住安庆壕墙，对陈玉成大军进行了顽强的抵抗。

陈玉成入集贤关后，一面派吴定彩带所部千人入安庆城助守，一面在菱湖南北两岸筑垒十八座，参差相连直至集贤关，并用小船往来湖中，向安庆城内送粮物。虽然暂时稳定了安庆的形势，但总的来说却并没有打破敌人对安庆的重围。与此同时，从天京出发救援安庆的洪仁玕、林绍璋军，以及由芜湖北渡的黄文金部，在练潭、挂车河一带为多隆阿所阻，无法与陈玉成会合，遂造成陈玉成在集贤关内孤军奋战的局面，几次进攻都未能突破曾国荃的壕墙。四月四日陈玉成“传令回战”[4]，并将所部退至集贤关外“宽博有余之地”[5]，摆出立即撤走的姿态。胡林翼得知这一情报后，以为陈玉成马上就要撤走，因而致函鲍超，要他不要急于同陈玉成开仗。不料陈玉成退到集贤关外并没有立即撤走，休整三天之后复于四月七日返回集贤关内，对曾国荃后壕发动猛攻。

由于往返奔波，久战疲惫，再加上眷属拖累，鲍超霆营迟迟不肯起行，本来两天可以到达的路程，直到第四天仍杳无音讯。曾国荃望援不至，便致函胡林翼，责其不应令鲍超“勿急性”，致使鲍军“迟行”，并要他增调多隆阿、成大吉两军，将陈玉成围歼于集贤关内。胡林翼接信后连发六函，催鲍超驰

1.《曾文正公家书》，咸丰十一年二月二十二日。

2. 同上，咸丰十一年三月二十四日。

3. 同上，咸丰十一年二月初七日。

4.《胡文忠公遗集》，第八十二卷，第28页。

5. 同上。

赴集贤关，并调多隆阿、成大吉二军速往集贤关[1]。四月九日，多隆阿带兵进驻磨山，并报告胡林翼说，他已函会曾国荃、鲍超、成大吉，“定于十一日三面会剿”[2]。陈玉成再次入关后苦战三日仍无进展，四月十日闻鲍超进至大桥头，遂留兵八千守集贤关内及菱湖两岸各垒，留刘玱琳率兵四千于集贤关外守赤冈岭四垒，自率马、步五六千人连夜从马踏石退走桐城，与洪仁玕等共商破敌之策。

陈玉成预计很快就可回到安庆，故令刘玱琳率四千精兵坚守赤冈岭四垒，以阻击鲍超军，保护关内各营。不意回到桐城后连战失利，始终未能突破多隆阿的防御阵地，桐城援军无法进抵集贤关；又遇连降暴雨，练潭骤涨九尺，马踏石一线为湘军水师封锁，自己也无法返回安庆，遂使曾国藩有可乘之机。

鲍超、成大吉赶到集贤关外，始知陈玉成已于昨晚撤走，遂将刘玱琳的守垒部队团团包围。曾国藩预料陈玉成“不能遽回怀宁”[3]，便将鲍超、成大吉万余精兵留下，令其日夜猛攻赤冈岭四垒，力求在陈玉成返回前将其攻克。与此同时，曾国荃也在关内挖掘长壕，将菱湖两岸太平军十八垒自后围住，切断其与刘玱琳部队的联系。

胡林翼闻陈玉成撤走，本打算将鲍超、成大吉二部调往桐城，助多隆阿防守挂车河阵地，得悉曾国藩围歼刘玱琳的计划后，“喜幸得于意外”[4]，立刻改变计划，令鲍超、成大吉听从曾国藩的指挥，专意攻垒，务期必克；并写信对鲍超、成大吉说，陈玉成“弃四垒而自窜桐城，凡孤垒必无守法”，此以术愚人，“非兵法也”[5]，以鼓励其必胜信心。果然，五月二日，第二、三、四垒被鲍超、成大吉攻破，李仕福等三千将士被俘，惨遭杀害。第二天夜间，刘玱琳率第一垒战士八百人突围而走，至马踏石为大水所阻，大部被追兵所俘。刘玱琳等二百人已乘船离岸，又为湘军炮船拦截，八百英雄无一幸存，

---

1. 同上，第八十二卷，第 27—28 页。
2.《胡文忠公遗集》，第八十三卷，第 1 页。
3.《曾文正公书札》，第十五卷，第 23 页。
4.《胡文忠公遗集》，第八十三卷，第 12 页。
5. 同上，第八十三卷，第 9 页。

全部被害。不久，菱湖南北两岸十八垒亦被陆续攻破，守垒将士八千人壮烈牺牲。

曾国藩久闻刘玱琳的大名，为表示敬畏之心，甚至在书信中称其为“玱翁”或“玱琳先生”，并特为注明：“敬其人，故称先生”；“爱其人，故称翁”。他还反复告诫所部，务“须严密巡逻，无令玱翁一人逃脱”[1]，足见其对围攻刘玱琳一事何等重视！曾国藩闻湘军破赤冈岭二至四垒，杀李仕福等广西战士“千余人”，即认为其意义胜过以往“克一大城，获一大捷”，赤冈岭一战之后，必使陈玉成军势“为之大衰”[2]。胡林翼闻刘玱琳为首的四千精锐“诛戮殆尽”，立即致函曾国藩表示祝贺，称鲍超、成大吉攻毁赤冈岭四垒，“功抵塔忠武岳州、李忠武九江”[3]。就是说其功可与塔齐布攻陷岳州、李续宾攻陷九江相比，必将引起湘军与太平军之间力量对比和攻守形势的重大变化。曾国藩为攻克赤冈岭四垒亦付出巨大代价，鲍超、成大吉两军伤亡精兵“三千余人”，为“军兴所未有也”[4]。由此亦可看出曾国藩所下决心之大，可谓一场不惜代价的血战！

陈玉成不顾兵法之忌，将刘玱琳的四千精兵置于孤危之地是个极大的失策。刘玱琳部是一支以广西老兄弟为骨干的百战精锐，是陈玉成全军的中坚。陈玉成以往东征西战，所向有功，在很大程度上倚仗刘玱琳之力，所以曾国藩称刘玱琳所部为陈玉成“平日第一悍党，战守可恃者”[5]。刘玱琳一军的覆没不仅使陈玉成军势大衰，也使整个太平军锐气大减，其损失是无可弥补的。赤冈岭一战对安庆和陈玉成的命运都产生了决定性影响，足见陈玉成这一失策带来多么严重的后果！

当陈玉成、洪仁玕、林绍璋、黄文金以及姗姗来迟的杨辅清在桐城地区与湘军悍将多隆阿苦争苦斗的时候，李秀成大军已放弃瑞州，经义宁、武宁

1.《曾文正公家书》，咸丰十一年五月初四日。

2. 同上。

3.《胡文忠公遗集》，第八十三卷。

4.《曾文正公书札》，第十五卷，第 39 页。

5.《曾文正公奏稿》，第十三卷，第 58 页。

进入湖北，连克兴国、大冶，于五月八日攻占武昌县，与赖文光的部队隔江相望，并辗转收到关于江北军情的报告。当时李续宜虽已回到湖北，但兵力单薄，既不能兼顾南北两岸，也难保武昌省城无恙。因而胡林翼闻讯又惊慌起来，先是要求调鲍超回援，曾国藩没有同意，继又提出撤安庆之围，以抽出多隆阿回救武汉。四月二十六日他写信对多隆阿说："弟反复筹思，竟日不决，继思兄之威名方略，贼所深畏，如兄上援，功效必速。"又说："尊处之能否上援，总以安庆撤回（围）不撤回（围）为定。"[1]但撤围与否须由曾、胡二人决定，所以第二天胡林翼即致函曾国藩，与之商量说，"礼堂(即多隆阿)自请回援鄂疆"，"如安庆米多，必应奏撤，亦应坚守潜、太、石牌，而后以多公重兵回剿鄂疆"[2]。结果又遭曾国藩反对。最后经二人在华阳镇面商，决定派鲍超、成大吉回援湖北，胡林翼带成大吉先行，霆军稍迟继发。后来曾国藩又背信弃义，撤销了鲍超援鄂之令，命其暂驻宿松，观望安庆的形势。据当时形势和胡林翼的精神状态，如李秀成联络江北赖文光部队全力攻打武汉，胡林翼必不顾曾国藩的反对，飞调多隆阿回救省城根本之地；而多隆阿一旦撤走，曾国荃也只好乖乖地撤围了。正如赵烈文所说，李秀成既已"兵至鄂省南境，更进则武昌动摇，皖围解矣"[3]。然而李秀成一心只想招兵买马扩大地盘，很少考虑全局利益和他人安危，听到李世贤在乐平吃了败仗，又闻鲍超率军回援，便于五月底迅速自湖北撤退，移兵进攻杭州。这样，安庆解围的最后一个机会也就随之丧失了。

陈玉成回到桐城后，几次进攻都没能攻破多隆阿的挂车河阵地，经过较长时间的准备之后，七月二日再次发动更大规模的进攻，不料又遭失败，只好将部队撤往桐城。陈玉成见无法打破敌人的阻击，便带领洪仁玕、林绍璋、黄文金、杨辅清等部四五万人自桐城西入湖北，然后"由蕲州境折而下行"[4]，经宿松、石牌进抵集贤关外。七月十九日，陈玉成率军再入集贤关，在"关

1.《胡文忠公遗集》，第八十三卷，第 9、10、11 页。

2. 同上。

3. 赵烈文：《能静居日记》，同治三年六月二十日。

4.《曾文正公书札》，第十六卷，第 14 页。

口毛岭、十里铺一带扎营四十余座，散布山冈”，安庆城内守军“亦列队西门，遥遥相应”[1]，第二天起即对曾国荃湘军的外壕发起连日不断的猛烈攻击。

这时城内守军已断粮多日，沿江炮台亦被湘军水师陆续攻破，处境极为困难。自咸丰十年五月初枞阳失守安庆合围之后，城内守军粮运已断，除二援安庆时陈玉成送入城内一部分粮食外，仅靠从唯利是图的外国商人那里高价购得一些米粮，赖以煮粥充饥。曾国藩闻城内接济未断，心里很着急，但他又不敢强令禁止外国人将米卖给太平军，于是便指示水师加强巡守，凡遇有向安庆送米的外国船只，就将船主礼请至营，出高价将米粮全部买下，以切断安庆太平军的接济。陈玉成再入集贤关后，又在菱湖两岸修筑十垒，并试图用小船向城内运送米粮，但都为湘军炮船所拦截，这样安庆城内军民就连稀粥也喝不上了。

曾国荃兵分两路，一面抗拒援军，一面加紧开挖地道，准备用炸药轰城；同时他还在旧壕之后开挖新壕，旧壕既破，新壕已成。于是太平军层层破旧壕，湘军层层开新壕，陈玉成虽然督率各路援军不顾伤亡攻击甚猛，城内守军也发起攻击，但始终未能打破敌人的壕墙。事后有人曾向赵烈文转述当时激烈的战斗情景说，“前月中旬援贼至石牌，进扎集贤关，二十日、二十一日扑东门外长壕，二十二日巳刻扑西北长壕，人持束草，蜂拥而至，掷草填壕，顷刻即满。我开炮轰击，每炮决血衢一道，贼进如故，前者僵仆，后者乘之。壕墙旧列之炮装放不及，更密排轮放，调增抬、鸟枪八百杆，殷訇之声如连珠不绝，贼死无算而进不已，积尸如山。路断，贼分股曳去一层，复冒死冲突，直至二十三日寅刻，连扑一十二次”。“凡苦战一日一夜，贼死者万数千人，我军死者百余人，用火药十七万斤，铅子五十万斤”[2]。八月一日（1861 年 9 月 5 日），曾国荃部湘军轰倒北门城墙，越壕而入，太平军将士饥困不能举刀枪，主将叶芸来以下一万六千人全部战死。

曾国荃攻入安庆之后便开始了残暴的烧、杀、淫、掠。赵烈文日记载：安庆陷落之后，太平军将士被杀“万余人”，“男子髫龀（音“条趁”）以上

1. 罗尔纲：《李秀成自述原稿注》，中华书局 1862 年版，第 269 页。

2. 赵烈文：《能静居日记》，咸丰十一年八月十三日。

皆死”。妇女的命运更惨，除太平军各官眷属妇女自尽者数十人外，“余妇女万余俱为兵掠出”。湘军见物即抢，所掠金银衣物“不可胜计”，“兵士有一人得金七百余两者。城中凡可取之物扫地以尽，不可取者皆毁之。坏垣劚地，至剖棺以求财物”，唯英王府“备督帅行署中尚存物十七，余皆悬罄矣”[1]。于是曾国荃部下士兵凡入城者人人都发了大财。从此之后，曾国藩兄弟也越来越把纵兵抢掠作为吸引士兵和鼓舞士气的手段，湘军的本质也就更加暴露无遗。有人估计，安庆一战太平军伤亡精锐有三万余人，其中死于攻战者万余人，城陷后被杀者万余人，被俘或投降后被杀者万余人[2]，实际上可能还大于这个数字。曾国荃的部下将领朱洪章曾详细记述过湘军杀俘经过：“章（即朱洪章）专弁往请九帅（即曾国荃）来营”，面商如何处理战俘的问题。曾国荃“言曰：‘悍贼甚多，如何筹之？’章曰：‘唯有杀最妙。’九帅曰：‘杀亦要设法。’章曰：‘营门缓开，将逆匪十人一次唤进，只半日可以杀完。’九帅曰：‘我心不忍，交子办之。’章当时回营预备，自辰至酉，万余贼尽行歼戮，乃往销差”[3]。曾国荃杀俘之后，又恐手段过于残忍，在“冥冥中”受到惩罚，遂在给曾国藩的信中流露出后悔之意。曾国藩立刻复信训诫说：“既已带兵，自以杀贼为志，何必以多杀为悔？”对太平军这样一群造反者，“虽周孔生今，断无不力谋诛灭之理。既谋诛灭，断无以多杀为悔之理”[4]。可见曾国藩之残忍嗜杀较其老九尤过之。从此以后曾国荃愈益凶暴残忍、肆意杀人放火而毫无忌惮了。

陈玉成、洪仁玕、林绍璋、杨辅清、黄文金等援救安庆各军一直战斗到最后。安庆将陷时，他们遥望城内火起，复又猛攻两次；后见城陷，方连夜出集贤关，向桐城方向撤退。多隆阿闻安庆陷，间道进至安庆西北之三桥头阻击陈玉成等军。陈玉成越山走石牌（今安徽省怀宁县）、宿松。多隆阿另出偏师攻陷桐城，自己亲率大军紧追不舍，直至湖北境内。陈玉成自黄梅北上，原欲去德安、襄阳一带招兵，不意众兵将皆不肯前往，人心散乱，不听指挥，

---

1. 赵烈文：《能静居日记》，咸丰十一年八月十三日。

2. 同上。

3. 朱洪章：《从戎纪略》，第 32 页。

4.《曾文正公家书》，咸丰十一年六月十二日。

只好由英山、六安折而向东，退至庐州。多隆阿见陈玉成远去，转而向舒城、庐州一带进攻。十月初连陷庐江、舒城，进围庐州。

与此同时，曾国荃一军也发动新的攻势，在杨载福、彭玉麟水师的配合下沿江东进，直指太平天国的首都天京。从此太平军转入战略防御，湘军开始全面进攻，两军交战的主战场也由安徽转向江浙地区。

五 攻陷天京

（同治元年至同治三年 1862—1864）

曾國藩傳

督办四省军务与三路进兵之势

咸丰十一年九月初，曾国荃带兵从安庆赶往前线，九月中旬开始发动攻势，十日之内连陷泥汊港、神塘河、无为州、运漕镇、东关等沿江城镇、要隘，前军逼近巢县，与太平军隔河对峙。由于兵力不足，曾国荃于十月初返湘增募新勇，遂使攻势暂停。在这几个月中，全国的政治军事形势又起了很大变化。

就在曾国荃攻陷安庆前的半个月，即咸丰十一年七月十六日（1861 年 8 月 21 日），咸丰皇帝死于热河避暑山庄，临终遗诏令载垣、端华、肃顺等八人为赞襄政务大臣，执掌朝政。当时继承皇位的载淳只有六岁，清政府的大权实际上落在肃顺等人手中。《北京条约》刚一签字，法、俄侵略者就向清政府表示，愿意帮助清政府镇压太平天国革命。当时由于咸丰皇帝对西方资本主义列强存有戒心，英国又故意从中破坏，双方未能达成协议。咸丰皇帝亦一再推迟“回銮”日期，不愿回到北京，更不愿与外国人打交道，使外国侵略者甚感不悦。咸丰死后，肃顺等人仍继承这一政策，这就使洋人更为反感，因而推翻这个派别、支持同自己亲近的一派人物上台就成为西方资本主义各国共同的愿望和要求。

这时清廷内部正好出现了这样一个政治派别，其首领就是恭亲王奕䜣。奕䜣是咸丰皇帝奕詝的同父异母弟，排行第六，宫中呼为“六爷”。当英法联军逼近北京、咸丰皇帝逃往热河时，将奕䜣留下，令其充任清政府的全权代表，同英法侵略者进行谈判。由于同洋人接触较多，奕䜣成为清朝权贵中最早了解西方资本主义列强对华政策的人。经过一个阶段的观察和了解，奕䜣渐渐发现，西方列强对华用兵的目的只是为了迫使清政府屈服，从而获得政治和经济特权，并无推翻清朝政权、实行改朝换代之意。只要忠实地按照条约为外国人办事，外国人就不仅不会威胁自己的生存，反而会帮助自己镇压人民的反抗，维护封建秩序。他因而得出结论说："发、捻交乘，心腹之害也；俄国壤地相接，有蚕食上国之志，肘腋之忧也；英国志在通商，暴虐无人理，不为限制，则无以自立，肢体之患也。故灭发、捻为先，治俄次之，治英又次之。"[1]就是说，太平天国和捻军是清政府的主要敌人，沙俄和英法侵略者是次要敌人，为了消灭主要敌人，与次要敌人是可以联合、可以成为朋友的。这种认识显然是同资本主义列强的侵华政策相适应的。因而奕䜣一派甚受外国侵略者的赏识，双方很快走到一起，相互勾结起来，所缺乏的只是一个采取行动的恰当时机。不久这个时机终于到来了，那就是咸丰皇帝的死。不过赞襄大臣们对奕䜣也存有戒心，咸丰皇帝死后一个月，在他们认为诸事安排妥当后，才准许奕䜣前往热河吊唁。从北京出发前，奕䜣又与外国侵略者进行接触，取得了洋人的暗中支持。当他赶到热河时，赞襄大臣们正与慈禧太后斗法，双方闹得不可开交。

慈禧太后姓叶赫那拉氏，是小皇帝载淳的生母。那拉氏原封懿贵妃，因皇后钮祜禄氏无子，载淳继承皇位后遂同被尊为太后。那拉氏称慈禧太后，钮祜禄氏称慈安太后，有时也分别称她们为西宫太后（或西太后）和东宫太后（或东太后），当时都只有二十几岁。按照当时的封建名分，慈安的地位高于慈禧。但慈安并无什么政治才能。而慈禧则完全不同，不仅有极强的权势欲，而且熟悉政务，善弄权谋。咸丰死后不久，她就指使亲信上疏，奏请两宫太后垂帘听政，企图接替咸丰皇帝的地位，独掌大权。她的企图因肃顺等人坚决反对而暂告失败后，就整日咬牙磨剑，等待时机，以求一逞。奕䜣的到来，使她如遇救星，于是他们宫内宫外互相串通，决心发动政变，夺取政权。

1. 咸丰朝《筹办夷务始末》，1930 年故宫博物院影印版，第七十一卷，第 18 页。

奕䜣回到北京后，又与留守的其他大臣串通，尤其取得了手握重兵、驻扎京畿的胜保的支持，使政变条件完全成熟。咸丰十一年九月二十九日（1861年11月1日），那拉氏带着小皇帝间道驰进，抢在肃顺等人之前赶到北京，并立即发布上谕，宣布肃顺等人罪状，立予革职，交宗人府治罪。第二天即将肃顺等三人逮捕，肃顺砍头，载垣、端华赐死，其他赞襄大臣也分别予以流放或革职。同时还宣布将年号“祺祥”改为“同治”，由两宫太后垂帘听政，恭亲王奕䜣以议政王辅政，领导军机处。从此，那拉氏掌握清朝的最高权力长达四十六年之久，直到光绪三十四年（1908）死去为止。

直到政变发生后两个月的十二月四日，曾国藩才听到消息，又过了八九天才通过一份私人信件了解到这次政变的详情。对于这场政变，曾国藩始则一惊，继则一喜，当其了解到政变的基本情况后，就不禁为之欢欣鼓舞起来。在其后的通信和交谈中，曾国藩对这次政变和发动政变的那拉氏、奕䜣等人赞不绝口，说那拉氏之“英断”“为自古帝王所仅见”[1]，自此以后“朝廷清明”，“人心思治，自是中兴气象”[2]。

那拉氏与奕䜣的上台也确实给曾国藩集团带来福音，使这个集团的势力迅速发展起来。那拉氏更加信任和放手使用汉族地主官员，一改过去咸丰皇帝那种谨小慎微的做法，把一些地方军政大权大胆地交到他们手中，让他们在镇压太平天国革命的活动中充分发挥作用。十月十八日清廷命曾国藩管辖苏、赣、皖、浙四省军事，自巡抚、提、镇以下文武各官皆归节制。同日又命左宗棠督办浙江军务，提、镇以下各员统归其调遣。十二月，任命左宗棠为浙江巡抚，沈葆桢为江西巡抚，李续宜由湖北巡抚调为安徽巡抚，严树森由河南巡抚调为湖北巡抚。在此前后还任命骆秉章为四川总督，刘长佑为广西巡抚，毛鸿宾为湖南巡抚，李鸿章署理江苏巡抚，刘蓉、李桓、蒋益澧为布政使。这样，东南数省，清王朝的半壁河山，也就渐渐落入曾国藩为首的汉族督抚的掌握之中。

在那拉氏政变的鼓舞下，曾国藩对太平天国展开了更大规模的攻势，先

1.《曾文正公手书日记》，咸丰十一年十一月十七日。

2.《曾文正公书札》，第十九卷，第8页。

后派出两支大部队进攻浙江和苏州、常州地区。

早在清政府命曾国藩管辖四省军事和令左宗棠督办浙江军务之先，曾国藩已发出一个奏折，拟派左宗棠援浙，并将广信、饶州、徽州各军归其节制。受命督办四省军务后，又接连收到清政府几道上谕，令曾国藩催促左宗棠迅速赴浙，以救杭州被围之急。同时曾国藩还收到浙江巡抚王有龄的告急求救咨文。照理说曾国藩是应该饬催左宗棠迅速带兵赴浙救援的，但曾国藩却自有打算，并不急于发兵。曾国藩早就对王有龄心怀不满，他对王有龄的死活是不放在心上的。他的算计是：倘若左宗棠发兵过早，救不下杭州，有救援不力之责；救下杭州则为他人作嫁衣裳，反而使左宗棠自己无法安置，落到客军虚悬的地位。因而一直到十二月十二日，听到太平军攻下杭州、王有龄等人毙命的确信后，曾国藩才一面密折保奏左宗棠为浙江巡抚，一面写信令左宗棠迅速入浙，并奏调正在广西作战的蒋益澧率所部八千人火速赴浙增援。同治元年正月，左宗棠率湘军六千余人开进浙江，连下开化、常山等城镇，于四月五日攻占浙西重镇衢州。此后左宗棠兵分两路，一路沿寿昌、严州前进，一路沿龙游、金华、浦江、诸暨前进，然后在富阳会合，共取杭州。在此前后，曾国藩还派朱品隆进攻徽州，张运兰进攻旌德，鲍超攻打青阳，以配合曾国荃和左宗棠进攻江浙的战略行动。后来鲍超由青阳、泾县、石埭、太平一路攻向宁国，然后又由广德、建平攻入苏南，对进攻天京的曾国荃部湘军起了有力的配合作用。

左宗棠入浙两月左右，曾国藩又派他的得意门生李鸿章率领新建立的淮军援救上海，攻取苏州、常州，组成进攻太平天国的第三支大军。李鸿章离开祁门之后，在江西游荡了七八个月，既不敢去福建赴延建邵道之任，又不敢回祁门大营。郭嵩焘见其无事可做，遂致信李鸿章说：“此时崛起草茅，必有因依，试念今日之天下，舍曾公谁可因依者？即有拂意，终须赖之以立功名。”仍劝令跟从曾国藩。李鸿章“读之怦然有动于心”，于是又重新投靠曾国藩门下[1]。曾国藩虽怨其临危走脱，不能与自己共患难，但见他仍念旧情，

1. 郭嵩焘：《玉池老人自叙》，第7页。

未肯另投门户，便把他重新收留下来，仍然重用。

咸丰十一年十月初，籍隶江苏金匮的候补知县华翼纶由上海来到安庆，向曾国藩求援，称上海每月可筹银六十万两，上海士绅自愿助饷，望曾国藩早日发兵。这月中旬，聚集上海的苏南士绅又公派钱鼎铭向曾国藩求援。曾国藩认为，“上海为苏杭及外国财货所聚，每月得厘捐六十万金，实为天下膏腴”，若能派出一军保此富庶之域，当年即可“派员去提二十万金”[1]，不仅本身无乏饷之虞，而且可每月协饷数万两以救济他军，所以决计派出一支军队前往上海。为了确保上海这一重要饷源牢靠地握在自己手中，并借机争得苏抚一席，曾国藩对领兵人选做了审慎的选择。

一听到上海来人请兵的消息，吴坤修就跑到曾国藩那里毛遂自荐，请求派他募勇六千赴上海救援，遭到当场拒绝[2]。经过几天的考虑，曾国藩决定派他的胞弟曾国荃和得意门生李鸿章带湘军二千、淮军四千前赴上海，另派黄翼升率淮扬水师四千与之相配合。曾国藩这样做有两个打算：一是可为老弟谋一肥缺，二是可借机建立新军。由于曾国藩所练湘军只收湖南人，无论在何处作战，都须经常返湘募勇，以作扩充和替换，这就使得兵源愈来愈感到缺乏，给后期募勇带来很大困难。而要克服这个困难，就只有打破这个框框，另谋新路。曾国藩早就认为，淮、徐一带民风强悍，若以湘军营制编练一军，只会强于湘军。同时他也感到，自安庆一战之后，湘军暮气日重[3]，将来一旦不可用，即可以新练之军取而代之。因而这次派李鸿章赴沪，就未令其赴湘募勇，而让他去庐州原籍募勇，完全按照湘军的制度编练成一支新的部队——淮军。

李鸿章回到安徽，便将他家乡一带的团练头目召集起来，募集士卒，进行训练。本来曾国藩打算令曾国荃充任主帅，以李鸿章、黄翼升为辅，带“八千陆兵、五千水师”，以保上海“膏腴之区”[4]。但久已垂涎于天京财富的曾国荃

1.《曾文正公家书》，咸丰十一年十一月十四日。

2.《曾文正公手书日记》，咸丰十一年十月二十日。

3.《曾文正公家书》，同治元年十月十六日、十七日。

4. 同上，咸丰十一年十一月十四日、二十四日。

却无论如何也不肯放弃进攻天京的机会而改赴上海。他为了拖延时间，迟迟不肯返回。曾国藩令其“正月由湘至皖，二月由皖至沪”[1]，但直到正月中旬，曾国荃还没有从家里动身的意思，无论曾国藩怎么催促都无动于衷。曾国藩无奈只好改变计划，仅派李鸿章带淮军二千五百人、黄翼升带水师四千人赴沪。他又恐这支新集之勇不堪太平军一击，特派籍隶安徽的太平军叛徒程学启开字营一千人，以及原属霆、吉等军的郭松林、杨鼎勋等六营三千人随淮军赴沪，充任这一路部队的骨干。另抽出黄翼升水师两营一千人拨归曾国荃指挥，助攻天京[2]，作为交换条件。起初曾国藩计划令李鸿章从镇江出发，冲过太平军控制的地区，由陆路开赴上海。同治元年二月底，钱鼎铭等由上海再至安庆，以十八万两白银雇外国轮船六艘，前来迎接淮军。淮军遂改乘洋轮，三月初从安庆出发，分三批到达上海，为曾国藩集团开辟了一个对太平军作战的新战场。

自从上海开为对外口岸后，对外贸易的中心渐由广州移至上海。西方列强在这里强占租界，驻扎军队，建立各种经济和文化侵略据点，很快把上海变成他们侵略中国的最大基地。咸丰四年，外国侵略者与清政府勾结，扑灭了上海小刀会起义；咸丰十年，武装对抗太平军攻取上海；咸丰十一年又蛮横地向太平军提出不得到达上海周围百里以内地区的无理要求。太平军当时正全力解安庆之围，无力夺取上海，遂约以一年之期。咸丰十一年底，期限已满，李秀成率军再次前往上海，宣布只消灭这里的清军，不打外国人。英、法等侵略军便开枪启衅，撕下“中立”的幌子，公开站在清政府一边，与之狼狈为奸，共同镇压太平天国革命。

自从太平天国革命爆发以来，清政府与外国侵略者的关系时战时和，时好时坏，但上海地区的地方官吏却一直与英、法等侵略者勾勾搭搭，相互利用，即使在英、法联军进攻北京时也依然如此。太平军攻占苏州、常州之后，江苏官吏和苏南士绅纷纷逃往上海，惶惶然如丧家之犬，更加不顾廉耻、不择手段地与外国侵略者加紧勾结。他们任意出卖中华民族的利益和尊严，以换

1.《曾文正公家书》，咸丰十一年十一月十四日、二十四日。

2. 同上，同治元年正月十八日。

取外国强盗的支持，尽快地从革命人民手中夺回他们失去的天堂。咸丰十一年年底，上海绅商在逃往上海的江苏地方官薛焕、吴煦等人支持下成立上海会防公所（又称上海会防局），专门负责借洋兵守卫上海诸事宜。他们曾拟列《筹议借师剿贼八条》，内中包括请求外国侵略军防守上海及“代为收复”南京、苏州、杭州等项，并派龚澄等代表江浙士绅赴京请愿，上呈清政府。这时那拉氏已政变上台，与英、法、美等国侵略者的勾结也随之加快。同治元年初，清政府发布上谕，声称“借师助剿一节业经总理衙门与英、法驻京公使商酌”，催令薛焕等地方官“会同前次呈请各绅士，与英、法两国迅速筹商，克日办理”；还许愿“但于剿贼有裨，朕必不为遥制，其事后如有必须酬谢之说，亦可酌量订议，以资联络”[1]。从此，在江浙地区正式开始了中外反动派联合进攻太平天国的战争。

所谓“借师助剿”（又称“借夷助剿”），就是清政府借洋人的兵力镇压太平天国革命。在这个问题上，清政府曾于咸丰十年末至同治元年春三次征求曾国藩的意见，曾国藩随之复奏，提出自己的见解和主张。曾国藩原则上同意“借夷助剿”，认为洋人与太平天国起衅，主动提出愿助清政府攻打太平军，实为“难得之机”，千万不可错过；尤为重要的是，若与洋人搞好关系，不仅现在可借洋兵镇压太平天国革命，将来还可学习洋人的技术，以为永远之利。但“借夷助剿”应仅限于上海一地，一则上海是通商口岸，洋人与清政府有共同利害，当共争共守之；二则上海无险可守，又非用武之地，兵力少则无济于事，兵力多则如同置于闲地。目前湘军不仅无此兵力（曾国藩认为非两万人不能守），且因苏州、常州尚在太平军手中，无路可以进兵。所以清政府欲保住这一财货之区，唯有借助洋兵之一法。其报答外国人的条件，是所俘财物任彼取携，别无犒军酬劳之费。至于其他内地城市，尚未开放口岸者，如江宁、苏州、杭州等地，则坚决反对借助洋兵，即使外国兵船也不需要。理由是苏州、杭州、金陵“本非通商口岸”，非洋人应管之地，不须借助洋兵；若洋人定要出兵，自当以情理劝阻；劝阻无效，则任洋兵去攻打，

1. 同治朝《筹办夷务始末》，1930 年故宫博物院影印版，第四卷，第 2、3 页。

湘军方面决不派兵“会剿”。同时湘军在水上已占优势，长江千里尽在湘军水师掌握之中，目前战事主要在陆上进行，太平军的主要战斗力亦在陆军方面，所以无须洋人派兵船“助剿”。曾国藩还在奏折中对江浙士绅官员请求洋人代为收复江宁、苏州、杭州一事，公然表示反感与藐视。他把“专借西兵”与科场“借枪手顶替”相比，说苏省绅士所以“为此不择之呼吁，皆臣治军无状之咎”，臣“既以借助外国为深愧，尤以无兵会剿为大耻”，愤慨之情溢于言表。曾国藩的意见受到清政府的称赞，基本上被采纳[1]。

对于上海一地如何借助洋人之力，并能达到同外国侵略者长久合作的目的，曾国藩也有一套想法。他在给李鸿章的信中说：“与洋人交际，其要有四语：曰言忠信，曰行笃敬，曰会防不会剿，曰先疏后亲。”[2]这四句话与他后来讲的“以自立为体，以推诚为用”[3]是一个意思，就是对外国侵略者不仅不可记攻打北京之仇，亦不可心存民族界限，而应以志同道合者真诚相待，言信行果，不可虚情笼络，礼仪傲慢。但在开始时关系不可过于亲密，只可与洋人共同防守上海，不可主动进攻其他地方的太平军。要待打几个胜仗，自己在军事上站住脚，在洋人面前显示出一定的战斗力后，方可与洋人“会剿”他处，往来也可逐渐密切起来，免得为洋人所鄙弃。李鸿章按照他老师的指导思想，与外国侵略者的关系搞得愈来愈亲密，借助洋人的力量，一步步地在军事上战胜太平军，保住了上海，并将苏州、常州一带夺到自己手中。

直到李鸿章准备动身赴沪的前夕，即同治元年二月十五日曾国荃才带着新招募的湘军回到安庆，经过一段时间的训练和准备，于二月二十四日返回前线。这时，曾国荃所部一万八千人，曾贞幹四五千人，总兵力已达二万二三千人[4]。曾国荃令曾贞幹率偏师一支，由无为附近渡江，沿南岸前进，自率主力攻夺江北沿岸各镇。三月中旬，曾国荃连陷巢县、含山、和州，三月二十四日攻陷西梁山要隘。与此同时，曾贞幹军亦攻占荻港、繁昌、鲁港、

1.《曾文正公奏稿》，第十五卷，第 66 页。

2.《曾文正公书札》，第十八卷，第 29 页。

3. 同上，第十九卷，第 32 页。

4.《曾文正公家书》，同治元年四月十二日，五月十五日。

南陵等城镇要隘。四月二十日，曾国荃闻多隆阿已陷庐州，立刻引军渡江，会合彭玉麟、曾贞幹水陆各军，越芜湖、东梁山、金柱关等城隘，突袭太平府（今安徽当涂）。太平军措手不及，丢失了府城，致使芜湖等地皆孤悬敌后，四面被围，无法再守。湘军攻占太平府后乘胜攻夺东梁山、金柱关、芜湖及江宁镇、板桥、秣陵关、大胜关等沿江城镇要隘，直逼天京城下。五月四日，曾国荃率军进扎雨花台，彭玉麟水师亦进泊护城河口，清朝军队再一次包围了天京。

不料曾国荃的急功遽进立刻引起湘军内部舆论大哗，曾国藩亦极为忧虑，致使曾氏兄弟之间发生了一场关于进兵与退兵的争论。

进退之争

曾国藩在制订围攻天京的计划时，采取的仍是围城打援的老办法，令鲍超由宁国、广德进取句容、淳化为东路，多隆阿由庐州、全椒进取浦口、九洑洲为西路，曾国荃由芜湖、太平取秣陵关为南路，李续宜由镇江进兵为北路，四路会齐，共取天京。其中南路担任主攻，其余三路均为游击之师，担任打援。三路打援部队中以西路最重要，东路次之，北路又次之。但在实际作战过程中，四路部队的进展却很不平衡，西路与南路发展很快，北、东两路迟缓。当曾国荃一军袭占太平府、芜湖、金柱关等处，为进围天京扫清障碍时，李续宜所部蒋凝学等正受阻于寿州，鲍超霆军尚未到达宁国。唯多隆阿已攻陷庐州，他本可挥师东进，却又按兵不动，迟迟不赴合军天京之约，遂使曾国荃一军形成孤军深入的形势。

多隆阿不愿会攻天京是事出有因的。湘军将领多为湖南人，地方主义极强，尤其曾国荃，依仗曾国藩的权势，贪婪跋扈，排斥异己，极难与人合作，与当时的湘军将领鲍超、多隆阿、杨载福、彭玉麟皆不和。围攻安庆时，多隆阿任桐城一路，首当陈玉成等援师攻击之冲，出力最大。结果，曾国荃有攻陷安庆之名，列首功，受上赏，而多隆阿自嫌功高赏薄，远不如曾国荃，气得大病一场。多隆阿"素以文官不可亲，且己不识汉字，而亦恶儒吏"[1]，不愿听从曾国藩的调遣，经过安庆这次教训，看透了曾氏兄弟令他人出力，而自己收功受赏的贪鄙之心，就更不肯与曾国荃协同作战；加之唯一能调动他的湘军大帅胡林翼已于头年死去，因而当攻占庐州后，曾国藩致函要求如约会攻天京时，多隆阿即以"军事权宜专一"为辞，拒绝赴约，并暗示决"不与曾国荃同处"。曾国藩"具言如先约，一听公指挥"，多隆阿仍不为所动。官文亦不愿多隆阿与曾国荃合军天京城下，以加速曾国藩的成功。这时正有一支四川农民起义军入陕，陕西形势紧张，已奏派多隆阿部将雷正绾赴援。官文见多隆阿不愿东下，遂再次奏请派多隆阿统兵入陕。清政府也认为关中地位重要，很快批准了这一请求，命多隆阿为钦差大臣，统军西征。命令下来后，"官文益喜当上意，决意遣之"[2]。多隆阿遂留石清吉领五千人守庐州，自率一万五千人开赴陕西，"合军江宁之谋不复听矣"[3]。

当同治元年四月二十五日曾国荃率军进扎天京城外不远的板桥一带时，曾国藩恐其贸然进兵，五月六日收到军报后急致书曾国荃，令其原地驻扎，以待多隆阿军之至。信中说："接沅信，知已进扎周村，距金陵不满四十里。余既以为慰，又以为惧。金陵地势宏敞，迥非他处可比。进兵之道，须于太平、采石南路进一枝，句容、淳化东路进一枝，浦口、九洑洲隔江进一枝。镇江北路纵无兵来，此三枝必不可少；句容东路纵无兵来，隔江一枝则断不可少。此次弟不候多军至九洑洲，而孤军独进，余深为焦虑。又上游南陵空虚，季弟不留兵守之，于宁国、芜湖均有妨碍。望弟暂屯扎周村一带，以待多军之至，季弟分兵守南陵，以固后路。"[4]第二天又再致书曾贞幹说："沅弟进兵，究嫌太速，余深以为虑。一则北岸多军未到，二则后面句容一路无兵，恐援贼来抄官军之尾，望弟与沅稳慎图之。"[5]

---

1. 王闿运：《湘军志》，第五卷，第11—12页。

2. 同上。

3. 同上。

4.《曾文正公家书》，同治元年五月初七日。

5. 同上，同治元年五月初八日。

经过安庆一场恶战，曾国藩用兵更加谨慎，着着求稳；一般湘军将领亦锐气大减，专讲持重，不肯稍涉风险。唯曾国荃贪欲正盛，功利心切，一心独吞天京财货，不惜冒险蛮干，这就导致在用兵思想上与其他将领的矛盾。早在咸丰十一年九月底十月初，曾国荃返回安庆与曾国藩商量增兵大战时就已有不同意见，"诸将争谋旁郡"[1]，多以孤军直逼天京为非。今见曾国荃轻兵疾进，不待邻军之至，湘军内部更是议论纷纷，不仅自家兄弟感到"不放心"，"外间亦人人代为危虑"，皆以为曾国荃一军"新营太多，兵不可靠，几于众口一词"[2]。然而，当曾国藩写上面那封止其进军的信时，曾国荃已于三天之前进驻雨花台，悍然不顾多隆阿军之至与否，孤军独进，顿兵天京城下。曾国藩闻之"大惊，手书诮让，令趣退。且书告诸将，吾弟轻踏死地，必无万一幸，诸将务告全军，毋从俱死"。曾国荃回答说，"诸军士自应募起义，人人以攻金陵为志，今不乘势薄城下，而还军待寇，则旷日持久，非利也。若舍金陵别攻宁国、广德，或取颍、寿闲地，则将士无所见功"[3]，"虽鲍、张亦益厌攻战，将去公而归耳"[4]。"且贼方踞苏、常，闻江宁攻急，必更来援，兄遣别将间袭苏、常，贼必骇凶，吾因而乘之，殄贼克城，在此举矣"[5]。并认为，从战术上看，"逼城而屯亦足以致寇，军势虽危，顾不可求万全"[6]。"竟不退"[7]。曾国藩无奈，只得一面令曾国荃筑垒自固，等待多隆阿军之至；一面致书官文，要求派人追回多隆阿，止其西行。当时多隆阿一军西去未远，尚有一线希望。曾国藩在信中说，"舍弟一军进逼金陵，屯驻雨花台畔"，"鄙意欲请多军会剿金陵，合围西北"，"纵不能遽克金陵，必可为游击之师"。"顷读大疏，奏以多帅援秦"，"闻入秦之贼人数不满三千"，"阁下前奏雷镇西援应可了事，多公全军入关"必成"进退两难之象"；何况"江南贼数之多比秦何

1. 曾国荃：《曾忠襄公全集・年谱》，光绪二十九年版，第一卷，第 16 页。

2.《曾文正公家书》，同治元年五月二十五日。

3. 朱克敬：《暝庵杂识》，上海进步书局版，第四卷，第 3、4 页。

4. 王闿运：《湘军志》第五卷，第 12、13 页。

5. 朱克敬：《暝庵杂识》，上海进步书局版，第四卷，第 3、4 页。

6. 王闿运：《湘军志》第五卷，第 12、13 页。

7. 朱克敬：《暝庵杂识》，上海进步书局版，第四卷，第 3、4 页。

止百倍，财赋之盛比秦何止十倍”！今“特此飞商，求阁下与渭帅熟筹，如以刍言为然，则趁此数日多军启行未远，尚在可东可西之间。敝处昨日奏片，亦略提数语，未敢畅言，盖楚军向来和衷之道，重在函商，不重在奏请也”[1]。示意官文应按照湘军一贯的处事原则，根据曾国藩的函请改议重奏，以中止多隆阿军西行，改令东进。不料官文“业建议，不肯止”[2]，根本不买他的账，遂使曾国藩会攻天京的计划落了空。

多隆阿远走陕西，不肯与曾国荃合军围打天京，正中曾国荃的下怀，因为这样就不会有人与他争功了。但这却加重了曾国藩的顾虑。首先在军事上极为不利。原先曾国藩打算仍用攻安庆时的老办法，让多隆阿苦战，他们兄弟收功。多隆阿悍勇善战，所部人数多，战斗力强。若能两部合军，再加上水师配合，预计可很快攻下天京。但多隆阿却偏偏不来会合，遂使曾国荃一军进退失宜，二三万人屯兵坚城之下，既无力攻城，亦无力打援，完全陷于被动挨打的境地。同时在舆论上对曾国藩也不利。曾国荃独扎雨花台，不少人认为他急功骤进，不自量力；也有人认为多隆阿的西走是因“与国荃不和”[3]，指责他们兄弟不能容人。而最使曾国藩担心的还是清政府的态度。清朝是满洲贵族执政的一代政权，最忌汉族官吏手握重兵。所以从开始搞湘军起，曾国藩、胡林翼等就非常注意笼络旗人。湘军将领中旗人统领最著名者，前期为塔齐布，后期为多隆阿，曾国藩、胡林翼都加意培植，特别重用，以稍减清廷猜忌之心。多隆阿远走陕西后，天京城下统带重兵者就只有他们兄弟二人了，会不会遭到清廷的疑忌呢？这不能不引起曾国藩的忧虑。同治元年秋天以来，长江南岸各军传染病流行，鲍超一军最重，曾国荃、张运兰、左宗棠各军以及杨载福、彭玉麟水师亦无一幸免，鲍超、张运兰、杨载福等亦纷纷病倒。曾国藩以力微任重为辞，乘机上奏清廷，要求清廷“简派在京亲信大臣驰赴大江以南，与臣会办诸务”；并说“今年军事甫顺而疾疫流行，休咎之征，莫可推测。中夜默思，唯求德器远胜于臣者主持东南大局，而臣亦

1.《曾文正公书札》，第十八卷，第44—45页。

2. 王闿运：《湘军志》，第五卷，第12页。

3. 同上，第五卷，第23页。

竭力经营而左右之，庶几补救于万一”[1]。就是说要求清廷派人来主持江南军务，自己退居次位，改当助手。这显然是进行试探，看清廷对他是否信任。那拉氏当然能够看透他的这种用心，所以对曾国藩“温旨慰劳”，言疾疫流行非你一人之咎，“或者朝政阙失，上干天怒，君臣当痛自刻责”云云，曾国藩“读之感激涕零”[2]。这样，在政治上总算使他放下心来，暂时打消了顾虑。但在军事上应当采取什么办法来消除多隆阿西走入陕带来的不利后果呢？究竟是进是退？或者须采取什么措施以作补救呢？时间没有容曾国藩多想，更没有来得及采取什么措施，李秀成就统率大军进抵天京城下，为解救天京之围而对曾国荃雨花台大营展开猛烈进攻。

当曾国荃抵扎雨花台再次围困天京时，李秀成正率领大军在上海郊区与英法侵略军、华尔洋枪队（即所谓“常胜军”）以及李鸿章的淮军大战。闻天京被围，曾召集众将在苏州开过一次会议，认为目前无法战胜湘军，决定两年之后再去解救天京之围，眼下仅往天京城内多运些粮食及弹药物资就行了。但洪秀全不同意这种意见，连下严令，催其率军赴援。李秀成无奈，只得进行广泛动员，除留下少数兵力在上海与敌人周旋外，亲率十三名将领二十万人前往上游解天京之围。李秀成所以在救援天京的问题上表现得这样勉强和消极，除了他不顾大局的本位主义思想作祟外，也反映了他轻视上游的战略思想。当时庐州失守，英王陈玉成牺牲，长江北岸已无大支太平军，洪秀全要保住天京这一太平天国革命的根本重地，也就只有依靠江浙地区和李秀成的支持，因而再次与李秀成发生矛盾。在天王严责下，李秀成虽然服从了命令，但这一思想问题并没有解决，这就不能不对以后的战斗产生一定影响。

李秀成分太平军为三路：一支由杨辅清、黄文金率领攻打宁国，阻止鲍超增援；一支由陈坤书率领进攻芜湖、金柱关，断曾国荃饷道；李秀成亲率主力部队围攻曾国荃雨花台大营。结果，杨辅清、黄文金一支虽未攻下宁国，也达到了阻援的目的，而陈坤书一支却被湘军水师击败，未能切断湘军粮道。

1.《曾文正公奏稿》，第十六卷，第 81 页。

2.《曾文正公手书日记》，同治元年九月初一日。

李秀成率领的主力部队从同治元年闰八月二十日起，对曾国荃雨花台大营前后围攻了四十六天，战斗打得非常激烈，轮番冲锋，枪炮齐鸣，有时甚至日夜不停地攻击，却始终未能攻破曾国荃的长壕。李秀成从雨花台撤围之后又搞了一次“扫北”，结果在退回南岸时遭到湘军水师的袭击，伤亡十几万人。从此以后太平军就再也无力组织对天京的大规模救援了。

当李秀成大军日夜猛攻雨花台曾国荃湘军大营时，曾国藩忧灼万分，夜不成寐，动辄向部下僚属发脾气，有时甚至“绕室旁皇，不能自主”[1]。他在家信中说：“余两月以来十分忧灼，牙疼殊甚，心绪之恶甚于八年春在家、十年春在祁门之状。”[2]在给李续宜的信中则说：“鄙人心已用烂，胆已惊碎，实不堪再更大患”[3]，以“不情之请”务求丁忧在家的李续宜仿胡林翼“闻变即出”之例，百日之后迅速出山，以助自己一臂之力。其时曾国藩无处可调援兵，只好派赵烈文赶往上海向李鸿章求援，要求将原属曾国荃指挥的程学启等四千人调回，增援被困在雨花台的湘军。而李鸿章正倚程学启为长城，坚决不肯放行，只答应让吴长庆、张树声率刚刚招募的几营新兵留下守城，替换出原有守城部队，开赴雨花台助守长壕。经过这场惊吓，曾国藩胆子更小，很后悔当初没有把曾国荃的部队坚决撤回来，所以当李秀成显露即将撤兵的迹象时，曾国藩就立即致书曾国荃，令其以追击为名乘机退兵。信中说，太平军“处心积虑以求逞于我，我轻心深入，以侥幸于不可得之城，弟之骤进，余之调度，皆轻敌而不能精审。此次经一番大惊恐，长一分大阅历。如忠（指忠王李秀成）、侍（指侍王李世贤）等酋解围而去，弟当趁势退兵，以病伤羸弱者循江滨退至金柱关，精选锐者整队追贼，追至大官圩、小丹阳一带，与鲍军互为声援，待新募之卒到后认真整练，再行进兵。弟由高淳、东坝、溧阳以进宜兴，鲍由建平、广德以进长兴，两路排进，相去常在百里以内；水师棋布于丹阳、石臼、南漪等湖，与陆军相去常在数十里内，旌旗相望。弟以金柱为后路根本，鲍以芜湖为后路根本，处处联络，庶无全局瓦裂

1.《曾文正公手书日记》，同治元年九月初二日、九月十八日、十月十三日。

2.《曾文正公家训》，同治元年十月二十四日。

3.《曾文正公书札》，第十九卷，第47页。

之患”。又说：“若长扎雨花台，以二三万劲旅屯宿该处，援贼不来则终岁清闲，全无一事；援贼再来则归路全断，一蚁溃堤。此等最险之着，只可一试再试，岂可屡屡试之，以为兵家要诀乎？”[1]此后曾国藩又连连写信，促其退兵，一月之间几乎件件家信谈及此事，并搬出所谓“呆兵”“活兵”之说，反复解说改攻东坝、溧阳之利和株守天京城下之害，真可谓苦口婆心。不料曾国荃竟不为所动，坚扎雨花台，不肯少退，杨载福也不肯就此退兵。曾国藩与左宗棠商量，左宗棠“亦谓不宜轻退”。然而曾国藩周围的智囊人物和其他湘军将领纷纷进言，指责曾国荃孤军轻进，皆认为他“并非能克金陵之人”[2]，坚决要求将兵撤回，改攻他路，特别是在李秀成退兵之后的一段时间里议论尤多。曾国藩亦于心悬悬，筹思无计，最后决定亲走一遭，俟巡察前线各营之后，再行酌情处理。临行，曾国藩写信对左宗棠说：“敝处兵力本不甚单，自进逼金陵，遂觉处处不敷分布。当时舍弟所以冒昧骤进者，一则恃与多帅有约，可由九洑洲南渡会剿；一则芜湖、梁山连夺重险，军势顺时，有不暇细审耳。”“弟至金陵审察一番，如果围师可以撤退，则分剿东坝、高淳、二溧一带，兵力足敷分布，局势亦较紧凑。唯舍弟坚持不退，厚庵亦以退兵为耻，去冬曾以奉质阁下，亦谓不宜轻退，顿兵荡荡坚城之下，形见势绌，未得者茫如捕风，而已得者又复糜烂，展转图维，羌无定计，敬求荩筹为我策之。”[3]可见曾国藩当时顾虑重重，是没有一定主意的。

同治二年正月二十九日（1863年3月18日）曾国藩从安庆动身，前后花了近一个月的时间，亲自检查了曾国荃雨花台大营和滁县、和州、巢县、无为等地的湘军营地壕墙，二月二十八日到安庆。曾国藩认为围城湘军营盘坚固，各部之间关系协调，遂撤销退兵之议。

李秀成退兵之初，曾国藩还于报告军情的同时“仍请简派大臣会办军务”，折中历述军中的各种困难之后说：“臣反复筹思，实恐溃败决裂，尽隳（音“灰”）前功。闰八月十二日臣奏请简派大臣来南会办，仰蒙优诏慰问，未荷

1.《曾文正公家书》，同治元年九月二十一日。

2. 同上，同治四年三月初七日。

3.《曾文正公书札》，第二十一卷，第18页。

俞允。顷接严树森来咨，有皖北各军统归臣处调度之奏，诚恐圣主误采外间浮伪之名，不察微臣竭蹶之状，直待贻误事机，再行陈奏则已晚矣。查三年以前，江南钦差大臣一人，两江总督一人，督办徽防一人，督办宁防一人，管辖李世忠、苗沛霖两军之钦差大臣一人。臣今一身所处兼此五人之职，而又新添安庆、池州等沿江十余城，即使才力十倍于臣者已有颠蹶之患，况如臣之愚陋乎？"这次奏请依如前折,仍带有试探的性质。不过这次没有再提"简派在京亲信大臣"来江南"主持"诸务云云，而说"吁恳皇上天恩，简派大臣与臣会办诸务，纵不能复前此五人之旧，但能添一人二人，俾臣责任稍分、案牍稍简，更得专精竭虑，图报涓埃"[1]。显然是要求增派大臣帮助自己，而不是要求将自己改充助手了。对于这个奏折，未见清廷的明确批复，但显然是不允所请。曾国藩自此之后亦未再奏请。从此，大江南北，江浙四省，统统归于曾国藩的掌握之中，遂成为清朝实力最强的地方官吏。

为了解决围困天京兵力不足的问题，曾国藩陆续增募新勇，使曾国荃所统部队很快增加到三万五千人。同时曾国藩又将李续宜所部萧庆衍、毛有铭及叛徒韦俊等军一万五千人调至天京城下助攻，使围城湘军仅陆军人数即达五万人，这样就不再感到兵力单薄了。于是曾国藩便集中兵力对天京发动了新的攻势，企图完全合围。同治二年五月，曾国藩调鲍超率军攻占江浦，随后与水军联合攻陷太平军坚固设防的九洑洲。这样，天京与下游联系的唯一通道和粮食供应线即被切断，仅余天堡城下一线山间小路与外界相通，实已无济于事了。

孤城难下

同治二年十月底，由于叛徒郜永宽等人的出卖，苏州城很快落入淮军手中。同治三年二月底，杭州也被左宗棠湘军攻陷。此时不仅天京以北的和州、

1.《曾文正公奏稿》，第十七卷，第 36 页。

六合、江浦等早已控制在湘军手中，而且天京以南的溧水、高淳、句容、金坛、丹阳、常州等地也都陆续被湘、淮军攻占，天京遂变成一座在敌人严密包围下的孤城。但是，天京军民在洪秀全的领导下，依靠坚固的设防和上下一致的团结，同敌人进行了英勇顽强的斗争，居然在极为艰苦的条件下坚持了数月之久，致使曾国荃湘军陷入困境。

湘军进攻天京，无非采用军事进攻与政治瓦解两手。军事攻城一是乘夜偷爬城墙，一是开挖地道用炸药轰城。天京城周长九十六里，曾国荃围城部队虽数逾五万，一旦分布开来，仍然“寥如辰星”；况且墙体坚固，墉堞高峻，最低之处犹有七丈以上，要攀越城墙硬攻进去，亦非易事。同治二年十一月十日（1863 年 12 月 20 日）李秀成由苏州回到天京，专门负责守城。他经验丰富，恪尽职守，在士兵中又有一定威信，这就大大加强了天京的防卫力量。同治三年正月天堡城失守后，湘军进至太平门，完全断绝了城中粮食来源，情形更加困难。但天京军民仍然坚持斗争，一次又一次地挫败敌人的进攻，使其无论夜间爬城还是开挖地道，都未能奏效。太平军除在城墙上加强巡哨严密监视敌人外，还在城内多挖地窖，埋放大缸，令人蹲在缸内谛听，以确定敌人开挖地道的方位，然后或与敌人对挖地道，使其炸药不能奏效；或用重锤将敌人的地道砸塌，破坏其轰城计划。有一次，敌人虽然轰倒了一段城墙，但仍隔着护城河，不能迅速涌进，遂被太平军重新封死，坚守如故。

曾国荃在军事进攻的同时，还派出大批间谍进行诱降活动，利用各种关系打入天京城内，策动政治上不坚定的分子叛变，从内部瓦解太平军。有时湘军将劝降书一类宣传品射入城内，希望有人拾起，主动与他们联系。太平天国了解到敌人的这些伎俩后，针对敌人的破坏活动，相应采取了一些切实有效的措施。天王洪秀全通令全城，有得敌人文书者必须上报，不准私拆，违者严惩。由于天京将士在政治上比较坚强，能够同心同德，团结对敌，所以一次又一次地挫败敌人的阴谋，使敌人的企图落空。有一次，湘军与城内太平军中的叛徒约定，夜间杀死城上哨兵，接应他们爬进城去。结果中途被城上哨兵发现，没有成功。以后湘军又搞了几次类似的阴谋，也都遭到失败，损兵折将，空赚得一番烦恼。

太平天国粉碎敌人阴谋的一个较大案件，就是陈德风图谋投敌事件。陈德风是太平军驻天京城内的一个将领，已封松王，与湘军萧孚泗私通，事泄后被洪仁发锁拿监押。李秀成一向与陈德风交厚，得知后以重金将其赎出，保陈德风不死。不久，李秀成的妻舅宋永祺又与曾国荃手下的一个幕僚搭上关系，在天京进行活动。他先与李秀成说明来意，又去串通陈德风。陈德风听后半信半疑，写信向李秀成探询核实，恰被掌刑部的莫仕葵发现。这件事曾一时轰动全城，宋永祺、陈德风虽被李秀成贿保不死，但敌人的阴谋亦因此败露，未能得逞。从此天京上下进一步提高了警惕，使曾国荃的政治阴谋愈难施展。由此可见，曾国藩所说的天京非他城可比、天王非他人可比，是有道理的。当时天京所遇到的困难远甚于苏州、杭州等城，而始终没有发生将领叛变献城、献门的事，全军上下尚能团结一致，坚持到底，这不能不归功于洪秀全的坚强领导。李秀成虽在守城方面有一定功劳，但政治上糊涂动摇，敌我不分，只能像在苏州一样扮演保护坏人的角色，在粉碎敌人的政治阴谋上是不可能发挥什么好作用的。显然，把洪秀全描写成一个毫无作为的木偶或不得人心的暴君是违背历史事实的。

军事强攻和政治瓦解既然都不见成效，曾国藩也就只好寄望于天京军民粮尽自毙了；然而这样一来，却使湘军自身遇到前所未有的困难。其中最突出的是粮饷短缺、士气低落和疾疫流行。自同治元年秋季以来，湘军江南各部即患流行病，直到第二年秋仍未停止。疾病使湘军不断减员，战斗力大为削弱。由于医药缺乏，这次流行病不仅造成大批士卒死亡，也使不少骨干分子丧命。曾国藩最小的弟弟曾贞干就是因长期患病死于雨花台大营的，其幕僚甘晋、徽宁池太广道姚体备和鲍超部下悍将黄庆、伍华翰等亦皆死于传染病。同治三年以来，湘军流行病渐止，生病的士卒和将领也陆续痊愈，但粮饷缺乏的情况却日益严重起来。咸丰十年，湘军进围安庆时，水陆不过六万，由曾国藩发饷的人数不到两万。而到同治三年年初，仅由曾国荃统率的围困天京的陆军即达五万人，由曾国藩负责筹饷的总人数则达九万

人[1]。若按每万人月饷六万两计算，须每月筹饷五十四万两；即使每月发饷五成，也须二十七万两。这就大大增加了筹饷的困难。虽自同治元年以来每月增粤厘十万两、上海协饷五万两，但沿江厘金日益减少，自同治三年春起各省协饷也不再解送，所以实际收入增加无几。同时各省湘军人数不断增加，最多时总数达三十万人，这就造成各省争饷的情况。即使由曾国藩发饷的部队，各军之间也相互争饷。例如左宗棠湘军已由最初的六千人发展到四五万人，原来指定的抽厘局卡供不应求，左宗棠想从李鸿章每月四万的协饷中分润一部分，却遭到曾国藩的反对，二人发生矛盾。曾国藩将此款全部解送雨花台大营，交曾国荃发放。即使如此，曾国荃一军仍收入大减，同治三年以来所“得饷项之少，为历年所无”[2]。

与此同时，粮食的供应也发生了困难。由于战争的破坏和自然灾害，江、皖一带米价大涨，饥民成群，生产遭到很大破坏。而皖南徽州、宁国、池州、太平各府尤为严重，有的地区完全变成遍地榛莽的荒野，行经此地者“常竟日不见烟户，不逢行人”[3]，满目悲凉景象。这就使湘军自食苦果，不仅筹饷不易，购米也发生困难。同治三年以来，曾国荃围城部队和鲍超宁国一军所购食粮，米价皆涨至七千余文一石。这两支部队总数近七万人，按每人每月五十斤口粮计算，亦须米三百多万斤，不仅需款甚巨，且采购无所。故曾国荃一军后来只能发饷四成，而且口粮供应不上，士卒只好靠稀粥度日。同治三年二月底，赵烈文从雨花台大营写信对欧阳兆熊说：“勇丁每月所领不及一旬之粮，扣除米价等项，零用一无所出。兼之食米将尽，采办无资，勇夫馁粥度日，困苦万状。”“若再过月余，并粥俱无，则虽兄弟子侄，亦不能责其忍死奉法。每念及此，不觉通身汗下。”还说，天京“城池过大，墉堞高峻，至低之处犹及七丈以外”；太平军“复工于设守，梯冲百具，无所用之，止

1. 当时曾国藩直接指挥的湘军有十二万人，但其中杨载福、彭玉麟水师，李续宜旧部蒋、成、萧、毛各军和太平天国叛徒韦俊的部队例由湖北供饷，江忠义、席宝田由江西供饷，张运兰由湖南供饷，所以实际由曾国藩供饷的部队只有九万人。

2.《曾文正公家书》，同治三年四月三日。

3.《曾国藩未刊信稿》，第 71—72 页。

可严守长围，绝其接济，以待其自毙之一策。而贼赍未尽，我食先匮，此则非智力之所得济，无可如何者也”[1]。曾国藩也说，“近来饷项奇绌，金陵营中竟有食粥度日者”，“我军欠饷十六七个月，又值米价昂贵，时时以乏食为虞、以哗溃为虑，不知何日竟此一篑之功”[2]。

为解燃眉之急，曾国藩曾致函李鸿章，向其借粮。李鸿章竟以不堪食用的霉变陈米敷衍他。曾国荃对此极为气愤，欲立即将米退回。有人劝他说，与其退米，尚不如卖给饥民，得款后再到别处另行购买。曾国荃接受了这个建议，才未因此事与李鸿章闹翻。

粮饷的困难又触发了湘军的内部矛盾，引起连锁反应。湘军初起，士气尚可，将领亦能约束队伍。由于当时胜负未卜，曾国藩比较注意当地士绅对部队的反映，对名声过坏或引起公愤者亦曾严加惩处，以求挽回人心。自安庆之战后，大局已定，湘军锐气大减，士气日趋低落，内部约束放松，纪律也一天天坏起来。曾国荃一军进围天京后，久顿坚城之下，斗志日益松懈，更无纪律可言。尤其同治三年以来，湘军士卒经常四处抢劫，奸掠妇女，完全变成赤裸裸的匪类。湘军合围之后，太平天国为了缓和天京城内的粮荒，曾将大批妇女儿童放出，令其自谋生路。不料他们一出江东桥，就遭到陈湜部湘军的拦截，多数被扣留营中，年轻妇女无一幸免。江北农民渡江耕种，更是屡遭抢劫，甚至连做饭的锅铲都给夺走。同时湘军内部的矛盾也日益尖锐起来。同治三年三月，萧庆衍部首先发生闹饷事件，“曾国荃忧惶无计”，急向其兄请示对策。为了缓和内部矛盾，以免激成哗变，曾国藩“函嘱”曾国荃，因“其欠饷太久，不可过绳以法，只宜多方抚慰，蒇（音“产”）此一篑之功”[3]。从此曾国荃对部下更加放任自流，各级军官对属下所做坏事也不闻不问，远远避开，湘军纪律就愈益日坏一日了。

有一次，赵烈文为江东桥放出的妇女被抢问题去找陈湜，要求查出放走，陈湜不管。赵烈文又去找曾国荃，要求曾国荃出面制止，并对纪律进行整顿，

---

1. 赵烈文：《能静居日记》，同治三年二月二十五日。

2.《曾国藩未刊信稿》，第213—214页。

3.《曾文正公奏稿》，第二十卷，第33页。

不要抢劫百姓。曾国荃对他说："欠饷过多，勇丁多食糜粥，各统领、营官俱愧见之，无颜更绳以法。目下食米将尽，采办无地，更一月不破城，必成瓦解之势。"又言"夜梦登山至顶，顾视无返路，进退不可，疑非吉兆。言次神色忧沮"。纪律问题没有解决，反而勾起了曾国荃的满腹忧伤，致使能言善辩的谋士赵烈文也感到"无言可以慰解"[1]。可见曾国藩兄弟处境之困迫、心情之沉重已经到了何等地步。不料正当此时，沈葆桢突然不经函商，径直奏请，将原来解往雨花台大营充作军饷的江西厘金全部扣下，留作本省军用。这一下正好触到曾国藩的痛处，遂在曾国藩、沈葆桢之间引起一场争夺江西厘金的斗争。

曾国藩与江西巡抚间的军饷之争由来已久。咸丰四年至七年间，江西巡抚陈启迈等视曾国藩为客军，双方屡起冲突，关系很僵，在很大程度上就是因争夺军饷、厘金引起的。咸丰八年，曾国藩再出，江西巡抚毓科等与曾国藩合作得很好，尽本省所出，全力支持曾国藩。咸丰十年曾国藩担任两江总督后，先后奏明将江西漕折、厘金等项全部提取，充作军饷，成为曾国藩的主要饷源之一。当时江西巡抚手中没有军队，防卫江西的任务主要由曾国藩部湘军负责，双方相依为命，关系尚可维持。同治元年以后，曾国荃移兵下游，鲍超转入皖南、苏南，左宗棠进入浙江，江西兵力空虚，遂成为湘军系统中的薄弱环节。尤其苏州、杭州、高淳、溧水等处被湘、淮军陆续攻陷之后，大批太平军拥入江西。曾国藩自感兵力单薄，无力分兵援救，也就听之任之，不肯过问。沈葆桢接任江西巡抚后，很快搞起一支江西本省的军队，并将席宝田、周宽世等军陆续奏调江西，使军饷开支大增。为供养这些军队，沈葆桢便将原来供应雨花台曾国荃大营的款项一笔笔截留下来，充作军饷。同治元年八月奏准截留江西漕折银五万两，同治二年五、六月又将九江关洋税截留。这年三月曾国藩始奏准提取九江洋税三万两以清积欠，不料九江道蔡锦青刚将洋税银一万五千两解送曾国藩粮台，就遭到沈葆桢的斥骂，勒令将原款追回。曾国藩无奈，只好忍气吞声，如数退款。同治三年三月沈葆桢再次

1. 赵烈文：《能静居日记》，同治三年二月二十三日。

奏请截留江西厘金，统归本省支用。曾国藩闻讯惊慌，急忙具疏力争，请求江西厘金仍归自己征收，“不可遽改局面，动摇军心，致生功亏一篑之变”[1]。结果户部偏袒沈葆桢，有意压制曾国藩，不仅将江西厘金归沈葆桢征收，还在复奏中称两湖、川、赣每月协解曾国藩军饷十五万五千两，即使不能全解，每月亦有十万两的进款。使其打输了官司，又背上广揽利权、贪得无厌的罪名。

曾国藩接到上述部文极为忧愤，一怕军饷太绌，围城湘军哗溃；二怕久掌兵权，引来祸灾。他在日记中写道：“日内郁郁不自得、愁肠九回者，一则以饷项太绌，恐金陵兵哗，功败垂成，徽州贼多，恐三城全失，贻患江西；一则以用事太久，恐中外疑擅权专利。江西争厘之事，不胜则饷缺兵溃，固属可虑；胜则专利之名尤著，亦为可惧。反复筹思，唯告病引退，少息二三年，庶几害取其轻之义。”[2]遂于同治三年三月二十五日上奏清廷，请求给假养病，以示退避。他在奏折中说，自同治三年以来，四川、两湖应解之协饷从未解过一次，江西偶解一万五千两，而又立即追回。“臣才识愚庸，谬当重任，局势过大，头绪太多，论兵则已成强弩之末，论饷则久为无米之炊。而户部奏称收支六省巨款，疑臣广揽利权。如臣虽至愚，岂不知古来窃利权者每遘（音“构”）奇祸？外畏清议，内顾身家，终夜悚惶，且忧且惧”；并吓唬清政府说，现今“臣所居职位，昔年凡六人任之”，臣“曾经两次奏请简派大臣来南会办，未蒙俞允。今兵弱饷绌，颠覆将及”，一旦大局决裂，“臣亦何能当此重咎”[3]？实际上这也是向清政府施加压力。而此时沈葆桢也陈请开缺，以示不得江西厘金誓不罢休的决心。清廷无可奈何，只好将江西厘金一分为二，使曾国藩、沈葆桢二人各得其半，并将李泰国[4]购轮船的退款五十万两拨归曾国藩使用，为他们两相和解。曾国藩得款后立刻销假，“力疾”任事；沈葆桢也不再辞职，一场争饷闹剧才告结束。

1.《曾文正公奏稿》，第二十卷，第 27 页。

2.《曾文正公手书日记》，同治三年三月二十日。

3.《曾文正公奏稿》，第二十卷，第 51 页。

4. 李泰国，英国人，海关第一任总税务司，任职七年。清咸丰四年（1854），上海道吴健彰与英、法、美领事馆签订协定，任职海关税务委员会，三国各派一人为税务司，征收关税。

由上海拨归曾国藩使用的五十万两轮船退款，其中二十九万两已送往英国，实际上很难得到，只有余下二十一万两尚存上海、九江等关，可以立刻提取。此外，曾国藩还得到李昭寿捐款三十万串，饷盐与赤金折银十五万九千余两，六月之后每月又可增收淮北盐厘八万两，这样曾国藩的乏饷问题才基本解决。同时曾国藩还从湖南借谷四万石，大致解决了缺粮问题，渡过了经济上的难关。然而天京城内的粮荒却日甚一日地严重起来。

原来天京吃粮主要靠江北供应。安庆、芜湖及滁州、和县等地陆续被湘军攻陷后，天京米粮改由苏州、常州供应。九洑洲陷落后，苏州、常州粮路又断，仅靠东坝、二溧接济少数粮食，经天堡城下由太平门运入城内。天堡城丢失后，湘军完成对天京的严密包围，陆上接济全断，只有个别洋人和沿江商人用小船将少数粮食运进城内以图重利。后来湘军水师巡查日严，偷运常遭截获，进粮愈来愈难，愈来愈少。同治二年冬，太平军还在天京城内种了些小麦，但数量太少，杯水车薪，无济于事。然而，在这样困难的条件下，天京军民仍然坚持斗争，特别在天堡城失守后，防守更加严密。曾国荃百计使尽，一无效应，致使曾国藩也不得不承认，天京将士之坚忍，“似更胜于九江之林启荣、安庆之叶芸来”，发出“竟不知何日始是了义”[1]的哀叹。

但是，苏州、杭州失陷后，上层统治阶级中“人人望金陵速克”，尤其同治三年以来，“苏、浙克城甚多，独金陵迟迟尚无把握”，外间议论纷纷，各种“不入耳之言语纷纷迭乘”[2]，不断传来，还有人“作《老妇行》以讽刺金陵战事”[3]，致使曾国藩兄弟处境更加窘迫。曾国荃“肝病已深，痼疾已成，逢人辄怒，遇事辄忧”。曾国藩亦“悒郁成疾”[4]，他在给曾国荃的信中说：“近来外侮纷至迭乘，余日夜战兢恐惧，若有大祸即临眉睫者。”又说：“余日内所患者三端：一则恐弟过劳生病，弁勇因饷绌散漫；二则恐霆营人心散漫，另生祸变；三则恐汉中大股东窜，庐、巢、和、滁俱不能守，西梁山亦无兵

1.《曾文正公书札》，第二十四卷，第1页。

2.《曾文正公家书》，同治三年四月十三日。

3. 赵烈文：《能静居日记》，同治二年十二月初八日。

4.《曾文正公家书》，同治三年四月十三日。

可以拨防。”[1] 总之，到同治三年四月间，天京内外的攻守双方都已筋疲力尽，太平军固属山穷水尽，而湘军也已成强弩之末了。可惜陈得才率领的远征西北的太平军部队撤回至湖北、安徽境内时，因缺乏粮食和敌人阻截未能进抵天京城下，否则将使曾国藩兄弟更形狼狈，天京之战也会更加旷日持久。

独占头功

为了独占攻陷天京这一头等大功，曾国荃对围攻天京一事完全采取包揽把持的态度，只准自己一家经营，不准外人插手。多隆阿的远走陕西与此很有关系，鲍超、杨载福都曾参加了对天京的围困，后来又先后离去，也是这个原因。在此期间还有几起奉命前来助攻者，也都被他们兄弟以种种借口加以拒绝。

同治元年闰八月李秀成救援天京期间，围攻曾国荃雨花台大营甚急，曾国藩无处可调援兵，急派赵烈文赴沪求援。当时李鸿章除令吴长庆等率新兵替出沿江防兵增援外，还派白齐文率洋枪队赴天京城外助守。曾国藩听到这个消息非常紧张，唯恐洋枪队来争夺攻陷天京之功，又怕天京财富被洋人抢去，心中很不愿其来援。但李鸿章业已决定，阻拦已来不及，只好为曾国荃出谋划策，预为布置。曾国藩指示老九，断不可令白齐文的洋枪队入长壕之内与包围天京城的湘军共守，只可让他率军往攻九洑洲、下关或其上游的太平军，以分军势。由于白齐文也不愿只在天京外围作战或增援上游，以致劳而无获，遂鼓噪索饷，抢劫粮台银两，殴伤苏松粮道杨仿。为此李鸿章将其革职，增援天京城外湘军一事亦随之告吹。曾国藩兄弟空受一场虚惊。

同治二年二月，英侵略军头子士迪佛立任职期满归国，特意赶到裕溪口去见曾国藩，要求仿照“常胜军”建立一支一万零四五百人的洋枪队，包打天京及江浙各城。曾国藩敏感地意识到此举对曾氏独占攻克天京之功极为不

1.《曾文正公家书》，同治三年四月初三日。

利，因此态度非常冷淡，仅“答以须函商总理衙门定夺”，实际上是借词推托，予以拒绝[1]，以后再没提起这事。

不久又发生了阿思本舰队之事。这件事比上述情形复杂一些，但也有类似之点。同治元年二月，清政府在代理海关总税务司赫德的怂恿下，决定建立一支近代化舰队，用以进攻太平天国的首都天京，并指令赫德写信给正在英国养伤的海关总税务司李泰国，委托他代为办理。李泰国企图乘机控制中国未来的海军大权，遂很快购买轮船七只、趸船一只以及舰队所需的各种枪炮设备，并于同治元年十月擅自与英海军上校阿思本签订为期四年的合同，规定阿思本对舰队有完全的指挥权和用人权，只服从由李泰国传达的中国皇帝行得通的命令，他人不得干预。阿思本招募英国士兵六百人上船充当水手，于同治二年八月将舰队开到上海。清政府拒绝接受李泰国与阿思本擅自签订的合同，议定阿思本舰队由所在地方督抚节制，攻打天京时受两江总督曾国藩和江苏巡抚李鸿章节制，由曾国藩、李鸿章推荐的水师营官蔡国祥指挥，阿思本为副营官，仅管外国弁兵及教练中国人掌握技术事项。阿思本坚决拒绝服从中国政府的管辖，声言决不能使自己沦于戈登那样的屈辱地位，如不答应他的条件，宁可将舰队带回英国予以解散，也不把它交给他人指挥。他的蛮横无理的主张得到英国政府的支持。清政府无奈，企图向阿思本妥协，让阿思本独领舰队，中国营官仍带自己的舢板炮船，与其一起停泊。这实质上是将中国的海军大权交给了英国侵略者，以保留这支徒有虚名的舰队。

曾国藩则坚决反对这一主张。他在给奕䜣的信中以强硬的语气指责总理衙门出尔反尔，屡次变更自己的主张。并说，“洋人本有欺凌之心，而更授以可凌之势；华人本有畏怯之素，而又逼处可怯之地”。倘若洋人因而蔑视中国营官，“不特蔡国祥断不甘心，即水陆将士皆将引为大耻”[2]。曾国藩最后声言，与其如此，不如早为之谋，宁可白白扔掉二百余万两白银的船价、费用等款，也不要这样的舰队。清政府见英国人和曾国藩都不肯让步，只好收起折中方案，将新购舰只全部退回，结果仅得到轮船的本价银五十万两，白

1.《曾文正公手书日记》，同治二年二月廿日。《能静居日记》，同治二年二月三十日。

2.《曾国藩未刊信稿》，第 177 页。

白扔掉了一百二十万两白银。

不过平心而论，在这件事情上曾国藩的主张还是对的。退回轮船虽然在经济上受到损失，但在政治上挫败了英国侵略者企图控制中国海军的野心，在一定程度上维护了中国主权。而倘若依照奕䜣等人“委曲求全”的办法，中国将受到更大的损失。在这个问题上，曾国藩比清政府态度坚决，表现出一定的深谋远虑，这是应该肯定的。但这只是问题的一个方面。他所以表现得那样坚决，并非像他自己表白的那样完全出于“公心”，而是另有个人的打算。其一，以我为主，万不可喧宾夺主，军权旁落。曾国藩惩于绿营兵将骄兵惰、不听指挥的教训，要求他的军队下级绝对服从于上级，士兵绝对服从于军官，宁可无兵也决不做徒拥虚名的统帅。他所以反对洋枪队赴援，事先指示曾国荃不让“常胜军”入长濠与湘军共守就是出于这种考虑。他说:“白齐文部下，名为洋兵，实皆广东、宁波之人，骄侈成俗，额饷极贵，弟断不宜与之共处。凡长壕之内，总须主兵强于客兵，一切皆由弟作主，号令归一，而后不至偾（音“愤”）事。至嘱，至嘱。”[1]因而他决不会允许阿思本舰队不受他的节制，不听他派出的营官指挥，而又要同他指挥的湘军同攻天京，联合作战。如果做不到这一点，他就宁可解散舰队、退掉舰只，也决不要这个“节制调遣”的虚名。其二，他害怕洋人独吞或瓜分攻陷天京之功和天京财富。自从清政府实行所谓“借夷助剿”的政策之后，就打算借洋人的力量早点攻下天京和苏州、杭州等几个内地大城市，把太平天国革命镇压下去。曾国藩只赞成借洋兵助守上海，以保此财赋之区，坚决反对借洋兵攻取天京和苏州、杭州等地，并一再向清政府申明自己的主张，名之曰“助防不助剿”。

清政府当时虽然表示同意曾国藩的主张，但始终没有完全放弃自己原来的想法。清政府所以花费巨款购置和装备阿思本舰队，其首要目的就是用它来攻打太平天国的首都天京。李泰国久已垂涎于天京财富，并打算破城后将太平天国的将士和城内居民当作猪仔掠卖外国，再发一笔洋财，因而对于攻打天京一事非常热心，一再要求带“兵船协攻金陵”。李鸿章闻讯后，立即

1.《曾文正公家书》，同治元年九月十七日。

上书奕䜣，以湘军已经攻陷九洑洲为词极力进行阻挠，并托即将进京的南洋通商大臣薛焕向总理衙门代为“转致金陵无须兵船会攻”之意。但李泰国仍纠缠不已。总理衙门令李鸿章转商曾国藩兄弟，催其“速攻金陵，如迟迟不克，兵船必往，殊难谕禁”。李鸿章深知曾国藩兄弟的用心，故极力替其斡旋，以阻止李泰国船队（即阿思本舰队）前往天京“协攻”。但李鸿章比曾国藩更怕洋人，很担心一切努力付诸东流，薛焕、奕䜣都无法劝阻洋人，最后竟然发出“时事至此，可为痛心”[1]的哀叹。可见当时矛盾之尖锐。

李泰国要求“协攻金陵”已为曾国藩所不许，他所提出的瓜分天京财富的条件就更遭到曾国藩的反对。李泰国向清政府提出，由他率领阿思本舰队包打天京，所得财富之半赏给洋兵，另一半作为运送猪仔之费。清政府没有接受这个主张，最后与李泰国议定，若阿思本舰队独破天京，所得财富百分之三十归清政府，百分之七十送给洋兵充赏；若与湘军合伙攻破天京，清政府抽成不变，湘军与洋兵各得百分之三十五充赏。

协议达成后，奕䜣等人立即致信通知李鸿章，李鸿章又将信转给曾国藩，使其全部了解到清政府与洋人的意图。因而曾国藩千方百计地进行阻挠，绝不允许阿思本舰队独吞或瓜分攻陷天京之功与天京财富，使自己期望已久的功劳和财富化为泡影。他力争对阿思本舰队的控制权也含有这种成分。若这支舰队由他控制，他尚可事先将舰队远远调开，使洋人无法靠近天京，就像李鸿章对待戈登洋枪队那样，于淮军开进苏州前夕即将其调往昆山，只准其出力，不准其进城。这支舰队若不听曾国藩指挥，他也就无法作出这种安排。总之，曾国藩在对待阿思本舰队的问题上，既有维护国家主权的考虑，也有他个人的打算。结果谈判决裂，舰只退回，英国侵略者企图控制中国海军大权的阴谋破了产，李泰国也无由参与攻陷天京后的分赃活动，使曾国藩的双重目的都得以实现。但在对待李鸿章来援的问题上则纯出于个人目的，尤其曾国荃，他反对李鸿章增援的原因完全是出于偏私和贪婪之心。

李鸿章攻陷苏州、常州诸城之后，即屡奉会攻天京之旨，只是不知道曾

---

1. 李鸿章：《李文忠公全书・朋僚函稿》（以下简称《李文忠公朋僚函稿》），第四卷，第5页。

氏兄弟的态度，不敢轻举妄动，于是便致信曾国藩进行试探。曾国藩知道李鸿章欲来增援的意思后，又去信与曾国荃商量。信中说："细思少荃会剿金陵，好处甚多。其不好处，不过分占美名，后之论者曰：润（指胡林翼）克鄂省，迪（指李续宾）克九江，沅（指曾国荃）克安庆，少荃克苏州，季高克杭州，金陵一城沅与荃各克其半而已。此亦非甚坏之名也，何必全克而后为美名哉？人又何必占天下之第一美名哉？如弟必不求助于人，迁延日久，肝愈燥，脾愈弱，必成内伤，兄弟二人皆将后悔。不如及早决计，不著痕迹。少荃将到之时，余亦必赶到金陵会剿也。"[1] 曾国藩这样不厌其详地反复劝导曾国荃，其动机不外有二：一怕曾国荃无力独自攻陷天京，转致生出意外；二怕侥幸攻陷天京，功名太盛，招人嫉妒。但曾国荃拒绝一切劝告，执意包打天京，独吞果实。曾国藩遂设词拒绝李鸿章说："舍弟所部诸将素知阁下与贱兄弟至交多年，无不欣望大旆（音"佩"）之西来。而所疑畏者亦有两端：一则东军富而西军贫，恐相形之下士气消沮；一则东军屡立奇功，意气较盛，恐平时致生诟谇，城下之日或争财物。请阁下与舍沅弟将此两层预为调停，如放饷之期能两军普律匀放，更可翕和无间。"[2] 就是说，你来是可以的，但必须有一个条件，即湘、淮两军平均发饷。当时淮军饷源充足，发放及时，成数亦高，大大优于湘军，要使两军平均发饷，是李鸿章所无法接受的。

李鸿章阅信之后便已心领神会，知曾国藩兄弟口头表示欢迎，实则拒绝赴援，故出此种题目以相刁难。于是他便上奏清廷说："曾国荃军两年围攻，一篑未竟，屡接来书，谓金陵所少者，不在兵而在饷。"[3] 并以天气炎热、士卒疲敝为由极力推延赴援之期，称须攻陷湖州之后方可动身。同时致书曾国藩说："屡奉寄谕，饬派敝军协剿金陵，鄙意以我公两载辛劳，一篑未竟，不敢近禁脔而窥卧榻；况入沪以来，幸得肃清吴境，冒犯越疆，怨忌丛集，何可轻言远略？常州克复，附片借病回苏，及奏报丹阳克复，折尾声明

1.《曾文正公家书》，同治三年五月十六日。

2.《曾文正公书札》，第二十四卷，第 5 页。

3. 李鸿章：《李文忠公全书・奏稿》，第六卷，第 59 页。

金陵不日可克。弦外之音，当入清听。”[1]曾国藩收到李鸿章的信函和奏折抄件，知其不会来援，心里非常高兴，这样就既不用担心李鸿章前来争功，也不用害怕湘、淮两军会因争夺财物而发生讧斗了。但是天京迟迟攻不下毕竟是曾国藩的一块心病，曾国荃的身体更使他为之忧虑。所以过了不久，又动起请求李鸿章率军赴援之念。

一日，黄翼升至安庆会见曾国藩，“盛言”李鸿章对天京战事的“关切”和淮军“炮队之利”[2]。与此同时，洋枪队头子戈登在察看天京攻防形势之后，亦向曾国藩“面递一说帖，言攻金陵须调苏州开花炮等语”[3]。曾国藩心为所动，认为天京迟迟不下，若生出其他变故，或天京太平军大队冲出，或湘军饷绌而溃，或曾国荃因心情焦躁而病情转重，发生有如塔齐布猝死九江城下之事，还不如借李鸿章之力早日攻下这一坚固设防的孤城。于是决心不顾曾国荃的反对，上疏奏请李鸿章带兵来援，“并咨请先派炮队来金陵”[4]。随后又去信对曾国荃说，“少荃意在助我兄弟成功，而又不敢直言，其意可敬”[5]。还说：“观少荃屡次奏咨信函，似始终不欲去攻金陵，若深知弟军之千辛万苦，不欲分此垂成之功者。诚能如此存心，则过人远矣。”[6]力图劝曾国荃放心，李鸿章实无争功之心，不要再三坚辞固拒。

其实，淮军弁勇并非不想前来争功争财。刘体智《异辞录》云：“方诏之日促也，铭、盛诸将皆跃跃欲试。或曰：‘湘军百战之绩，垂成之功，岂甘为人夺？若往，鲍军遇于东坝，必战！’刘壮肃曰：‘湘军之中疾疫大作，鲍军十病六七，岂能当我巨炮？’文忠存心忠厚，终不许。”所谓“存心忠厚”，不过是“迁延不行，显然让功之意”。所以，曾国藩对李鸿章“益感不置”。“及大功告成，文忠至金陵，官场迎于下关，文正前执其手曰：‘愚兄弟薄面

1. 赵烈文：《能静居日记》，同治三年五月十四日。

2. 同上，同治三年五月二十九日。

3. 同上，同治三年五月二十九日。

4.《曾文正公手书日记》，同治三年五月十九日。

5.《曾文正公家书》，同治三年五月十九日。

6. 同上。

赖子全矣。”[1]不过李鸿章让功并非全由“存心忠厚”，而主要还是出于自身利害的考虑。曾国荃历尽艰辛攻夺天京，无非贪功贪财，其弁兵上下甚至忍饥挨饿都不肯散去，亦不过为了攻进城中大抢一通。吉字营过去在吉安、景德镇、安庆都是这样干的，兵法所谓“用贪用憨”似亦此意。所以淮军若来助攻，中途是否会遭到鲍超霆营的拦截，尚难断定，而与曾国荃吉字营的火并，则似乎是不可避免的。同治三年六月十五日，曾国荃接到李鸿章来函，获悉刘士奇炮队及刘铭传、潘鼎新、周盛波等二十七营一万四千人已奉命来天京城外助攻，当时曾国荃正在天堡城行营，遂将此信一一传示诸将，并大声说：“他人至矣，艰苦二年，以与人邪?!”众将齐声回答：“愿尽死力!”[2]于是曾国荃在全军上下进行总动员，决心不顾一切，抢在淮军到达之前攻陷天京，以独得陷城首功和天京财物。

天京西、北、南三面濒临长江和秦淮河，水道纵横交错，无路进兵；东面山峦起伏，以钟山最高，为历代陆路攻城进兵之地。钟山有三个高峰，太平军在靠近天京的一座山峰上建一坚固的大碉堡，取名天堡城；天堡城至太平门一段山峦俗名龙脖子山，太平军在其离城不远处建一大碉堡，取名地堡城。天堡城地势高于城墙，装有重炮多门，俯视城内外，致使湘军只能远远扎营，无法对太平门实行封锁。湘军夺取天堡城后，地堡城仍在太平军手中，虽已对天京完全合围，但仍无法靠近城墙根，几个月中多次开挖地道都未成功。同治三年六月初湘军得地堡城后，曾国荃采纳李臣典的建议，将百余门大炮安放在龙脖子山上，层层排列，日夜不停地向城墙上猛轰；同时又将大批柴草掷于城下，高与城齐，摆出即将攻城的姿态。这样就使太平军在城上无法立足，更难看到城下的情况，注意力又被吸引到防备攻城方面，遂使湘军获得在城墙根下开挖地道之机。当地堡城尚在太平军手中时，湘军李臣典部曾在太平门外、龙脖子山下开挖一条地道，后因离城太近，无法继续开挖而中途报废。李臣典利用这个废弃地道，日夜兼工，轮班开挖，花了五昼夜的时间，于六月十五日开挖成功。十六日上午，地道装好炸药与火线，约定

1. 刘体智：《辟园史学四种·异辞录》(以下简称《异辞录》)，木刻线装本，第一卷，第38—39页。

2. 赵烈文：《能静居日记》，同治三年六月十五日。

正午点火。这时城内太平军发现了这一情况，急派兵一队由太平门冲出，打算捣毁地道，并放火引爆，以破坏敌人的作战计划。不料湘军很快赶到，太平军匆匆撤回，未能达到预期的目的。

天近中午，湘军攻城部队齐集山下地道口，准备爆炸成功后一齐向里冲杀。不料在决定战斗序列时却发生了难产，迟迟无人肯冲头阵。当曾国荃派朱洪章询问各营营官，何营愿作头队、何营愿作二队时，“再三询之，无人敢应”。朱洪章无奈，复改口问道：“请以职分高低定先后，何如？”仍无人答话。当时萧孚泗已实授福建陆路提督，李臣典已实授河南归德镇总兵，论职位当属最高，理应充任一、二队。朱洪章问萧孚泗，萧孚泗却低头不语；又问李臣典,李臣典则要求朱洪章“拨精兵一二千人与之”。朱洪章气愤不过，大声抗辩说，与其拨兵给你，何如我来充头队？众营官乘机起哄，鼓动朱洪章充头队。朱洪章骑虎难下，只好答应。于是最后议定朱洪章担任头队，刘连捷担任二队，分兵三路，依次推进。战斗序列定下之后，各分统又齐集曾国荃面前书写军令状,后退者就地正法。这时曾国荃已摆出破釜沉舟的架势，亲自在天堡城坐镇指挥，只等地道爆破成功。

同治三年六月十六日（1864 年 7 月 19 日）正午，曾国荃下令点火，一声巨响，炸塌城墙二十余丈，一时烟火冲天，头队士兵四百余人全部死于烟尘之中，后面各营踏尸而过，乘机冲入城中。此时天京城内断粮已久，主要靠吃野菜度日，战士早已饥疲无力。尽管太平军连续组织了几次大规模的反击，但都没有成功。天到申时，天京九门皆破，落入湘军手中，太平天国革命也随之宣告失败。

天京浩劫

湘军冲入天京后，开始了疯狂的烧杀淫掠。湘军一进城就到处放火，以火当武器，为他们开路,所以湘军攻到哪里，大火就延烧到哪里。及至傍晚时分，全城已经变成一片火海，“烟起数十道，屯结空中不散，如大山，绛紫色”。湘军攻入城中之后，遭到太平军的坚决抵抗，开始争夺街巷，随之展开逐院逐屋的争夺。当太平军身陷重围，感到突围无望、防守无力时，便纷纷放火自焚，以保持革命的节操。当时天京的各王府中，除无人据守的天王府、忠王府、英王府等少数外，多数王府皆发生这种情况。他们还提出“弗留半片烂布与妖享用”的口号，主动烧毁一些物资，以示与天京共存亡的决心。不过这种情况在整个天京所占比例不大，据当时在南京目击此事的赵烈文估计，太平军“所焚十之三”，湘军“所焚十之七”[1]。这个估计大约是比较客观的。不过这只是陷城之初的情形，其后之火则全系湘军所为，就与太平军无关了。

湘军等除用火作为进攻的武器外，还用火作为灭迹的手段。无论王府、民宅，大肆掠劫一通后，随即付之一炬，一走了事。所以湘军攻陷天京之后，天天抢劫，天天放火，大火连烧十余日，虽六月二十一日后全城火势渐熄，但仍有一二处大烧不止，直到二十四日下了一场大雨，才将大火完全浇灭。

湘军一冲入城内，残忍的大屠杀就开始了。他们首先要杀害的是进行坚决抵抗的太平军将士，甚至连已经去世并秘密掩埋的太平天国革命领袖洪秀全的遗体，也要挖掘出来加以污辱，以发泄其仇恨。但据目击者的观察，当时被杀害的人中太平军战士所占人数并不多，更多的却是天京城内的老百姓。天京城破时，城中不过三万人，除一般居民外，太平军只有一万人，能够作战的青壮年战士不过三四千人，其中随李秀成突围而出者有千余人，缒城而下者亦数目可观；另外，还有一些人被俘后替湘军寻找地窖、挖掘和扛抬金银物品，出城后随之放走，逃了活命，所以被杀的太平军，包括死于大火者至多也不过几千人。而实际上被杀的一般居民则远远不止这个数字。攻陷天京的当天晚上，湘军就基本上控制了整个天京城，虽然有几个王府仍在进行抵抗，前后持续了四五天，但总的说来战争状态已经基本结束了。可是这场大屠杀却一直持续了十余日，杀人的目的并不是为了攻夺城池，而是为了抢劫财物和奸淫妇女；杀戮的主要对象也不再是太平军战士，而是天京城内的和平居民，尤其是老人、儿童和中年以上妇女。曾国藩的心腹幕僚赵烈文在日记中记述他所目睹的情形说，城破

1. 赵烈文：《能静居日记》，同治三年六月十七日。

五日之后，仍然是“尸骸塞路，臭不可闻”。又说：“计破城后，精壮长毛除抗拒时被斩杀外，其余死者寥寥，大半为兵勇扛抬什物出城，或引各勇挖窖，得后即行纵放。城上四面缒下老广贼匪不知若干。其老弱本地人民不能挑担又无窖可挖者，尽情杀死。沿街死尸十之九皆老者，其幼孩未满二三岁者亦斫戮以为戏，匍匐道上。妇女四十岁以下者一人俱无，老者无不负伤，或十余刀、数十刀，哀号之声达于四远。其乱如此，可为发指。”[1]可见曾国藩在奏折中所说的破城之后各军“分段搜杀，三日之间，毙贼共十余万”纯属谎言，不过是为他们迟迟不能攻下天京和破城后烧杀淫掠辩护，所谓“秦淮长河尸首如麻”[2]，也多是一般居民，尤其老幼病弱，太平军战士为数则很少。

对于天京的财物，湘军是垂涎已久的。他们围困天京以来，宁可忍受缺粮乏饷的煎熬而不肯散去，主要就是盼望破城之日大抢一通，发一笔横财。因而湘军一占领城池，就开始了肆无忌惮的抢劫。他们先抢王府，再挖地窖，接着就逐户搜抢居民财物，劚（音“主”）地拆屋，掘坟盗墓，直至公私荡然，洗劫一空。为了抢掠财物，他们残杀了大批老人和儿童，甚至不惜互相厮杀。城破十余日内，街上经常出现湘军士兵成群结伙相互火并的情景，非为争抢财物，即为争夺妇女。有时他们抢红了眼，对外营营官也不客气，禹汲三、朱星槛、唐新泉都曾遭受过外营士兵的抢劫，几乎送了命。

当时不仅攻城部队横行无忌，四出抢劫，连留在城外看守营寨的老弱兵勇也空营而出，入城参加抢劫。甚至负责警卫曾国荃司令部的兵勇和各棚长夫、厮役等非作战人员也都进城搜刮财货，肩挑手提，成群结队，满路都是抢劫而归的士兵，且一日往返不知几回。李秀成所以能够保护幼天王冲出城去，最后几个王府所以能够坚守数日不下，主要是由于这个原因。那些没有亲自动手的文员幕客，就在家低价争购士兵抢来的赃物。他们箱箧俱满，交相夸示，津津乐道，终日不厌，实际上也变相地参加了这场抢劫，不过由于文人的虚荣，有点遮遮掩掩、羞羞答答罢了。除抢劫财物者外，还有人抢劫幼儿。六月十九日，有一文案委员至城，见一幼儿刚八岁，长得眉清目秀，“强夺之归，其母追哭数

1. 赵烈文：《能静居日记》，同治三年六月二十一日、二十三日。

2.《曾文正公奏稿》，第二十卷，第 81 页。

里，鞭逐之”[1]。此虽非杀人抢物，而活活割离人家的骨肉，其残忍亦与杀人无异。

在这场浩劫中，受欺辱最甚的还是妇女，湘军在烧、杀、抢的同时还肆意糟蹋妇女。他们随意闯入民宅奸淫妇女，甚至光天化日之下，公然在大街上“搜曳妇女，哀号之声不忍闻”[2]。一个被掳往湖南的天京少女黄淑华自述自己的悲惨遭遇说：“今岁六月，官军复金陵，余方庆出水火而登衽席矣。孰意克城之二日，则有乱兵至，杀二兄于庭，乃入括诸室。一壮者索得余，挈以出，弟牵其衣，母跪而哀之。彼怒曰：‘从贼者杀无赦，主帅令也！’遂杀母与弟。长嫂至，又杀之，掠余行。而仲嫂则不知何往。余时悲痛哭詈，求速死。彼大笑曰：‘汝余爱，不汝杀也。’遂系余其居，旋迁于舟，溯江而上。”同舟被掳者还有另外两个姑娘，一姓张，一姓金，金姓者中途跳江而死。由此，匪兵不敢对黄淑华威逼太甚，故得保洁其身。行至湘乡，黄淑华先一日将自己的不幸遭遇写成两帖，一密藏于贴身之处，一贴在旅店墙壁上，并题诗表示自己必死的决心。第二天，黄淑华设计杀死姓申的湘勇和另一同行匪徒，为家人报了仇，自己也随之悬梁自缢[3]。可见赵烈文所说的沿街尸体十之九皆老者，余为未满两三岁的幼儿，“妇女四十岁以下者一人俱无”的现象完全是湘军抢劫财物、掳掠妇女时造成的，大约四十岁以下的妇女多被这些匪徒抢走了，包括黄淑华那位“不知何往”的“仲嫂”，她们要冲出这五万野兽包围的可能性是很小的。而那些老年人大约是为救护自己的女儿或儿媳被杀的，那些未满两三岁的幼儿则很可能因与自己的妈妈难分难舍而惨遭毒手。

湘军对于烧杀掳掠的对象是不问其政治态度的，拥护太平天国的人姑且不论，即使反对太平天国、拥护湘军的人亦很少幸免于难，除黄淑华外，属于这种情况者仍大有人在。有一个原住天京城内的人，不知何时跑到泰州，很可能是逃亡地主之类，最低限度也是在政治上拥护湘军、反对太平天国革命的人。他听到湘军攻陷天京的消息后，就带着妻儿行李返回天京。不料湘军兵勇看上了他的老婆和钱财，遂“指为‘余党’，掠其妇女，括其囊箧而去”。此人向姓

1. 赵烈文：《能静居日记》，同治三年六月十九日。

2. 同上。

3. 黄楷盛等：《湘乡县志》，同治十三年版，末卷，第 26 页。

唐的营官哭诉，“唐不敢问”，只好向隅而泣。这件事并非发生在破城之初，而是在湘军攻陷天京后的一个月零八天，直到此时，“城内各军尚纷乱不止，兵勇互相掠夺，时有杀伤”[1]。

天京浩劫的制造者和罪魁祸首就是曾国藩的胞弟曾国荃及其亲信将领，他们攻陷安庆时就曾大抢一通，发了横财。天京之富百倍于安庆，无疑会对他们产生更大的吸引力。曾国荃所以力主冒险进围天京，甘受缺粮乏饷之苦而拒绝外援，主要就是为了独得天京财货。所以，他在破城之后便放纵士卒烧杀淫掠，而反对整顿秩序。这场浩劫刚刚开始不久，即六月十六日夜间，赵烈文就请他亲自出面，制止部下的暴行，赶快整顿秩序，加强各处的守卫，以防止太平军残部乘机而出，结果遭到他的坚决拒绝。第二天，赵烈文又亲拟制止滥杀、保护妇女等四条，要求曾国荃榜示街衢，以为禁令。曾国荃又拒绝“止杀”一条[2]，致使其他各条皆流为空文。几天之后，曾国荃虽然签署了告示，贴遍全城，禁杀良民、禁掠妇女等，但却无人遵守。甚至连曾国荃手下的几个大将，如彭毓橘、易良虎、彭椿年、萧孚泗、张诗日等人都“惟知掠夺，绝不奉行”[3]。赵烈文曾想将各营掠夺的妇女搜查出来，遣送回去。不料到处碰壁，无人支持，连曾国荃亲自委任的“善后总办”彭毓橘、陈湜等人也极力推诿，骂赵烈文“不识时务”[4]。其实赵烈文既非天生善人，亦不同情太平天国革命，只是身为苏南绅士，又受曾国藩委托，欲稍维护一下家乡的地方利益和曾国藩个人的政治声誉，免遭舆论的攻击。曾国荃却因而对他极为反感，二人的关系弄得很僵，直到曾国藩赴天京巡察时，才勉强与之和解。

在这场奸淫掳掠中，曾国荃部下最突出的代表是萧孚泗和李臣典。萧孚泗一冲进天王府就大肆抢掠，“取出金银不赀，即纵火烧屋以灭迹”。李秀成被陶大兰等人出卖捆送萧孚泗营之后，萧孚泗不仅谎报系自己派队擒获，还派人将陶大兰等人及其家属“全数缚至营中，邻里亦被牵曳，逼讯存款，至合村遗民

1. 赵烈文：《能静居日记》，同治三年七月二十四日。

2. 同上，同治六年三月十七日。

3. 同上，同治三年六月二十三日。

4. 同上，同治三年六月十九日。

空村窜匿”[1]。对于这些出卖太平军将领的家伙来说，欲得赏钱反遭拷掠之苦，自属罪有应得；然而此事却暴露出萧孚泗贪婪无耻的面目，以至赵烈文都骂他“丧良昧理，一至于此，吾不知其死所”[2]。

李臣典则是个贪色无耻之徒。攻破天京后，他随意掳掠妇女，终因奸淫过度而致病，十余天后死亡。当年李臣典才二十七岁，壮年遽亡，引起种种议论，曾国藩兄弟和一些无聊文人曾为其多方掩盖，说他是因开地道受伤而亡。但真相终究是隐瞒不住的，朱孔彰在《中兴将帅别传》中就直言不讳地揭露了此事，所谓“公恃年壮气盛，不谨，疾之由也”[3]，即是说他自恃年轻力壮，奸淫妇女过多，是其生病致死的根本原因。

对于这些贪婪无耻的家伙，曾国藩兄弟不仅不予制止、不加惩罚，反而大加鼓励，李臣典、萧孚泗都被封为功臣，赏赐甚厚，授予爵位。曾国藩赶到天京后，还特意至李臣典营看望，对于他的死倍感惋惜。据传，朱洪章以萧孚泗、李臣典不肯任头队，功反列在自己之上，又得子、男爵，心“殊不平，谒忠襄（即曾国荃），语及之。忠襄笑而授以佩刀，曰：‘捷奏由吾兄主政，实幕客李鸿裔高下其手，公可手刃之。’洪章一笑而罢”[4]。其后一些文人为朱洪章作传或谈及攻陷天京事，也往往为朱洪章鸣不平，谓朱洪章先登，应为首功。其实奏列李臣典首功，全是曾氏兄弟的主意，幕僚岂有这样大的权力？这不过说明萧孚泗、李臣典二人在统治阶级中是很不得人心的，仅因为是曾国荃的心腹亲信，才受到包庇重用和格外的赏赐。

经过一个多月的大烧、大杀、大抢，参加攻城的每个湘军军官和士兵都发了大财。他们不仅将城内的金银财物洗劫一空，甚至连建筑物上的木料也拆下来，从城墙上吊出，装船运回湖南。当时整个长江之中，千船百舸，联樯而上，满载从天京抢来的财物、妇女，日夜不停地向湖南行驶。而这些人都是曾国荃的部下，多是湘乡人，所以多年之后湘乡还流传着到南京去发财的说法。

---

1. 赵烈文：《能静居日记》，同治三年六月二十三日。

2. 同上。

3. 朱孔彰：《中兴将帅别传》，第二十七卷，第 11 页。

4. 徐一士：《一士谈荟》，第 58 页。

当然，发财最多的是曾国荃本人。虽然他没有亲自走街串巷地逐户抢劫，到头来却谁也没有他得到的赃物多。因为那些参与抢劫的人都知道，要使自己抢来的东西牢靠，就得将最好的一份儿首先送给自己的头子，以保其余。于是士卒向哨官进贡，哨官向营官献礼，最好的珍品异物便通过分统之手源源不断地送到曾国荃面前。曾国荃所以不肯认真禁止部下的烧杀掳掠，就是为了坐地分赃，“多多益善”。据当时人的估计，曾国荃“于此中获资数千万”，“除报效若干外，其余悉辇于家”[1]。此后曾国荃在家大量抢购民田、树木，广起宅第，致使民怨沸腾，舆论大哗，“老饕”之名满天下。当时清政府曾下令追查天京贮金的下落，曾国藩只好以连自己也无法相信的“实出意外”四字虚语搪塞。后来他又为其胞弟抱委屈，说什么“吾弟所获无几，而‘老饕’之名遍天下，亦太冤矣”[2]云云，则纯属谎言，充分暴露了他的虚伪性。在这一点上，尚不如他的小女儿曾纪芬直爽些。曾纪芬说，她九叔“每克一名城、奏一凯战，必请假回家一次，颇以求田问舍自晦”[3]。这一说法完全属实，曾国荃从军以来，共陷吉安、景德镇、安庆、天京四城镇，每次都请长假回家购田盖屋，这是谁都无法否认的，不过以往几次都无法与天京这次相比而已。可见他贪婪本性由来已久，胡作非为径行不顾，曾国藩无论如何煞费苦心地为其掩饰都是枉然的。正像有人说的那样，湘军攻陷天京，“淫掠之惨，具载各书；湘军满载金银子女，联樯而上，万目共睹”[4]，是谁都无法掩盖的。

曾国藩所以为其老弟鸣冤叫屈，一则为曾氏一家脸面，二则因曾国荃所为并不违背他的主张。当阿思本舰队欲来助攻天京时，曾国藩就曾为所获赃物的分成问题与清政府有过协议；后来李鸿章欲来增援时，曾国藩又恐湘、淮两军“抢夺不堪”[5],引起不和。可见曾国藩早就准备破城之后让湘军官兵大抢一通的。倘若他能像赵烈文那样明确和坚决，曾国荃及其部下未必敢如此放肆。即如对

---

1. 徐凌霄、徐一士：《凌霄一士随笔》，《国闻周报》，第十卷，第 8 期。

2. 赵烈文：《能静居日记》，同治六年七月二十日。

3.《湘乡曾氏文献》，第十册，第 6409 页。

4. 夏震武：《灵峰先生集》，第四卷，第 53 页。

5. 赵烈文：《能静居日记》，第 1 册，第 20 页。

于天京财物，曾国藩虽不像其老弟那样贪得无厌，但亦未必不染一指，上文所述曾国荃“报效若干”之中，很难说就没有曾国藩的一份儿；即使是一尘不染，曾国藩身为湘军最高统帅，对天京浩劫也是难以推卸罪责的。无怪乎清末理学家夏震武愤怒地斥责他说：“行军以纪律为先，立国以纪纲为重，救民水火之中而不戢淫掠，兵亦贼矣！”[1]当然，夏震武是站在地主阶级的立场上来讲话的。这也表明，湘军在天京的抢劫不仅为广大人民所痛恨，也引起统治阶级中一部分人的不满。

经过这场浩劫，这座繁华的古都几乎变成一片废墟。赵烈文曾在日记中不止一次地描述天京遭劫后的荒凉景象说，满目残墙断壁，遍地碎砖烂瓦，连一棵树木都很难找到，更不消说昔日的楼台亭榭、虫鸟花卉了。这种情景使曾国藩都不得不承认这是一场空前的“浩劫”，“自五季以来生灵涂炭殆无逾于今日”[2]。李鸿章署理两江总督后，面对这副残破景象，也感到“善后无从着手”，说“一座空城，四周荒田”，“无屋，无人，无钱，管、葛居此，亦当束手”，“似须百年方冀复旧”。何绍基甚至提出“宜竟废一切，另移督署于扬州”[3]。其残破情景概可想见。

大功不赏

湘军攻陷天京不久，城内余烬未熄，尸骸尚存，清政府就对这些大烧大杀的“功臣”颁发了赏赐。曾国藩官封太子太保，授爵一等侯，世袭罔替；曾国荃官封太子少保，一等伯。二人皆赏穿黄马褂、戴双眼花翎。此外，李臣典封子爵，萧孚泗封男爵，朱洪章、刘连捷、张诗日、彭毓橘等七人俱得骑都尉或轻车都尉世职不等。清廷在封赏曾国藩的上谕中，还历述其卓著“勋劳”，对之赞不绝口。而曾国藩对清廷则更是颂扬备至，感激涕零，说“我朝酬庸之典，

1. 同上。

2.《曾文正公书札》，第二十四卷，第 12、13 页。

3.《李文忠公朋僚函稿》，第六卷，第 34 页。

以此次最隆，愧悚战兢，何以报称”[1]。看来曾氏兄弟与清政府之间关系似乎很融洽，没什么嫌隙；然而这不过是表面文章，实际上，以攻陷天京为起点，双方关系骤然紧张起来，达到空前未有的程度，甚至可以说已接近于政治上的危机点。

曾国藩出身中小地主，生长于穷乡僻壤，所以能平步青云，遽跻六曹，除自身的努力外，主要靠穆彰阿的举荐和提携。道光死后，穆彰阿随之被斥，曾国藩也就失去了靠山。所以在整个咸丰朝，曾国藩都不甚得意。他一开始搞湘军，就不断受到某些大臣的怀疑和攻击。攻陷武昌后又为清廷所忌，只令其带兵打仗，不授予封疆大权，以免落地生根，尾大不掉，致使曾国藩数年之间处处碰壁，心灰意冷，愤然不欲问世事。咸丰十年，清军江南大营被再度摧毁之后，清朝绿营武装基本垮台，黄河以南再没有什么军事力量足以与太平军抗衡，因而不得不任命曾国藩为两江总督，依靠他来镇压太平天国革命。那拉氏上台之后，又采取更加灵活的政策，让他督办四省军务，身负昔日五位钦差大臣的职权，其目的不过是为了调动他的积极性，事权归一，易于成功。但是自从进军雨花台以来，曾国藩兄弟迅速扩军，使曾国荃所统由二万余增至五万人，曾国藩指挥的部队由数万扩充为十二万人，并于赣、皖厘金和数省协饷外增辟粤厘和湖南东征厘金，这就使清政府不能不渐生疑惧，感到对它是一种潜在威胁。湘军攻陷九洑洲，尤其苏州、杭州各城相继沦陷后，清政府的这种感觉与日俱增，隐隐感到自己的最大威胁已不再是行将失败的太平天国，而是手握重兵、广揽利权的曾国藩了。从这时起，清政府对曾国藩的态度就开始冷淡下来。其第一个表示就是在曾国藩与沈葆桢争饷时有意偏袒沈葆桢，裁抑曾国藩。最后虽然以轮船退款解决了曾国藩的乏饷问题，但从此曾国藩、沈葆桢不和，使清政府基本达到分而治之的目的。与此同时，各省督抚也不像前几年那样对他热情支持了，江西争厘，他省协饷停解就是明证，所以曾国藩手下谋士赵烈文于同治三年四月八日（1864 年 5 月 13 日）看过曾国藩给李鸿章的信稿之后，在日记中写道：“中堂（指曾国藩）近岁主眷日衰，外侮交至，无他，不得内主奥援耳。稽其立朝之初，即已孤特独立。自咸丰二年奉命团练，以及用兵江右，七八年

1.《曾文正公家训》，同治三年七月二十一日。

间坎坷备尝，疑谤丛集。迨文宗末造，江左覆亡，始有督帅之授，受任危难之间。盖朝廷四顾无人，不得已而用之，非负扆真能简畀、当轴真能推举也。嗣后平皖而东，声威日甚，内外虽欲从违，震其事功而莫敢为难。同治改元至今，东南大局日有起色，泄沓之流以为已安已治，故态复萌，以私乱公，爱憎是非，风起泉涌，辄修往日之文法，以济其予夺之权。数期之间，朝政一变。于是天下识时俊杰之士，皆结故旧、驰竿牍、揣摩迎合，以固权势而便兴作。外之风气亦一变。”又说：“大难既稍夷矣，事功见不鲜矣，袖手之计改而争先，忌惮之心变为慢易，则疑谤渐生，事多掣肘，必然之势，初不因权重之故也。”最后赵烈文大兴感慨说：“夫人情大抵爱己而憎人、喜亲而恶疏，不独今世然也。”[1]这些话基本上反映了曾国藩地位和处境的前后变化以及同清政府关系的始末。

清政府知道，虽然湘军总数有三十万人，仅曾国藩直接指挥的部队就有十二万人，但内部派系复杂，各树一帜，他的嫡系部队亦不过只有曾国荃的五万之众。因而采取了两方面的措施：一方面迅速提拔和积极扶植曾国藩部下的湘军将领，使之与曾国藩地位相埒（音“烈”），感情疏远，渐渐打破其从属关系；另一方面极力压抑曾国荃，使其抬不起头来，更不能翘尾巴。清政府对曾国藩的部下将领和幕僚，如已经死去的塔齐布、罗泽南、江忠源、胡林翼、李续宾、李续宜和当时尚在的左宗棠、李鸿章、沈葆桢、杨载福、刘长佑等都实行拉拢和扶植政策，使他们渐渐与曾国藩分庭抗礼，甚至互相不和，以便于控制和利用。而对于曾国藩的胞弟曾国荃则恰恰相反。同治二年三四月间曾国荃升任浙江巡抚之后，虽仍在雨花台办理军务，未去杭州赴任，亦本属清政府的意旨，照例是可以单折奏事的，曾国藩遂让曾国荃自己上奏军情，以便攻陷天京后抢先报功。不料奏折甫到立遭批驳。清政府以其尚未赴巡抚任，不准单折奏事，以后如有军务要事，仍报告曾国藩，由曾国藩奏报。曾国藩恐曾国荃心情抑郁，言辞不逊，在奏折中惹出祸来，特派颇有识见的心腹幕僚赵烈文迅速赶赴雨花台大营，专门负责草拟章奏咨禀事项。曾国荃攻陷天京后，当天夜里就上奏报捷，满心以为会受几句赞扬，不料又挨当头一棒。上谕指责曾国荃破城之日夜晚，不应立

1. 赵烈文：《能静居日记》，同治三年四月八日。

即返回雨花台大营，以致让千余太平军突围，语气相当严厉。事情发生后，曾国荃部下各将都埋怨赵烈文，以为是他起草的奏折中有不当言辞引起的。赵烈文则认为，这与奏折言辞无关，完全是清政府节外生枝，有意吹求；否则，杭州城破时陈炳文等十余万人突围而去，左宗棠为何不受指责？幸好有人将李秀成捆送萧孚泗营，否则曾国荃更无法下台。但清政府并不就此了结，而是步步进逼，揪住不放。数日之后，清政府又追查天京金银下落，令曾国藩迅速查清，报明户部，以备拨用。尤其严重的是，上谕中直接点了曾国荃的名，对他提出严重警告。上谕说："曾国藩以儒臣从戎，历年最久，战功最多，自能慎终如始，永葆勋名。惟所部诸将，自曾国荃以下，均应由该大臣随时申儆，勿使骤胜而骄，庶可长承恩眷。"[1] 这无疑是说，曾国藩兄弟如不知禁忌，就难以"永保勋名""长承恩眷"了。真是寥寥数语，暗伏杀机！曾国藩具有丰富的政治经验和历史知识，熟悉历代掌故，当然能品出这些话的味道，掂出它的分量；何况曾国荃确实非常骄傲，以为攻陷天京全是他一人的功劳。后来曾国藩对赵烈文说："沅浦之攻金陵，幸而成功，皆归功于己。余常言：'汝虽才能，亦须让一半与天。'彼恒不谓然。"[2] 因而攻陷天京前后，就成为曾国藩思想上最紧张的时期。他心里很明白，如何处理好同清政府的关系，已成为能否保持其权力和地位的关键；而正确认识并摆脱自己目前的这种政治处境，则是他面临的迫切问题。

早在咸丰元年，曾国藩就开始注意所谓顾命大臣功高震主的问题，视周公旦为楷模，以李德裕、霍光等专横自伐者为戒。咸丰五年，当他听到某相国对他的议论时，伤感备至，深惧自己落到东汉太尉杨震自杀夕阳亭的下场。咸丰八年再次出山后，曾国藩更加自我克制，特别注意调整自己和清廷及地方疆吏的关系。进围天京以来，曾国藩即已意识到自己与清政府的关系可能发生的变化，注意到将来如何收场的问题。他在给曾国荃的信中说："阿兄忝窃高位，又窃虚名，时时有颠坠之虞。吾通阅古今人物，似此名位权势，能保全善终者极少，深恐吾全盛之时，不克庇荫弟等；吾颠坠之时，或致连累弟等。唯无事时

1. 赵烈文：《能静居日记》，同治三年七月二十一日。

2. 同上，同治六年五月十五日。

常以危词苦语互相劝诫，庶几免于大戾。”[1]天京完全合围之后，苏州、杭州陆续陷落，唯天京迟迟不下，统治阶级内部议论纷纷，曾国藩愈益感到自己拥兵揽权，易遭疑忌，境遇难处。尤其与沈葆桢争江西厘金打输官司之后，更引起他的警觉，看出这是清廷有意离间他与沈葆桢的关系，使自己动辄得罪，处境更难。后来他在给曾国荃的信中就透露出他当时的这种看法说："去年三四月间，吾兄弟正方万分艰窘，户部尤将江西厘金拨去，金陵围师几将决裂，共事诸公易致龃龉，稍露声色，群讥以为恃功骄蹇。”[2]当时他提出请假养病，既有向清廷施加压力的意思，也有自动退避、保全末路的思想成分。他在给郭嵩焘的信中说："近来体察物情，大抵以鄙人用事太久，兵柄过重，利权过广，远者震惊，近者疑忌。揆之消息盈虚之常，即合藏热收声，引嫌谢事，拟于近日毅然行之。”[3]他在给李鸿章等人的信中则说得更为严重："长江三千里几无一船不张鄙人之旗帜，外间疑敝处兵权过重，利权过大，盖谓四省厘金络绎输送，各处兵将一呼百诺，其疑良非无因。”又说："两接户部复奏之疏，皆疑弟广揽利权，词意颇相煎迫。自古握兵柄而兼窃利权者，无一不凶于国而害于家，弟虽至愚，岂不知远权避谤之道？”[4]"万一金陵克复，拟即引退，避贤者路，非爱惜微名，而求自全也。”[5]还在给曾国荃的信中说："处大位大权而兼享大名，自古曾有几人能善其末路者？总须设法将'权位'二字推让少许，减去几成，则晚节渐渐可以收场耳。”[6]可见早在天京陷落前曾国藩就已经做好思想准备，预料到天京的攻陷会成为他与清政府关系发展的一个转折点，可能会出现政治上的某种危机，而天京的陷落则使他对这种危机更具有现实感。据说曾国藩当时在安庆听到湘军攻陷天京的消息后绕室彷徨，彻夜不眠，对于可能出现的情况和处理办法进行了深入的思考。这时他的老朋友窦垿向其进言说："大功成矣，意中事也，而可喜也。顾所以善

1.《曾文正公家书》，同治元年六月二十日。

2.《曾文正公手书日记》，同治四年十二月十五日。

3.《曾文正公书札》，第二十三卷，第 39 页。

4. 同上，第 42、43 页。

5. 同上，第二十四卷，第 7 页。

6.《曾文正公家书》，同治二年正月初七日。

其后者，于国何如，于民何如，于家何如，于身何如，必筹之已熟、图之已预矣。窃尝妄意：阁下所以为民者，欲以‘勤俭’二字挽回风俗；所以为家为身者，欲以‘退让’二字保全晚节。此诚忧盛危明之定识、持盈保泰之定议也。”又说：“刍荛之见，以为大纲既得，而细目亦不可疏；独断乃成，众思尤所宜集。区区欲献者此耳，他无足言。”[1] 这当然对曾国藩亦很有启发和帮助，所以等到曾国藩赶到江宁时，对于上述问题的解决已是胸有成竹了。

对于曾国藩来说，解决矛盾的办法有两个：一是自剪羽翼，释清廷疑忌，以自保末路；二是起兵造反，推翻清朝，自立为帝。对于这后一条路，曾国藩本人是否曾有所考虑无从判断，而部下有人曾经怂恿过他，则多有传闻。萧一山在《清代通史》中曾专辟《曾国藩不做皇帝》一节，引用不少笔记小说的材料，说胡林翼、左宗棠、彭玉麟、郭嵩焘、李元度等人都做过诸如“鼎之轻重，似可问焉”或“东南半壁无主，老师岂有意乎”之类的试探，皆为曾国藩所回绝[2]。还说，攻下天京后，曾国荃及其部下恐抢劫得罪，又怕掠获物品被追抄，欲拥立曾国藩起兵，重演陈桥故事。曾国藩以“依天照梅花无数，流水高山心自知”作答，示从无为帝之心[3]。这虽然是好事文人的无可稽考之语，但却反映了一定的历史背景，即曾国藩拥兵自立的某种客观可能性。对于这一点，清政府不会完全看不到或想不到，只是在当时条件下，除了利用曾国藩及其领导的湘军之外，再没有别的力量能够将太平天国革命镇压下去。这样，在攻陷天京之后，清政府之所以对曾国藩兄弟步步进逼，就是很容易理解的了。因为这样一来，就使得曾国藩必须迅速作出抉择：或者裁兵自敛，或者匆忙起兵，二者必居其一。曾国藩无论采取哪种对策，都使清政府消除了隐患，对它都是有利的。也许是清政府在军事上亦有所布置：官文守武昌，据长江上游；富明阿、冯子材分守扬州、镇江，据长江下游；僧格林沁屯兵皖、鄂之交，虎视南京。这一切都对曾国藩有牵制作用，使其无法倾力北进。

不过曾国藩之所以没有走第二条路，并不全在这些布置的威慑作用，也不

1.《窦𡒄致曾国藩函》，见中国社会科学院近代史研究所藏《咸同朝函札汇存》。

2. 萧一山：《清代通史》，商务印书馆版，第三册，第 779—780 页。

3. 同上，第三册，第 780 页。

一定是曾国藩忠君思想甚重、从无这类想法，而主要是由于在客观上存在着对他不利的诸多因素，即使有自为之心，也使之不能不望而却步。首先，在政治上，他虽因镇压太平天国革命而获得地主阶级人士的一致赞扬，但其威望并没有达到与清政府分庭抗礼的程度，更不要说取而代之了。当时清政府虽然极为腐朽，但在地主阶级心目中还没有完全丧失威信，还得到大多数官僚士绅的拥护。而曾国藩则政敌甚多，即在湘军集团内部也有不少人和他作对，这一点他是不能不考虑的。就军事上讲，他虽然统兵十二万，其中左宗棠、沈葆桢却可能反戈相向，最低限度也不会竭诚拥戴，跟着他一起造清朝的反。这样，能够跟他起兵的大概就只有曾国荃和彭玉麟的水陆六七万人。这些兵早已成强弩之末，大多思乡厌战，饱则思扬，恐怕过不了黄河就会跑掉一半，很难依靠这些兵夺取清朝的天下。当时驻扎苏州、常州一带的淮军是较有战斗力的，然而这支武装掌握在李鸿章手中，曾国藩并不能直接指挥。虽然李鸿章与曾国藩关系最为密切，但在这样性命交关的问题上，李鸿章是不会盲从的，他对曾国藩并不像彭玉麟、鲍超那样一片愚忠，很可能按兵不动，坐观成败。一旦军事失利，左宗棠、沈葆桢、李鸿章都可能起兵讨伐曾国藩，以向清政府表白心迹。因而纵观全局，他若起兵北向，做取代清廷之想，失败的可能性很大，成功的希望很小，无论政治或军事方面都是不具备这种条件的。再者，即使曾国藩侥幸成功，黄袍加身，成为中国历史上的第二个赵匡胤，其又能奈“赵光义”何？怎见得曾国荃就不会再制造一个“烛光斧影，千古之谜”呢？相反，若照第一条路走下去，曾国藩则不失“功臣”之名、侯爵之位，且有望成为封建地主阶级的一代圣贤。总之，正是这些客观情况，对曾国藩起着很大的制约作用，使他只能走剪翼自敛的道路，不敢心存举兵称帝之念。至于曾国藩的部将、僚佐是否对他进行过类似的怂恿或试探活动，则全属揣测附会之词，是无从稽考的。

裁湘留淮

方针既定，曾国藩就开始行动。首先，他就地杀死李秀成，免其在清政

府面前“搬弄是非”，使他与清政府的矛盾再行扩大。因为李秀成知道天京城内金银财物的窖藏情况，城破后这些东西尽被曾国荃的部下抢去；当清政府追查时，曾国藩又隐瞒真情，含糊搪塞。若将李秀成解京，清政府很快就会弄清湘军在天京烧杀淫掠的真相，抓住曾国藩的把柄，这对他是很不利的。鉴于这个原因，曾国藩兄弟最怕清政府令其将李秀成解送北京。萧孚泗刚把李秀成捆送雨花台大营的当天晚上，曾国荃就想将其与洪仁达一起凌迟杀害，并申明理由说，“吾恐有献俘等事，将益朝廷骄也”[1]。经赵烈文一再劝说，才同意留待报明清政府后再做处理。曾国藩赶到雨花台大营，取得李秀成的亲笔供词之后，就打算将李秀成就地处死。但这时清政府已下达命令，要曾国藩将李秀成槛送京师，这就使他犹豫起来。曾国藩找他的心腹幕僚赵烈文商量，赵亦认为“此贼甚狡，不宜使入都”[2]。曾国藩遂下定决心，将李秀成杀死在南京。不久，僧格林沁即派江宁将军富明阿前去查访李秀成的“真伪及城内各事”[3]，很可能也是出于清政府的旨意。不过曾国藩既然有了李秀成的亲笔口供，在十几天的槛押过程中又有许多人亲见其人，可以做证，也就有恃无恐了。

接着曾国藩采取了三条措施，自削兵权、利权，稍杀羽翼，以释清廷之疑，缓和双方的矛盾。

第一件，奏请停解部分厘金。同治三年七月二十九日（1864 年 8 月 30 日），曾国藩首先奏请停解广东厘金。广东厘金简称粤厘，是同治元年七月开始征收的，两年间共解银一百二十万两，曾国藩要求清政府增加广东文武乡试的永久名额各四名，以为奖励。因为广东厘金属于越境抽厘，所以曾国藩首先奏请停止解送浙、皖湘军大营，改由本省征收。清政府接到曾国藩的奏请后立刻批复，令广东将粤厘之三成解皖，七成留归本省征收。曾国藩没有接受这三成粤厘，仍坚持全部停解，改归本省征收，以示“远利权”的决心。十月二十二日，曾国藩又奏请停收江西半厘。三月间，曾国藩曾为争夺江西厘金与赣抚沈葆桢大闹一场，结果争得江西半厘。自五月起，鲍超、周宽世两

1. 赵烈文：《能静居日记》，同治三年六月二十日。

2. 同上，同治三年七月初二日。

3. 同上，同治三年七月廿一日。

军赴援江西，曾国藩遂咨明沈葆桢，将原解安庆之江西半厘留充该两军军饷，仅提取饶州、景德镇两卡半厘作为祁门粮台买米费用。这次曾国藩奏明清廷，除饶州、景德镇两卡半厘继续解往祁门外，江西半厘停解曾国藩大营，改由沈葆桢征收，鲍超、周宽世两军拨归沈葆桢管辖，军饷归沈葆桢发放，弁勇该留该撤亦由沈葆桢请旨定夺。这对曾国藩来说，实际上并未减少一分收入，但名义上却推让出一部分利权、兵权给沈葆桢，在政治上争取了主动。

同治四年五月二十四日（1865 年 6 月 17 日），曾国藩又奏请停解湖南东征局厘金。东征厘是从咸丰十年开始征收的，当年七八月，曾国藩为扩大围攻安庆的湘军，特在湖南设东征局，于湖南本省厘金之外加抽半厘，解送曾国藩大营。由于重复抽厘，致使商贾疲困，民怨沸腾，一开始就受到湖南各阶层绅民的攻击和反对，有的甚至扬言要将该局放火烧掉。曾国藩无奈只好与湖南士绅预先约定，待攻陷天京后即将东征局裁撤。湘军攻陷天京后，湖南方面立刻要求停收东征厘金。曾国藩以归还欠饷为辞，不肯马上兑现，拖延了将近一年，经一再声明，才在这时正式奏请停收东征厘金。然而在这一年之中情况又发生了变化。陕甘总督杨岳斌（即杨载福）奏请改东征局为西征局，将原解曾国藩大营之半厘改解甘肃，以充西征军饷。同时云贵总督张亮基、贵州巡抚林万年又奏请将东征厘金解往云贵，充作滇黔各军军饷。这些奏请都得到清政府的批准。曾国藩为避开湖南舆论的攻击，不同意将东征局改称西征局，坚持要求撤销东征局的名义，而由自己函商湘抚李瀚章，保留部分东征厘金，改开湖南厘票，协济甘肃军饷。结果撤东征局之名，留东征厘之实，以蒙蔽舆论，混淆视听，对曾国藩有利，于清政府无损，遂得到清政府的批准，为各方面接受。曾国藩坚持这种做法，并没有给湖南百姓带来任何好处，纯粹出于个人名誉的考虑。

抽厘筹饷并非曾国藩的发明。它是咸丰三年首先由在扬州帮办清军江北大营军务的刑部侍郎雷以諴采纳幕僚钱江的建议创立的，最初仅在仙女庙一带设卡抽收，不久得到清政府的批准，胜保等人亦在安徽抽厘裕饷，遂成合法的筹饷手段。自咸丰四年起，骆秉章、胡林翼、曾国藩等人陆续在湖南、湖北、江西、安徽等地设局抽厘，至咸丰八年，厘金已成湘军的主要饷源。咸丰十年曾国藩

在湖南设东征局抽收东征厘，同治元年又增抽粤厘，抽厘筹饷之制遂遍行于东南数省。在此期间，其他各省官员亦认识到抽厘筹饷的便当可靠，纷纷起而效尤，这一病商殃民的制度遂推行于全国，成为清政府的大宗财政收入。太平天国革命失败后，清政府并没有废除厘金制，而将它继续保持下来。清朝被推翻后，这一制度又为其后的历届反动政府所继承，直到1931年国民党政府统一税制时，才将全国厘金总额归入统税，取消了厘金这一名目。这次曾国藩奏请停解部分厘金，只是让出部分利权，并不涉及厘金的废除，甚至东征厘也仅换了个名称，而实际上则保留下来。虽然所有这一切不能完全归罪于曾国藩一人，但他对于这一罪恶制度的确立和推广却起了很大作用，其历史罪责是无法推卸的。

第二件，裁撤部分湘勇。湘军本非清朝国家经制之兵，属于有事招募、事过遣散的官勇。它既为镇压太平天国革命而设，那么天京的陷落也就宣告了湘军历史使命的完结，按照规定是应该加以解散、遣回原籍的。同时，安庆大战之后，湘军数量日增而质量日降，一万数千人甚至数万人的部队尚不如以前的几千人能战[1]。经过天京这场大抢劫，湘军人人囊满箧盈，营中暗藏妇女甚多，更加腐败不可用，也须遣回。不过，以往遇到这种情况，总是采取遣回旧勇、更募新勇的办法来解决。现在战事日少，留旧勇不裁尚为清廷所疑，何能更募新勇？因而只有将这些难用之勇加以裁撤。另外，既然粤厘已经停解，饷源益隘，也只有裁撤部分湘军以节约军饷。还有，更使曾国藩感到棘手的是，湘军内部哥老会日益活跃，闹饷、哗变事件多处发生，使曾国藩感到难以驾驭，渐渐成为他的一块心病。因而也就不能不大加裁撤，以免引起祸乱，不好收场。总之，曾国藩在攻陷天京后即着手裁军是多种因素促成的，但主要还是为了自削兵权，以解除清政府的疑心。当时曾国藩指挥的湘军虽有十二万，但左宗棠四万人已成独立状态，可不予过问，江忠义、席宝田军一万人已拨归沈葆桢，鲍超、周宽世两军二万余人已赴援江西，随即拨给沈葆桢管辖。这样，他手中直接掌握并承担责任者就只有曾国荃统带的五万之众；而清政府最感疑惧的也正是这五万人，所以他首先裁撤这部分军队。这五万

1.《曾文正公家书》，同治元年十月十七日。

人中，原属曾国荃吉字营、曾贞幹湘恒营者约为三万五千人，其余由萧庆衍等人统领的原属李续宜的部队及太平军叛徒韦俊的部队共约一万五千人。同治三年七月二十日（1864年8月21日）曾国藩奏请裁撤湘军二万五千人，留张诗日、彭毓橘等一万人守江宁，刘连捷、朱洪章、朱南桂一万五千人为皖南、皖北游击之师[1]。实际上曾国荃的部队仅裁一万余人，嫡系武装基本保留下来，萧庆衍等军则全部遣散。清政府接到曾国藩的奏折后，又嫌曾国藩裁撤太骤，恐遣散之勇聚众骚扰，提出留精壮兵勇补充绿营额兵。曾国藩没有同意这种意见，仍坚持原来的主张，并在其后一个时期，继续对湘军进行裁撤。同治四年二月，江宁守军在业经裁撤八营的基础上决定再裁八营，仅留八营驻守。当时这些部队正清理秦淮河淤泥，虽已当众宣布，尚未及办理。恰好这年三月御史朱镇上奏揭发湘军在江南骚扰情形，清政府催令曾国藩裁军。曾国藩遂改变原定计划，决定裁军十二营，仅留四营二千人守城。这样，经过几次裁撤，原属曾国荃的部队，除已调往江西的刘连捷外，所余也就不多了。此外，驻扎皖南的朱品隆、唐义训、金国琛三军也在此前后陆续裁撤。因而当同治四年五月曾国藩奉命北上镇压捻军时，可以调动的大支武装就仅剩下刘松山、易开俊统领的老湘营六千人了[2]。

第三件，陈请曾国荃因病开缺，回籍调养。曾国荃虽读过几年书，但学识浅薄，急功近利，“老饕”之名满天下，一时成为众矢之的。尤其处死李秀成后，“群言益欢，争指目曾国荃”，“诸宿将如多隆阿、杨岳斌、彭玉麟、鲍超等欲告去，人辄疑与国荃不和，且言江宁镃货尽入军中”[3]。同时清政府对他也最不放心，欲其速离军营而又不令其赴浙江巡抚任。曾国藩无奈，只好以病情严重为由，陈请曾国荃开浙江巡抚缺，回乡调理，以避开舆论的锋芒，解除清政府的这块心病。不出曾国藩所料，这一奏请正合那拉氏的心意。曾国藩同治三年八月二十七日（1864年9月27日）出奏，九月五日即获批准，并赏给曾国荃人参六两，以示

1. 李元度：《天岳山馆文钞》，第十四卷，第56—57页。

2.《曾文正公家书》，同治四年二月五日。《曾文正公奏稿》，第二十二卷，第34—35页。

3. 王闿运：《湘军志》，第五卷，第23页。

关怀。这本来是曾国藩的韬晦之计，暂时退避正是为了永久保住他们的既得利益。然而不学无术的曾国荃却不解其意，在曾国藩移驻江宁那天，当着满堂宾客大发怨言，致使曾国藩狼狈万状，无地自容。后来曾国藩回顾当时的情景说："三年秋，吾进此城行署之日，舍弟甫解浙抚任，不平见于辞色。时会者盈庭，吾直无地置面目"[1]。为了开其心窍，曾国荃四十一岁生日那天，曾国藩除派赵烈文专门劝慰外，还特作七绝十二首为他祝寿。据传，当曾国荃读至"刮骨箭瘢天鉴否，可怜叔子独贤劳"一句时，竟放声大哭，以泄胸中抑郁之气[2]。十月四日，曾国荃带着满腹委屈和怨愤返回湖南，由于怨气仍未平消，终致大病一场。同治四年二月，清政府令曾国荃病势大减即进京陛见，当年六月又简授曾国荃为山西巡抚，他都托病辞谢，不肯从命，直到同治五年三月调其为湖北巡抚，他才前往赴任。

曾国藩所做的这三件事，无论是停解部分厘金、裁撤部分湘军，抑或为曾国荃陈请开缺回籍，都是围绕着"兵权"二字进行的，无非像他以前对曾国荃说的那样，"设法将'权位，二字推让少许，减去几成"，以"善其末路"，"晚节渐渐可以收场"——但也仅仅是"推让少许"而已，并非要完全放弃业已到手的权力，尤其是赖以起家的兵权。曾国藩带兵多年，深悉军权的重要。他之所以由在籍侍郎一跃而成为清王朝举足轻重的封疆大吏，其关键就是自己手中掌握一支军队，而这支军队正是清政府赖以生存的基础。否则，即使他位至督抚，在清廷眼里仍不过是一个无足轻重的文臣。因而他在裁军时仅限于江宁和皖南各军，而将成大吉、鲍超、江忠义、席宝田的部队和老湘营全部保留下来，仍有数万之众。这些军队虽名义上不归他掌管，但统领皆其旧部，一旦有事，都是可以奏调的。

曾国藩对李鸿章和淮军尤寄厚望，他在裁撤湘军时致信李鸿章，特别关照说："湘军强弩之末，锐气全销，力不足以制捻，将来戡定两淮，必须贵部淮勇任之。""淮勇气方强盛，必不宜裁，而湘勇则宜多裁速裁。"[3]又说："国藩创立

1. 赵烈文：《能静居日记》，同治六年九月初十日。

2. 萧一山：《清代通史》，第三册，第 280 页。

3.《曾文正公书札》，第二十四卷，第 19 页。

淮勇新军，本欲济湘军之穷，而为鄙人弥缝缺憾，今竟如愿相偿，亦天幸也。”[1]三年之后，他又在给朋友的信中说："湘勇久成强弩之末，幸鄙人见几尚早，三年以前即致书少荃宫保，言湘勇须陆续全撤，淮勇须留以御寇。两年间湘勇遣撤将毕，幸全体面，差强人意。否则变端尚多，岂仅徽防之闹、成部之叛哉！”[2]曾国藩认为，只要淮军能承湘军之续，李鸿章能绍己之业，使湘、淮两军和曾、李两家联为一气，就既可以对付各地农民起义，又能保住自己在封建统治阶级中的地位，任何人都不能将其随意动摇，更何有颠坠之虞？这就是曾国藩当时赖以摆脱困境的裁湘留淮之策。曾国藩主要依靠这条策略完成了政治上的退却，缓和了同清政府的矛盾，巩固了自己的地位，化险为夷，渡过难关。能够做到这一点决非易事，在中国封建社会中，像曾国藩这样恰如其分地完成这种转变的事例是不很多的，而身败名裂、兔死狗烹者则史不绝书。此亦足见其历史经验之丰富、政治嗅觉之灵敏，审事详明，处事果断。

与此同时，曾国藩还抓紧时间补行了一次江南乡试，借以笼络江南士绅，平息他们对曾国荃大肆劫掠天京的不满。清代曾有人称江南乡试为天下之盛，因其不仅录取名额多，而且参加会试者往往名列前茅。自从太平天国定都天京后，江南乡试中断，十余年间仅于咸丰九年在杭州借闱开科一次，且录取不足名额，致使江南士绅子弟失去了赴京会试的机会。曾国藩深悉江南士人急于仕进的心情，所以对恢复江南乡试非常积极。安徽与江苏分省之前称江南省，乡试例于江宁举行。康熙六年（1667）分省以后，仍称江南乡试，迄未分闱，所以贡院仍在江宁，安庆并无考棚。湘军攻陷安庆后，安徽士绅曾积极进行活动，酝酿上、下江分闱，欲于安庆先举行乡试，且已选定了地点，做了一些准备。后因场地狭窄，不遂人意，事方中止。曾国荃攻陷天京后，曾国藩一到江宁就先去察看贡院，见房舍尚存，易于修复，“遂定本年十一月举行乡试，一以慰群士进取之志，一以招转徙无归之氓”[3]。并指定专人负责，抓紧时间抢修，一俟工程粗定，即上奏请派考官。曾国藩“初创此议，不过

1.《曾国藩未刊信稿》，第 240 页。

2.《曾文正公书札》，第二十五卷，第 20 页。

3.《曾文正公书札》，第二十四卷，第 20 页。

借此风声招集流亡，初不敢必其有成。一回安庆，则群士欢欣鼓舞，宁、徽、颍州三府纷纷求学使考试，以便新生入闱”[1]。这使曾国藩对此事更加重视。尽管当时整个江宁被曾国荃破坏得几如废墟，曾国藩的幕僚属吏连一处完整的办公用房都很难找到，仍很快将江南贡院抢修出来，并于同治三年十一月初即攻占天京后仅四个半月举行乡试。据《庚申避难日记》载，这次乡试“场中死者甚多，有卷面上写‘太平天国’者，有污卷面者”，“大都其人总在长毛中做过事也”[2]。虽然引起一些人的惊恐，但毕竟使一大批江南士绅子弟被录为举人，可以参加第二年的会试，因而曾国藩此举深得江南地主阶级知识分子的拥护，达到了笼络人心的目的。

另外，曾国藩还抓紧时间修复江宁城内的书院，招揽一部分知识分子刊印书籍，恢复封建文化教育事业。同时，曾国藩又采取一些经济措施，以促进江宁经济的恢复和发展。据《天根文钞》载，曾国藩为吸引四方工商人士赴江宁开业，下令“江宁织工三年不税，他郡县税倍之。木商自江汉至江宁者，亦三年不税。是故四方之工商皆集江宁，江宁城皆屋”[3]。他为了制造繁荣假象，招引游客，“首下令恢复秦淮河灯船”，并带头在花船上召妓饮酒，宴请宾客。这样就使逃亡外地的绅商业户渐渐返回江宁，亦有自外地移宁者，使遭到严重破坏的经济文化开始恢复。

正当曾国藩裁撤湘军、修葺贡院，竭力缓和自己同清政府及江南士绅的矛盾时，半路上又突然跳出一个幼天王的问题，遂在曾国藩与左宗棠、沈葆桢之间引起一场争闹。幼天王洪天贵本来是与李秀成一起从城墙缺口冲出天京的，李秀成被捕后这个问题就更清楚了。只因李秀成曾说“幼天王虽已出城，定然被追兵所杀；若被杀死路中，亦无人知晓”等语，曾国藩便侥幸其死，认为是死无对证的事。为了掩盖湘军在天京城内大肆抢劫的罪状，遂不提幼天王出城一节，而以“积薪自焚”上奏。不久，左宗棠从逃走的难民中得知

---

1. 同上，第二十四卷，第21页。

2.《太平天国史料丛编简辑》，第四册，第539页。

3. 徐凌霄、徐一士：《凌霄一士随笔》，第十三卷，第10期。

幼天王已随太平军逃往广德，又从广德逃往湖州，便一面函知曾国藩，一面将此事上奏清廷。

清廷得奏，见与李秀成供词相符，遂寄谕曾国藩，说幼天王逃走无疑，所报追至湖熟斩尽杀绝一说不实，令曾国藩从重参办防范不力之将领。左宗棠得到的情报本来是符合实际情况的，而曾国藩却认为是故意与自己为难；又以左宗棠攻陷杭州时，城中太平军十余万人突围而走，清廷不予过问，而天京逸出数百人却要严加追究，甚感愤愤不平；更重要的是，天京城破之后防范不力的将领就是曾国荃，正是他放纵部下抢劫，缺口不设防兵，才造成幼天王随军出城的机会。当时曾国藩对曾国荃极力劝慰还来不及，难道还要再行严参不成？因而决心包庇老九，抗命不办。他在奏折中说，湘军入城后巷战终日，并无把守缺口之员弁，无法参办。接着对左宗棠反唇相讥说，杭州城陷时，汪海洋、陈炳文两股十万人全数冲出，尚未纠参，此次冲出数百人为何急于纠参？倘若破城之夜，城内太平军大开十三门，每门冲出数百人，不止缺口一路，湘军未能截住，李秀成亦远逃未获，那又该怎么办呢？还说，或许幼天王久已死去，而黄文金虚张声势，以固人心，亦未可知。待臣查出确实下落再行续奏[1]。因一时查无实据，曾国藩又顶着不办，清政府无可奈何，只好留待以后处理。

同治三年九月下旬，幼天王不幸与太平军大队失散，为江西湘军席宝田所捕获，同洪仁玕一起押往南昌。沈葆桢与曾国藩早有矛盾，又见曾国藩前奏强词夺理、反唇相讥，很为左宗棠不平；这次抓住真凭实据，便与左宗棠一唱一和，大肆张扬，极力渲染走脱幼天王问题的严重性。他在奏折中说，倘若幼天王真的死于荒谷，或逃入汪海洋军中，太平军将领皆可托言幼天王号召人心，东南大局不知何时方可安定。并奏请将幼天王槛送京师，以使曾国藩走脱幼天王一事天下皆知，加重其罪。这无疑等于在曾国藩临渊自危之际自后推上一把，使曾国藩心中恼恨异常，同左宗棠、沈葆桢自此关系疏远，不通书问。

对于这场争闹，清政府是暗自高兴的，它很希望湘军系统中有人站出来

1.《曾文正公奏稿》，第二十一卷，第 14 页。

与曾国藩作对，以起牵制作用。不过曾国藩这时已将曾国荃送回湖南，所部湘军陆续裁撤，不再构成威胁，况且亦不可对曾国藩逼之太紧，因而清政府便采取调和的办法，故意轻描淡写，说幼天王不过是漏网余生，不值得槛送京师，令沈葆桢在南昌就地处死。清政府所以对曾国藩采取这种态度，不仅由于曾国藩为朝廷立过大功，而且因为曾国藩旧部遍于东南数省，手中仍有实力；况且捻军复起，天下尚未太平，清政府尚有用他之处。结果不出所料，不久僧格林沁毙命曹州，捻军声势大震，清政府一声令下，曾国藩重新走上战场，再次干起镇压人民起义的勾当，为统治阶级充当鹰犬，卖命效忠。

六 剿捻失败

（同治四年至同治六年 1865—1867）

曾國藩傳

坐观成败

“捻”是自康熙年间以来一直存在于民间的群众反清团体，主要活动于山东、河南、江苏、安徽一带，俗称“捻子”，史家称之为“捻党”。由于不断受到清政府的残酷镇压，捻党一直处于秘密、半秘密状态，人数不多，活动亦受到很大限制。鸦片战争之后，阶级矛盾和民族矛盾日趋尖锐，捻党也开始活跃起来，组织规模和活动地区都有所扩大，并开始武装反抗清军的镇压。咸丰元年太平天国革命爆发后，捻党大受鼓舞，乘机而起，遂在各地组织军队，发动起义，同清政府展开武装斗争，成为太平军的忠实盟友，史家称之为“捻军”。捻军曾长期与太平军联合作战，双方互相支持，互相鼓舞，壮大了革命声威。咸丰六年天京事变之后，太平军所以能够连战取胜，再振声威，在很大程度上是由于得到捻军的支持与合作。同治元年，随着庐州的失守和陈玉成的牺牲，捻军在皖北陷于孤立无援的境地。僧格林沁乘机发动进攻，同治二年攻陷捻军的根据地雉河集，捕杀了捻军领袖张洛行，并在蒙城、亳州一带展开疯狂的大屠杀，使数万群众无家可归。这些不甘屈服的人们重新集结起来，在张宗禹、任化邦等人的领导下转入湖北、河南境内，继续坚持斗争。同治三年，以陈得才为首的远征西北的太平军为解天京之围迅速回军东下，在鄂、皖交界地区与捻军会合，使人数扩大到几十万人，分编为四支大军，展开援救天京的斗争。同治三年六月，天京陷落，西征太平军与捻军闻讯沮丧，军心动摇，组织涣散，濒于瓦解状态。僧格林沁和官文乘机率军进攻，在湖北麻城和安徽霍山接连打败太平军和捻军。最后陈得才自杀，马融和叛变，主力部队被敌人歼灭，仅剩下两支较小的部队保留下来，一支退回陕西南部，一支在赖文光的领导下转战于鄂、豫、皖地区，继续坚持斗争。

赖文光，广西人，咸丰元年以农村小知识分子投身革命，参加金田起义，次年被选拔担任文职官员。咸丰六年天京事变后弃文就武，开始带兵打仗，咸丰八年始隶陈玉成部下。咸丰十一年冬随陈得才远征西北，同治三年陈得才牺牲后，赖文光遂成为江北太平军和捻军的最高领导人。赖文光是太平军中少有的文武兼备的将领，他在极为困难的条件下，很快将张宗禹、任化邦、牛宏升（又名牛洛红）为代表的蒙城、亳州群众数万人团结在自己周围，并吸收范汝增等兵败后自江南北渡的太平军将领，组成新的领导集团，誓同生死，为恢复太平天国而战。赖文光按照太平军的组织原则，对捻军重新进行整编，改变了过去那种半兵半民的分散落后状态，使之成为正规化的野战部队。同时改变太平军后期固守一城一地的战术，采取大规模运动战对付敌人，并在战斗中大量夺获敌人马匹、装备，逐步以骑易步，建立起一支精锐骑兵。改编后的捻军连骑逾万，急如狂飙，组织严密，战术灵活，成为一支精劲的革命军队，史家称为“新捻军”。太平天国革命失败后，捻军就成为反抗清朝统治的主力。新捻军除日行一二百里的大规模流动战术外，还往往在有利的条件下，采取骑兵两翼包围、步骑配合紧逼压阵的方法杀一个回马枪，消灭穷追不舍的敌人。因而捻军不战时疾走如风，敌人追之不及；一旦要战时则骁勇异常，使敌人陷入重围而无法逃脱。

对于捻军这一新的变化，僧格林沁是不甚了解的，他依旧用老眼光看待捻军，继续采取穷追不舍的战术，因而作战往往失利。对于这种情形，曾国藩是看得很清楚的，并且料定僧格林沁总有一天要做捻军的刀下之鬼，但出于种种原因，使他采取见死不救、冷眼旁观的态度。僧格林沁原为蒙古科尔沁郡王，由于镇压太平天国北伐军有功被封为亲王，骄横愚顽，残酷暴虐。他所率领的三盟骑兵曾是捍卫清朝京师的主要武力，被清政府倚为长城。但自咸丰十年在抵抗英法联军的作战中一败再败之后早已军势大衰，远非昔比了。咸丰十年十一月僧格林沁奉命赴山东剿捻，同治元年又奉命督办山东、

河南军务，势力达于皖北，开始与湘军直接间接地发生关系。这时，清政府原有的八旗、绿营已基本被太平军所摧毁，僧格林沁的部队便成为清朝中央政权抵制湘、淮系地方军阀的唯一武装力量。然而就其作战经验来说，僧格林沁远不如曾国藩，部队的战斗力也不如湘、淮军。但是僧格林沁乘着蒙古贵族的虚骄之气，非常蔑视和憎恶曾国藩与湘、淮军，动辄上奏弹劾，施以欺压，甚至故意怂恿叛降无常的苗沛霖向湘军寻衅，然后借机攻击湘军。僧格林沁还怂恿陈国瑞部下将领宋庆杀害李昭寿部将，以攘夺其功，事后反以李昭寿部将攘功入奏，要求查办。李昭寿当时受曾国藩统辖，这就不能不使曾国藩大有打狗欺主之感。诸如此类的事件在皖北经常发生，曾国藩皆不敢置辩，忍气吞声，步步退让，遂积怨于心，此其原因之一。其二则由于曾国藩集团狭隘的地方观念。湘、淮军将领各有门户，地方主义极强，又颇重私人交情，作战时内部尚可互相支援，但对这个集团之外的清军将领是向来死活不顾的，僧格林沁何能例外？即使僧格林沁不排斥和欺压湘军，曾国藩也不一定会真心援救僧格林沁，何况早就对他怀恨在心了呢。

同治三年九月，赖文光在湖北蕲水击毙清将石清吉，并将成大吉包围在蕲北。清政府急调曾国藩驰赴鄂、皖交界处救援。曾国藩于十月二十二日上奏清廷，以临阵指挥非其所长和三钦差（指曾国藩、官文、僧格林沁）集中于四百里内，恐为捻军所轻视为理由，拒绝亲赴蕲水，要求自己驻扎六安、安庆，仅派刘连捷前赴黄州，听候官文调遣。曾国藩所以不愿赴鄂，主要就是为躲避僧格林沁，恐为其部下所欺。不久捻军解围而去，成大吉脱险，清廷遂命曾国藩“毋庸西上”，而改派刘连捷、刘铭传赴河南剿捻，归僧格林沁调遣。湘、淮军将领本已各有门户，不愿听从他人指挥，又闻僧格林沁曾鞭笞棍责湖北两提督，其部下往往仗势欺人，遂使他们望而却步，不愿北上。曾国藩也不愿将湘军将领交给僧格林沁调用，一接到上述命令，就打算将刘连捷、朱南桂、朱洪章三军遣散，仅派刘铭传前赴河南[1]。后来清政府撤销这一命令，他才改变裁勇打算，将刘连捷等军保留下来。僧格林沁也不愿湘、

1.《曾文正公书札》，第二十四卷，第 26 页。

淮军来援，“以为皆不能战，奏止之；又曰皖军为上，豫军次之，楚军为下”[1]。所谓皖军，即指安徽地方官员英翰等人纠集的军队，豫军指张曜、宋庆等人的军队。这些杂牌军连苗沛霖、李昭寿的军队都对付不了，根本不能与湘、淮军相比。僧格林沁这样讲，不过是有意贬低湘、淮军，极力否定他们在清朝武装力量中的中坚作用，同时也表现了他的愚顽。其实他反对湘、淮军北上，正中曾国藩的下怀。曾国藩遂命刘连捷退回皖南、刘铭传回驻原防，袖手一旁，单等僧格林沁的败亡之讯。

僧格林沁愚顽不化，曾国藩冷眼旁观，这就给捻军提供了很好的歼敌机会。同治三年冬，捻军在邓州唐坡地方大败僧格林沁的军队，僧格林沁率数十骑逃入邓州城内，才免于被歼的命运。不久捻军进攻南阳，再败僧格林沁。同治三年底，捻军在河南鲁山大败僧格林沁的蒙古骑兵，阵斩恒龄、苏伦堡。僧格林沁气得暴跳如雷，杀救援不力的将领富精阿以泄愤。接着捻军又先后击败河南巡抚张之万于叶县，围团练大臣毛昶熙于汝宁，并乘机在汝宁扩军。兵员得到补充之后，捻军越黄河故道进入鲁西南地区。这时僧格林沁一心要找捻军决战，为部将报仇，跟在捻军后面日夜穷追，一月之间，奔驰不下三四千里。捻军利用僧格林沁急于求战的心理，故意避而不战，每日行军一二百里，拖着清军打圈子。捻军战士每人配备两三匹马，交替骑乘，行军速度大大超过敌人。为了不使敌人失去目标，捻军始终与敌人保持一二日路程，敌人追不上时，就停下来休息；待敌人追来时，又上马疾驰。这样捻军就可以乘间隙稍事休息，而清军则日夜兼行，疲劳不堪。开始时僧格林沁尚可抖擞精神，伏鞍驰骋；到了后来，累得连马缰绳也举不起来，在脖子上挂条布带子，将手绑在上面，以便驭马。有时僧格林沁连饭也来不及吃，饿了就下马道旁，喝酒数杯，然后又上马继续追赶。连日连夜的疾驰使骑兵都无法支持，步兵就更疲惫不堪了，他们用两只脚跟着马匹跑，有时甚至几天都吃不上一顿饭，不少人被拖死、累死。至于步兵掉队、马步脱节、骑兵离散，更成为司空见惯的事，久而久之也就习以为常了。为了追赶捻军，僧格林沁

1. 王闿运：《湘军志》，第十四卷，第7页。

经常远远脱离大队，率少数精骑跟追，这就为捻军聚歼这支追兵提供了机会。

捻军见自己的初步目的已经达到，便制定周密的作战计划，布下天罗地网，准备一举歼灭僧格林沁部，为死难兄弟和广大群众报仇。同治四年四月下旬，捻军将僧格林沁引入预先布好的伏击圈内，在山东菏泽西北的高楼寨将其团团包围。当时数万清军被远远甩在后面，僧格林沁身边仅有数千骑兵和陈国瑞等数员将领。结果除陈国瑞带伤只身逃走外，其余全部被歼，僧格林沁被一个年轻的捻军战士杀死在麦垄里。

僧格林沁的覆灭使清政府极为震恐。起初清政府本想让僧格林沁单独将捻军镇压下去，以提高满蒙贵族的威望，对抗新起的最大地方实力派曾国藩军政集团。后来发现他无力对付新捻军时，又想让湘、淮军助攻，以达到湘、淮军苦战，僧格林沁收功的目的。无奈湘、淮军观望不前，僧格林沁又力加排斥，清政府只好撤销这一计划。捻军进入山东后，清政府和曾国藩都发现僧格林沁已落入捻军的圈套，如不及早改变方针，难逃败亡的命运。怎奈这位刚愎自用的王爷一心要同捻军拼命，已经完全丧失了理智，拒绝一切建议，遂致主帅丧命，全军瓦解。清廷见自己手中唯一的一点武装力量被歼，捻军声威大震，只好依靠湘、淮军来对付这支劲旅。

然而，当曾国藩接到北上剿捻的命令时，却正值其心境不佳，颇有些踌躇不定。这是因为在此之前清廷内部刚发生了一场权力之争，对曾国藩的情绪和政治命运都产生了不小影响。同治四年三月七日（1865 年 4 月 2 日），那拉氏亲拟诏旨，斥责恭亲王奕䜣妄自尊大，目无君上，暗使离间，诸多挟制等，革去议政王和其他一切差事，不准干预政事；后来虽恢复了首席军机大臣的职务，仍令其掌管总理衙门，但议政王的称号却从此取消，再也没有恢复。尤为重要的是，经过这次打击，奕䜣在那拉氏面前完全屈服下来，处处谨慎，遇事模棱，不敢轻易表示异同，在统治阶级中的威望和影响也渐趋衰微。这件事首先由蔡寿琪“希旨”发难，词连劳崇光、骆秉章、刘蓉、李元度、曾国藩、曾国荃、薛焕等汉大臣多人[1]，既直接打击了奕䜣，又间接打

1. 赵烈文：《能静居日记》，同治四年四月初四日。

击了曾国藩等汉大臣。

那拉氏此举一时震惊朝野内外，对曾国藩更如一个晴天霹雳，被完全惊呆了。听到消息的当天，他在日记中写道："是日早间阅京报，见三月八日革恭亲王差事谕旨，有'目无君上，诸多挟制，暗使离间，不可细问'等语，读之寒心惴栗之至，竟日忡忡，如不自克。"[1]四天后，曾国藩在江宁城外的中关见到彭玉麟，二人独乘一舟，相对密谈，"言及国事及渠家事，欷歔久之"[2]。数日之后，彭玉麟在给朋友的信中说："何物蔡寿琪丧心狂吠，以珰人之授意，竟敢害于忠良；倭公（指大学士倭仁）不侃侃而言，亦竟阿于取好，议政其周、召，若辈其管、蔡乎？天下有心人能不愤恨欲死！不才欲以首领进词，而爵相（指曾国藩）极力劝阻，须俟城内（指京师言）动静，再作道理。兄不学无术，不平欲鸣，抑恨堇吐，其如愤火中烧何！"又说："国家堪忧，残喘余生，安得即赋归去，遁迹山林，不阅世事耶！"[3]就是说，他本来是打算"遁迹山林，不阅世事"的，看到"国家"成这个样子，不得不改变原计划。他们当时的情绪和谈话内容由此可见一斑。直到二十天后，曾国藩仍为此事"怛然寡欢"，"愁然不安"[4]，虽然那拉氏在他的一等侯之上复加"毅勇"二字，也没有给他带来任何安慰，反而使他感到"不以为荣，适以为忧"[5]。同时，他的几个保案都为吏部议驳，这就大大加深了他的顾虑，使其感到自己已渐为清政府所冷淡和疏远。他在给曾国荃的信中说："部中新例甚多，余处如金陵续保之案、皖南肃清之案，全行议驳，其余小事，动遭驳诘。而言路于任事有功之臣责备甚苛，措辞甚厉，令人寒心。"[6]在这种情况下出兵打仗，显然是难于奏功的。但他出于对捻军的仇恨和对封建统治阶级的忠诚，还是决心受命，怀着郁郁不乐的心情北上剿捻。这就为他后来的失败埋下伏机。

1.《曾文正公手书日记》，同治四年三月二十八日。

2. 同上，同治四年四月初三日。

3. 赵烈文：《能静居日记》，第一册，第 19 页。

4.《曾文正公手书日记》，同治四年四月二十二日。

5. 同上，同治四年四月二十一日。

6.《曾文正公家书》，同治四年十二月十五日。

剿捻无功

曾国藩是同治四年五月五日(1865年5月29日)接到北上剿捻的命令的，清政府令其星夜出省，赶赴山东“督剿”；接着又令其节制直隶、山东、河南三省旗、绿各营及地方文武员弁。当时“都中五城严缉奸细。神机营各军训练加勤”[1]，气氛非常紧张。清政府焦灼如焚，唯恐捻军乘胜北渡黄河，袭击北京，一面令直隶总督刘长佑、山东巡抚阎敬铭亲赴黄河沿岸督办防务，阻击捻军北渡；一面连发谕旨，催曾国藩迅速起程。但是曾国藩却因兵力未集、粮饷不凑迟迟不能动身。幸好李鸿章先派出潘鼎新率军五千乘轮船至天津，以备堵截捻军北上之路，这才解除了清政府的危机，也使曾国藩得以从容准备。

首先，他分析了捻军的特点。他认为，捻军似“流寇”又非“流寇”。捻军纵横千里，行踪不定，像“流寇”；而有蒙城、亳州根据地，系恋老家，又不像“流寇”。因而对付捻军的办法既应异于太平军，而又不同于一般流寇。据此，他决定对付捻军的战略原则是军事进攻和政治清查相结合，双管齐下。由于皖北、豫西一带民圩经常受到官兵的扰害，至有“贼过如篦，兵过如洗”之语，因而“民圩仇视官兵”，同情捻军[2]，“客兵过境，圩寨不肯开门，虽州县亦无可如何”；而捻军过境，则“留粮济之”。曾国藩为割断捻军与群众的联系，使捻军成为无水之鱼，遂决定在军事进攻的同时实行恶毒的查圩政策，令各圩坚壁清野，“不复留粮供贼而肯开门迎兵”[3]。为达到这一目的，曾国藩专门派人到各圩进行政治清查，对“拒官纳贼”的圩头及同捻军有联系的群众加以逮捕和杀害。在军事上，曾国藩接受僧格林沁的教训，采取跟追和拦截相结合的办法对付捻军，以达到“以静制动”的目的。他见捻军连骑满万，

1.《大琛致曾国藩函》，见中国社会科学院近代史研究所藏《咸同朝函札汇存》。

2.《曾文正公奏稿》，第二十二卷，第68、69页。

3.《曾文正公书札》，第三十卷，第39页。

行动迅速，足迹遍及鄂、豫、皖、苏、鲁五省，深感自己责任过重，力难顾及，便上奏清廷，为自己划定作战区域，以明确责任。他提出黄河以南，沙河、淮河以北，贾鲁河以东，运河以西为他的作战区域，其间包括豫、皖、苏、鲁四省十三府、州，除此之外，则由各省督抚负责。他的计划是：先以水师炮船封锁黄河，防止捻军北入直隶，威胁北京；同时于临淮、周口、徐州、济宁四镇驻防重兵；另筹两支精锐部队作为游击之师，自后跟踪追击，使捻军无论走到哪里，都受到跟追、堵截，无法活动，无处立足，最后达到聚而歼之的目的；而自己则以徐州为老营，临淮、济宁、周口为行营，根据军情的变动随时移动驻扎，以便就近指挥。

为了解决供应问题，曾国藩决定在江宁设后路粮台，在徐州设前路粮台，在清江设转运粮台，由江南供饷，责令李鸿章督办。运粮渠道以运河为主，辅以淮、颍等河，将粮食、物资分别屯集于徐州、周口、济宁、临淮四处，以减少步兵携粮行军之苦。

要实施上述计划，除调集水师和训练马队外，还须数万人的步兵。为拼凑这支兵力，曾国藩伤透了脑筋。经历年裁撤，曾国藩昔日的十余万湘军所余不及两万，且士气低落，军心不稳。刘松山、易开俊统带的老湘营，是曾国藩认为唯一可用的部队，听说去山东剿捻，士兵却纷纷起而反对，要求遣散回籍。刘松山立砍数人，才将这场骚动暂时镇压下去。后来这支部队走到清江浦，再次发生骚动，群起索饷鼓噪，有的人要求请假，有的乘机逃跑，最后刘松山放走了一部分人，才把部队勉强带过黄河故道。

驻守江宁的部队则更为糟糕。当时江宁尚有湘军十六营，其中十二营已决定裁撤，仅有四营是准备留下驻防的部队。曾国藩原欲留六营三千人作为自己的卫队，其余全行裁掉。不料北上剿捻的消息传出后，没有一营愿意留下，纷纷要求回籍。曾国藩无奈，只好从十六营中勉强挑出二千人，编为四营，另从湖南招募新勇两营，凑成六营之数，由张诗日统带，充任亲兵。这样总共才拼凑起九千人，远远不能满足需要，所以曾国藩镇压捻军起义就只能以淮军为主力了。淮军的士兵主要来自皖北，不像湘军那样畏惧北方寒苦、不习食用麦面，所以也没有纷纷要求退伍的问题。但淮军是李鸿章组织训练

的部队，非李家兄弟不能指挥，虽然曾国藩奏请李鹤章管营务处、李昭庆协助军务，仍不能指挥自如，从而为他后来的失败预伏下另一因素。曾国藩调集的北上剿捻的淮军，主要有刘铭传、张树声、周盛波三支部队，加上提前乘轮赶赴天津的潘鼎新一军，共有二万二千人。另外，曾国藩还奏请将原为鲍超购买的口外战马八百匹解往徐州，并命令僧格林沁残余的马队集中徐州，进行整顿，打算从中挑选出一部分战马和人员，与新购马匹一起组成新的马队，以为游击之师。

经过二十多天的准备，直到这年的五月二十八日，曾国藩才从江宁动身。这时捻军已由山东南下皖北，并将安徽布政使英翰包围在雉河集。曾国藩本来打算先赴徐州筹建马队的，这时只好临时变计，改道先赴临淮关，以便就近指挥湘、淮军解救雉河集之围。曾国藩先将救援不力的易开俊解职，把所部三千人统交刘松山指挥，前往雉河集救援，并急调已先赴济宁的刘铭传回军皖北，配合刘松山作战。捻军见湘、淮军大批回援，立即主动撤围，分两路向西转移：一支以张宗禹为首进入豫西，往返于南阳、襄阳一带进行流动作战；一支由赖文光带领转入鄂东地区，进行休整。

曾国藩见捻军已无渡河北上进逼北京的危险，便奏请清政府将驻扎在张秋（今山东省东阿县西南）的潘鼎新军调往济宁，接替陈国瑞的防务，将陈国瑞军调至清江浦。接着令刘铭传驻周口，刘松山驻临淮，张树声、周盛波两军合驻徐州。同时派李榕将僧格林沁的残部带往徐州，等待曾国藩到达后分别去留，重新组建马队，配合湘、淮军作战。又令李昭庆负责训练一支新马队，练成后自成一旅，充任游击之师，担任自后跟追袭击的任务，同上述四镇结合起来，以实现自己最初设想的作战方案。

曾国藩此次受命剿捻，用兵较杂，不仅有湘军、淮军，还有僧格林沁残部，因而指挥起来就难以再像以前那样得心应手。他所遇到的第一个令人头疼的问题就是陈国瑞的问题。陈国瑞字庆云，湖北应城人，出身无业游民，十几岁参加太平军，后投降清军，被总兵黄开榜收为义子，先后隶于袁甲三、吴棠部下，复辗转归于僧格林沁。陈国瑞素以悍勇著称，并因镇压皖北太平军和平定苗沛霖出力，积功保至浙江处州镇总兵。同治四年（1865）捻军围歼僧格林沁，诸将皆以赴援不力获罪，遭发遣、革职、降调不等，连山东巡抚阎敬铭、布政使丁宝桢均被议处，唯独陈国瑞以战功素著免于议处，虽革去提督衔，但仍以总兵帮办军务，并代领僧格林沁残众，护理钦差大臣关防，驻扎济宁。曾国藩因济宁军心不稳，恐再次受到捻军的袭击，特先派刘铭传赶赴济宁助守，驻扎济宁城北的长沟集。陈国瑞一向骄暴成性，又被袁甲三、吴棠、僧格林沁等人奉为骄子，倚为长城，因而所至欺压诸将，却无人敢于抗争。他见淮军先入长沟，心已憎恶，又对刘铭传部的洋枪垂涎三尺，竟想强行夺取。于是陈国瑞自率亲兵五百人突入长沟，见人即杀，连杀数十人。但其时僧格林沁已死，主帅易人，淮军再也不怕他了；加上刘铭传原本盐枭首领，一向心高气傲，为李鸿章所骄纵。遂召集洋枪队，将其亲兵五百人诱入狭巷全部打死，并生擒陈国瑞关在空楼之上，连饿三天，仅以少许稀粥续命，直至涕泣告怜始将他放走。陈国瑞回去之后立即向曾国藩控告刘铭传，刘铭传亦在曾国藩面前指责陈国瑞，于是二人在火并之后又在曾国藩面前打开了官司。

曾国藩久已憎恶陈国瑞的骄横不法，但因其为清政府所倚重，对他难以奈何，只好死马当作活马医，冀其稍为收敛。曾国藩在陈国瑞告状的禀帖上批有数千字，历数其半生功罪，劝其改过自新，并与之约法三章，令其遵守。怎奈陈国瑞冥顽不化，仍事抵赖狡辩。曾国藩见其复禀毫无悔改之意，立即将其奏参，追究只身逃脱、不顾主帅之罪。陈国瑞终被撤去帮办军务名号，褫（音“尺”）去黄马褂，暂留处州镇总兵实缺，责其戴罪立功。曾国藩这一批一参立见成效，陈国瑞一下子仿佛矮了半截，乖乖地跑到曾国藩面前低头认错。从此老老实实听从曾国藩的命令，立即由济宁移驻清江浦，再不敢抗命不从，调皮捣蛋。曾国藩降服了陈国瑞，原属僧格林沁的其他将领也就无人敢于梗命了。但曾国藩在调动淮军时却遇到了更大的麻烦。

淮军将领为李鸿章所一手提拔，门户甚紧，又以曾国藩驭将较严，不如李鸿章宽松，因而皆不愿听从曾国藩的指挥，往往阳奉阴违，不肯奉命。命令甫下，淮军诸将当面应承，背后却写信给李鸿章，要求改变前命，挑肥拣瘦，推三磨四；若不如愿，即消极怠工，变相抵制，拖延不肯执行。李鸿章虽把

军队交给曾国藩，但仍遥执兵柄，诸将每有请托，辄为代请，一再进行干预，使曾国藩不得不将准备向淮军各将下达的命令预先写信告诉李鸿章，然后再由李鸿章下达。这样往往贻误战机，落后一着。其中尤为突出者是刘铭传和李昭庆的例子。曾国藩觉察到四镇之中唯周口地当要冲，四面受敌，战略地位最为重要，为兵家必争之地，须有一支较强的部队驻守。因刘铭传一军人数最多，装备最好，战斗力较强，本人也精明能干，优于他将，因而决定派刘铭传驻扎周口镇。但刘铭传不愿驻扎在这个危险之地，遂致函李鸿章，请其代为求情，将他调往他镇。李鸿章也害怕自己的实力遭受损失，便写信给曾国藩，从中进行干预。同时，曾国藩认为马队最为重要，其第一支马队更不肯交给他人，便将李昭庆调入营中，负责筹建马队，将来马队练成也就由他指挥。李鸿章却认为让他弟弟充任游军太危险，害怕捻军突然反戈一击，使李昭庆遭到僧格林沁的命运；李昭庆也不愿担任这个苦差事。于是李鸿章又写信给曾国藩，代其弟求情，要求改换他将。曾国藩不允所请，刘铭传即在李鸿章的授意下称病不起，向曾国藩请假，致使曾国藩无法调动部队，进行正常的军事指挥。曾国藩为此非常恼火。他在给李鸿章的信中说："目下淮勇各军既归敝处统辖，则阁下当一切付之不管，凡向尊处私有请求，批令概由敝处核夺，则号令一而驱使较灵。""自问衰年气弱，但恐失之过宽，断无失之过严，常存为父为师之心肠，或责之，或激之，无非望子弟成一令名、作一好人耳。"曾国藩与李鸿章约定，"以后鄙人于淮军，除遣撤营头必须先商左右外，其余或进或止，或分或合，或保或参，或添勇，或休息假归，皆敝处径自主持，如有不妥，请阁下密函见告。"[1]经过这次交涉，李鸿章稍事缩手，刘铭传不再装病，李昭庆也只好统带游军，从而使风波暂时平息下来，使曾国藩的处境稍有好转，但并没有解决根本问题。

同治四年八月四日(1865年9月23日),曾国藩由安徽临淮移驻江苏徐州。然而清政府又令其节制豫、鄂、皖三省军务，并移驻河南许州，以便居中调度。曾国藩没有接受这个命令，仍坚持前议，守定自己的分区战守计划和四镇布

1.《曾文正公书札》，第二十五卷，第37页。

防之策。这时捻军仍分两支进行活动，张宗禹一支留屯豫西南阳境内，赖文光一支则离开鄂东辗转进入山东。曾国藩急调驻扎徐州的张树声一军赶赴山东，同驻守济宁的潘鼎新联合进攻捻军。同时调临淮刘松山军移驻徐州接防，而令原驻徐州的周盛波一军驻扎河南归德(今河南省商丘市)，将原来的四镇布防改为五镇布防。这是曾国藩对初定作战计划的第一次改动。

曾国藩在徐州期间，除积极派人到口外购置战马、催令李昭庆加紧训练马队，准备建立新的骑兵外，还对僧格林沁残存骑兵进行了整顿。僧格林沁残存马队集中至徐州者共有三支一千七百余名，加上陈国瑞新调来的察哈尔马队一千名，共计两千七百余名。最后从中挑出一千八百余名，编成三支马队，分由色尔固善、讷穆锦、温德勒克西管带，充任游军；另挑出五十余名随营差遣，其余老弱疾病者一律遣撤回旗。当时捻军有步兵六七万人，骑兵近万人，即使分开活动，每支亦不下马步三四万人。曾国藩觉得自己的马队人数太少，根本不能与捻军抗衡，便令新挑选的色尔固善马队与张树声的弟弟张树珊马步两军移驻周口，抽出刘铭传一军充任游击之师；同时遵从清政府的命令，兼管苏、鲁、鄂、豫、皖等数省军务，不再局限于原定十三府、州的作战区域，随捻军所至，跟踪尾追；而原定五镇之兵仍旧驻扎不动，以备捻军流动时迎头截击。

由于各镇之间相距数百里，空隙甚大，捻军往来穿行，流动自如，纵横驰骋于河淮之间的千里平原上，刘铭传虽疲于奔命，亦无可奈何。同治四年底李昭庆马步各营九千人练成，使游军增加为两支，对捻军仍然追堵无效。曾国藩无可奈何，只好奏请增加兵力。同治五年正月，奏调淮军将领刘秉章来营襄办军务，三月初又奏陈霆营饷需解决办法，请派鲍超率军赴豫南、鄂北一带剿捻。鲍超是湘军后期最凶悍的将领，天京陷落前夕奉命调往江西，随后拨归沈葆桢管辖，因而各军陆续裁撤后，他仍保有二十五营一万五千人，在湘、淮各军中成为人数最多的一支。曾国藩令其裁去步勇五营三千人，留步队二十营一万二千人，招募马勇三千二百人，按新营制编马队二十营[1]，由江西、湖北、江苏月供饷银十一万四五千两，迅速北上剿捻。

1. 霆营每营六百人，故一万五千人仅二十五营。新定马队营制大约每营一百六十人，故三千二百人可编二十营(见《曾文正公奏稿》，第二十四卷，第19页)。

曾国藩由江宁出发时，共调集湘、淮军三万一千人，以后各军陆续扩充，又新增李昭庆一军八千人，兵力已有四五万人；今又增加鲍超、刘秉章两支新军，使总兵力达七万多人。曾国藩根据以往作战的经验和兵力的变化，再一次改变作战方针，调整了兵力部署，仅留少数弱兵驻防徐州、济宁、归德、周口、临淮五镇，抽出大支强军充任游击之师，分数路跟踪追击捻军。鉴于捻军经常分开活动，时分时合，灵活机动，于是曾国藩将湘、淮军组成四支游军：潘鼎新、周盛波为一路，刘松山、张诗日为一路，刘秉章、杨鼎勋为一路，刘铭传、李昭庆为一路。令潘鼎新、周盛波、刘松山、张诗日四军专门对付张宗禹、牛宏升；令刘秉章、杨鼎勋一路专门对付赖文光、任化邦；刘铭传、李昭庆暂驻济宁、徐州一带休整。这四支游军当时都布置在豫东、苏北、皖北、鲁西南一带，即曾国藩原先为自己划定的作战区域以内。此外，捻军经常活动的豫西、鄂东一带也相应增加了兵力。新调来的鲍超霆军驻扎河南汝宁、南阳一带，湖北境内则有曾国荃的新湘军。同治五年正月下旬清政府起用曾国荃为湖北巡抚，三月，他招募新勇一万五千人，分别由彭毓橘、郭松林统带，赶赴湖北对捻军作战，这支部队被称为新湘军。同时曾国藩还密参河南巡抚吴昌寿、山东巡抚阎敬铭不懂军事，清政府遂将吴昌寿降调，阎敬铭降职留用，令李鹤年补授河南巡抚，山东布政使丁宝桢署理山东巡抚。丁宝桢是贵州平远人，以庶吉士回籍办团练，因功简放湖南岳州知府，后又超升为陕西署理按察使。这时恰遇原籍山东历城的湖南巡抚毛鸿宾刚接到清政府要其募勇赴援山东的命令，毛鸿宾遂奏请改丁宝桢为山东按察使，令其募湘勇千人，赴山东剿捻，山东团练武装由此而起。丁宝桢虽非湖南人，但靠湘勇起家，间接属于湘军系统，由他署理鲁抚，有利于同曾国藩相配合。

曾国藩经过这番努力，原以为总会收到一些效果，不料捻军往来如故，虽然连篇奏报某日某地获一胜仗，其实不过是跟着捻军打转转，并没有损伤捻军的一枝一叶。这是因为新捻军虽由太平军发展而来，但在很多方面接受了太平军的经验教训，其战略、战术、战斗作风等方面又增加了许多新的特点。捻军的步兵虽不如太平军多，“而骁骑逾万，剽疾过之”[1]，很善于打运动战和交手仗。曾国藩说，在同太平军作战时，只有在突然遭遇时才偶尔打交手仗，这种场合几年都遇不到一次。而与捻军作战，不战则已，战必短兵相接，排阵对刺，湘、淮军不耐劳苦，时间稍长便不能支持，急急收队。为此捻军很瞧不起湘、淮军。湘、淮军虽然武器精良，每队都装备洋枪，还不如陈国瑞的部队能战。所以曾国藩在家信中说，“人皆言捻子善避兵，只怕打不着，余则谓不怕打不着，只怕打不胜，即鲍、刘与之相遇，胜负亦在不可知之数”[2]，随之发出“岂天心果不欲灭此贼耶？抑吾辈办贼之法实有未善耶”[3]的哀叹。这主要指步兵而言。至于骑兵，湘、淮军数量既少，质量尤差，更不是捻军的对手，除刘铭传的骑兵仰仗毕乃尔炮队的配合，敢于同捻军打几个回合外，其他各军的马队皆不敢与捻军的骑兵开仗。捻军走时他们追不上，一旦回头反击，杀个回马枪，他们又招架不住。所以，虽然游兵很多，仍不过你来我往，追来追去，并无多大战果，连曾国藩都不得不承认，“淮、霆各军将近五万，幼泉（即李昭庆）万人尚不在内，不能与之一为交手，可憾之至”[4]。一年多的战争暴露出曾国藩作战方针的种种弱点，正像有人分析的那样，“临淮之去周口也数百里，周口之去徐州也数百里，徐州之去济宁也数百里。骑兵之力不出百里，步兵之力不出十里，使贼避兵而行，抵隙乘虚，蔓延肆扰，无论驻扎之老营株守无益，即游弋之劲骑亦将奔命不遑”，想用这种办法打败捻军是根本不可能的[5]。

曾国藩见重点驻防和马队追击都未能奏效，便改变战术，实行防河之策，企图利用自然地形设置防线，限制捻军的活动区域，以达到聚而歼之的目的。早在曾国藩剿捻之初，刘铭传一到河南，就根据当地的地形特点，提出防守沙河之策，当时的设想是把捻军赶到沙河以南加以消灭。由于当时兵力较少，

1.《曾文正公文集》，第四卷，第 75 页。

2.《曾文正公家书》，同治五年十二月十二日。

3. 同上。

4. 同上。

5.《太平天国史料丛编简辑》，第六册，第 260 页。

曾国藩只愿负责贾鲁河以东、运河以西、沙河与淮河以北、黄河以南地区，无力顾及沙河以南；同时他也没有充分认识到河道的作用，所以没有接受这个建议。同治五年以来，曾国藩见重点布防不能制服捻军，便在增调兵力、添置马队的同时，开始注意利用自然河道限制捻军的活动地区。同治五年二月，他由徐州移驻济宁，沿途查勘运河、黄河，并根据自然地形划分若干区段，由直隶、河南、山东各省的部队和淮军分段设防，以明确专责。

关于运河的防守，他与山东巡抚阎敬铭、漕运总督吴棠商定，微山湖以北至长沟一段由淮军潘鼎新部防守，长沟以北至黄河南岸由山东派兵防守，微山湖以南、八闸及宿迁等处由淮军刘秉章部防守，窑湾、成子河一段由漕督吴棠派兵防守。水浅地段要开壕筑墙，无法挖壕修墙的地方要设置木栅，多驻防兵，力扼捻军通路（微山湖一段水深，捻军无法通过，无须设兵防守）。关于黄河的防守，曾国藩与直隶总督刘长佑、山东巡抚阎敬铭商定，以山东范县豆腐店为界，将黄河分为两段，其上东明、长垣一段由刘长佑设防，其下张秋、东阿等处由阎敬铭设防。曾国藩防守黄、运两河的目的，是企图将捻军的活动范围限制在黄河以南、运河以西，以保住山东大部分地区，尤其不让捻军北渡黄河，威胁清朝的统治中心北京。在此前后，捻军曾长久徘徊于山东单县一带，几次打算东渡运河都没有得手，这就大大增强了曾国藩对防河的兴趣和信心。同治五年六月，曾国藩见张宗禹一支已由沙河渡河南下，赖文光一支也有南渡淮河的迹象，遂采纳刘铭传的建议，决定防守沙河、贾鲁河，将鲍超、刘松山、张诗日、刘秉章、杨鼎勋五支游兵调至贾鲁河以西、沙河以南地区，力图把捻军赶至豫西、鄂东一带山区加以消灭。他在奏折中声称，“贾鲁河沙淤已久，万难兴挑”，“沙河上下千余里，地段太长”。“防此两河本系极难之事，惟念臣处马队不敌贼骑，战事既无把握，不能不兼筹守事；且防河之举办成则有大利，不成亦无大害，是以仍就前议，竭力兴办”。又为河南巡抚李鹤年辩解说，“以豫省各军全力守此七十里，似乎顿兵不进，难免外间浮议。然此七十里者全系沙地，开挖深壕犹恐旋开旋壅（音“拥”），汛地虽少，防御甚难，但使扼防得力，将来可与追剿之兵同一论功请奖”，“不贪驰剿之虚名，或收制贼之实效”。还说，“臣于军事未办就绪者向不轻易具奏。因臣主聚兵防河之说，恐使李鹤年蒙顿兵不进之讥，不得不预先奏明”。“设两河防务不能办成，或有损于大局，臣愿独当其咎，不与李鹤年相干”[1]。这实际上也是为自己辩白，预留后步。可见，曾国藩采用此策虽然决心很大，但亦属万不得已之计，对其成败实无把握，很有点试试看的味道。

同治五年七月底，赖文光率军渡贾鲁河西去，有与张宗禹会合的征兆。曾国藩急调刘铭传、张树珊、潘鼎新等赶赴沙河一线，实施防守沙河的计划。曾国藩决定：周口以下扼守沙河，与淮河水系相连；周口以上扼守贾鲁河，直至朱仙镇；朱仙镇以上至黄河南岸七十里无河可守，就挖壕筑墙，多设防兵，力扼捻军东渡之路。他与皖、豫两省商定，朱仙镇至槐树店一段四百里为捻军经常穿越之区，是难中之难者，由刘铭传、潘鼎新、张树珊防守；朱仙镇至黄河一段，由河南巡抚李鹤年调集全省兵力扼守；槐树店至正阳关一段，由安徽巡抚乔松年派兵设防；正阳关以下由水师设防。与此同时，曾国藩由济宁移驻周口，居中调度，打算将捻军阻挡在贾鲁河以西、沙河以南加以歼灭。不料这个如意算盘很快就成了泡影。

同治五年七月，捻军张宗禹一支在河南西华、上蔡境内与湘军刘松山、张诗日两军遭遇，七日之内连开六仗，损耗精锐五六千人，自与湘、淮军作战以来，从未遭受过如此严重的损失。这时赖文光一支尚在贾鲁河以东，牛宏升一支虽已渡河，却未与张宗禹相会，因而张宗禹实际上是一支孤军。曾国藩是八月初，即事后四五十天才得到这次战斗的详细禀报的。然而正当曾国藩为此得意忘形、兴高采烈的时候，捻军张宗禹、牛宏升、赖文光、任化邦各支在许州、禹州一带会合，全军迅速北上，于八月十六日夜间突破河南抚标营防区，由开封城南十余里处越壕东去。这是对曾国藩防河之策的沉重打击。八月底他上奏清廷说，从前僧格林沁剿捻，“驰驱四年有馀，几于无日不追，无旬不战。至三年秋冬挫衄（音 nǜ），良马尽被捻众夺去，兵力过疲，将星遽陨。臣奉命接办，鉴于追逐之无济，又自度骑兵万不逮僧格林沁之精，建议设立四镇，兼议运河、沙河，且防且剿。办理一年有余，仍无成效，日

1.《曾文正公奏稿》，第二十四卷，第 54—55 页。

夜筹思，忧愧何极”[1]。因而不得不暂时放弃对贾鲁河、沙河的防守，将刘铭传、潘鼎新、张树珊以及刘秉章、杨鼎勋调往山东作战。同时曾国藩还奏请李鸿章由江宁移驻徐州，曾国荃由武昌驻守南阳，分别与鲁、豫两抚会商剿捻之策，自己则驻扎周口，居中联络。在此之前，曾国藩已因病请假，从此更接连续假，观望清廷的态度，以使自己进退自如。

曾国藩在剿捻方略屡变屡败的同时，查圩政策也遭到失败。为改变皖北、豫东一带民圩“拒官纳贼”的状况，曾国藩剿捻之始就定下查圩政策。同治四年六月，曾国藩曾拟列查圩告示四条，派出委员六七人，佐以地方武装头目，赴蒙城、亳州、宿州、永城等州县实施办理。他首先令各地民圩对捻军坚壁清野，断绝供应，而在湘、淮军到来时则予以源源不断的物资接济。同时令各圩圩长办理户口登记，凡地主士绅及过去虽同捻军有过联系而愿意“自新”者入“良民册”，凡与捻军有过联系而又不愿“归正”者入“莠民册”。对于“莠民”，在外者予以追剿，在家者加以捕杀。还实行五家连坐政策，凡有“通贼”或窝藏“莠民”者，五家同坐。对于那些与捻军有过联系、曾经支援过捻军或拒绝查圩的民圩，其处理办法有二：一是并圩，即将较小的民圩并入大圩，以便于控制；二是更换圩长，即对那些较大而迁并不易的民圩，则更换以能为已用的圩长。曾国藩的这套做法无疑会遭到当地民圩反对。于是他便重操咸丰三年在湖南办团练杀人的故伎，以血腥手段镇压当地人民的反抗，大肆捕杀群众，强制推行查圩政策。据曾国藩的奏报，仅蒙城、亳州、阜阳三州县的不完全统计，一年之内就以“通贼”罪名逮捕群众一百一十人，大部分先后遭到杀害。曾国藩为了镇压民圩的反抗，彻底孤立捻军，对查圩人员反复强调抓人杀人的必要性，要他们尽量多抓多杀，多多益善。他说，在本籍查捕捻军一人，胜于临阵杀数百人，只有多抓多杀，方“足以靖根株而消反侧”。他指责查圩人员惑于阴骘轮回之说，不肯多捕多杀，致使不能立威。他说：“该牧查圩不为不久，而诛戮仅及十人，此威信之所以不立也。”[2]曾国藩一秉咸丰初年在湖南办团练时的政策，授予查圩人员以凌驾于一切地方官

1.《曾文正公奏稿》，第二十四卷，第 71 页。

2.《曾文正公书札》，第二十五卷，第 23 页。《曾文正公批牍》，第三卷，第 68—69 页。

吏及司法机关之上的权力，随意捕人杀人，不须任何证据和手续，不受任何约束，滥杀无辜而不准控告，不准翻案。他在蒙城查圩委员朱名璪的禀帖上批道，稽查圩寨一事，派有专员，“昨已颁发令箭，生死予夺，委员俱得自由，本部堂但患该员等之姑息，不患该员等之专擅也。如有掣肘之事、专擅之谤，本部堂必能维持申理”[1]。正是在他的鼓励敦促下，朱名璪在蒙城一年之内逮捕群众五十九人，比以多捕多杀而出名的亳州、阜阳两州县的总和还要多，成为查圩捕人杀人最多的县份。曾国藩还在济宁、嘉祥、金乡等州县士绅联合禀帖上批道：“当咸丰年间各省土匪蜂起之时，州县办理团练，拿获匪党，多系奉有‘格杀勿论’之谕，或有‘准以军法从事’之札，若事后纷纷翻案，则是非轇轕（音“交格”），治丝愈棼（音“汾”），有碍于政体。本部堂前在湖南办团及在湖北、两江等处，凡州县及团练所杀土匪来辕翻控者，概不准予申理，以翻之不胜其翻也。”[2]这使我们再度看到曾国藩残忍嗜杀、枭健强横的本性。对于那些曾经“从苗（指苗沛霖）从捻”的人，则采取分化瓦解的政策。他在张云吉的禀帖上批道：“查圩之意只分良莠，不问苗、捻，甘心为莠者，虽概未从苗，亦在所必诛；洗心向善者，虽曾经从苗从捻，亦在所必释。”[3]他区别“甘心为莠”和“洗心向善”的标准，就是看其对湘、淮军的态度。对于一些圩长，不论从前是什么人，只要现在愿意与其合作，为其办事，就既往不咎，加以信用；只要不遵从曾国藩的告示，不愿为其办事，就加以枷责、逮捕，甚至杀害。总之，曾国藩对捻军经常活动的地区，尤其捻军老根据地蒙城、亳州一带，软硬兼施，威逼利诱，力图分化那里的圩民，使之不与捻军联系而为湘、淮军所用。但最后仍没有什么效果，各地民圩照旧“拒官纳贼”，使湘、淮军到处碰壁，不得不从江南运送粮食、物资，而捻军却随处可以得到粮秣供应。

1.《曾文正公批牍》，第三卷，第41页。

2. 同上，第三卷，第54页。

3. 同上，第三卷，第73页。

被劾回任

决定实行防河之初，曾国藩就做好了可能遭到失败的准备，并且估计到一旦受挫，可能会由此招来政治上的攻击。他说：“假如初次办不成，或办成之后一处疏防，贼仍窜过沙河以北，开、归、陈、徐之民必怨其不能屏蔽，中外必讥其既不能战又不能防。”[1]因而在捻军冲过贾鲁河以北、开封附近防线时，就做好了下台的准备。他在给曾国荃的家书中说：“余定于明日请续假一月，十月请开各缺，仍留军营，刻一木戳，会办中路剿匪事宜而已。”[2]不过这时还没有最后下定走的决心，主要是观望清政府的态度。一月过后，续假已满，便不再续假，按照原定计划上奏清廷，请开钦差大臣与两江总督之缺，另派钦差大臣接办军务，自己则以散员留营效力。不过他仍对清政府抱有一线希望，或许会像以前那样温旨慰留，令其继续为剿捻立功，最后将捻军镇压下去。奏折发出之后，曾国藩天天等着这样的谕旨。等了一个多月，新的谕旨终于在同治五年十月二十一日（1866 年 11 月 27 日）送到曾国藩的手中，然而得到的不是温语安慰，而是严旨切责。至此，曾国藩在一年多的时间内已受廷寄责备七次、御史参劾五次，真是寒心透了，遂决心一走了事。他在给曾国荃的信中说：“昨奉十四日严旨诘责，愈无庸徘徊。大约一连数疏，辞婉而意坚，得请乃已，获祸亦所不顾。”[3]

不料形势发展很快，并没有容曾国藩三请四请，这封信发出两天后就接到寄谕，令曾国藩在营调理一月，病愈后进京陛见一次，钦差大臣关防暂由李鸿章署理。曾国藩见清政府持如此态度，心中且惭且惧，开始思索自己未来的出路。陈请开缺之初，他就考虑到既请开去钦差，卸去剿捻重任，就不能不要求连两江总督之缺也一并开去。因为他陈请开缺的理由是病体难以遽愈，岂有不堪星使而可为江督之事？那么开缺之后自己到何处去呢？出路不

1.《曾文正公批牍》，第三卷，第 65 页。

2.《曾文正公家书》，同治五年九月十二日。

3. 同上，同治五年十月二十三日。

外有二：一是回籍，一是驻京。但这两处都不是长久之计。回家调养他怕不能自甘寂寞，不能与地方官友好相处，难以长久；而驻京养病则更易“招怨受谤”，为仇人政敌和一般官员所攻击。于是反复筹思，不得善策，不禁为自己未来的出路为难起来。

机灵的李鸿章早已猜透了老师的心事，遂上奏清廷要求曾国藩务必回两江总督之任，并称如果曾国藩不回任江督，在前线剿捻的湘、淮各军军饷、粮秣的供应就难以得到保障。因而曾国藩在接到令其进京陛见的寄谕不久，即同治五年十一月六日（1866 年 12 月 12 日）就收到新的谕旨，令其回两江总督本任；授李鸿章为钦差大臣，专办剿捻事宜。曾国藩收到这一新的命令后，虽然心怀不满，却不敢有丝毫流露，仍一再奏辞，要求以散员留营效力；后见清政府仍坚持原议，批驳了御史参劾自己的两件奏折，曾国藩遂不再推辞，决计回任。他先于十一月十九日派人将钦差大臣关防送往徐州，交给李鸿章，接着便于同治六年正月初六（1867 年 2 月 10 日）从周口动身，亲赴徐州接收两江总督印信，三月十五日回到江宁。

曾国藩这次剿捻所以遭到挫败是由多种原因造成的。首先是由于捻军英勇善战。捻军的领导人赖文光是个经验丰富、文武兼备的将领，经他改编后的捻军在很多方面超过太平军。而另一领导人任化邦最称骁勇善战，曾国藩称他在捻军中的地位和作用与太平天国后期的陈玉成相仿。在他们的领导下，捻军行动迅速，英勇善战，使曾国藩屡遭挫败，在很长时期内找不到有效的战守之策。其次是由于湘军纪律松弛，日趋腐败；淮军又不甚听从指挥；再加上湘、淮军不和等因素，这就大大降低了部队的战斗力。据说，剿捻期间，曾国藩颇悔不该过快裁撤湘军，信中至有“撤湘军一事，合九州铁不能铸错”[1]之语。再次则为查圩政策失败，没有得到当地团练的配合。曾国藩出发之前，曾问赵烈文，北上剿捻应用何策。赵烈文对他说，“北方团练遍地皆是，抚之则为吾用，疑贰则为吾仇”，要他联络各地团练，实行“坚壁清野之法”[2]。曾国藩采纳了这一建议，一到皖北就发布文告，派人四出查圩，逮捕和杀害

1. 徐宗亮：《归庐谈往录》，第一卷，第 8 页。

2. 赵烈文：《能静居日记》，同治四年五月初六日。

与捻军有过联系的圩长和群众，号召各地团练坚壁清野，对抗捻军。并与团练约定，“二十五日以内围被贼破，各团之咎；二十五日以外围破，本部堂之咎”。起初团练、民圩颇为“信奉”，后见曾国藩“不能如约”，甚有捻军攻圩而湘、淮军“作壁上观者”。团练、民圩纷纷被捻军攻破，遂使他们不敢再与捻军对抗，转而联络捻军，并对曾国藩的剿捻方针进行攻击[1]，成为在政治上和军事上对曾国藩极为不利的因素。然而这都不是主要的，曾国藩剿捻失败的主要原因还是来自清政府方面。

在这次战争中，曾国藩面临的对手是捻军，它与太平军虽有相同之处，但在组织、装备、作战方法等方面又有不少新的特点。曾国藩经过多次的挫折和失败，前后花了十余年的时间才总结出一套对付太平军的办法，而这套办法对捻军却并不适合。他虽然善于总结经验，力图使自己的思想符合已经发生变化的实际情况，但要摸清捻军的活动规律、总结出一套有效的作战方法，同样需要一个较长的时间和过程。实际上曾国藩在剿捻战争中也确实在不断摸索经验，寻求成功之路。开始他实行四镇布防之策，将重兵放于四镇（后改五镇），仅以两支游兵跟追捻军；后见株守无益，便改为马队跟追之策，仅以少数弱兵守镇，抽出强兵，组成五六支游军跟踪追击。然而马队又不敌捻军骑兵，遂于防守黄河、运河之外增防贾鲁河与沙河，企图以线控制面，压缩和限制捻军流动作战的范围。这在军事思想上是“以静制动”的新发展，目的仍是争取战场上的主动权，其方向是对头的，方法是有效的。虽然初次遭到失败，只是具体地段上防守不力所致，并不是防河之策本身的错误造成的。李鸿章终以防河之策将捻军镇压下去就是明证。曾国藩早已预料会出现类似的问题，因而防河之始就做好了思想准备，决心不顾一切挫折，坚定不移，直至成功。这跟他的经历和性格是相符合的。他除在奏折中表示了这种想法外，还在刘铭传的禀帖上书有长篇批语，反复申明了自己的决心。他说：“防守沙河之策，从前无以此议相告者，贵军门创建之，本部堂主持之。凡发一谋、举一事，必有风波磨折，必有浮议摇撼。从前水师之设，创议于江忠烈

1. 赵烈文：《能静居日记》，同治六年四月二十五日。

公（即江忠源）；安庆之围，创议于胡文忠公（即胡林翼）。其后本部堂办水师，一败于靖江（即靖港），再败于湖口，将弁皆愿去水而就陆，坚忍维持，而后再振。安庆未合围之际，祁门危急，黄德糜烂，群议撤安庆之围援彼二处，坚忍力争而后有济。至金陵百里之城，孤军合围，群议皆恐蹈和、张之覆辙，即本部堂亦不以为然，厥后坚忍支撑，竟以地道成功。可见天下事果能坚忍不懈，总可有志竟成。办捻之法，马队即不得力，防河亦属善策，但须以坚忍持之。”“无论何等风波、何等浮议，本部堂当一力承担，不与建议者相干；即有咎豫兵不应株守一隅者，亦当一力承担，不与豫抚部院相干。此本部堂之贵乎坚忍也。”他还勉励刘铭传说：“游击虽劳而易见功效，易收名誉；防河虽劳而功不甚显，名亦稍减，统劲旅者不屑为之。且汛地太长，其中必有极难之处，贵军门当为其无名者，为其极难者。又况僚属之中，未必人人谅此苦衷、识此远谋，难保不有一二违言。贵军门当勤勤恳恳，譬如自家私事一般，求人相助，央人竭力。久之，人人皆将鉴其诚而服其智。迨至防务办成，则又让他军接防，而自带铭军游击，人必更钦其量矣。此贵军门之贵乎坚忍也。若甫受磨折，或闻浮言，即意沮而思变计，则掘井不及泉而止者，改掘数井亦不见泉矣。愿与贵军门共勉之。”[1]于此可见曾国藩决心之大和思虑之远，他是决不会因初次受挫就放弃防河之策而另寻他途的；更何况刘铭传也不会一次受挫就气丧意沮，承认自己的建议根本错误。

李鸿章奉命督军后，亦遇到过与曾国藩类似的情况。“胶莱之守，刘铭传以去就争之”，方为李鸿章所接受。不久捻军突围东去，守局告败，朝臣疆吏议论纷纷，群起反对李鸿章的这种做法；清政府亦下谕切责，“深不以河防为然”。李鸿章仍力主守河之策，“以为不可失信诸将，中外交非而不顾”[2]。可见刘铭传的态度对李鸿章所起制约作用之大。刘铭传所统带的铭军是淮军主力，倘若他不改变态度、放弃初议，曾国藩即使思想上有些动摇，又何敢轻易放弃防河之策、失信于人呢？可见曾国藩自己放弃这唯一可以取胜的决策的可能性几乎是不存在的。但是清政府却不给他总结经验的时间，防河初

1.《曾文正公批牍》，第三卷，第65—66页。

2. 赵烈文：《能静居日记》，同治六年八月二十八日。

挫即连下严旨诘责，怂恿御史屡上弹章，逼他下台，并迅速以李鸿章取而代之，使他不得不中途退出战场，形成半途而废的局面。

清政府所以对曾国藩采取这种态度有多种原因。首先，清政府中无人了解捻军的真实情况，认为镇压捻军是轻而易举的事，因而从一开始就急于求成，责效过切，对僧格林沁即是如此。僧格林沁败死，清政府仍不接受教训，对曾国藩依然如此，一有挫败，就严词责备，连章弹劾，随之撤去钦差，由李鸿章取代。其次，同围攻天京时相比，形势也有所不同。当时清廷只能依赖湘军，而湘军又非曾国藩不能调动指挥，所以曾国藩虽然一再要求另简钦差大臣，甚至为争江西厘金事而躺倒不干，清政府也只好对他让步，满足他的要求，对他安慰一番，依靠他最后把太平天国革命镇压下去。而此时湘军已大部裁撤，主要用淮军剿捻，当然可以用李鸿章代替曾国藩，于是清政府对曾国藩就再没有那么大的耐心了。再次，很可能由于曾国藩已有镇压太平天国之功，在统治阶级中名声太盛，清政府就不愿让他再获剿捻之功了。

此外，还可能与曾国荃弹劾官文有关。正当曾国藩防河受挫、查圩无效，在军事上一筹莫展的时候，他的胞弟曾国荃骤发弹劾官文之举，无形中使曾国藩同清政府的关系又趋紧张。官文是满洲旗人，深得清政府信任，授以湖广总督之职，控扼长江上游。胡林翼知其不可动，遂改为笼络政策，使湘军诸事顺利，有请必应。胡林翼死后，官文同湘军的关系开始疏远，奏调多隆阿赴陕，又不肯应曾国藩所请改奏东援就是明证。但双方仍保持表面的和气，并未闹翻。曾国荃担任湖北巡抚之后，与官文督、抚同城，屡起冲突，关系逐渐紧张起来。先是官文受湖北臬司唐际盛怂恿，奏请曾国荃帮办军务，以使其离开武昌。令下之初，曾国荃尚不明官文的用心，致函曾国藩，问其是否须专折谢恩。曾国藩告诉他，帮办本属极不足珍的差事，近年李世忠(即李昭寿)、陈国瑞等降将皆可得到帮办之名，刘典、吴棠虽仅为臬司、道员，也都有帮办之衔，因而不必专折谢恩或疏辞，也不可微露不满之意。曾国荃一下明白过来，便与官文结下怨仇，再加上粮道丁守存从中拨弄，遂决心进行报复。他先是奏参唐际盛，接着就疏劾官文，列有贪庸骄蹇、欺罔徇私、宠任家丁、贻误军政等款。当时曾国荃营中无文员，草拟之后无人可与商酌。

恰在此时曾国藩长子曾纪泽来营，遂与之磋商定稿，于同治五年九月带兵赴襄阳时由郭松林营中发出。曾国荃和曾纪泽并不完全明白弹劾官文的政治利害，也不善于具疏与人讼争，因而奏折草草发出，不仅文字冗长，语言多不中肯，且首尾不能照应[1]。曾国荃害怕其兄从中阻挠，故意绕开曾国藩独任其事。曾国藩得知后极为紧张，深恐由此招来大祸。他深怨曾国荃骄恣蛮干，轻举妄动，但又不敢责备一句，只好赶紧从曾国荃手中要来底稿，看看是否有理亏之处，以求补救。结果发现曾国荃在奏折中讲的话还能站住脚，即使官司打不赢，也不会因此得祸，这才放下心来。

曾国藩兄弟及其他湘军将领以团练起家，遽得高位，早已引起清朝旧有官绅贵族的不满。曾国荃受任鄂抚后，军机处就故意与他为难，凡有寄谕从不直接交给他，每由官文处转递。今见曾国荃弹劾官文，词连军机大臣胡家玉，军机处官员就对他更为不满。因而派去专查此案的钦差回奏时字字为官文开脱，竟将曾国荃所列各条全部驳回；甚至有人指责曾国荃所列官文属于“肃党”一事不实，要求照例反坐，治一诬陷之罪。

那拉氏是个很有政治经验的统治者，早已看出曾国荃劾奏官文一案纯属湘、淮军与满洲贵族的权力之争，因当时捻军声势尚壮，只有利用湘、淮军才能把它镇压下去，因而不得不暂时做出让步，令官文开湖广总督缺，留大学士衔，回京任职，授命李鸿章为湖广总督，由李瀚章暂署，暗含抬淮抑湘之意，表现出利用湘、淮两军的矛盾对其加以控制的意向。官文回京后，那拉氏立即令其以大学士掌管刑部，兼正白旗蒙古都统。实际上官文并没受什么损失，只是从此之后湖广总督一席落入湘、淮军将帅或洋务派官僚手中，这也算曾国藩集团在这场斗争中的一个大收获。对此，曾国藩在家信中说：“顷阅邸钞，官相处分极轻，公道全泯，亦殊可惧。唯以少荃督楚，筱荃署之，韫斋先生抚湘，似均为安慰。”[2]

对于曾国荃弹劾官文一事，不仅湖北士绅和京中权贵持反对态度，即曾国藩的门生故吏，如李鸿章、李鸿裔、丁日昌等人也大不以为然，唯左宗棠

1. 赵烈文：《能静居日记》，同治六年四月二十七日。其中述官文、曾国荃交恶，唐际盛、丁守存拨弄甚详。

2.《曾文正公家书》，同治六年正月二十六日。李瀚章字筱荃，李鸿章胞兄。刘崑字韫斋，曾国藩的亲友。

对此大加赞赏，称之为当今第一篇文章，目下第一好事[1]。李鸿章很担心会由此开罪清政府，于今后做官不利，因而劝曾国藩“密折保官（指官文），请勿深究”。曾国藩也有同样想法,故依计而行。不料“外间又纷言”曾国藩“劾老九”，使其进退失据，有口难辩，“惟麻木不仁处之”[2]。

然而，曾国藩和李鸿章担心的事终于发生了。同治五年十一月初，曾国荃弹劾官文的奏章送上不久，还没有对官文作出什么处理，曾国藩就接连受到严旨诘责和御史参劾，并令其开去各缺，回京陛见，钦差大臣和两江总督均由李鸿章署理。实际上是令其交出统帅权，回京听命。所以郭嵩焘很为曾国藩的下台鸣不平，说当太平天国革命席卷东南时，朝廷恐惧，百官震慑，一个个瞻顾怯立，不敢对曾国藩肆其顽嚣；而一旦太平天国革命被镇压下去，他们就感到天下太平了，遂“议论嚣然，言路之气日张”[3]。此后不久，又有一大批湘军系统的官员，如陕甘总督杨载福、陕西巡抚刘蓉、广东巡抚郭嵩焘、湖北巡抚曾国荃、直隶总督刘长佑纷纷开缺回籍，尤其刘长佑的下台和官文接任直督一事更使曾国藩产生疑心。这些事前后联系起来，引起曾国藩的警惕和担心，怀疑这是清政府对曾国荃弹劾官文一事的报复。他在给郭嵩焘的弟弟郭崑焘的信中说：“官相（指官文）倾有署直隶之信，不知印渠（指刘长佑，印渠是其号）何故开缺？近日厚（指杨载福）、霞（指刘蓉）、筠（指郭嵩焘）、沅（指曾国荃）次第去位，而印（指刘长佑）复继之，吾乡极盛固难久耶，思之悚惕。”[4]时过不久，又在给刘崑的信中说：“印渠制军顷过金陵，小住三日,闻其带勇回籍,系官相密片所请。”[5]这似乎更进一步验证了他的怀疑。曾国藩的这种想法并非全无道理，很可能这是清廷有意压抑湘系将帅，而曾国藩正是这一系列报复行动的首当其冲者。至于抬高李鸿章兄弟，更是那拉氏对曾国藩集团有意采取的分化政策，目的在于使湘、淮两系和曾、李两家

---

1. 徐凌霄、徐一士：《曾胡谈荟》，《国闻周报》，第六卷，第 43 期。
2. 郭嵩焘：《养知书屋诗文集》，光绪十八年版，第十卷，第 28 页。
3. 赵烈文：《能静居日记》，同治六年五月八日。
4. 《曾文正公书札》，第二十六卷，第 23 页。
5. 同上，第三十二卷，第 2 页。

形成双峰对峙、分庭抗礼的局面，以便分而制之。

曾国藩剿捻失败的最后一个原因，是与有关省份地方大吏的关系没有搞好。由于捻军活动范围甚广，足迹遍及苏、鲁、鄂、豫、皖五省(仅限于曾国藩剿捻期间而言)，故曾国藩以钦差大臣率兵对捻军作战，就不能不与这些省的督抚大吏打交道，尤其防河等事，更离不开他们的配合。因而，同他们搞好关系是很重要的。但实际上曾国藩同这些督抚的关系并不好。同治四年冬因与河南巡抚吴昌寿多次发生意见分歧，遂于年底将其密参，次年正月底清政府即将吴昌寿降调，改任李鹤年为河南巡抚。同一时期曾国藩还密参阎敬铭不懂军事，使阎敬铭受降级留用处分，改由藩司丁宝桢署理山东巡抚。阎敬铭与吴昌寿的被劾不仅引起其本人的不满，也使其他大吏警惕起来，都不愿与曾国藩共事，恐为其密片参劾。这就使他无形中被孤立起来，在他剿捻受挫时也就不会有人为他说话，使其不得不中途离去。从此他在统治阶级心目中的地位大大降落，"声誉名望"也逐渐走向下坡。

曾国藩剿捻期间还借机朝曲阜，游泰山，拜孟庙，谒曾墓，并专程至嘉祥县拜访曾参的后代曾广莆，与之连宗。开始曾国藩本想给曾家一些资助，使之重整家业，恢复地主士绅的经济地位；后来发现曾广莆家已经完全败落下来，"非人力所能遽振"[1]，只好在捐纳祭产银一千两外另赠银四十两了事。曾国藩家原不过是山沟里的土财主，与山东曾参后人并无共同的宗谱，自曾国藩上溯数代，所取名字多与御赐派字不符，且有人触犯祖讳；而曾参后人则与孔、孟、颜三姓连宗，各代名字的起字皆由皇帝御赐，虽越数十代而辈分不乱。曾国藩与山东曾家连宗后，第一个行动就是给曾纪泽的儿子取名曾广钧，给曾国潢的孙子取名曾广文、曾广敷[2]，以表示其"宗圣"[3]后裔的名贵身份。从此之后，曾国藩的后代与孔、孟、颜、曾四姓连为一宗，辈分也相应地串联起来。

1.《曾文正公手书日记》，同治五年六月初七日。

2.《曾文正公家书》，同治五年十月初六日。

3. 宗圣即指曾参。当时孔丘、孟轲、颜回、曾参被分别称为至圣、亚圣、复圣、宗圣，以表示他们不同的等级地位。

曾国藩剿捻期间心情是很不愉快的。北上之先即遇奕䜣被贬，奔赴前线之后，又事事不顺心，处处不应手，剿捻方略屡变屡挫，自己胸中始终没有把握，上上下下都得不到有力的支持，因而终日悬悬，无一天轻松的时候。同治五年夏秋以来屡被廷旨严责、御史弹劾，心情抑郁，烦恼异常，常常因一点小事发脾气，明知有伤斯文，却不能自制。防河之策受挫之后，曾国藩情绪更加沮丧，每一展念剿捻战争的前途和个人的身世进退，无不百感交集，充满悲观情绪，遂致夜里常做噩梦。有一天夜里他梦见自己乘舟登山，醒后顿时伤心起来，在日记中写道："余数十年来常夜梦于小河浅水中行舟，动辄胶浅，间或于陆地村径中行舟，每自知为涉世艰难之兆。本夜则梦乘舟登山，其艰难殆又有甚于前此者，殊以为虑。"[1]曾国荃弹劾官文之后，不少湘系官员遭到报复，纷纷下台。曾国荃本人也连遭惨败，继郭松林全军败溃后，彭毓橘又全军覆没，本人毙命，使新湘军完全溃灭。这使曾国藩不禁紧张起来，复由沮丧转为警惧。他在给曾国潢的信中说："沅弟近日叠奉谕旨，谴责严切，令人难堪，固由劾官、胡二人激动众怒，亦因军务毫无起色，授人以口实。"[2]又对曾国荃说："弟信云英气为之一阻，若兄则不特气阻而已，直觉无处不疚心，无日不惧祸也。"[3]

曾国藩回到江宁之后，身虽远离千里，而心却仍然悬在剿捻战场上。他见李鸿章接任之后连遭惨败，新湘军全军覆没，张树珊随之败死，资历颇深的成大吉军哗变，号称劲旅的刘铭传军几乎被歼，半年之久追击、堵截两无效果，一再受到清廷的严厉斥责，心情更加沉重，甚至担心李鸿章重蹈僧格林沁的覆辙，自己也不免死于剿捻战场。他对赵烈文说，捻军进至豫东，"各帅均被斥责"，"辞气严厉，为迩来所无。少帅（指李鸿章）及沅浦胸次未能含养，万一焦愤，致别有意外，则国家更不可问。且大局如此，断难有瘳，吾恐仍不免北行。自顾精力颓唐，亦非了此一局之人，惟祈速死为愈耳"。

1.《曾文正公手书日记》，同治五年十二月二十四日。

2.《曾文正公家书》，同治六年二月初五日。"官、胡二人"指官文和胡家玉。胡家玉当时为军机大臣，被曾国荃弹劾后，于官文解湖广总督职之先离开军机处，故不少军机大臣怨恨曾国荃。

3. 同上，同治六年二月二十一日。

他在讲这些话时“神气凄怆”，致使能言善辩的赵烈文都感到“无以为慰”[1]，足见曾国藩当时悲观到何等程度。后来东捻、西捻均被李鸿章、左宗棠镇压下去，曾国藩才免于北行。但整个清王朝却如粪墙朽木，日甚一日地腐败下去，根本不可能再有什么“中兴”的希望，这就使曾国藩陷入更深的悲伤和苦恼之中。

1. 赵烈文：《能静居日记》，同治六年六月八日。

七　郁悒而死

(同治七年至同治十一年　1868—1872)

中兴幻想的破灭

早在曾国藩做京官时，他就幻想通过一些自上而下的改革，使江河日下的清王朝再振生机，重新恢复康乾时代的太平盛世。后来发现此路不通，转而编练湘、淮军，镇压太平天国革命和捻军起义，并大力整顿吏治、漕赋，兴办近代军事工业，企图通过另一条道路实现这个目的。开始，军事上连吃败仗，政治上处处碰壁，因而感到非常失望，曾一气之下跑回老家，百唤不起，再不想过问世事了。再次出山后，军事形势大为好转，清政府又授予他地方军政大权，尤其安庆决战取胜和那拉氏、奕䜣政变上台二事，更使曾国藩大受鼓舞，对清王朝的前途充满希望，于是“中兴”一词便成了他的口头禅。那么究竟什么时候才能实现“中兴”呢？按照曾国藩的设想，显然是将太平天国革命镇压下去以后。不料刚把太平天国革命镇压下去，捻军复声势大震，只好奉命北上去同捻军交战。捻军起义被镇压下去之后，按照曾国藩的设想，接着出现的应是所谓太平盛世，至少也应是一片生气勃勃的复兴景象；然而事实却恰恰相反，呈现在曾国藩面前的完全是一副败落景象，看不到任何振兴的苗头。

同治三年，曾国藩把攻陷天京时炸开的城墙缺口修复后，曾在原缺口处立碑以记其事，除简述太平天国定都与湘军陷城经过外，还铭其文曰：“穷天下力，复此金汤，苦哉将士，来者勿忘。”[1] 显然曾国藩此举的目的主要不在于为湘军表功，而是要封建统治者永远记住这一教训，尽力避免类似的人民革命再次发生。在此前后的数年之间，曾国藩曾不止一次地想到这个问题，并为此做过一些努力，力图使当时的社会矛盾有所缓和。

然而他在江浙地区搞的减漕减赋并没有收到什么实效，这里仍然存在着赋税过重、负担不均的问题。太湖流域的苏、松、杭、嘉、湖等府是中国最富庶的地区，也是全国赋税最重的地区。同治二年，曾国藩和李鸿章曾在苏、松、太三府州搞过一次减赋，主要办法是裁减浮额和取消士绅免税特权，力图减轻中小地主乃至自耕农的钱粮负担，以缓和社会矛盾，消除乱源。结果并没发生什么实际效用，潘曾玮、冯桂芬等豪门巨绅照旧抗粮不交，地方官不敢过问，只好继续沿用过去的老办法，将这些特权者的钱粮负担均摊到中小地主和自耕农的身上。地方官也不肯放弃从征收钱粮中大捞一把的机会，遂将漕赋折色增至时价的三倍，粮价贱至石米一千五六百文，州县仍以石米四千七百文折价征收，致使卖米三石方能完一石之赋[2]。因而浮额依旧存在，并没有裁减掉。这些情况曾国藩是知道的，但除对州县漕赋折色略加限制外，对于潘曾玮、冯桂芬等豪绅抗税问题也不敢过问。太平天国革命失败后，这些丧家之犬纷纷返窝归巢，并很快恢复起昔日的威风，不仅州县官员在这些豪门权贵面前低三下四，即使藩、臬大员，在一定程度上也要仰承他们的鼻息，得罪了他们就有丢官的危险。

曾国藩年轻时，乃至出办团练之初，都曾想在政治上压抑一下豪门巨室，在经济上挤出他们一点钱财，一方面解决财政费用问题，一方面使中小地主得到保护。他在苏南搞减赋时，也是出于这种考虑。然而到了后来，就渐渐连这点勇气也没有了，尤其李榕因办米捐被劾丢官之后，他更觉得巨室得罪不得。他在给李鸿裔的信中说：“申夫（即李榕）傲岸不羁，卒乃以此被谤。米捐固其借端，然办捐而必曰着重上户，使大绅巨室与中人小家平等捐输。此其势固有所不能。王介甫（即宋代王安石）使品官形势之家均出免役钱文，

1.《曾文正公文集》，第三卷，第 60 页。

2. 赵烈文：《能静居日记》，同治六年八月二十一日。

众论愈哗，巨室之不可得罪也久矣。”[1]曾国藩压抑豪门势力的目的不过是为了缓和清朝统治者同中小地主乃至自耕农的矛盾。他既然出于无奈而向豪门势力让步，也就无法减轻中产阶层的负担，社会矛盾也就得不到缓和。从历代农民起义发生和发展的情况来看，中间阶层的政治动向往往起着举足轻重的作用，没有他们的参加与支持，广大贫苦农民是很难发动起一场席卷全国的农民大起义的；而中间阶层的破产，多半是由于赋役负担过重造成的。所以减漕均赋的失败使曾国藩深感忧虑，唯恐再次发生大的农民起义。

如果说，减漕一事已使曾国藩感到悲观丧气、忧心忡忡的话，人民群众的情况就简直令他坐立不安了。捻军起义虽被镇压下去，而西北回民起义仍在继续进行，北方各省水旱频仍，饥民成群，捻军旧部和被裁兵勇散布各地，不少人无计谋生，成群结队，四出游荡，社会秩序仍然混乱不堪。总之，内战并未完全结束，全国政治形势仍然处于动荡不安之中，使人感到危机四伏，惶惶不可终日。曾国藩曾在家书、日记中不止一次地描述到自己所亲眼看到的情形，“所过之处，千里萧条，民不聊生”[2]。“余自北征以来经行数千里，除兖州略好外，其馀目之所见，几无一人面无饥色，无一人身有完衣”[3]。曾国藩心里非常明白，在这种情况下，要人们长久忍受而不起来造反是根本不可能的，因而整日提心吊胆，惴惴不安。他所说的“直觉无处不疚心，无日不惧祸”，也含有这样一种思想成分。

曾国藩所担忧的另一问题是哥老会活动的蔓延和高涨。长江中上游的哥老会起源于四川，蜀人呼弟为老老，哥老犹言哥弟也[4]。由于鲍超霆营中四川人较多，所以哥老会首先在这里发展，以后很快扩散到其他各营。到了湘军后期，哥老会在湘军中已有很大势力，不仅人数众多，而且一些下级军官也参加进来。当时曾国藩急于裁撤湘军与此很有关系，他非常害怕哥老会的活动导致湘军的哗变，最后搞成不可收拾的局面。后来在湘军剿捻期间，成大

1.《曾文正公书札》，第三十二卷，第 25 页。

2.《曾文正公家书》，同治六年二月二十一日。

3.《曾文正公手书日记》，同治六年二月二十日。

4. 朱克敬：《暝庵杂识・二识》（以下简称《暝庵二识》），第二卷，第 4 页。

吉部在湖北的哗变，就是哥老会组织联络的，其后哗变士兵大批加入捻军，大大壮大了捻军的力量，而给湘军以沉重打击。可见曾国藩的担心不是多余的。但是曾国藩对湘军的裁撤并没有解决哥老会的问题，反而使无计谋生的散兵游勇和当地贫苦农民结合起来，更加壮大了哥老会的势力，将哥老会的活动引向自己的家乡。

湘军建立之初，内部就有两种成分：一部分是政治上走投无路的封建知识分子，诸如举人、生员、文童之类；一部分是无计谋生的贫苦农民。当时就有人说，假设曾国藩不把后一部分人吸收到湘军中来，他们很可能揭竿而起，成为太平军的重要力量。曾国藩利用这部分人的无知，让他们充当镇压太平天国革命的工具，当时也确实达到了一箭双雕的目的。不过随着时间的推移，情况渐渐发生了变化。起初，人们只是朦胧地感到他们与太平军似乎有一种相互依存的关系。例如，有一天，水师营官王明山听说前方打了胜仗，心中高兴，就故意谩骂他的部下说："蠢猪奴，欲急灭长毛归饿死耶？"[1]这话出于王明山之口当然是开玩笑，但却反映了当时湘军士兵中普遍存在的想法。显然他们是把对太平军的战争当作自己的生活出路，这场战争一结束，他们就会立刻陷于困境。以后随着形势的发展，他们的这种顾虑也越来越重，于是便大批加入哥老会。这是湘军后期哥老会得以迅速发展的根本原因。开始哥老会的口号和宗旨是"有福同享，有难同当"，似乎是一种经济互助团体，并没有明确的政治目的。而这些士兵回到湖南之后，一旦在经济上陷于走投无路的境地，哥老会就成为组织贫苦农民起而反抗清朝统治的政治团体。

哥老会的问题所以使曾国藩感到头痛，不仅由于他们在湖南到处发动起事，而且因为这些人与湘军有着千丝万缕的联系，其中不少人是曾国荃的老部下，曾为他们兄弟立过汗马功劳，有的甚至已保至一、二、三品武职候补官员。无怪乎有人竟会把曾国藩说成是哥老会的最高首领。曾国藩心里很清楚，这个问题如果处理不好，就会株连湘军中的很多人，甚至会把一些湘军将领"逼上梁山"。因为这些人本来就存在对清朝的不满情绪，认为清政府

1. 王闿运：《湘军志》，第六卷，第7页。

对他们功高赏薄，与八旗、绿营相比，待遇不公。所以曾国藩写信给在湖南巡抚衙门充当幕僚的郭崑焘，一反过去大张绅权、怂恿当地士绅随意捕人杀人的方针，要求对于湖南哥老会一案，“生杀之权当操之抚帅，湘邑不准擅杀一人；讼狱之权当操之邑侯，局绅不准擅断一狱”[1]。但他的胞弟曾国潢却并不理解这一点，一味仗势横行，必欲沿用过去办团练时的老办法，将哥老会赶尽杀绝，斩草除根。曾国藩写信劝诫说，“哥老会之事，余意不必曲为搜求”。“提、镇、副将官阶已大，苟非有叛逆之实迹实据，似不必轻言正法。如王清泉，系克复金陵有功之人。在湖北散营，欠饷尚有数成未发，既打金陵，则欠饷不清不能全归咎于湖北，余亦与有过焉。因欠饷不清，则军装不能全交，自是意中之事。既实缺提镇之最可信为心腹者，如萧孚泗、朱南桂、唐义训、熊登武等，若有意搜求其家，亦未必全无军装，亦难保别人不诬之为哥老会首。余意凡保至一、二、三品武职，总须以礼貌待之，以诚意感之。如有犯事到官，弟在家常常缓颊而保全之；即明知其哥老会，唤至密室，恳切劝谕，令其自悔，而贷其一死”[2]。他又深恐曾国潢不听劝告，在家乡闹出事来，遂致信湘乡县令说：“哥老会一案，弟有告示，但问其有罪无罪，不问其是会非会，严禁株累诬扳之风，以靖民气。澄侯不以为然，必欲搜剔根株，窃恐愈剔愈众，愈搜愈乱，祸无了日。求阁下劝诫澄弟，不再搜寻，静以俟之。”[3]后来幸好没有发生株连过广的问题，也没有发生曾国藩担心的事。但哥老会的活动却日益频繁，其组织也在湖南扎下了根，再也无法拔除了。

使曾国藩心神不安的另一个问题，是哥老会的分布恰与湘军的募勇地区相应。就全国而言，哥老会主要分布在湖南、湖北、四川三省，其中以湖南最多；就湖南而言，主要分布在长沙、衡州、永州三府，其中以长沙最多，衡、永二府次之；就长沙府而言，又主要分布在湘乡、湘潭、长沙、善化、湘阴、宁乡、益阳等县，其中以湘乡、湘潭、长沙、善化、湘阴、宁乡最多，益阳

1.《曾文正公书札》，第二十六卷，第 22 页。

2.《曾文正公家书》，同治五年八月初十日。

3.《曾文正公书札》，第二十六卷，第 17 页。

次之[1]；当然，在哥老会最多的六县中又以湘乡最为集中，因为湘军从这里招募的人最多，最后遣散回籍的散兵游勇也最多，哥老会在这里分布最广、扎根最深、活动最频繁，是完全可以理解的。当太平天国革命席卷江淮、波及全国的时候，湖南处于相对安定状态，湘乡尤其如此；而当这场革命在全国失败之后，曾国藩的家乡湖南，尤其湘乡，反而出现了此伏彼起的大小起事，使他连个安静的老窝都没有，也就不能不陷入深深的苦恼之中。当时曾国藩很担心湖南发生大规模农民起义，那样他们曾家就会成为哥老会攻击的头号目标而难于幸免了。曾国藩在给朋友的信中说："吾乡会匪窃发，益阳、龙阳等城相继被扰。此辈游荡无业，常思逐风尘而得逞，湘省年年发难，剿之而不畏，抚之而无术，纵使十次被灭，而设有一次迁延，则桑梓之患不堪设想，殊以为虑。"[2]又在家信中说："人多言湖南恐非乐土，必有劫数，湖南大乱，则星冈公之子孙自须全数避乱远出。"[3]但他的两个弟弟曾国潢和曾国荃并不认识这一点，依然在家仗势横行，包揽词讼，强购田产，弄得人人痛恨，非常孤立。曾国藩的老婆儿女很怕家乡发生大的起义，与这两个家伙同遭灭顶之灾，因而几次写信要求到南京避难。曾国藩当时刚说过陈请开缺回籍的话，不好马上去接家眷；又怕他一家出来后，两个弟弟在家被哥老会收拾掉，引起外界的议论，所以想让他们一起出来避难，二人却又坚执不肯。这使曾国藩不禁左右为难起来。曾国藩向赵烈文谈到上述情况，赵烈文说，你们兄弟已经分别十年没见面了，何不招他们出游，到这里来看看你？曾国藩说："吾久为斯说而不见听，奈何？方今多故，湘中人人以为可危，两舍弟方径情直行，以敛众怨。故吾家人屡书，乞来任所，以为祸在眉睫。"[4]赵烈文当然劝他迎眷。不过曾国藩当时似乎仍有些犹豫不决。后来还是管不了这许多，把全家老小接到江宁，离开湖南这个危险的地方。

吏治毫无起色是曾国藩感到苦恼的又一问题。过去曾国藩总是强调，欲

1.《曾文正公书札》，第三十一卷，第 29 页。

2.《曾国藩未刊信稿》，第 297 页。

3.《曾文正公家书》，同治六年六月初六日。

4. 赵烈文：《能静居日记》，同治六年九月初十日。

使清朝重新振兴，必须从整顿吏治入手。他任两江总督后，所至裁革原有官吏，将自己的亲信补授要缺。结果吏治毫无起色，甚至连他直接管辖的“三吴吏治”都“不能整顿”，深感“负国负民”[1]而又束手无策。其原因无他，主要是地方上的一些贪官污吏非亲即故，不是他的亲信，就是他亲信的亲信；不是他亲手所保举，就是他保举的人所保举。至于营中保举之滥，更是他一手所造成的，到头来也只能由他自吞苦果。因而他明知问题很大，非整顿不可，却无法下手，只得装聋作哑，苟且偷安。如江苏布政使丁日昌为人贪婪狡诈，名声很坏，最初以被革知县在曾国藩手下做厘局卡员，在幕僚中身份不高，属于一般委员。同治二年到上海后，备受李鸿章的赏识和重用，数年之间飞黄腾达，保至布政使。李鸿章署理两江总督后，又保丁日昌署理江苏巡抚，因遭曾国藩的反对，没有搞成。赵烈文家在常州，对丁日昌的情况了解很多，曾几次向曾国藩揭发丁日昌的问题，认为整顿江苏吏治，必须首先从丁日昌开刀。赵烈文说：“师恒言求吏治，使若辈在位，吏治非江河日下不已。”曾国藩听罢，长叹一声说：“足下亦知吾苦心邪？丁之流皆少荃至好，我与少荃势同一家，渠又暴露在外，身膺艰巨。丁虽屑人，而筹前敌财用无不精速，吾又何忍不少慰其意也！”[2]就是说，由于丁日昌善刮民财以供军饷，又是李鸿章的亲信，即使再坏也不能去掉。曾国藩曾一再宣称，他选拔人才的标准是“能做事，不爱钱，不怕死”[3]三条，看来似乎很全面，然而到哪里去找这样的人呢？凡能做事者，无不好名、贪财，而不贪名利者皆欲苟全乱世、遁迹山林，又怎么会投到他的“麾下”，去干那些屠杀人民的反革命勾当呢？因而就连他自己最后也不能不大发感慨：“安得有人乎？勇于事情者皆有大欲存焉！”[4]可见他的所谓整顿吏治已走入死胡同，过去没有，以后也不会有什么成果。

所有这些问题不能不引起曾国藩的深思，使他进而联想到清王朝未来的

---

1. 赵烈文：《能静居日记》，同治六年五月十一日。

2. 同上，同治六年九月十七日。

3. 同上，同治六年九月初七日。

4. 同上，同治六年九月初四日。

命运。一天，他对赵烈文说："今日有四川庶常来见，其言谈举止不类士夫。前日有同乡庶常送诗，排不成排，古不成古。国家所得人物如此，一代不如一代，文章与国运相关，天下事可知矣。"他一边说，一边不停地皱眉头[1]。不过只此而已。作为统治阶级最高层的一员，他没有也不可能再往深里去想。但是地位较低的赵烈文却已经有了成熟的看法。

同治六年六月二十日晚，曾国藩和赵烈文像往常一样在一起无事闲聊。曾国藩说："京中来人云：'都门气象甚恶，明火执仗之案时出，而市肆乞丐成群，甚至妇女亦裸身无袴。'民穷财尽，恐有异变，奈何？"赵烈文说："天下治安一统久矣，势必驯至分剖。然主威素重，风气未开，若非抽心一烂，则土崩瓦解之局不成。以烈度之，异日之祸必先根本颠仆，而后方州无主，人自为政，殆不出五十年矣。"意思是，全国统一安定的局面已经很久了，势必渐渐走向分裂。但皇帝的权威一向很重，割据风气尚未形成，除非中央政府首先烂掉，否则不会出现国家土崩瓦解的局面。以我的揣测，将来的祸患必是中央政府首先垮台，而后天下无主，各自为政，这种情况的发生大概不会超出五十年了。曾国藩一听，立刻皱起眉头，过了好久才说："然则当南迁乎？"赵烈文说："恐遂陆沉，未必能效晋、宋也。"就是说，恐怕是彻底灭亡，不会再像晋、宋两代那样，出现政权南迁、南北分治的局面。曾国藩有些不服气，同赵烈文争辩说："本朝君德正，或不至此。"赵烈文说："君德正矣，而国势之隆，食报已不为不厚。国初创业太易，诛戮太重，所以有天下者太巧。天道难知，善恶不相掩，后君之德泽，未足恃也。"曾国藩无言以对，沉默良久方说："吾日夜望死，忧见宗祏之陨。"[2]实际上多少默认了赵烈文的议论。

从此曾国藩开始反复考虑赵烈文提出的问题，尤其集中于清王朝会不会"抽心一烂""根本颠仆"这个问题上，各种想法不断闪现在他的脑海里，流于他的语言中。有时他同意赵烈文的看法："京师水泉皆枯，御河断流，朝

1. 赵烈文：《能静居日记》，同治六年五月十一日。"庶常"即庶吉士。因庶吉士在翰林院庶常馆学习，故又称其为"庶常"。

2. 同上，同治六年六月二十日。

无君子，人事偾乱，恐非能久之道。”[1]有时又不同意赵烈文的看法：奕䜣为人“聪颖”，清朝“君德正，勤于政事”；那拉氏大权独揽，遇事“威断”，为前代所无。意思是说清朝大概不会发生像赵烈文所说的那种“抽心一烂”的事。赵烈文同他争辩说，奕䜣“聪明信有之，亦小智耳”，“身当姬旦之地，无卓然自立之心，位尊势极，而虑不出庭户，恐不能无覆悚之虞，非浅智薄慧、涂饰耳目之技所能幸免也”。还说“勤政”无补于兴亡，“威断”则易受蒙蔽。而“中兴气象，第一贵政地有人。奄奄不改，欲以措施一二之偶当默运天心，未必其然也”[2]。曾国藩最后虽无言以对，但并未心服，对清朝的所谓“中兴”仍抱有幻想。不久清廷发来上谕，依总理衙门奏请，令督、抚、将军就外交问题各抒已见，具折奏闻。据说总理衙门在“折中开诚布公，于十年仓卒定约及历年办理情形，尽去虚文讳饰；于日后如何杜其要挟及条约应准应驳，殷殷下问，颇有中外一家之象”。曾国藩请赵烈文过目后，非常兴奋地说：“此折所关甚大。枋国者能如此，中兴其有望乎？”接着慷慨陈词，说“国运长短，不系强弱，唯在上者有立国之道，则虽困不亡”，并举南宋和金朝在强敌威逼下幸存一时的例子引出结论说：“其妙如此，圣人所以动称天命也。”[3]意思是说清朝虽弱，朝中仍有能干人才，未必如赵烈文所言，很快即会“陆沉”，说不定能像宋、晋两代那样偏安一隅，苟延一个相当长的时期。他的这种侥幸心理一直保持到同治七年底到达京师之前。

同治七年七月二十七日，曾国藩接到清廷命令，调其为直隶总督。在此之前，他已由协办大学士升为体仁阁大学士、武英殿大学士，并以剿捻之功又得到一个云骑尉世职。一年数迁，可谓荣耀之至，清政府似乎对他也很信任。然而曾国藩的体验则恰恰相反，他感到自己渐渐受到冷淡和疏远，由两江调往直隶，不过是清政府企图改变“内轻外重”状况的权宜之计。因而恐直隶总督之职难得久任，与其如此，则不如及早辞谢。赵烈文也认为，清廷做如此调动，违反一般常理，必另有一番“深意”，“诚非草茅所能窥度其权衡之

1. 赵烈文：《能静居日记》，同治六年六月二十二日。

2. 同上，同治六年七月初九日。

3. 同上，同治六年九月二十三日。

道”。曾国藩领悟这番道理，但仍有为难之处，“默然良久”说：“去年年终考察，吾密保及劾者皆未动，知圣眷已差，惧不能始终，奈何？”[1]赵烈文认为不至如此，并对他劝慰一番，使他的情绪大致稳定下来，遂于当年十一月八日从江宁起行北上。但旅途之中仍然犹豫不决，尚未完全打消辞谢求退的念头，只是感到难于措辞。十一月二十七日，曾国藩行至泰安府，忽然接到新的寄谕，所奏报销折奉旨“著照所请”，只在户部备案，无须核议。曾国藩为此大受鼓舞，认为这是清政府对他的特别信任，空前恩典。他写信对长子曾纪泽说，同治三年他曾得到与此类似的三个谕旨，一是军费报销免办清册，二是天京窖藏金银去向不予追查，三是不再深究走脱幼天王之罪。今又得报销军费户部无须核议的谕旨，使他“感激次骨，较之得高爵穹官，其感百倍过之”，因而回心转意，虽虑“久宦不休，将来恐难善始善终”[2]，但不再要求辞职了。

为了陛见那拉氏和同治皇帝，曾国藩未去保定任所而先到北京。自十二月十三日至次年正月二十日，曾国藩在北京住了一个多月，先住金鱼胡同贤良寺，后移居宣武门外法源寺。在此期间，曾国藩除访亲问友、会见各方要员外，还先后四次受到那拉氏的召见，两次参加国宴，并在庆贺新年的宴会上以武英殿大学士排汉大臣班次之首。这是曾国藩一生最感荣耀的活动。在此之前曾国藩还没有见过那拉氏、同治帝以及奕䜣、文祥、宝鋆（音“云”）等军机大臣，通过观察、谈话和访亲问友，他对清政府中的核心人物有了进一步的了解。同治八年正月二十日，曾国藩从北京动身，沿途巡视永定河等水利设施，直至二十七日才到达保定，接任直隶总督。通过一个时期的了解，他发现清朝的实际情况比他原来预料的还要糟，到处是一片混乱，从中央到地方都没有可以依赖的人才，整个清王朝已经像一艘千疮百孔的破船，只好眼看着它一天天地沉没下去，再也没有浮起的希望。

同治八年五月二十八日（1869 年 7 月 7 日），赵烈文到达保定的当天晚上，曾国藩就迫不及待地向他吐露了自己的悲观心情：直隶“吏治风俗颓坏

1. 赵烈文：《能静居日记》，同治七年七月二十八日。

2.《湘乡曾氏文献》，第二册，第 1146 页。

已极，官则出息毫无，仰资于徭役；民则健讼成性，藐然于宪典；加以土瘠多灾，暂晴已旱，一雨辄潦”，使他深感诸事棘手，“一筹莫展”。但最使他失望的还是清政府领导核心中根本没有一个人足以力挽狂澜，复兴大清。他分析清政府中的主要人物说，“两宫（指慈安、慈禧两太后）才地平常，见面无一要语；皇上冲默，亦无从测之；时局尽在军机恭邸（指奕䜣）、文（指文祥）、宝（指宝鋆）数人，权过人主。恭邸极聪明而晃荡不能立足；文柏川（即文祥）正派而规模狭隘，亦不知求人自辅；宝佩衡（即宝鋆）则不满人口。朝中有特立之操者尚推倭艮峰（即倭仁），然才薄识短。余更碌碌，甚可忧耳”[1]。

曾国藩的这段话可以说是对他与赵烈文关于清朝能否中兴的谈话和争论做了一个总结。赵烈文早就认为，清朝将太平天国革命镇压下去之后，虽然不少人大肆吹嘘所谓“同治中兴”，但从上到下竞相腐败，根本没有复兴的希望。经过两年的争论和观察思考，曾国藩基本上同意了赵烈文的论断，得出大体与赵烈文类似的看法：清王朝从上到下腐败无能，再没有复兴的希望，它的灭亡不过是个时间和具体方式问题。这样，曾国藩的中兴幻想也就终归破灭了。

忍辱求和

曾国藩多年以来视力微弱，常患晕眩之症。剿捻失败被劾回任两江总督之后诸事棘手，心情沮丧，忧思过度，身体愈衰。同治八年秋冬以来，目力昏眊（音“冒”），看字常如隔雾，治事稍久则眼瞢益甚，至同治九年二月底右目全盲，左目仅有微光，办公已极为困难。只因直隶大旱为灾，麦收无望，通省官员惶惶不安，军民上下人心不稳，故勉强支持，不敢请假。四月中旬忽得眩晕之疾，不能起坐，只得具疏请假，在家调养。据医生讲，曾国藩致病之源在于“焦劳过度”，右目失明和眩晕之症都是由肝病引起的，治疗之

1. 赵烈文：《能静居日记》，同治八年五月二十八日。

法则唯宜滋补肝肾和息心静养。休养治疗一月之后，眩晕之症十愈其八，而根本之疾未除，又添胃寒之病，食欲不振，精神困倦，体气虚亏，不能自持，只好再续假一月。这时突然接到清廷谕旨，查办天津教案。

天津人民反洋教斗争的爆发既有其远因也有其近因。西方资本主义列强为了征服中国，运用了三个武器：炮舰、鸦片和宗教。开始以炮舰为鸦片开路，以鸦片走私补偿商品贸易逆差。第二次鸦片战争后，于鸦片之外又增加了一个新的侵略工具——宗教。他们在进行经济侵略的同时，千方百计地推行文化侵略政策，利用《天津条约》中规定的特权，在中国开办教会、医院、学校、仁慈堂、育婴堂等，打着“慈善”的幌子向中国人民灌输奴化思想，培养崇洋媚外心理，极力模糊侵略者与被侵略者的界限，妄图从精神上麻痹和征服中国人民，使之千世百代甘心为国际资产阶级当牛做马而不思反抗。鸦片战争前，天主教、基督教等洋教曾被清政府明令禁止，不得在中国传布；鸦片战争后，他们用大炮打破了清政府对洋教的禁令，但没有获得太大的发展。第二次鸦片战争后，他们利用不平等的《天津条约》《北京条约》中规定的传教特权，迅速地把侵略势力由沿江、沿海扩张到边疆、内地，直至穷乡僻壤。随着教会势力的增长，传教士大批拥入中国，他们自觉不自觉地充当了西方资本主义列强推行文化侵略政策的工具。此外，他们中的很多人还兼任搜集各种情报的任务，实际上担当着殖民主义急先锋的角色。其尤甚者，则所到之处，挟制长官，包揽词讼，使教民成编外之民，变教堂为国中之国，严重侵犯了中国的主权。有的传教士还怂恿教民欺凌平民，侵夺田产，欺男霸女，无恶不作。为了侵略中国的需要，西方资产阶级政府竭力在中国培植媚外势力，每遇民教争讼，教士一味偏袒教民，领事、公使全力支持教士，致使每次打官司，教民恒胜，平民恒败，地方官稍敢持正，立被罢官而去。这样一来，教会就成为西方列强侵略势力的突出代表。中国官绅民众屡受欺压，无处申理，“怨毒积中，几有‘及尔偕亡’之愤”[1]，为了自身和乡邻同胞的生存，不得不起而抗争。从 19 世纪 60 年代起，中国人民反抗教会侵略势力的所谓教

1. 同治朝《筹办夷务始末》，第七十六卷，第 32 页。

案不断在各地发生。进入70年代后，群众反洋教斗争又有了很大发展，规模也越来越大，继贵州教案、四川教案、江西教案和扬州教案之后，同治九年又发生了震惊中外的天津教案。

第二次鸦片战争后，作为清朝京师门户的天津被开放为对外通商口岸，随即也就成为资本主义列强在中国北方的侵略基地。他们在这里划定租界，设立领事馆、教会等机构，罪恶昭彰，路人侧目，早为中国人民所深恶痛绝。同治九年五月，法国天主教育婴堂所收养的婴儿突然死亡三四十人，尸体自外腐烂，违背常情，引起人们极大注意，怀疑教堂有意虐杀中国婴儿；与此同时，天津附近州县不断发生迷拐幼儿案件，拐犯口供往往牵连教堂。同治九年五月二十一日，有个名叫武兰珍的拐犯被群众当场抓住，扭送天津县衙。武犯供称系受教民王三指使，迷药亦是王三所授，先曾迷拐一人，得洋银五元。教民王三是个开药铺的商人，依仗教会势力多行不法，欺压良善，早已引起公愤。此事哄传出去后，街巷市肆议论纷纷，皆谓天主教堂用药迷拐人口，人心大愤。当时外国人在中国享有治外法权，虽作奸犯科，罪大恶极，中国官员也不能治罪。教民虽为中国人，但由于得到外国教士的包庇，实际上也享受这种特权，词讼凡牵连教民、教堂，中国官员亦不敢问。这次天津府、县见民情激愤，不敢草率，遂穷治其狱。他们先通过外交途径令教堂交出罪犯王三，结果遭到拒绝。接着又于五月二十三日约同天津道、府、县官带犯人赴教堂查验门径。天津地方官走后，围观群众同教堂人员发生口角，引起双方斗殴。法国驻天津领事丰大业两次派人要三口通商大臣崇厚派兵镇压。后见崇厚仅先后派去两弁，又不肯应命捕人，丰大业怒不可遏，不仅鞭打来弁，还倒拖其发辫，赶往三口通商大臣衙门找崇厚算账。他脚踹仪门，打砸家具，接连两次向崇厚开枪，幸被推开，未能伤人。但枪声传出，引起误解，街市哄传中法开战，水会鸣锣聚众，拥往通商衙门“帮打”。崇厚恐惹出事端，劝丰大业待民众散去再回领事馆。丰大业不听劝告，狂吼不怕中国百姓，气势汹汹地冲出门外。人们见丰大业出来，纷纷自动后退，为他闪开通道。若丰大业不再寻衅，这场风波或许不会发生。不料丰大业行至浮桥，又向迎面相遇的天津知县刘杰开枪，打伤跟丁高升。群众再也无法忍受，当场殴毙丰大业和护兵西蒙，随之又潮水般冲向法国天主堂、育婴堂和外国人在天津设置的其他机构。他们搜出罪犯王三，抓到拐匪安三，救出被拐骗的中国幼童，亦先后打死外国人二十名，焚毁房舍数处。这就是有名的“天津教案”。从事件的发展过程看，天津教案显然是一次爱国群众自发的反帝斗争，无论其远因还是近因，都是帝国主义的侵略和压迫造成的，是群众在忍无可忍的情况下被迫采取的自卫行动[1]。

天津教案发生以后，法、英、美、俄等国立刻使出他们的一贯伎俩，一面七国联衔提出“抗议”，一面向天津海面调集军舰，进行露骨的战争威胁。清政府感到非常紧张，一面发布谕旨，令各省地方官员弹压群众，保护各地教堂和通商口岸，防止发生类似事件；一面派直隶总督曾国藩前往天津查办。曾国藩对清朝的前途已极为悲观，最怕发生异常变故，尤其害怕外国人打来，同洋人开战，因而一听到天津群众殴毙领事、焚毁教堂之事，立刻陷于一片惊恐之中。他认为，过去发生的扬州、贵州、四川等教案，仅伤及教士，洋人就出动兵舰相威胁，不得满意的结果不已；这次殴毙领事，为前所未有，法国必不肯罢休。洋人凶悍成性，天津民风好斗，双方各不相让，很可能构怨兴兵，激成大变，自己也很可能在这场战争中丧命。因而他再次写下遗嘱，告诉长子曾纪泽在他死后如何处理丧事和遗物等。也正因为出于这种估计，所以他身体虽未痊愈而不敢推辞，只得勉强支撑，硬着头皮走一趟。

常驻天津负责对外交涉事务的三口通商大臣崇厚是个寡廉鲜耻的民族投降派，凡遇民、教诉讼案件，他都一味偏袒教民，屈抑平民。有一次民、教互斗，教民仅受微伤，崇厚即判平民死刑，致使传教士都觉得判罪太重。因而天津官员士绅都反对崇厚办理此案，认为他一味讨好洋人，办理不能持平。由于曾国藩在咸丰四年所作《讨粤匪檄》中曾有若干反对洋教、维护儒学的词句，例如“倘有抱道君子痛天主教之横行中原，赫然愤怒以卫吾道者，本部堂礼之幕府，待以宾师”等，一些官员士绅遂误认他是反对洋教的人物，有人甚至假曾国藩之名，书写反对洋教的文告，四处散发，以壮声势。所以曾国藩

1. 详见《再论天津教案的起因与性质》,《近代史研究》,1997 年第 6 期和《文化冲突还是主权之争》,《以史为鉴——中国近代史论文集》，宗教文化出版社，2001 年。

未到天津之前，当地官绅对他抱有很大幻想，认为曾国藩定会一反崇厚的媚外方针，公平办理此案。

同治九年六月十日曾国藩到达天津，即依崇厚之意，将拐犯武兰珍和犯罪教民王三立即开释，接着又将天津道员周家勋、知府张光藻、知县刘杰三人革职。他明知崇厚的主张旨在“悦洋人之意”，事后必“大失民心”[1]，遭舆论谴责，但为了讨取洋人的欢心，仍径行不顾。不久曾国藩又办一咨文，极力为天主教侵略中国的罪恶行径涂脂抹粉、歌功颂德，把他们在中国犯下的种种罪行尽行洗刷；还倒打一耙，对中国人民大肆攻击，完全颠倒了是非黑白。他心里很清楚，自己昧着良心说这些讨好洋人的假话，“必为清议所讥”[2]，但仍然不顾同人亲友的劝阻，一意孤行。

六月十九日，法国公使罗淑亚从北京赶到天津，曾国藩急忙接见，以试探洋人的口气。罗淑亚当时只提出惩办天津府县官员、捉拿凶手、赔偿损失等项，态度比较温和。曾国藩见此情景，顿觉松了口气，认为只要事事讨好洋人，大概可以和平解决。只是罗淑亚推托要等法国海军头目到达天津后才能商量决定等语，使曾国藩有些放心不下。然而细想一下，觉得不过是罗淑亚故意留有后手，未必会有更大的麻烦。不料两天之后，法国公使罗淑亚态度陡变，蛮横地提出“三员论抵”的要求，即让天津知府张光藻、知县刘杰和陈国瑞为丰大业抵命。法国海军头目也狂妄地叫嚣，十几天内若无切实办法，定将天津化为焦土！原来就在这一天，即六月二十一日，法国对普鲁士宣战，使其无力顾及东方的问题，害怕中国政府知道这一情况转而采取强硬方针，使天津教案难以得到满意的结果，因而故意虚张声势，要弄阴谋，对中国进行军事讹诈。

当时曾国藩还蒙在鼓里，不知普、法两国已经开战，还以为法国海军头目的到来使罗淑亚突然改变政策，真的要同中国开仗。他一听崇厚说洋人将大兴波澜，立刻吓得六神无主，竟在屋里偷偷地哭起来。崇厚更是个软骨头，打算完全接受洋人“三员论抵”的要求，杀掉张光藻、刘杰、陈国瑞三人向

1.《湘乡曾氏文献》，第二册，第1209页。

2.《曾文正公手书日记》，同治九年六月十六日。

洋人谢罪。曾国藩认为天津府、县官员并无大错，其始不过欲治一犯法教民之罪，若骤然处死，以谢洋人，则太使中国丢脸。陈国瑞虽曾在五月二十三日群众焚烧教堂时立马桥头为群众助威，但并未参与行动，亦无地方之责，更不应牵连处死。崇厚见曾国藩不同意“三员论抵”之说，又提出将天津府、县官员交刑部治罪，并称送入刑部后，是否减轻仍可由中国做主。曾国藩开始有些举棋不定，连夜召集幕僚商讨对策。后来害怕法国人得不到满意答复，会真的动手打起来，遂不顾一些人的坚决反对，匆忙决定上奏清政府，将天津知府张光藻、知县刘杰送交刑部治罪。罗淑亚收到曾国藩的答复之后仍然装腔作势，继续坚持“三员论抵”的要求。曾国藩不敢再做让步，遂复照力驳。罗淑亚见再也挤不出什么油水，便立刻离津返京，反过来用曾国藩的照会压清政府屈服，要清政府对张光藻、刘杰迅速做出处理。曾国藩上奏之后，以为满可以搪塞洋人，遂以养病为名，将张光藻、刘杰二人放回原籍避风，实际上是观望形势，仍希望能将处分改轻。不料总理衙门一日一催，且指责曾国藩有包庇犯官之意。曾国藩一下子又慌了手脚，急忙派人将张光藻、刘杰找回，录下口供，押解刑部。法国人见严惩天津府、县官员一事已成定局，唯恐清政府不肯认真“缉拿凶手”，便通过时任中国海关总税务司的英国人赫德向曾国藩吹风，诡称只要“拿犯切实，府、县事自易了”[1]。

这时曾国藩已经听到普、法开战的消息，估计张光藻、刘杰二人送交刑部后，洋人不会不感到满意，天津教案也就可以很快了结了；现见洋人催促“缉凶”之事，不禁又为“缉凶”太少担起心来。曾国藩在奏请将天津府、县交刑部治罪的同时，还在天津大肆搜捕五月二十三日参加反洋教斗争的爱国群众，名曰“缉拿凶手”。但天津民众却把他们当作英雄，当曾国藩下令搜捕“凶手”时，他们早在广大群众的掩护下逃得无影无踪了。所以曾国藩虽然逮捕八十余人，而其中供认不讳的所谓“真凶”只有七八人，其余皆坚不吐供，别人也不肯指证。曾国藩认为只杀这几个人数目太少，难以使洋人满意，仍不能很快结案，于是一面令人对被捕群众严刑逼供，一面加紧搜捕，一定要

1.《曾文正公书札》，第三十二卷，第 56 页。

凑够二十人之数，为丰大业等人偿命，以快洋人之意。曾国藩的这种做法不仅为广大群众所切齿，而且遭到一些同僚幕友的反对，甚至连他的得意门生李鸿章和长子曾纪泽都感到做得太过分，急忙去信劝阻。曾国藩则认为，非如此不能悦洋人之心，长保“和局”，因而对社会舆论的指责和亲友的规劝悍然不顾，最后竟以天津府、县官员发遣黑龙江赎罪、判死刑二十人、流放二十五人结案，并赔偿各国银四十九万两，派崇厚为中国特使赴法赔礼道歉，使中华民族蒙受了巨大的耻辱。

对于天津人民反洋教一事，曾国藩最后竟以这样屈辱的条件结案，绝不像他事后辩白的那样，只是偶尔失计或“误听人言”，而是由他的投降主义的外交方针决定的。当罗淑亚进行军事讹诈时，他就向崇厚发表了一大套民族投降主义理论，将忍辱求和看作结天津教案的唯一出路[1]；临结案时，曾国藩已知普、法战争爆发，法国不可能再与中国开仗，但仍坚持杀足二十人之数，为丰大业等人抵命。当时清政府中醇亲王奕譞一派力主对法实行强硬政策，若法人来攻即不惜一战，并对曾国藩的媚外求和方针进行攻击。曾国藩恐清政府发生动摇，急忙连发奏折、信函，鼓吹自己的民族投降主义理论，以坚定清政府的投降主义立场。他在给清廷的奏折中说：“臣查此次天津之案事端宏大，未能轻易消弭。中国目前之力，断难遽启兵端，惟有委曲求全之一法。”认为“目下操纵之权主之在彼，诚非有求必应所能潜弭祸机”，“此后彼所要求，苟在我稍可曲徇，仍当量予转圜”，无论遇到多大困难，都不应改变媚外求和的方针。

曾国藩还大肆歪曲鸦片战争以来清政府内和、战两派的斗争史以及中外之间侵略与被侵略的根本是非界限，将一切罪过归咎于对外抵抗，将一切功劳推之于忍辱求和，从而总结出一整套民族投降主义理论，作为他坚持媚外方针的依据。他认为，“道光庚子以后办理夷务，失在朝和夕战，无一定之至计，遂至外患渐深，不可收拾。皇上登极以来，外国强盛如故，惟赖守定和议，绝无改更，用能中外相安，十年无事，此已事之成效。津郡此案，因愚民一

1. 同治朝《筹办夷务始末》，第七十三卷，第 40 页。

且愤激，致成大变，初非臣僚有意挑衅。倘即从此动兵，则今年即能幸胜，明年彼必复来，天津即可支持，沿海势难尽备"，虽李鸿章兵力稍强，"仍当坚持一心，曲全邻好"[1]。他还在给军机大臣宝鋆的信中表示，"谓津民义愤不可查拿，府、县无辜不应讯究者，皆局外无识之浮议"，"弟虽智虑短浅，断不至为浮议所摇"。又说，"中国与外国交接，可偶结一国之小怨，而断不可激各国之众怒"，"使彼协以谋我，处处宜防，年年议战，实属毫无把握。此等情势，弟筹之至熟，故奏牍信函屡持此论。若谓无端变易，妄信局外之言，不从委曲求和处切实办事，以此邀功，功固难必；以此避谤，谤已难辞，不且进退无据邪"[2]。可见，曾国藩为法国公使罗淑亚的军事讹诈所骗只是最初的事，后来仍然坚持对天津教案的错误处理则完全是自觉的，不仅自己坚持不变，还唯恐清政府改变主意。所以，对曾国藩的所作所为只用"料敌不审，匆遽失措"[3]八字来解释，是无法令人置信的。

在办理天津教案的过程中，曾国藩所以这样顽固地坚持媚外求和的外交方针绝不是偶然的，而是他长期以来民族投降主义思想不断发展的结果。早在鸦片战争时期，他就是穆彰阿民族投降主义的忠实信徒。当时，由于穆彰阿力主签订丧权辱国的《江宁条约》，并不遗余力地打击、陷害抵抗派领袖林则徐，因而遭到全国官绅士民的痛恨，斥骂之声充满朝野，甚至有人当面"以秦桧见比"[4]。而曾国藩却大异众论，对清政府的屈辱求和倍加赞扬，说什么"逆夷既已扼吭而据要害，不得不权为和戎之策，以安民而息兵"，并进而主张"但使夷人从此永不犯边，四海宴然安堵，则以大事小，乐天之道，孰不以为上策哉"[5]。第二次鸦片战争中，正当英法联军从天津长驱直入、兵临北京城下的危急时刻，曾国藩手握重兵六七万人，却不肯派遣鲍超率两千人北援；而在听到清政府签订丧权辱国的《北京条约》的消息后反倒高兴起

1.《曾文正公奏稿》，第二十九卷，第 48—49 页。

2.《曾文正公书札》，第三十二卷，第 48 页。

3. 同治朝《筹办夷务始末》，第七十六卷，第 39 页。

4. 赵烈文 :《能静居日记》，同治元年六月一日。

5.《曾文正公家书》，道光二十二年九月十七日。

来，庆幸自己免于北行，可以全力对付太平军。在这次战争中，英法联军控制了北京城，火烧圆明园，咸丰皇帝逃到热河，清政府被迫签订《北京条约》，使中国的领土主权遭到巨大损失，这无论对于清政府还是整个中华民族都是奇耻大辱，是永远不应忘记的。然而曾国藩却从这里窥视出西方列强的对华方针，知其并无推翻清政府之意，反而有帮助清政府镇压太平天国革命之心，因而对外国侵略者感激涕零，转而认敌为友，反颜事仇，确定了借侵略者之力镇压人民革命的方针。他在与幕僚谈论对外政策时表示，“余以为欲制（夷）人，不宜在关税之多寡、礼节之恭倨上着眼”，“吾辈着眼之地，前乎此者洋人十年八月入京，不伤毁我宗庙社稷，目下在上海、宁波等处助我攻剿发匪。二者皆有德于我，我中国不宜忘其大者而怨其小者”[1]。可见，在他的心目中并无争取民族独立的问题。他对资本主义列强的侵略和压迫，亦只限于条约之内的唇舌之争，一旦外国强盗兵戎相见，或者只搞点军事讹诈，便立刻屈服下来，决不敢进行武装抵抗。这不仅是曾国藩个人的根本立场，也是以他为首的大多数洋务派（左宗棠等少数人除外）官僚共同的政治特征。其后随着清王朝国势的衰弱和西方列强在华侵略势力的加强，曾国藩的民族失败主义和民族投降主义思想愈益发展，及至同治五年曾国藩北上剿捻时，就简直对外国侵略者奉若神明了。当时有个幕僚不满于清政府的对外政策，对此大发议论，并书之于禀帖之上。曾国藩看后非常生气，立刻在批复中予以训斥，声称“洋人之患，此天所为，实非一手一足所能补救”，而“本部堂分内之事现在专重在剿办捻匪”，“该员分内之事专重在查办民圩”，“此外非分内而又万难做到之事，不必多管”[2]。同治七年，英国代理驻上海领事麦华陀不满于江苏巡抚对扬州教案的处理，带兵去江宁吵闹，态度蛮横，气焰嚣张，进行露骨的军事威胁。曾国藩吓得低声下气，有求必应，生怕惹起洋大人的洋脾气，引起战争。这与他在革命人民面前穷凶极恶的形象恰成鲜明对照。同治八年曾国藩任直隶总督后，曾一度给他带来鼓舞的中兴幻想彻底破灭，民族失败主义思想就更加严重了。同治八年五月二十八日，当赵烈文问及对于

1.《曾文正公手书日记》，同治元年五月初七日。

2.《曾文正公批牍》，第三卷。

“夷务”问题“内廷”有无定论时，曾国藩皱起眉头说：“到京后曾会议和约事，醇邸（指醇亲王奕譞）意在主战，”“吾以目下不可不委曲求全而又不可不暗中设防奏复。然中外贫窘如此，无论直隶、江苏亦安能自立？今年和约当可成，不致决裂，而时会难知，能无隐忧？”[1] 鉴于这种思想，曾国藩但望同外国签订和约，唯恐洋人前来寻衅打仗。不料恰在这种情况下爆发了天津人民的反洋教斗争。曾国藩明知这次事件是教民平日作恶太甚和丰大业对官员开枪激成的，仍将“启衅”的罪名硬加在天津人民头上，必欲多捕多杀，以快洋人之意。这样，在处理天津教案的过程中，曾国藩的民族投降主义也就发展到他一生中的最高峰，从而彻底暴露出民族投降派的反动面目，愤怒的官绅民众给他戴上“卖国贼”的帽子，是完全可以理解的。

醇亲王奕譞与叶赫那拉皇太后所以对曾国藩采取这种态度，也可能与曾国藩拒绝他们的有意拉拢有关。曾国藩调任直隶总督后，醇亲王奕譞曾一再向其致意，但都遭到了他的拒绝。同治八年春奕譞托曾国藩的好友朱学勤转致一信，对曾大加赞扬。曾国藩没有复信，仅在给朱学勤的信中解释说：“醇邸慎所许可，乃独垂青于鄙人，感惭无已。敝处函牍稀少，未便于醇邸忽改常度。”[2] 治九年春奕譞又托曾国藩的另一好友黄倬转寄诗文，以求应和。曾国藩亦没有回信，仅在给黄倬的信中解释说：“醇邸于敝处折节下交，拳拳挚爱，极为心感。兹承转寄见赠之作，诗笔既工，用意尤厚。惟奖许过当，非所敢承。理宜奉笺致谢，缘弟处向来书札稀少，朝端贵近诸公多不通问，未便于醇邸特致私爱，致启他嫌。素不工诗，亦未能遽成和章。稍暇当勉成一首奉呈，以答盛意，聊申谢悃。晤时尚望先为代达鄙意，至荷，至荷。”[3] 醇亲王的用意是很明显的。他是恭亲王之弟，同治帝之叔，那拉氏的妹夫。长期以来，他与那拉氏紧密勾结，欲与奕䜣一争高下，以至于不惜主动拉拢湘淮军帅，以加强自己的地位。不过，曾国藩不与奕譞交往，不仅避交接权贵之嫌，更为避内外交通之嫌。历代王朝皆严禁亲王与外藩之间私下交通，

1. 赵烈文：《能静居日记》，同治八年五月二十八日。

2.《曾文正公书札》，第 32 卷，第 17 页。

3.《曾文正公书札》，第 32 卷，第 40 页。

以杜绝王位之争。咸丰二年，一批大臣曾因与定郡王载铨私下来往和为其《息肩图》题咏，为御史袁甲三所弹劾，受到轻重不同的处分。其私下来往之恒春、书元交部严加议处，载龄、许诵恒交部议处。其题图之潘世恩、卓秉恬、祁寯藻、柏葰、周祖培、麟魁、吴钟骏、黄赞汤、锡龄、文庆、慧成、富呢雅杭阿、潘曾莹、潘曾绶、叶名沣等交部分别议处。并再次申明禁例，殷殷告诫：诸王与在廷臣工，不得往来交接，叠奉圣训，垂诫周详。前岁冬间，朕复特降谕旨申儆，自应敬谨遵守[1]。何况，这些人皆属文臣，手中并无多大军政实权，其权势地位根本无法与曾国藩相比。故对曾国藩而言，前者可能关乎个人名声，而后者则可能招致灭族之祸。事实上即使没有那么严重，亦远非大臣所宜。曾国藩对此惕然警惧，远嫌避祸，亦属恪守臣道之举。然而，这样一来却深深地得罪了醇亲王，或则衔恨于心，或则疑为恭党，遂乘天津教案之机对之攻击不遗余力，必欲去之而后快。不料，曾国藩固不知趣，李鸿章亦未满所望，复转而拉拢左宗棠。据说，左宗棠入值军机处，主要出于奕譞的推动，意在取代李鸿章。只是左宗棠更不知趣，最后只好作罢。

千夫所指　郁悒而死

第二次鸦片战争后，清朝统治者逐渐分化为洋务派与顽固派两个政治派别。长期以来，他们在对待洋人、洋教以及群众反洋教斗争等问题上就存在着分歧和争论，天津教案发生后，双方又围绕着这个问题展开了一场争论。鸦片战争时期，爱国思想家魏源曾提出“师夷之长技以制夷”的口号，而自从清朝统治阶级分裂为洋务派和顽固派以后，这个口号似乎也被肢解为二，两个政治派别各持一端，争论不休。以曾国藩、李鸿章为代表的洋务派力求使自己在政治、经济、文化各方面适应半殖民地的现实，力图用牺牲民族利益的投降主义政策取媚洋人，以换取“师夷之长技”的条件，而将“制夷”

1.《清实录·文宗实录》，第66卷，第877页。

一事推之于无限遥远的将来，实际上是将其化为乌有。顽固派则力图恢复鸦片战争前的社会状况，反对社会的任何变化和进步，妄图以旧的封建政治、经济、文化对抗西方资本主义列强的侵略，虽坚持“制夷”、主张抵抗，却往往流于纸上谈兵，迂腐无用，一旦战败，立即转而投降，与洋务派归于一途。在清朝统治阶级中也有一部分既非顽固派而又坚决主张抵抗外来侵略的官员，如左宗棠、沈葆桢等人，但他们人数不多、力量不大，又不处于当权地位，不能左右清政府的对外政策，只能在清廷允许的范围内发挥有限的作用。洋务派同顽固派之间虽无阶级本质的区别和根本的利害冲突，但为了各自的利益，往往在一些具体问题上，发生矛盾和斗争，这次在如何看待和处理天津教案的问题上,其情形也不外于此。曾国藩曾几次提到的所谓“言理者”与“言势者”的不同见解,就是指顽固派与洋务派围绕天津教案问题的争论。“言势者”即指曾国藩、李鸿章为代表的洋务派，“言理者”即指醇亲王奕譞为代表的顽固派,但其中也包括一些有民族自尊而并非顽固派的人物,不过不占主导地位。

双方在天津教案问题上的争论概括起来有三点：

一、关于天津教案发生的原因和性质。洋务派认为愚民无知，遽启边衅，曲在津民，此刁风不可长；顽固派认为衅端自夷人而开，津民激于义愤，致成巨案，天津百姓只知卫官而不知畏夷，只知效忠国家而不自恤其罪戾，这正是夷务的一大转机，与刁民闹事不可同日而语。

二、对参与反洋教斗争的天津群众的处理意见。洋务派认为杀人偿命，明载律令，必须捕杀凶手为洋人抵命，方可慰远人之心以潜弭祸机；顽固派认为对参加反洋教斗争的义民应加意抚循，勿加诛戮，以激其忠义奋发之气。其理由是:忤夷而得民，犹有民可制夷;失民而得夷，无以利民，亦无以制夷。

三、关于对天津地方官员的处理意见。洋务派认为天津地方官失于防范，致酿巨祸,不予严惩,难平洋人之气;顽固派认为天津地方官不可更动,以此维系民心。

很显然，顽固派发表这些言论的目的不外是为了打击政敌和邀结民心。他们手中既无武力，亦不了解外国事物，更无抵抗到底的决心，尽管平时慷慨陈词，情绪激烈，一旦外国人真的打了进来，就会立刻惊惶失措，束手无策。正因为这一点，使他们在同洋务派的斗争中步步失势，清朝最高统治者也不

肯采纳他们的意见，而是坚决依靠洋务派，以忍辱图苟安，从媚外卖国中找出路，因而虽然受到舆论的反对，天津教案仍按洋务派的意见处理。但是顽固派在舆论上却占了上风，他们利用广大官绅民众对曾国藩民族投降主义外交方针的不满，对其展开猛烈抨击。由于他们在清政府中有一定的权力和地位，遂使广大官绅民众反对曾国藩媚外求和方针的言论具有一定程度的合法性，在全国上下形成强大的舆论压力，给曾国藩的民族投降主义路线以沉重打击。

曾国藩未到天津之先，天津绅民已对崇厚偏袒教民的做法深为怨恨。曾国藩一到天津，立即发布名为《谕天津士民》的告示，对天津人民的爱国行动多方指责，诫其勿滋事端，遂引起天津绅民的不满。随后曾国藩放出犯法教民和涉案拐犯，并在奏折中千方百计地为洋人在中国犯下的种种罪行进行辩护和洗刷。该折传出后，全国舆论大哗，“自京师及各省皆斥为谬论，坚不肯信”[1]，“议讥纷起”，“责问之书日数至”[2]。曾国藩自己也不得不承认，“敝处六月二十三日一疏，庇护天主教本乖正理”，“物论沸腾，至使人不忍闻”[3]。天津教案办结之后，社会舆论对曾国藩的谴责更甚，“诟詈之声大作，‘卖国贼’之徽号竟加于国藩。京师湖南同乡尤引为乡人之大耻”，会馆中所悬曾国藩“官爵匾额”“悉被击毁”[4]，并将其名籍削去，以示惩罚。曾国藩闻之“引为大恨，中经几许周折，财、力兼施，始不过将甚难堪之外貌略为掩饰而已”[5]。

曾国藩将轰轰烈烈的太平天国革命镇压下去之后，曾经引起整个地主阶级的欢呼和赞美，一时被捧为“中兴名将”、“旷代功臣”，简直成为盖世英雄。不料办理天津教案使他声望一落千丈，转瞬之际变成了人人喊打的过街老鼠、举国欲杀的千古罪人，正如后人形容的那样，“一转眼间，钟鼎世勋，圣相威严，却变成谤讥纷纷，举国欲杀”[6]，“‘汉奸’‘卖国贼’之声复洋洋盈耳”，“积年

---

1. 同治朝《筹办夷务始末》，第七十六卷，第 40 页。
2. 李宗侗、刘凤翰 :《李鸿藻先生年谱》，1969 年台北版，第 171、172 页。
3.《曾文正公书札》，第三十三卷，第 8 页。
4. 徐凌霄、徐一士 :《曾胡谈荟》，《国闻周报》，第六卷，第 38 期。
5. 宓克 :《支那教案论》（严复译），南洋公学译书院版，第 28 页。
6. 萧一山 :《曾国藩传》，第 4 页。

清望几于扫地以尽矣”[1]。

本来曾国藩在办理天津教案中的做法是完全符合清政府的意图的，如果说卖国，曾国藩和那拉氏都卖国，并无多大区别。但是当时却无人敢于直接攻击那拉氏，而把“卖国贼”的帽子单单戴到曾国藩的头上。那拉氏似乎也想乘机压一压湘军集团的势头，有意无意地让曾国藩做了她的牺牲品，使曾国藩在社会舆论的猛烈攻击下完全处于被动挨打、有口难言的困境。自同治九年六月九日（1870 年 7 月 21 日）奏请将天津府、县送刑部治罪并为天主教的罪行辩护之后，曾国藩就开始感到社会舆论日益沉重的压力，再加上外受惊怖、内怀惭疚，身体渐觉不能支持，遂上疏请求另派大臣赴津协同办案。清政府立刻派工部尚书毛昶熙和江苏巡抚丁日昌赴津会办教案。这时曾国藩正受到舆论的攻击，满望清政府能够稍加回护，毛昶熙、丁日昌等人亦可稍分其责，使其不至过于难堪，以便在教案办结之后顺利返回保定。不料那拉氏为了推卸责任，避开舆论的冲击，竟然也责其“文武全才，惜不能办教案”[2]，并于八月三日下令调曾国藩回两江总督之任，派李鸿章接任直隶总督，复查天津教案。这等于公开宣布，天津教案完全是曾国藩个人办坏的，由于他的软弱无能，才使清政府不得不中途换人。清政府这次的做法与剿捻时非常相似，而曾国藩的政治处境却较上次更为狼狈，不仅受到人民的唾骂、舆论的攻击，还受到亲朋挚友的责难，连长子曾纪泽都写信埋怨他。曾国藩“以苦心不能谕诸人人”，只好再次“打脱牙和血吞”，“唯自言‘内疚神明，外惭清议’以谢”[3]。他在给朋友的信中甚至说自己早为“时论所弃”[4]，同治“四、五年剿捻无功即当退处深山，六年春重回江南，七年冬莅任畿辅，皆系画蛇添足”[5]。当时心境之痛苦和懊丧概可想见。

李鸿章接办天津教案之后，对最后判决并无多大改变，仅因俄国只索经济赔偿，不要中国人抵命，而将原定二十名死刑改为十六名死刑、四名缓期，其

1. 徐凌霄、徐一士：《凌霄一士随笔》，《国闻周报》，第八卷，第 50 期。

2. 徐凌霄、徐一士：《曾胡谈荟》，《国闻周报》，第六卷，第 38 期。

3. 同上。

4.《曾文正公书札》，第三十三卷，第 8—9 页。

5. 同上。

余一无更动。曾国藩奏请将天津府、县官员送刑部治罪之后，又怕判决太重，复上奏请求从轻处分。结果愈判愈重，刑部仅将张光藻、刘杰判为发往军台效力，而那拉氏则对张光藻、刘杰加重处罚，改为发往黑龙江效力赎罪。致使曾国藩都觉得判罪过重，不得不为张光藻、刘杰二人筹集白银一万四五千两，以求稍做补救，并借以挽救自己的名声。可见那拉氏之媚外卖国并不稍逊于曾国藩。

曾国藩是八月四日接到调任两江总督的命令的，直到九月二十三日才离开天津，先回京陛见一次，然后再从北京经河间一路南下，于当年闰十月二十一日到达江宁，莅任两江总督。自办理天津教案以来，曾国藩经常受到众人的指骂，一直心情不畅，回到江宁后，仍不时受到舆论的抨击，讥讽之词时而在他的耳边响起。同时他在官场中也愈来愈不得意，时常受人白眼，这就使他的心情更加郁郁不乐。他在给曾国潢和曾国荃的家书中说："余两次在京，不善应酬，为群公所白眼；加以天津之案物议沸腾，以后大事小事，部中皆有意吹求，微言讽刺。陈由立遣发黑龙江，过通州时其妻京控，亦言余讯办不公及欠渠薪水四千不发等语。以是余心绪不免悒悒。"[1] 曾国藩去天津之前已得有肝病，右目失明，左目迷瞢，时发眩晕之症；回到江宁之后心情郁悒，衰颓日甚，遂成不治之疾，于同治十一年二月初四日（1872 年 3 月 12 日）死于江宁两江总督官署，时年六十一岁。清政府闻讯发布上谕，除对他一生的活动大加赞扬外，还追赠太傅，谥文正，并准入京师昭忠祠、贤良祠，于原籍和江宁建专祠，在国史馆立传。这在当时对汉大臣来说算是最高一级的嘉奖了。

曾国藩由天津回到江宁仅一年多的时间即匆匆死去，恐怕与办理教案以来精神上所受的种种打击有很大关系。后来有人评论说，曾国藩剿捻失败，"还督两江，衰疾已甚"，"病躯积瘁，重以在津办理教案，神经上之隐痛太深，疾遂不治，岁余即卒于江督任"[2]。"隐痛太深"四字可谓恰如其分地揭示出曾国藩死亡过促的主要原因。古人云"千夫所指，无病而死"，曾国藩早已大病缠身，焉不速死 ?!

1.《曾文正公家书》，同治十年八月十日。

2. 徐凌霄、徐一士 :《曾胡谈荟》，《国闻周报》，第六卷，第 39 期。

八　知人慎用　幕府称盛

曾国藩传

幕府概论

中国幕府制度由来已久，源远流长，最早可追溯到东周战国时期。其时七国争雄，养士成风，最为著名者如魏国的信陵君、赵国的平原君、齐国的孟尝君、楚国的春申君，都竞相招贤纳士，号称"四公子"，门下食客多至数千人。甚至一些官宦之家也有舍人之类。虽有鸡鸣狗盗之徒混杂其内，而出类拔萃的人才——如齐之冯驩、赵之毛遂——亦大有人在。蔺相如出仕之前亦曾是宦者令缪贤家中的舍人，后经主人荐于赵王，卒成一代名相。这些食客、舍人或为主人出谋划策、排忧解难，或奉委承办事件，虽非国家官员，却能在政治上发挥作用。"四公子"所以名噪一时，成为当时举足轻重的政治人物，实则多借食客之力。他们同主人之间只有私人情谊，并无法定的权利、义务，主对客随意进退，客对主来去自由。凡此种种，与后世之幕僚极为相似，可姑且视为中国幕府制度的萌发时期。其后经过长时期的发展，渐趋定型，大约汉代已成制度，而到唐代则兴旺发达起来，出现空前未有的盛况。至于幕僚的名称，则又有从事、参军、记室及长史、司马、别驾等等，名称不一而职能相同，都是地方主管官员或奉命出征的统兵将帅自行招聘的辅佐人员。"古者州郡以上得自辟从事、参军、记室之属，故英隽之兴，半由幕职。唐汾阳王郭子仪精选幕僚，当时将相多出其门。"[1] 降及清代，幕僚制度仍是

1. 薛福成 :《庸庵文编》，第四卷，第 20 页。

经久不衰，六部九卿以至府、州、县，主管官员无不聘有幕僚，协助处理钱粮、刑名、文案等务。大将军年羹尧“网罗英杰，凡瑰闳奇特之士与博弈挞鞠，擅一长一技者，靡不收置幕下”。[1]湖广总督毕沅则广收幕僚编写书籍，其所著《续资治通鉴长编》一书，实多借幕僚之力。

这些人或精通政务，笔下流畅，或善理钱财，或熟悉律令，正好弥补科甲出身的官员不习政务的短处。所以，他们凭借某一方面的专业知识和办事能力，包揽钱粮，代办词讼，掌握很大一部分实权，在封建政权体系中处于非常特殊的地位。主管官员必须对他们敬之以师，待之以宾，脩（音“修”）资丰厚，礼仪周全，称之为幕宾、幕客、幕友、师爷之类，不得以属员视之。他们亦往往自恃其才，礼仪稍疏，即拂袖而去。而幕僚之间则师徒相承，自成体系，平日声息相通，有事死力相护，盘根错节，牢不可破。所以有的人招聘幕僚，其主要目的不在治事，而是为了借以沟通上下左右之间，尤其同上司间的声息。也有的官员懒于政务，养尊处优，把经管钱粮、办理诉讼、草拟文稿、清理账目诸务一概交幕僚处理，任其操纵把持，这就使本已腐败的吏治更加腐败。雍正帝即位之初，曾下令将六部的幕僚逐出京城，移往涿州一带，并相应做了一些限制性规定。经过这番整顿，虽取得一定成效，但种种积弊并没有根本改变，直到曾国藩生活的时代依然如此。不过，对于未入政坛的士人来说，充任幕僚可以收到历练政务、增长才干的效果，不少人曾在青年时期充任幕僚，而后成为名臣，显示出幕僚制度在培养人才方面的作用。所以一些考场失意的士子多乐于充任幕僚，一则可借以维持生计，一则可获得历练政务的机会。不过要胜任这一工作，尤其做一个好的刑名师爷，“必求申、韩老手，北面师事，朝夕切磨，积数年之久，方可出而应世”[2]。这样，培养合格的幕僚也就成为一项重要工作。一些有名气的幕僚则不仅广收门徒，且往往著书立说，为学幕者编写教材。于是《佐治药言》《学治臆说》《幕学举要》《刑幕要略》等相继刊行于世，遂使佐幕之事成为一项专门学问，名之曰“幕学”。这也是中国幕府制度史上前所未有的现象。然而这都是清

---

1. 俞蛟：《梦厂杂著》，第 72 页。上海古籍出版社，1988 年 7 月版。

2. 同上，第 87 页。

初至道光末年的情况，也是平时的一般情况。及至咸丰、同治两朝，由于旷日持久的战争和督抚权力的膨胀，情况又为之一变，形成清代幕府制度史上一个极为特殊的时期。

鉴于唐末藩镇割据的教训，自宋以来的历代统治者都采取种种办法限制地方政府的权力，防止地方大吏拥兵自立，对抗中央。清王朝的最高统治者以少数民族入主中原，出于种种原因，对地方大吏尤为加意防范。他们把各省的兵、政、财、人及司法各权分开，地方官员各负专责，相互牵制，谁也不能大权独揽，自行其是，遂使各项大权实际上都控制在中央政府手中，从而将中央集权的君主专制制度推到顶峰。就兵权而论，清朝的主要武装是八旗与绿营，无论驻扎京师抑或分驻各地，兵权实际上都掌握在皇帝手里。就财权而言，各省地丁等项收入都要上报户部，听候指拨，督抚不得擅动。就人事大权而言，三品及其以上官员的任命，由军机处根据考绩拟名呈进，由皇帝亲自用朱笔圈定。自四品及以下官员的任命则一分为三，分别由皇帝、吏部、督抚掌握，各有定额，不得侵混。

太平天国革命爆发以来，清政府财政拮据，兵不任战，只得依靠各地督抚征厘募勇，同太平军、捻军作战，一时形成犬牙交错、各自为战的局面。这样，清王朝的安危存亡就主要系在这些统兵大员身上。然而，他们所用的兵员主要是"兵为将有"的自募自练之勇，所用军饷主要系劝捐、厘金等自筹之银，而所行之事则多与国家定制相悖，倘若囿于文法，拘执旧章，必致寸步难行，束手待毙。正像曾国藩总结的那样，"细察今日局势，非位任巡抚，有察吏之权，决不能以治军；纵能治军，决不能兼及筹饷"[1]。于是为了扭转战局，适应独立作战的需要，这些督抚等统兵大员包揽把持，独断专行，将昔日束缚他们手脚的各项规章制度一一破坏，把过去与之比肩而立、三宪并称的布政使、按察使贬为自己的属员，遂使兵、政、财、人等各项大权集于一身，本属中央政府的权力落入地方督抚手中。清政府深知此弊而无可奈何，只好听之任之。与此同时，各地督抚既要带兵打仗，又要兼理地方，所要承

1.《曾文正公奏稿》，第九卷，第 76 页。

办的事务和对各种人才的需要也大大增加起来。若在平时，督抚承办事务有限，聘请几个幕僚，至多十个八个，也就足可应付。而此时他们勇要自募，饷要自筹，粮台要自办，劝捐征厘，盐务漕运，处处需要人手，原有属员不敷分配，实缺官员本有定额，只好多多招聘幕僚，将幕府作为自己的参谋和后勤机关，依靠幕僚解决战争中遇到的各种难题。于是地方分权和幕府制度互为表里，相得益彰，在办理军务、赢得战争的旗号下迅速膨胀，一时形成地方拥兵、督抚专政的局面，幕府制度亦随之兴盛起来。其时用兵各省普遍如此，内中尤以湘、淮各军，曾国藩、胡林翼、左宗棠、李鸿章各帅最为突出。他们起手虽非太早，但办理最著成效，异军突起，后来居上，军事上充任主力，其幕府亦成为典型。而若论其规模之大、人员之众、成就之高、影响之深远，则其中又以曾国藩幕府最为称盛。它直接为战争服务，与地方政权相结合，实际上是他统兵作战的参谋部与后勤部，也是一种特殊的政权组成形式和培养人才的学校；同时又是中国幕府制度在特定的历史条件下，即清代咸丰、同治年间督抚专政、地方分权的产物，对战争形势的发展和中国近代政治体制的演变，都产生了一定的影响和作用。

当然，曾国藩幕府能够超越胡林翼、左宗棠、李鸿章诸人，成天下一时之最，则又有他个人方面的特殊原因。第一，他地位最尊，权力最大，辖地最广，统兵最众，实为他人所望尘莫及。就个人资历而言，李鸿章是曾国藩的门生，他中进士时，曾国藩已是二品大员。左宗棠中举之后三试礼部而不中，长期充任馆师和幕僚。胡林翼入仕早于曾国藩两年，但其官运不佳，直到咸丰四年投靠曾国藩时，才刚刚被任命为贵州的一个实缺道员。就当时的实际地位而言，左宗棠、李鸿章出自曾国藩的幕府，胡林翼亦曾是曾国藩的部下，三人位至封疆皆有曾国藩的奏荐之力，其高下之分是不言而喻的。就个人拥有的权力而言，胡林翼得任封疆最早，但从未担任过钦差大臣，左宗棠、李鸿章担任钦差大臣则都是同治五年的事。而曾国藩自咸丰十年担任钦差大臣、两江总督后，一再加任，殆至同治二年，已身兼五钦差大臣之职，过去由何桂清、和春，张芾、周天受、袁甲三、多隆阿六人分掌的权力，统统握在他一人手中。这在有清一代以至历朝历史上都是不多见的。就所管辖的地

域而论，胡林翼限于湖北，左宗棠、李鸿章亦至多两省，而曾国藩则管辖江西、江苏、安徽三省之地，节制四省（外加浙江）军事。这也是其他三人所无法相比的。就统兵而言，曾国藩统兵最多时达十二万人，仅由他供饷的军队即近于十万之众。而其他三人之兵一般只有四五万人，最多也不过六七万人，皆不能与他相匹敌。毫无疑问，兵多饷需亦多，地广方便于筹饷。战事最紧张时，曾国藩曾在江西、江苏、安徽、湖南、广东五省设局征厘，厘金停解前后又在三江两湖遍设局、卡征收盐课，先后敛银不下三千万两，所揽利权之广也是全国独一无二的。这样，他既有需要，又有条件，其幕府规模最大、人员最多也就全在情理之中了。第二，曾国藩在士林中的声誉和地位也是其他三人所无法比拟的。胡林翼、左宗棠、李鸿章三人皆有真才实学，亦堪称有清一代之大手笔，但若论治学根底和在士林中的名气，却远不如曾国藩。曾国藩学兼汉、宋，尤擅词章，早在道光末年为官京师时即已称誉士林，闻名全国，故能将刘毓崧、周学浚、李善兰等宿学名儒一一聘请入幕。这也是其他三人所不能及的。

曾国藩幕府在历史上存在了近二十年，随着战争形势和曾国藩个人地位的变化，其发展过程亦呈现出形成、发展、鼎盛、萎缩四个不同阶段。

（一）形成期，大约为咸丰二年十二月出办团练至咸丰七年二月弃军奔丧。这是曾国藩历史上最为困难的时期。他事事草创，不断碰壁，客军虚悬，无权无位，兵微将寡，屡遭挫败，既无太多的事可做，也无太多的钱养士。而对当时一般知识分子来说，充任曾国藩幕僚，虽有风险承担，却无看得见的实际利益可言。故所设办事机构较少，办事人员也不多。这一时期的军政办事机构主要有秘书处、营务处、审案局、发审局（所）、情报采编所。粮饷筹办机构主要有行营粮台、岳州转运局、汉口转运局、长沙后路粮台、南昌粮台和衡州劝捐总局、樟树镇劝捐总局、樟树镇饷盐总局及其所属分支机构。这一时期的幕僚多为至亲好友、亲朋子弟、降革人员和地主阶级的血性书生，如郭嵩焘、刘蓉、李元度、李瀚章、李沛苍、程桓生等。

（二）发展期，大约为咸丰八年六月再出领军至咸丰十一年八月攻陷安庆。这一时期，由于曾国藩统兵渐众，饷需日增，且事机较顺，处处得到两湖及江西地方官员的支持，尤其是咸丰十年六月受命为钦差大臣、两江总督之后，政治地位有了很大改变，对士绅的吸引力越来越大，遂使机构益增，人员益众，设置渐趋齐备，幕府渐具规模。这一时期，除江西牙厘总局、赣州牙厘局、湖南东征局、安徽牙厘总局、皖南厘金局等筹饷机构相继成立或接管外，还增设了山内（又称祁门）粮台、吴城—湖口报销局、江西总粮台、东流总粮台、安庆银钱支应所、江西支应局以及两江采访忠义局、江西递文所等。同时办事人员大大增加，幕府中的一些重要人物，如李鸿章、李宗羲、李兴锐、李榕等，都是这一时期入幕的。由于对太平军的战争胜败未分，曾国藩大营迁徙不定，险象迭出，立足不牢，所以不少人仍望而却步，入而复出，幕僚时聚时散，人数仍不太多。

（三）鼎盛期，大约为咸丰十一年八月进驻安庆至同治七年六月最后将捻军镇压下去。这一时期，曾国藩有权有位，有地盘有官衔，对太平军的战争稳操胜券，在统治阶级中的声望越来越高；加以统兵骤增，需饷孔亟，用兵、筹饷、恢复地方政权和文化事业在在需人，征聘日广，荐举日众，充任曾国藩幕僚一时成为升官发财的捷径，即无做官之念者也以与之交往为荣，遂致机构设置日增，投效人员日众。军政办事机构中的编书局、安庆善后总局、金陵善后总局及其所属机构，供应机构中的金陵粮台（后改北征粮台）、徐州粮台、清河转运粮台、灵宝转运粮台、安庆内军械所、金陵军械所、江南制造总局，筹饷机构中的广东厘金局、江北厘金局、泰州盐务招商总局、瓜洲盐务总栈、大通招商局、江西盐务督销总局、湖北盐务督销总局、淮北盐务督销局以及长江沿岸和皖北各地的盐务厘卡，都是在这一时期设立或接管的。曾国藩幕中的一些重要或知名人物，如“文学四弟子”张裕钊、吴汝纶、薛福成、黎庶昌，汉学家刘毓崧、刘寿曾，数学家李善兰，科学家徐寿、华蘅芳，留美归国的容闳，以及后来官至军机大臣的钱应溥等，都是这一时期投入幕府的。此时的曾国藩幕府机构最多，人员最众，声望最高，盛极一时，无论古往今来，抑或同时流辈，都无人能与之相比。

（四）萎缩期，大约为同治七年七月剿捻战争结束至同治十一年二月曾国藩去世。这时战事基本结束，各项制度渐复旧制，战争期间设置的一些机构有的精简裁并，有的移交所在省份地方官员接管，遂使幕府萎缩，机构骤减，得以保留的只有秘书处、营务处、忠义局、编书局、报销局、军需总局(由北征粮台改名而来)、各种盐务机构、军工科技机构等，新设机构只有中国驻美留学生局(又称留美学生事务所)、补习学校。有的机构，如秘书处、营务处等，虽名称依旧，人员却大为减少。这样，整个幕府用人大减，而前来投效者却络绎不绝，遂使曾国藩大有人满之患，不得不将一些有用人才荐往他处、平平之辈赠金遣回，并四处写信劝人不要来营求差，不要再荐幕僚。这一时期的一个重要特点是江南制造总局不断发展，所用科技、翻译和管理人员较多，在幕僚中所占比例增加。不过，由于江南制造局是曾国藩和李鸿章二人合办的，幕僚究竟属于谁的门下不易辨明，只能根据情况做一大致区分。

曾国藩幕僚人数众多，其入幕途径也不尽相同，概括起来不外如下十种。

(一)至亲好友，如刘蓉、郭嵩焘、郭崑焘、欧阳兆熊、冯卓怀、莫友芝、胡大任、史致谔、王德固、李沛苍等。曾国藩于道光十三年认识刘蓉，又于道光十七年通过刘蓉认识了正在长沙应试的郭嵩焘，三人识趣相投，结为好友。后来曾国藩又与二人分别结为儿女亲家：其长子曾纪泽续娶刘蓉之女为妻，一女嫁于郭嵩焘之子为妇。郭崑焘为郭嵩焘胞弟，虽属曾国藩所取士，曾国藩对他仍以朋友相待。欧阳兆熊亦是曾国藩道光年间的好友。冯卓怀会试落第后曾留在京师做陈孚恩的家庭教师，同曾国藩常有来往，对其极为敬佩。他为了能够朝夕聆听曾国藩教诲，便放弃优厚的条件，离开陈孚恩家，到曾国藩家中充任教师。他们常在一起讨论个人修养问题，对照圣贤的言行检讨自己，相互评论，遂成无话不谈的好朋友。胡大任、史致谔、王德固皆是曾国藩的殿试同年，李沛苍为乡试同年。莫友芝与曾国藩是在北京认识的。道光二十七年莫友芝赴京会试，二人在琉璃厂书肆邂逅，互表敬慕，遂成好友。莫友芝会试落第，于是年底返回贵州，曾国藩赠诗以相勉励，二人洒泪而别。

(二)亲朋子弟，如李瀚章、李鸿章、李昭庆、罗萱、莫祥芝、刘世墀、吴嘉善、汤寿铭等。李瀚章、李鸿章、李昭庆为同胞兄弟，其父李文安系曾国藩同年。李鸿章未中进士之前，与其兄李瀚章都曾以“年家子”身份投靠曾国藩门下，学习八股文与试帖诗。在翰林院学习与任职期间，李鸿章仍常向曾国藩请教，曾国藩对他也很是赏识。罗萱是曾国藩好友罗汝怀之子。莫祥芝是莫友芝之弟。吴嘉善是曾国藩同年吴嘉宾之弟。刘世墀是曾国藩好友刘传莹之侄。

（三）门生故吏，主要有庞际云、陈士杰、洪汝奎、李榕、梅启照、钱应溥、王家璧等。庞际云道光二十七年考取觉罗官学教习，三十年考取国子监学正，皆曾国藩阅卷，其后又在曾国藩家担任家庭教师数年，教其子读书。陈士杰道光三十年以拔贡生考取七品小京官，朝考时曾由曾国藩阅取其卷。洪汝奎于道光二十七年考取觉罗官学汉教习，曾国藩为阅卷大臣。李榕于道光二十三年考中举人，曾国藩为四川乡试考官。曾国藩在京做官时期，梅启照、钱应溥、王家璧即与之相识。他们在京或任小京官，或充他人幕僚，皆崇拜曾国藩的道德、学问，投其门下，遂有师生之谊。而曾国藩对王家璧则另有私恩。王家璧之父因在乡试中触犯刑律而被发配云南充军。咸丰元年因新帝登极大赦天下，却又因“不合例”而不得赦免。时曾国藩任礼部侍郎，兼署刑部侍郎，认为王父应在赦免之列，遂具疏力争，终得获准。王家璧赴云南迎接其父之时，曾国藩又题诗相勉，从此二人结下很深的情谊。

（四）亲自物色，如朱孙诒、李宗羲、王必达、吴大廷、程鸿诏、萧世本等。朱孙诒原为湖南湘乡县知县，自咸丰二年起即积极办理本县团练，罗泽南、刘蓉、郭嵩焘、王鑫等皆应其所请参与其事，后又奉命一起带湘乡团练赴长沙集训。湘乡团练一时名满湖南并成为湘军的基础，与朱孙诒的积极活动分不开。故曾国藩率军“东征”之初，设营务处以协调各营行动，委派朱孙诒充任陆路营务处提调。李宗羲原为安徽知县，以善决狱讼受到曾国藩的赏识，调入幕中。王必达原为江西建昌府知府，是曾国藩咸丰八年至九年间驻扎建昌时期认识的，备受赏识，后调入幕府办理粮台。程鸿诏安徽黟县人，曾国藩驻守祁门时阅其文，招其入幕。萧世本四川富顺人，原为刑部主事，后改捐知县，因其在籍办理团练有名，受到曾国藩赏识，邀其入幕。吴大廷前在安徽巡抚李续宜手下办事，后在福州船政局任职，因事常去曾国藩大营，被曾国藩看中，专折奏调入幕，负责江南制造局轮船操练事宜。

（五）慕名投效，如李元度、薛福成、刘瑞芬、张德坚等。李元度原为湖南郴州州学训导，咸丰三年闻曾国藩在衡州编练湘军，准备东征，遂上书言军事，受到曾国藩赏识，被其征调入幕。薛福成原为江苏副贡生，同治四年闰五月乘曾国藩北征剿捻之机，在其兄薛福辰陪同下中途上万言书，受到曾国藩的赏识，收入幕府。刘瑞芬原为安徽一乡试落第的秀才，咸丰十一年闻曾国藩驻军东流，遂赴辕献时务策，因居幕府。张德坚原为湖北巡抚衙门的巡捕官，咸丰四年通过刘蓉转呈所编《贼情集要》一书，受到曾国藩的赏识，调入幕府，任为总纂，令其主持采编所，负责编辑《贼情汇纂》一书。

（六）他人推荐，如方宗诚、吴汝纶、凌焕、陈艾、冯焌光、赵烈文、李兴锐、李善兰、张文虎、容闳、向师棣等。曾国藩求才若渴，每与人通信、交谈，辄恳求对方推荐人才，故曾国藩幕僚中不少人都是经人推荐而入幕的。方宗诚、陈艾都是吴廷栋推荐的。吴廷栋与曾国藩是老朋友，道光年间同为京官，同习程朱理学，气味相投，关系密切。方宗诚、陈艾与吴廷栋是安徽同乡，二人常向吴廷栋请教，故为其所知，荐之曾国藩。吴汝纶也是安徽人，是方宗诚推荐入幕的。曾国藩看过他的文章，极为赞赏，认为义理、考证、词章三者皆可成就。当时吴汝纶已授为内阁中书，曾国藩劝他放弃小京官的职位，留在幕中专心读书，多作古文。吴汝纶同意这个意见，遂留在幕中，成为一个只读书不任事的特殊幕僚。凌焕是刘星房推荐的。刘星房是曾国藩的老朋友，曾带着儿子在曾国藩大营住过半个月，在曾国藩面前极力推崇凌焕，称其好学深思，通晓故训。曾国藩为之动心，便通过安徽巡抚翁同书查到凌焕的行迹，将其招聘入幕。冯焌光的祖父与陕西巡抚曾望颜是同年，咸丰九年曾望颜将他推荐给鄂抚胡林翼，胡林翼又将他推荐给曾国藩，曾国藩将他留于幕中。赵烈文是周腾虎推荐的。周腾虎是赵烈文的姊丈，先入曾国藩幕，极力称赞赵烈文。曾国藩立即派专人赶赴赵烈文的原籍江苏阳湖，以白银二百两礼聘赵烈文入幕。李兴锐是李竹浯推荐的。李兴锐湖南浏阳人，以诸生在本县教书度日。咸丰二年浏阳征义堂起事，李兴锐举办团练，协助江忠源将其镇压下去，以是受到浏阳教谕李竹浯的赏识，将他荐入曾国藩幕。李善兰早在咸丰六年即与郭嵩焘相识，大约是郭嵩焘推荐入幕的。李善兰又荐张文虎入幕。容闳则是李善兰、张斯桂、赵烈文三人推荐的。容闳回国后曾在上海一家洋行做事，几次被派到安徽、江西一带收购茶叶，并在九江设立事务所。他乘商务之便，于同治元年行抵安庆，经人介绍结识了赵烈文，求见曾国藩。赵烈文很快报告了容闳的情况与要求，并得到曾国藩的同意。不知何因，容闳竟不辞而别，赵烈文苦寻不获，只好作罢。容闳后来在《西学东渐记》一书中回忆入幕经过时未提此事，亦不知何因。不过赵烈文在日记中已有详细记载，事情是确凿无疑的。其后李善兰、张斯桂入幕，再次向曾国藩推荐，曾国藩遂招聘容闳入幕。向师棣是严仙舫推荐的。严仙舫是曾国藩的朋友，向师棣是严仙舫的内侄。同治元年向师棣携严仙舫的推荐信赴安庆拜见曾国藩，曾国藩一见即许为令器，留在自己身边。

（七）收留降革人员，如程桓生、马丕庆、丁日昌、李沛苍等。程桓生原为广西桂平县署理知县，因事革职，咸丰四年随李孟群调入曾国藩大营，充任幕僚。马丕庆原为署宁乡知县，咸丰四年因弃城逃走革职逮问，后被曾国藩收入幕府，充任粮台委员。丁日昌原为江西庐陵县知县，咸丰十一年以失地罪革职，数月后入曾国藩幕，充任厘金卡员。李沛苍原为安徽署贵池县知县，曾国藩乡试同年，以擅离职守革职，辗转入皖南道何桂珍营随营差遣，咸丰四年经曾国藩奏请，调赴九江行营襄办军务。

太平天国革命时期，因失地革职的官员甚多。原来对这些官员所定律令甚严，后因太平军攻势过猛，失地官员太多，清政府遂通融解决，从轻处理，除情节特别严重的少数官员如青麐、何桂清外，一般不再处死，只革职了事。曾国藩则因军务繁重，人员缺乏，除起用丁忧人员外，还大量收留降革人员办理军务、饷务，令其戴罪立功。一般在工作一段时间后即奏请开复原官，个别人员，如丁日昌，还继而飞黄腾达，于四五年间超擢督抚大员。

（八）清政府分发候补人员，如涂宗瀛、曾开骥、王定安等。湘军攻占安庆、庐州之后，很快控制安徽。于是曾国藩驻扎安庆，开始着手恢复安徽中部与南部的各级地方政权。由于人员缺乏，且以初入仕途的人员未染官场腐败习气，故曾国藩特别喜用新人。他除奏准清政府每三年向安徽分发六十名新进士外，还截留不少分发江苏的试用知县，如曾开骥、涂宗瀛、王定安等。

（九）原胡林翼幕僚。胡林翼幕府中幕僚甚多，胡林翼死后星散各地，曾国藩将其中一部分，如李鸿裔、刘瀚清、穆其琛、汪士铎等征调或招聘入幕。李鸿裔原为兵部主事，咸丰十年在英山入胡林翼幕。翌年八月胡林翼死，李鸿裔送胡灵柩回籍。次年秋冬曾国藩派船将他迎入安庆，李鸿裔遂入曾国藩幕。穆其琛原为胡林翼幕僚，胡林翼死后，曾国藩将他札调入幕。刘瀚清原在胡林翼幕中负责草拟奏折稿，甚受器重，后因故返回原籍，复经曾国藩奏调入幕，继续充任幕僚。

（十）其他。主要是以上九类不能完全容纳或兼有两个以上原因者，再做进一步说明。如黎庶昌、洪汝奎、李鸿裔等。

黎庶昌曾师事贵州著名学者郑珍，曾国藩对郑珍一向敬重，有了这个渊源，曾国藩对黎庶昌也就格外赏识。同治元年黎庶昌应诏上疏议论时政，受到清廷的嘉奖，授以候补知县，交曾国藩差遣委用，第二年三月行抵安庆大营，受到曾国藩赏识，将他留在幕中。洪汝奎早在道光年间即与曾国藩相识，备受赞赏。他和李鸿裔皆与曾国藩有师生之谊，都先入胡林翼幕，胡林翼死后复入曾国藩幕。所以他们都有两重身份，既属胡林翼幕僚，又是曾国藩门生。其实类似的情况不止他们二人，即如通过其他途径入幕的人员，也可能参有他人推荐的因素，尤其道光二十七年考取进士或庶吉士的人员，如李宗羲、何璟、陈鼐、蔡应嵩、祝垲、张韶南、姚体备等，皆为郭嵩焘、李鸿章、沈葆桢的同年。这几个人早与曾国藩熟悉并受到器重，将其同年推荐入幕也是很自然的。

曾国藩和幕僚之间总的来说是主从关系，具体而言则又可分为互慕、互助和相互影响三个方面。首先，他们双方都有相互结合的愿望，可以说是一种相互倾慕、相互追求的关系。曾国藩认为，远而言之则天下之兴亡、国家之强弱，近而言之则兵事、饷事、吏事、文事之成败利钝，无不以是否得人为转移，故多年来爱才如命，求才若渴，为吸引和聘请更多更好的幕僚尽了很大努力，做了大量工作。他于率军东征之始，即号召广大封建知识分子奋起捍卫孔孟之道，反对太平天国，盛情邀请“抱道君子”参加他的幕府。其后行军打仗，每至一地，必广为访察，凡具一技之长者，必设法延至，收为己用；闻有德才并称者，更是不惜重金，驰书礼聘。若其流离失所，不明去向，则具折奏请，求各省督抚代为查明，遣送来营。曾国藩与人通信、交谈，亦殷殷以人才相询，恳恳以荐才相托，闻他人得一才羡慕不已，自己得一才喜不自胜，遂有爱才之名，闻于全国。由于曾国藩精研百家，兼取众长，早在青年时代即已“道德文章”名满京师，称誉士林；加以其后出办团练，创建湘军，“战功”赫赫，威震天下，遂被封建统治阶级视为救星，受到不少知识分子的崇拜。由于清王朝政治腐败，等级森严，满汉藩篱未除；加以取士不公，仕途拥塞，遂使一大批中小地主出身的知识分子空有一片“血诚”，满腹才华，而报国无门，升发无望，不得不千方百计地为自己另行寻求政治上的出路。有的知识分子非但升发无望，且身遭乱离之苦，徙无定居，衣食俱困，亟须庇护之所、衣食之源。还有一部分知识分子，既无升官发财之念，亦无饥寒交迫之感，甚或已是学问渊博，名满士林，但却仰慕曾国藩的大名，以一与相识为幸，一与交游为荣。所有这些各类人物，他们闻曾国藩能以诚待士，破格用人，便纷纷投其麾下，入其幕府。

同时，曾国藩同幕僚之间也是一种相辅相成的关系，幕僚们助曾国藩功成名就，曾国藩使幕僚们升官发财。多年来，幕僚们为曾国藩出谋划策、筹办粮饷、办理文案、处理军务、办理善后、兴办军工科技等，真是出尽了力，效尽了劳，可以说，曾国藩每走一步，每做一事，都离不开幕僚的支持和帮助。即如镇压太平天国一事，他之所以获得成功，并非靠他一人之力，而是依靠一支有组织的力量，其中他的幕僚尤占有一定比重，起了相当大的作用。现仅以曾国藩直接指挥的一个湘军支派“曾湘军”为例，它连下安庆、江宁两座省城，为清王朝镇压太平天国革命立下第一功，是湘淮军中最为突出的一支。如果把其比喻为一个人的话，曾国藩及其幕府恰似他的头和躯干，作战部队则犹如他的四肢。四肢不仅靠头脑支配其每个行动，还要靠躯干供应其营养。西汉初年，刘邦在向诸将解释为什么张良足不出户而封赏最高时，曾把战争比为狩猎，以猎人喻张良，以猎犬喻诸将，称指示之功胜于奔走之劳，诸将为之悦服。而在安庆、江宁两役中，曾国藩的幕僚则不仅有指示之功，尤有筹饷之劳，可谓功兼张（良）、萧（何）。自咸丰十年六月至同治三年六月，

四年之中曾国藩报销军费一千六百多万两，其中绝大多数来自厘金与盐税。这笔巨款主要靠幕僚筹集，没有它湘军早已饥溃，何成功之有？曾国藩所谓“论功不在前敌猛将之后”[1]，绝非夸大之词。至于曾国藩刊行《王船山遗书》和《几何原本》等重要书籍、引进西方科学技术、兴办军事工业等，更是离不开幕僚的努力。否则，他很难挣得洋务派首领的地位。

曾国藩对幕僚的酬报亦为不薄。众幕僚入幕之初，官阶最高者为候补道员，且只是个别人，知府一级亦为数极少，绝大多数在六品以下。他们有的刚被革职，有的只是一般生员，还有的连秀才都不是。而数年、十数年间，红、蓝顶子纷纷飞到他们头上，若非曾国藩为他们直接间接地一保再保，是根本不可能的。李鸿章的经历就最能说明这个问题。他于咸丰八年底初入曾国藩幕，后又因故离去。郭嵩焘劝他说：“此时崛起草茅必有因依。试念今日之天下，舍曾公谁可因依者？即有拂意，终须赖之以立功名。”[2]李鸿章听其劝告，重返曾国藩幕，后果然青云直上，步步高升，一二年间位至巡抚，五六年间位至钦差大臣、湖广总督，同曾国藩已是双峰对峙，高下难分了。试想如果李鸿章不回曾国藩幕，升迁能够如此顺利吗？恐怕要谋得一个按察使实缺亦并非易事，虽然他此时已是未上任的按察使衔福建延建邵道道员。

当然，曾国藩同幕僚之间这种关系的维持是有条件的，那就是曾国藩要尊重幕僚，以礼相待；而幕僚也必须忠于曾国藩，绝不许中间跳槽，改投新主。说明这种情况的最为典型的事例，是冯卓怀的拂袖而去和李元度的被劾革职。冯卓怀是曾国藩的老朋友，一向对曾国藩非常崇拜，为了能朝夕受教，曾放弃条件优厚的工作去当曾国藩的家庭教师；曾国藩兵困祁门之时，冯卓怀又放弃四川万县县令职位，投其麾下，充任幕僚。后因一事不合，受到曾国藩的当众斥责。冯卓怀不堪其羞，决心离去，虽经曾国藩再三劝留，皆不为所动，最后还是回家闲住，宁可丢掉官职，也不能忍受曾国藩对自己的无礼举动。李元度是曾国藩最困难时期的少数幕僚之一，数年间患难与共，情逾家人，致有“六不能忘”之说。不意其后曾国藩两次参劾李元度，冷热之间悬若霄

1.《曾文正公奏稿》，第十七卷，第 82 页。

2. 郭嵩焘：《玉池老人自叙》，第 7 页。

壤。究其原因，则主要由私谊而起。曾国藩明知李元度并非领兵之才而令其带兵，屡经败溃而复委重任，皆由私谊太厚，盼其立功太切，即所谓“心欲爱之，实其害之”者。故李元度失守徽州，曾国藩也有责任。他第一次参奏李元度，也只是气愤其故违将令，颇有挥泪斩马谡之意，并无私恨。不料李元度转身投靠浙江巡抚王有龄，并很快开复一切处分，连升两级，实授浙江按察使。曾国藩感到受辱太甚，积怒于心，遂借杭州失陷一事再次参劾李元度，结果将其革职。曾国藩在与友人谈及同李元度的关系时，曾引春秋时豫让故事，称其“以中行待鄙人，以智伯待浙帅”[1]，说明此次参劾全出私恨，究其缘由，则不外“改换门庭”四字。人们由此不难看出，曾国藩同幕僚的关系，归根到底还是主从关系，其维系纽带全在私谊。私谊对他们双方来说都是神圣的、高于一切的，任何一方如有违背，这种关系即会解除，甚至结成私怨。

在长期合作共事的过程中，曾国藩同幕僚之间都相互产生过一定影响。曾国藩经常通过各种形式向幕僚们征求意见，在遇有大事决断不下时尤为如此。有时幕僚们也常常主动向曾国藩投递条陈，对一些问题提出自己的见解和解决办法，以供其采择。幕僚们的这些意见无疑会对曾国藩产生这样那样的影响，唯事例甚多，只好专题备述于后。

比较而言，曾国藩对幕僚的影响显然会更大、更深远一些。多年来，曾国藩一直对其幕僚精心培养，视若子弟。除为数不多的几个老朋友和名儒宿学之外，一般幕僚亦对曾国藩尊之为师，极为崇拜，一言一动，无不视为楷模。从道德修养、为人处世到学术观点、文学理论，以至政治、军事、经济、外交等方面，无不程度不同地受到曾国藩的影响。尤其经常在曾国藩身边的人员，朝夕相处，耳濡目染，日积月累，潜移默化，于不知不觉之中已受其熏陶，增长了见识和才干。正如薛福成所说的那样，他们虽只“专司文事，然独克揽其全。譬之导水，幕府则众流之汇也；譬之力穑，幕府则播种之区也。故其得才尤盛”。[2]曾国藩的另一幕僚张文虎在谈及幕僚易于成才的原因时也说，盖“其耳目闻见较亲于人。而所至山川地理之形胜，馈饷之难易、军情之离合、

1. 江世荣编《曾国藩未刊信稿》，中华书局 1959 年版，第 3 页。

2. 薛福成：《庸庵文编》，第四卷，第 21 页。

寇形之盛衰变幻，与凡大帅所措施，莫不熟察之。而存于心久，及其措之裕如，固不啻取怀而予。故造就人才，莫速于此”。[1]至于那些才思敏捷、善解人意如李鸿章者，则更是心领神会，独得曾国藩思想政治之真谛，成为其公认的正宗传人。曾国藩对李鸿章的器重和赏识是尽人皆知的，对他寄望之厚、花费心血之大也几乎无人能与之相比。可以说，曾国藩把自己的全部政治观点和治国、治军的本领都传授给了这个得意门生。李鸿章也向人表示，不仅自己前半部功名事业出于老师的提挈，即其办理外交的本领，亦全仗曾国藩“一言指示之力”[2]。

曾国藩幕府除治事、育人外还有一项重要职能，那就是出谋划策，充当智囊团。曾国藩自接奉帮办湖南团练的廷旨之日起，每有决疑难下之事，往往向自己的部下与幕友征求意见，除个别交谈与书信往来之外，有时还邀集幕僚会商，令其各抒己见，进行讨论，或令其呈递书面意见，一一加以批阅，从中吸收一些高明建议与看法，最后形成自己的决策。有时幕友也主动通过口头或条陈的形式提出意见或建议，以供曾国藩采择。这些意见或建议，有的被曾国藩采纳；有的未被采纳，但从中受到启迪，根据情况采取了一些相应对策。在其从军从政的近二十年中，这种事例甚多，兹择要略举数事。

咸丰三年秋冬，曾国藩在湖南衡州与郭嵩焘等人“商定营制，立水、陆各十营”，使湘军初具规模，但对其是否适于实战，却仍心中无数。于是郭嵩焘向曾国藩建议：“黄南坡干济才，且历事多，宜召与商议。”曾国藩接受这一建议，将黄冕专函邀至衡州，同自己一起“阅视水陆各营”，并称“陆营粗有把握，水营不能逆计也”。黄冕则说：“以某观之，陆营不如水师之可恃。省城设立各营规模略同，未足制胜，水师独开一局面，度贼船必不能及，可以任战。惟长江港汊纷歧，师船迟重，不能转侧。江南水师有所谓三板者，每营必得十馀号，以资梭巡港汊。”[3]于是曾国藩又接受黄冕的这一建议，急造三板百余只，分配各营，建成国内第一流的炮船船队，使湘军水师成为水

---

1. 张文虎：《覆瓿集・杂著》乙编上，第7—8页。

2. 吴永：《庚子西狩丛谈》，第13页。

3. 郭嵩焘：《玉池老人自叙》，第5页。

上劲旅。

咸丰四年春曾国藩东征，开始出师不利，自岳州败退长沙。太平军长驱直入，很快占领靖港、宁乡、湘潭等处，对省会长沙形成三面包围之势，形势岌岌可危。官绅上下一片惊慌，都把摆脱困境的唯一希望寄托在刚刚编练而成的湘军身上。这样，湘军的成败利钝就变得至关紧要，而决策的正确与否也就成为能否转危为安的关键。为了使这次决策万无一失，曾国藩在召集各营营官进行讨论的同时，还在官署设置意见箱，请幕僚为其出谋划策，投递书面意见。王闿运在题为《铜官行寄章寿麟题感旧图》的一首诗中说道："庐黄军破如覆铛，盗舟一夜满洞庭。抚标大将缒楼走，徐公绕室趾不停。省兵无人无守御，举付曾家一瓦注。空船坐守木官防，直置当锋寻死处。军谋兵机不暇讲，盗屯湘潭下靖港。两头张手探釜鱼，十日掏河得枯蚌。刘郭苍黄各顾家，左生狂笑骂猪耶。彭陈李生岂愿死，四周密密张网罝（音"具"）。此时鲕（音"象"）筒求上计，陈谋李断相符契。彭公建策攻下游，捣坚擒王在肯綮。"[1] 这里的陈、李、彭分别指当时正在曾国藩幕中充当幕友的陈士杰、李元度、彭嘉玉，他们三人都发表了自己的见解，参与了这一决策讨论，且意见并不一致。陈士杰、李元度主张进攻湘潭，彭嘉玉主张进攻靖港。起初曾国藩接受陈士杰、李元度等人的意见，决定派主力进攻湘潭，其余兵力固守老营。后来受不了别人的怂恿，"日中定计夜中变"[2]，按照彭嘉玉的主张率兵进攻靖港。结果湘潭之战取得大捷，而进攻靖港之师则全军败溃。

同治二年秋，曾国藩乘共进晚餐之机，就如何扩建和改进机器制造厂的问题向众幕友征询意见。自美归国的容闳参加了这一讨论，并在《西学东渐记》一书中做了如下记载："某夕，诸友邀予晚餐，食际即以此机器厂问题为谈论之资。在座诸君各有所发表，既乃询予之意见。"于是容闳对曾国藩说："中国今日欲建机器厂，必以先立普通基础为主，不宜专以供特别之应用。所谓立普通基础者无他，即由此厂可造出种种分厂，更由分厂以专造各种特别之机械。简言之，即此厂当有制造机器之机器，以立一切制造厂之基础也。例

1. 徐一士：《一士谈荟》，书目文献出版社 1983 年版，第 286—287 页、288 页。

2. 同上。

如今有一厂，厂中有各式之车床、锥、锉等物；由此车床、锥、锉，可造出各种根本机器；由此根本机器，即可用以制造枪炮、农具、钟表及其他种种有机械之物。”[1]曾国藩接受了这一建议，并于是年十月委派容闳携带巨款赴美购买“制器之器”。同治四年机器运抵上海，并入江南制造局，使之成为当时国内技术装备最好的综合性军工大厂。

同年赵烈文又就“察言”一事致函曾国藩，使其深受启发，事隔多年仍赞叹不已。同治六年，曾国藩对赵烈文说：“自南宋以来，天下为士夫劫持。凡一事兴作，不论轻重，不揣本末，先起力争。孱暗之君为其所夺，遂至五色无主。宋、明之亡皆以此。”又说：“吾甚佩足下同治二年与吾书，其第一条言审察听言之道。彼时举国若狂，皆以开言路为急，而足下已经烛见及此，直至今日，究竟不能出足下之范围。”[2]

同治四年，曾国藩剿捻出发之前，曾问赵烈文、刘瀚清：“北上何策？”赵烈文、刘瀚清“对以北方团练遍地皆是，抚之则为吾用，疑贰则为吾仇”，要在“不可违其性，且捻贼流窜无定，与粤贼大异，团练之法，即是坚壁清野之法，尤不可废”。曾国藩“俱唯之”[3]。

同治五年冬，曾国藩因剿捻失利，奉旨撤去钦差，回任江督，并准其“调理一月，进京陛见一次”。“幕客有言不必进京，宜请一省墓假回籍”者。曾国藩认为自己与郭嵩焘、唐训方“情事迥不相同”，没有采纳这一建议。理由是，“古称郭子仪功高望重，招之未尝不来，麾之未尝不去。余之所处，亦不能不如此”[4]。

同治九年七月，容闳充当译员，随江苏巡抚丁日昌赴天津协助曾国藩办理教案，复乘机通过丁日昌向曾国藩提出派遣留学生赴美学习的建议，亦被曾国藩采纳，并立即会同李鸿章等联衔上奏清廷，得到批准，促成了中国历史上第一次派遣留学生出国学习之举。

---

1. 容闳：《西学东渐记》，岳麓书社 1981 年版，第 74—75 页。

2. 赵烈文：《能静居日记》，同治六年六月十八日。

3. 同上，同治四年五月六日。

4.《曾文正公家书》，同治五年十月二十六日。

同治元年春，曾国荃一军进抵太平天国首都天京城外，在雨花台扎下大营。正当曾国藩准备挥军围攻天京时，却突然发生变故：原定参加会攻的主力部队多隆阿远走陕西，鲍超亦退回宁国，致使曾国荃一军变成孤军，不仅围攻计划难以实现，且形势岌岌可危，一旦太平军大批援兵赶到，将有被消灭的危险。曾国藩为立于不败之地，只得致函曾国荃，令其退兵。但曾国荃贪于天京财货，“坚持不退”。另一参与围攻天京的湘军大将、水师统领杨载福“亦以退兵为耻”，询之左宗棠，“亦谓不宜轻退”[1]。曾国藩举棋不定，便向幕僚们问计。结果多以退兵为计，不赞成孤军久屯坚城之下，即所谓“弟元年初进金陵，远近啧有烦言”[2]。曾国藩接受了这些意见，更坚定了退兵的主张，甚至直接“书告诸将，吾弟轻蹈死地，必无万一幸，诸将务告全军，毋从俱死”[3]。结果曾国荃及其部下仍坚持不肯后撤。曾国藩无奈，只得亲赴前线进行实地考察，以定进止。曾国藩身边的亲近幕僚赵烈文在日记中写道：“晨起趋府朝谒相国……(相国)又言明日出，至无为、芜湖、江宁察看情形，有撤师之意，吾亦力赞之。”[4]这段话反映了曾国藩与多数幕僚的主张，仍以撤退为宜。待其经过一番考察之后，曾国藩认为吉字等营营盘坚固，上下同心，左右之间亦关系协调，遂改变主意，打消了退兵的念头。

有时，曾国藩对幕僚的意见则不予采纳，或先纳后弃。这种事例先后有四件。

咸丰五年夏，罗泽南请求统兵援鄂，俟武昌克复后，再回军攻取九江。曾国藩同意了罗泽南的意见。刘蓉不同意这种安排，对曾国藩说：“公所赖以转战者塔、罗两军。今塔将军亡，诸将所恃独罗公，又资之远行，脱有急，谁堪使者？”曾国藩回答说：“吾极知其然，然计东南大局，宜如是。今俱困此无益。此军幸克武昌，天下大势犹可为，吾虽困犹荣也。”[5]否定了刘蓉的

1.《曾文正公书札》，第二十一卷，第8页。

2.《曾文正公家书》，同治三年五月十九日。

3. 朱克敬：《暝庵杂识》，进步书局版，第四卷，第3—4页。

4. 赵烈文：《能静居日记》，同治二年正月二十七日。

5. 黎庶昌：《拙尊园丛稿》，第三卷，第5—6页。

意见，罗泽南遂成援鄂之行。

同治九年夏秋，曾国藩查办天津教案期间，亦一反常态，断然拒绝了大多数幕僚的意见。当时曾国藩身边的不少幕僚态度非常坚决，始终不同意曾国藩的做法，有的甚至通过口头或书面形式直接对他提出尖锐批评。曾国藩对这些反对意见悍然不顾，一概视为“局外无识之浮议”，并在给军机大臣宝鋆的信中表示，“谓津民义愤不可查拿、府县无辜不应讯究者，皆局外无识之浮议”。“弟虽智虑短浅，断不至为浮议所摇。”[1]曾国藩的所作所为颇使他的一些幕僚愤愤不平。吴大廷在自编年谱中记述当时的情形说：“方存之自保定来”，“极言津案办理之非，而咎曾相之不能纳言用人，语意切直。盖指曾相用地山侍郎之言将府、县奏交刑部治罪、用雨生中丞之言遍拿津民议抵两事。此两事诚为失体。余曾力言之曾相，颇似采纳。自朝廷屡派大臣来津，余遂不便再参末议。”[2]不过曾国藩此次办理教案，亦并非与所有幕僚皆意见相左，有的人，例如陈兰彬，就对他的做法甚为赞成，并在不少问题上从旁参议。事过之后，曾国藩“颇悔用其言”[3]，对一些幕友的切责之词亦不置辩，仅报以“深用自疚”、“引为惭怍”[4]而已。

总之，曾国藩幕府中确有不少智谋之士，经常为曾国藩出谋划策，解决了不少政治、军事难题。而曾国藩亦能虚心纳言，鼓励众幕僚直言敢谏，故能收到集思广益的效果。他在事业上所以能够取得一些成功，与此有很大关系。正像有些人说的那样，曾国藩“以儒臣督师，芟夷蕴崇，削平大难，蔚成中兴之业，固由公之英文钜武，蕴积使然；亦由幕府多才，集众思、广众益也”[5]。

曾国藩幕僚出幕之后，有的从军，有的从政，有的从教，有的筹饷，有的继续充当幕僚，工作各式各样。但就个人出处而言，归根到底不外两途：一是从事科学文化活动，一是做了清政府的实缺官员。科学文化活动又可分

1.《曾文正公书札》，第三十二卷，第 48 页。

2. 吴大廷：《小酉腴山馆集·自著年谱》，同治九年八月。

3. 李慈铭：《越缦堂日记》，光绪元年十一月十四日。

4. 方宗诚：《柏堂集后编》，第六卷，第 16 页。

5. 赵椿年：《序》，陈鼐《求志集》，第 1 页。

为文学、理学、考据、翻译与自然科学研究四类。从事翻译与自然科学研究工作的人员主要有徐寿、华蘅芳、徐建寅、李善兰等人。李善兰于同治七年（1868）离幕，奉调京职，充任同文馆算学总教习、总理衙门章京，继续从事翻译和数学研究工作，著有《则古昔斋算学十二种》，译著除《几何原本》(七—十六卷)外，还有《代微积拾级》《重学》《物学》《谈天》等。其所翻译的《几何原本》在不少地方言西人所未言，发西人所未发，甚得英人伟烈亚力的赞许，称“西人他日欲得善本，当反求诸中国也。”[1] 徐寿自翻译馆成立起即一直在馆内从事自然科学的翻译与研究工作，迄未调动。同治十三年上海格致书院成立，徐寿参与了创办工作，出任董事，兼任书院的管理工作。他的著作有《化学材料中西名目表》等，译著则有《机器发轫》《化学鉴原》等。他在翻译《化学鉴原》一书时为一些中国汉字中自古未有的金属元素制定的名称，如钾、钠、锰、锌等，绝大多数保留下来，至今仍在应用，与同时、同类译著相比，则显得高出一筹。他编著的《化学材料中西名目表》，所列中英文对照的化学名词、术语三千六百多条，为后来的化学翻译奠定了初步基础。华蘅芳则先在江南制造局翻译馆，后到天津机器局与武备学堂任职，继续从事自然科学的翻译与研究工作。他的著作有《行素轩算稿》等，译著则有《金石识别》《地学浅释》《代数术》《微积溯源》《三角数理》《开方别术》等。徐建寅为徐寿之子，先从其父在江南制造局翻译馆工作，光绪元年赴济南创办山东机器局，直到建成投产。其后又转入汉阳兵工厂任职，不幸在一次火药爆炸事故中以身殉职。他的著作和译著主要有《兵学新书》《运规约指》等。其所著《兵学新书》是中国人系统介绍西方兵器的第一部著作。总之，上述数人都是中国近代史上著名的科学家，他们在数学、物理、化学等领域具有较深的造诣，其主要功绩和贡献是同英、美学者伟烈亚力、傅兰雅、玛高温合作，翻译了大量西方科技书籍，首次把西方的物理、化学、矿物学及数学中的代数、几何、三角、概率论、微积分等介绍到中国来，从而为我国近代科学技术的发展奠定了初步基础。

---

1. 魏鉴勋、袁闾琨:《试论清代的幕僚及其对地方政权的作用》,《史学月刊》, 1983 年第 5 期，第 41 页。

离幕后继续从事学术研究的人员甚多，而其中较具代表性的则主要有方宗诚和刘寿曾二人。方宗诚自幼讲习理学，从未间断，就任直隶枣强知县后，于从政之余仍不停著述，主要著作有《诸经说都》《柏堂集》等多种。刘寿曾自幼从事考据，其祖父刘文淇、父亲刘毓崧皆为著名学者，治《左氏春秋长编》，事未竟而英年早逝。刘寿曾发愤完成父祖遗业，亦因过于劳累，力瘁病卒，年仅四十五岁。祖孙三代均英年早逝，献身于学术研究事业，这在历史上是少见的，而最终竟未能卒业，亦令人扼腕兴叹。其著作主要有《读书札记》《春秋五十凡例表》等。

离幕后继续从事古文研究与创作的人员为数亦不少，而较有成就和代表性的人员则主要有张裕钊、吴汝纶、薛福成、黎庶昌四人，即通常所说的曾门文学四弟子。其中张裕钊一边讲学一边创作，故成就最大，地位最为突出；而吴汝纶、薛福成、黎庶昌则于从幕从政之余从事古文的研究与写作，故成就稍逊。尤为重要的是，他们四人的作品俱得曾国藩的真传，既继承了桐城文派的艺术风格，又能以汉代古文之长而救其“气衰”之弊，兼具阳刚与阴柔之美，从而形成桐城文派的一个新的分支，人们称之为湘乡派。他们四人都有著作刊行于世。张裕钊的主要著作有《濂亭文集》《濂亭遗稿》，吴汝纶的著作主要有《桐城吴先生诗文集》《桐城吴先生尺牍》等，薛福成的著作主要有《庸庵全集》《庸庵笔记》等，黎庶昌的著作主要有《拙尊园丛稿》《曾文正公年谱》等。至于以文学见长的人员，则为数众多，凡曾在秘书处任职者，几乎人人如此，其中不少人都有著作刊行于世，有的人，如左宗棠、李鸿章等，亦可称为近代有名之大手笔。因为他们的业绩主要不表现在文学上，故不再一一详述。

曾国藩幕僚中人数最多、影响最大的是从政人员。他们遍布于政治、经济、军事、外交等各个领域，或则官居要津，或则独任封疆，一时形成“名臣能吏，半出其门”[1]的局面，致使晚清的行政、国防、外交无不打上曾国藩的思想政治烙印，影响到整个政局。据统计，出身曾国藩幕僚而后文职官至实缺（含署职）

---

1. 中国社会科学院近代史研究所编：《曾国藩未刊往来函稿》，岳麓书社 1986 年版，第 273 页。

盐运使以上者52人，武职官至实缺（含署职）总兵、提督者4人。计有大学士2人：文华殿大学士李鸿章、东阁大学士左宗棠。军机大臣2人：左宗棠、钱应溥。督抚堂官23人：丁日昌、刘蓉、刘瑞芬、许振祎、沈葆桢、李兴锐、李明墀、李宗羲、李瀚章、何璟、庞际云、陈士杰、陈兰彬、陈宝箴、恽世临、倪文蔚、涂宗瀛、钱鼎铭、郭柏荫、郭嵩焘、梅启照、黄赞汤、勒方锜。布政使、按察使、盐运使26人：万启琛、王德固、厉云官、邓仁堃、江忠浚、汤寿铭、刘于浔、孙长绂、孙衣言、朱孙诒、李元度、李光久、李桓、李鸿裔、李榕、吴坤修、金安清、洪汝奎、胡大任、夏廷樾、桂中行、游智开、裕麟、蒋志章、程桓生、薛福成。提督2人：李云麟、沈宏富。总兵2人：朱品隆、普承尧。至于官任实缺道、府、州、县者，则人数更多，无从统计。这在历史上是极为罕见的。这种湘、淮官员，尤其是曾国藩幕僚出身的官员到处主持要政的情况，曾国藩在世时已经出现，到了光绪年间就变得更为明显。仅就掌握地方最大实权的各地总督而言，当时除河、漕二督外，主持军政者只有八个额缺。光绪元年至十年间全国先后担任是职者共有18人，其中湘、淮系统的官员12人，占总人数的三分之二，曾为曾国藩幕僚者即有6人，占总人数的三分之一。而光绪三、四两年情况尤为突出，不仅8名总督全属湘、淮系统官员，且曾为曾国藩幕僚者就有6人，占了总人数的四分之三。无怪乎清末学者夏震武会说，“数十年来朝野上下所施行，无一非湘乡之政术、学术也。”[1]《清史稿》的作者在李瀚章、陈士杰、李兴锐等人的传记之后也评论道：“此十人虽治绩不必尽同，其贤者至今尤挂人口，庶几不失曾、左遗风欤。”[2]

幕府办事机构

曾国藩幕府的办事机构，大体可分为军政、粮饷两类。其军政办事机构主要有秘书处、营务处、采编所、审案局、查圩委员、善后总局，属于思想

1. 夏震武：《灵峰先生集》，第四卷，第57页。

2. 赵尔巽等：《清史稿》，中华书局1976年版，第41册，第12511页。

文化性质的采访忠义局、编书局也归于其中。

曾国藩自出山办团练直至去世，身边一直有一些秘书人员帮助他出谋划策、办理事务。这些人与曾国藩关系最为密切，随行有专门的车、船，驻扎有专门的宅院，在所有幕僚中地位最尊，情面最厚。曾国藩称这班人为“幕府”，实际上是他的秘书班子，作者名之为“秘书处”。秘书人员的主要工作是帮助曾国藩草拟奏、咨、批札，办理书启、文案。各项工作都有专人负责，草奏的只管拟奏稿，办批札的只管拟批稿；甚至负责草拟奏稿的人也有分工，如赵烈文就只代拟涉外奏稿，陈方坦则只代拟与盐务有关的奏折、函札。办理书启的人员不仅负责对来函提出处理意见，还往往负责代拟复函。为明确责任，处理过的信函都要盖上自己的名章。在一些曾国藩收函的原件上，至今保留着“要”“复”“应复”“不复”“已复”“自复”等处理意见和收函时间、编号、办理时间以及“旉”“筱”等个人印章。

曾国藩前期身体较强，精力较好，对幕僚依赖也较少，“遇陈奏紧要之件，每好亲为草稿，或大加削改”。直到同治四、五年间，虽然“精力日减，目光愈退”，但仍“沿此旧习”[1]。到了晚年，尤其由直隶再回两江后，目疾加剧，“看文写字深以为苦”，不仅公文令人代拟，文章亦令人代作，有时甚至“除家书外，他处无一亲笔”[2]，对幕僚的依赖也就愈来愈大了，但“其最要者，犹不假人”[3]。收入文集的半截文章《刘忠壮公墓志铭》就是明证。咸丰五、六年间，由于“幕府乏好帮手，凡奏折、书信、批禀均须亲手为之”[4]，“拂乱之余，百务俱废，接人应事恒多怠慢，公牍私书或未酬答。坐是与时乖舛，动多龃龉”[5]。直到咸丰十一年春天，将大营移至安徽东流江边时，仍在感叹：“此间现无幕友，奏咨信缄皆本店一手承造，颇以办保案为苦。”[6]要找到好的秘书人员

1.《曾文正公书札》，第二十四卷，第32页。

2.《曾文正公家书》第1401页，同治十年三月十七日，岳麓书社1989年版。

3.《曾国藩年谱》，岳麓书社版，第252页，同治十一年正月二十八日条。

4.《曾文正公家书》，咸丰六年十一月二十九日。

5.《曾文正公书札》，第八卷，第41页。

6.《曾文正公家书》，咸丰十一年四月二十三日。

实际上并非易事，其中尤以好的草奏人员最为难得。因为要拟好奏、咨、函、札，不仅需要学识渊博、文学优长，还要有一定的政治经验，懂得公文程式。有些人，例如刘瀚清，虽然“学问淹博，文笔亦雅，特章奏笺牍不甚合式”[1]。这就很难得心应手。因此，曾国藩幕中虽然人才济济、高手如云，仍不时发出幕中乏才之叹，谓“空言泛论者求之较易，拟奏拟信拟批者求之较难，即善书者亦不易得”[2]。因为人员经常流动，而好的秘书人才又失之甚易（主要是调动工作和保举升迁），得之甚难，所以曾国藩有时不得不临时拉人为他草奏，并非秘书人员的左宗棠（时已出幕，独领一军作战）、张树声都为他拟过奏稿。

秘书处的任职条件除忠实可靠外，还须通晓政务，文学优长，尤其草拟奏章者，必为上上之选。由于他们工作性质重要，且与曾国藩最为接近，故在幕僚中地位最尊、待遇最好、得保最易、得缺最早，其他人员望尘莫及。

曾在曾国藩身边工作过的秘书人员大约有一二百人，有名可稽的一百名只是其中较有地位、名气的那部分，而那些仅任抄写、收发、保管等一般事务性工作的“小委员”则未留下姓名，无从稽考，只好略而不计。现据入幕前后将其分为三组：

咸丰二年底至咸丰七年二月入幕者主要有刘蓉、郭嵩焘、黄冕、陈士杰、李元度、章寿麟、彭嘉玉、罗萱、左楷、赵烈文、胡心庠、丁铭章、施恩实、陈光亨、汪元慎、何源、陈斌、方翊元、程桓生、莫祥芝、许振祎、吴廷华、冯卓怀。

咸丰八年六月至十一年底入幕者主要有李鸿章、左宗棠、杨象济、冯焌光、李榕、郭崑焘、郭笙陔、欧阳兆熊、陈鼐、穆其琛、李士棻、张裕钊、柯钺、何应祺、刘瑞芬、梅启照、程鸿诏、周成、王香倬、阎泰、陈鸣凤、刘崧、聂琪、王敬恩。

同治元年以来入幕者主要有郭柏荫、刘瀚清、方骏谟、袁西焘、李子真、杨万锦、张复翮、王瑞征、阎禹邻、唐翰题、周学竣、何璟、李鸿裔、孙衣言、陈方坦、凌焕、屠楷、钱应溥、向师棣、黎庶昌、吴汝纶、薛福成、王定安、

1.《曾文正公书札》，第二十二卷，第 18 页。

2. 同上，第三十卷，第 32—33 页。

倪文蔚、勒方锜、庞际云、任伊、萧世本、游智开、陈兰彬、唐焕章、曹耀湘、刘金范、赵景波、沈梦存、仇善培、贺麓樵、张锦瑞、欧阳侗、曾化南、蔡家馨、孙莘畬、张晖垣、陈济清、祝垲、俞晟、蔡贞斋、邓良甫、王鸿训、李传黻、黎竹林、王镇镛。

采访忠义局又称采访忠义科，或两江忠义局，是曾国藩担任两江总督之后，仿效胡林翼在湖北的做法，于咸丰十年夏在祁门设立的，其主要任务是收集和整理在清王朝同太平天国的战争过程中阵亡、被杀或自杀身死的官员士绅资料，由曾国藩汇总奏请建总祠、总坊，或专折奏请建专祠、专坊，以扶持名教，维护风化。曾国藩担任两江总督之后曾发布文告，晓谕远近。其《出示晓谕江南北士民六条》之五“旌表忠义”条称：“本部堂行辕设立忠义科，专查殉节之家，详核事实，兼考世系，或由司、道具详，或由府、厅、州、县汇报，或由该家属径禀本部堂，立即建总祠、总坊，其死节尤烈者建立专祠、专坊。凡作有家传、墓志、行述、事状者，准其抄送行辕，本部堂略删改，咨送国史馆立传，以彰忠义而示激劝。”[1] 实际上这是曾国藩为封建地主阶级做的一项思想政治工作。

除此之外，设立忠义局的另一原因是为了安置一部分闲散人员，解决他们的生活困难。战乱之中，曾国藩的一些老朋友或一般士人往往流离失所，衣食无着，纷纷投奔到他的门下求救。而这些人中不少人并无一技之长，他处无法安置，于是就把这些人放到忠义局中，拿份薪水养家糊口。反正采访忠义之事不像草拟函奏、筹措粮饷那样往往急如星火，刻不容缓，工作或多或少，进程或快或慢，都不会直接影响战争的成败。所以忠义局的人员在曾国藩幕府中地位不高，名声不显，除方宗诚仅至实缺县令外，其他人皆未得到实缺保奏。

两江忠义局成立之时，全国还很少这类机构，它虽比湖北晚了几年，但在全国各省中仍处于遥遥领先的地位。殆至咸丰十一年秋，清政府下令各省设立褒忠局，采访忠义，随时汇奏时，曾国藩已先后奏报五次了。

1.《兵部尚书衔·署两江总督曾国藩告示》，见《楚湘营制》抄本，现藏中国社会科学院近代史研究所。《曾国藩年谱》咸丰十年六月十六日条载有类似内容，本意一致，词句略有不同。

忠义局的任职条件是必须崇尚气节，热心于扶持名教，维护风化，所以就学派而论，忠义局的委员多讲习宋学之人。

两江忠义局先后由陈艾、汪士珍主持，其主要工作人员除陈艾、汪士珍二人外，还有方宗诚、汪翰、李葆斋、杨德亨、汪宗沂、李联琇。

编书局又简称书局，是同治三年四月在安庆设立的，故称安庆书局。同年九月又随曾国藩移驻江宁，遂改名金陵书局。其后两江总督几度易人，书局一直存在。书局初立主要刊刻了王夫之的《王船山遗书》和全本《几何原本》。《王船山遗书》系明末清初著名学者王夫之倾毕生心血撰写的鸿篇巨制，具有较高的学术价值，多年来未能刊印发行于世。道光十九年，王夫之的孙子王世全始刊刻一百五十卷，湖南著名学者邓显鹤实际主持其事，欧阳兆熊赞成之。咸丰四年湘军进攻湘潭，书版毁于战火。这次编书局重刻《王船山遗书》凡三百二十二卷，较前增加一百七十二卷。

《几何原本》是公元前300年希腊数学家欧几里得所著，全书共十五卷，明代传入我国。著名科学家徐光启和意大利学者利玛窦曾译出前面六卷刊行于世，而后半部则长期无人翻译。咸丰年间，近代著名数学家李善兰与英国人伟烈亚力续译其后九卷，并为其订正舛误，使之成为最佳版本。译成之初，亦有人刊刻印行，不久书版毁于战火。同治元年李善兰入曾国藩幕，次年张文虎复来幕中，遂建议李善兰取后九卷重校付刊；为使初学者得一完本，并前六卷一起校刊发行。其后又合金陵、湖北及江、浙各书局之力合刻《二十四史》。曾国藩对编书局的工作极为重视，他不仅为编书局制定章程，聘请学识渊博、擅长校勘的幕僚和高手匠人专司其事，还对书版的书写、刊刻做了具体规定，力求版本精良，传之后世。对于书局的重要出版物，如《王船山遗书》，曾国藩还亲为校阅，亲自作序。

书局设立之初由欧阳兆熊主持。同治四年五月曾国藩北上剿捻，书局由署江督李鸿章主持，令书局刊刻“四书”“五经”，以为诸生读本。同治六年初曾国藩回任江督，又令书局刊刻《史记》《汉书》《后汉书》。同治八年年初曾国藩已抵直隶总督任，又与继任江督马新贻、湖广总督李鸿章等妥商，改由洪汝奎主持。此时战事告竣，战争期间建立的各路粮台陆续裁撤，唯专

为镇压捻军而设于江宁的北征粮台得以保留，改为军需总局，专门供应西征陕甘的老湘营与江宁防军粮饷，仍由洪汝奎经理。编书局经费无着，须由军需局筹措，故令洪汝奎兼理是职。

编书局的任职条件是熟悉经史，兼通小学，擅长校勘工作，故编书局人才济济，尤多宿学名儒，就其学派而言，多为治汉学者。其主要成员除前面提到的欧阳兆熊、洪汝奎、李善兰、张文虎外，还有刘毓崧、刘寿曾、汪士铎、莫友芝、唐仁寿、倪文蔚、戴望、成蓉镜、刘恭冕等。

营务处设立于咸丰六年初。咸丰四年湘军东征时，曾国藩曾在军中设立过水、陆营务处，分别由褚汝航与朱孙诒主持。其时军中仅有大帅与营官，尚无统领之职。曾国藩在给骆秉章的信中说："来示须派一统带大员等因，历来皆有此席，或称翼长，或称统领，或但称营务处。"[1] 所以，这时的营务处实际上是后来的统领、分统之类，虽名称相同，但与后来的营务处并不是一回事。曾国藩经过长沙整军，陆路只设塔齐布、罗泽南两统领，水路只设杨载福、彭玉麟、李孟群三统领，再不提营务处一事，直到咸丰六年年初才重新设立营务处。不过这时的水师已分为外江水师与内湖水师，分别由杨载福、彭玉麟统领。外江水师由湖北供饷、指挥，而内湖水师则困于鄱阳湖内，仍由曾国藩经营。所以这时的营务处实际上只是陆军营务处，且职能亦发生变化，由独当一面的统摄大员变成为大帅处理具体事务的助手。殆军务基本结束之后，营务处管理防军、节制诸将，分别由两司兼领，布政使兼总督总营务处衔，按察使兼巡抚总营务处衔，其职能与人员组成则又一变。所以这里讲的营务处系咸丰六年至同治七年（1856—1868）间的情况，与此前此后时期均有所不同。

另外，曾国藩的营务处又有内外之分，统带数营外出作战者称外营务处，在曾国藩湘军大营、不离其左右者称内营务处。外营务处与统领很相似，只有在军中尚无统领、或统领暂时离位时才会出现这种情况，如咸丰六年统带数营进攻建昌、瑞州的彭山屺、罗萱，咸丰九年带兵进攻安徽太湖的朱品隆、

1.《曾文正公书札》，第五卷，第 11 页。

李榕等。不过这种情况不多，最主要、最常见的还是大营营务处，且其内、外两种不易区分，故这里不再做内外营务处的区别，只作为营务处的不同形式与不同功能。

营务处的职能类似今日军中之参谋部，是领兵大帅处理军中事务的办事机构，“如派何营出队，何路进兵，何起专攻何城，何起分剿何股，均由主帅定计，营务处发令。即杀一人、赏一人亦由主帅专之”[1]，由营务处办理。除作战外，军队平时的操点、训练也由营务处负责。在剿捻期间，曾国藩日记中就记有他与营务处委员一起对湘军各营分别点名的情形。另外，营务处还负有训练和培养人才的责任。李榕在营务处任事之初，曾国藩就同他专门谈论过营务处的此项任务：“营务处之道，一在树人，一在立法。”“树人之道一曰知人善任，一曰陶镕造就。”[2]所以曾国藩欲令其幕僚领兵，必先在营务处历练，且往往先在身边充营务处，后以营务处外出领兵，其后有了实践经验，便令其独领一军作战。李榕是经过这个全过程的典型人物。其他则或先或后，形式亦略有区别。只是不知何因，湘军经由营务处而外出领兵者没有大将，只是一些二三流将领。

营务处的任职条件是兼资文武，既懂军事，又文笔流畅。不过由于难得其选，有时合二人之长而作一人之用，或扬长避短，有所偏重。如咸丰九年冬曾国荃请假回籍，吉字营无人统领，曾国藩就委派朱品隆、李榕充任营务处，领军进扎太平军据守的太湖城外，明令规定朱品隆负责领兵作战，李榕负责军情禀报，二人分工非常明确。再如王鑫的哥哥王勋，充任营务处时主要是联络老湘营各路将领；而李元度充营务处时，则连军情奏折的草拟工作亦一并承担。

曾国藩幕僚中先后在营务处任职者主要有朱孙诒、褚汝航、彭山屺、罗萱、沈葆桢、王勋、李元度、杜光邦、李宗羲、李榕、朱品隆、何应祺、姚体备、何璟、刘建德、王家璧、向师棣、孙衣言、李鸿裔、甘晋、张锡嵘、张树声、罗麓森、李昭庆、祝垲、沈宏富、朱唐洲、李光久、杨钟琛、李兴锐。

1.《曾文正公书札》，第五卷，第19页。

2.《曾文正公手书日记》，咸丰九年九月初六日。

采编所大约设立于咸丰四年十月，最初设在湖北武穴，咸丰五年正月被太平军冲散，逃至湖南长沙。采编所的主要任务是搜集整理太平军的战略情报，编辑《贼情汇纂》一书，大约书成后即撤去。采编所的总纂是张德坚，副总纂是邹汉章、方翊元、邵彦烺，另以李楙、程奉璜任分纂，廖文凤、潘敬暹、谭光藻、谭光炳、黄炳烈任缮写、校对各务。咸丰五年正月太平军大举反攻，千军万马沿江而上，采编所人员四处逃散，迁至长沙后只余下张德坚、程奉璜、邵彦烺三人，其余则不知去向。

张德坚初为湖北抚辕巡捕官，对来自太平天国的情报特别感兴趣，有闻必录。自咸丰三年正月太平军弃武昌东下以来，关于太平军的传闻越来越多，这些传闻多出自逃人、难民之口，张德坚四处采访，口问手记，刻意搜集。其后随湖广总督吴文镕驻扎湖北堵城，经常化装至太平军驻地侦察，有时也参与对逃人、难民的鞫（音“居”）讯，获得资料渐多，日积月累，居然成帙，编成《贼情集要》一书，到处向地方大吏投递，但均未引起重视。咸丰四年九月湘军攻占武昌，张德坚经刘蓉的介绍投书曾国藩。曾国藩对他的做法极为赞赏，遂将其调赴武穴行营，并把历次作战中获得的太平军文件统统交他收阅，专门设立采编所，委他为总纂，并配备助手，令其编辑《贼情汇纂》一书。该书编成后，张德坚曾寄给曾国藩审阅。

审案局是咸丰三年春曾国藩接受欧阳兆熊的建议在长沙设立的。其时曾国藩出办团练不久，事事草创，茫无头绪，欧阳兆熊劝他应该建立“文案”。他接受这个建议，即在团练大臣公馆设立审案局，帮他审理案件。当时曾国藩的公馆设在湖南巡抚的花园里。这年八月，曾国藩因永顺兵事件移驻衡州，审案局亦随之迁往。审案局的任务主要是审讯和捕杀在太平天国革命影响下起而反抗清朝统治的湖南民众。审案局办案废除一切法律程序、规章制度，定罪不要证据，亦不必反复推问和长期关押，只根据团绅一言即可置人死地。只要有团绅将人捆送审案局，稍加审讯即定罪行刑，重则就地正法，轻则杖毙堂下。在长沙的四个月中先后杀人二百多名，其残忍酷烈，古今罕见。曾国藩亦由此得“曾剃头”、“曾屠户”之名，受到舆论的谴责。他被迫离开长沙，与此事很有关系。然而他的这套做法在当时却取得很大效果，将湖南农民起义成功地扼杀于初步发动之时，否则湖南很可能变成第二个广西。曾国藩率湘军东征之后，审案局改名发审局继续保存下来，有时也称发审所，主要审理军中案件或与军队有关的地方案件，如万瑞书抢劫粮台案、地方民团截杀湘军弁勇案、湘军弁勇冲堂杀官案等。曾国藩调任直隶总督之后，为了清理历年积讼和镇压反洋教的天津民众，也先后成立了发审局，帮他审讯、定谳。

除发审局外，善后局、营务处、粮台有时也审理一些同自身业务有关的案件。对于一些涉及面较广的案子，如王茂元、陈自明互控案等，则往往由上述机构会同审理；而对于一些突发性的大案、要案，如忠王李秀成案、李金旸通敌案等，则临时调集人员，组成专门班子审理。

在审案局、发审局、发审所任职及曾经随审案件的人员主要有刘建德、厉云官、严良畯、张丞实、何庆徵、黎福畴、李沛苍、刘兆彭、范泰亨、勒方锜、庞际云、孙尚绂、李鸿裔、赵烈文、马新贻、周悦修、张树声、金吴澜、李兴锐、陈兰彬、吴汝纶、程桓生、彭山屺、钟文。

查圩委员陆续派出，分散于各州县，本无局、所名目，但其薪水由粮台开支，任务与事权皆由曾国藩亲授，颇有“小钦差”之意，故归于司法机构一类，属曾国藩幕府与幕僚的一部分。查圩委员的主要任务是从政治上和组织上割断当地绅民与捻军的联系，变捻军的根据地为湘军粮、物供应之源。这是曾国藩剿捻战争中直接配合军事行动的重要措施之一。

淮河以北，包括皖北、豫西在内的广大地区，布满了一个个圩寨。而每个圩寨都修有围墙、寨门，四周开挖深阔的壕沟。寨中居民都有民团一类组织，由绅士充任圩长，白天黑夜都有人把守，外人不得随意出入。由于这一带绅民与地方官隔阂甚深，故这些圩寨通常处于半独立状态。他们根据本寨利益的需要，对一切外界势力，无论官府、苗练还是捻军，能抗则抗之，不能抗则送粮草钱物，以求保全。这里曾是捻军的发源地，后又长期处于苗沛霖团练势力的控制之下，故成为清朝统治势力较为薄弱的地区。曾国藩北上剿捻以来，所需粮饷皆由江南供应，不仅长途运输耗费人力物力，且难以得到保障，湘军欲从这些圩寨购买一些粮食、草料，往往遭到拒绝。而捻军所到之处，则皆能得到圩寨的接济，供应源源不绝。这样，在行军作战之际，

湘军辎重车辆行动迟缓，且时有供应断绝之虞。而捻军不带辎重，行踪飘忽，供应却有保障。曾国藩由此断定，这广大地区的圩寨基本上不在清政府的控制之下，而与捻军保持联系，此中必有通捻之人。为改变这种状况，曾国藩就派出一批查圩委员，前往捻军老家蒙、亳、宿、阜等州县进行清查。按曾国藩的布置，其主要办法是“分别良莠”，而工作的关键则是选任圩长，不论过去是否从苗从捻，只看今日是否为湘军所用，为湘军所用者为良，违令不从者为莠。对于不从湘军的圩长，轻则撤，重则杀，对于归家的捻众更是格杀勿论，旨在造成白色恐怖，使这一带圩寨在这场剿捻战争中站在湘军一边。为保证查圩的成功，曾国藩给予查圩委员以生杀予夺大权，是杀是捕不要任何法律条文和司法程序，全由委员一人决定，只要事后向曾国藩禀报一下就行了。为了打消查圩委员的顾虑，曾国藩极力鼓励查圩委员杀人立威，多多益善，杀人多者受奖，心慈手软的严加斥责，基本上是以杀人多少定功过。有的人开始时缩手缩脚，数月之中仅杀了 10 人；而受到曾国藩的斥责后胆大妄为，一次就杀了 9 人，因而受到赞赏，誉为能员。在曾国藩的鼓励下，仅同治五年八月至同治六年四月间的九个月中即杀人 152 名之多。计蒙城 63 人、亳州 58 人、宿州 30 人、阜阳 1 人。这无疑会造成大量冤假错案。而当有人提出为这些冤魂平反时，却遭到曾国藩的坚决反对。理由是他自办理团练以来，办案甚多，多系奉有格杀勿论之谕，或准以军法从事之札，若事后纷纷翻案，则不仅有碍体制，且“翻之不胜其翻也”。故多年以来，凡有来辕翻控者，“概不准予申理”[1]。然而曾国藩的查圩却未如长沙审案局那样奏效。那些追随曾国藩的圩寨发现，他们在受到捻军攻击时并不能得到湘、淮军的及时援助，甚至湘军近在咫尺却不肯援手，眼看着他们的圩寨被捻军攻破而在旁嬉笑。因而他们在上当之后愤而从捻，使湘、淮军无法在当地取得粮饷支援。与此同时，地方官员、士绅亦纷纷上控曾国藩，使他在政治上陷于孤立，成为他剿捻受挫、中途被撤的重要原因之一。

曾国藩派往各地的查圩委员主要有林士班、朱名璪、张虎文、薛元启、

1.《曾文正公批牍》，第八卷，第 54 页。

桂中行、李炳涛、尹沛清、计棠、毛印棠、窦钲、张云吉、翁开甲、吴峻基。其中林士班是委查怀远圩务的委员，朱名璪、桂中行、张虎文是委查蒙城圩务的委员，薛元启、李炳涛是委查亳州圩务的委员，翁开甲、尹沛清是委查阜阳圩务的委员，张云吉是委查宿州圩务的委员，计棠、毛印棠、窦钲是委查河南省开封、归德、陈州三府圩务的委员。他们的查圩时间最早不过同治四年五月，最迟不过同治六年四月。这些查圩人员，除吴峻基、翁开甲系该府、县武职人员外，其余皆为文职，且不少人被安徽巡抚英翰委署州县，留在当地，如桂中行署阜阳县，朱名璪署蒙城县，薛元启署涡阳县，尹沛清署宿州。

善后总局又称善后局，主要任务是办理与战争有关的地方事务，如维持秩序、审理案件、清查田产、征收米粮、递送文报、救济灾民、制造弹药、采访忠义等。其制造弹药的子弹局、火药局拟划入军工类，采访忠义局已划入思想文化类，故此处省略。善后局主要在刚刚收复的地区设立，如咸丰十一年设立的安庆善后局，同治三年设立的金陵善后局。下面分别加以叙述。

安庆善后总局设立于安庆，时间大约在咸丰十一年八九月间。安庆善后局下设谷米局、火药局、子弹局、保甲局、文报局、抚恤局、采访忠义局等。谷米局主要负责查核民田，分别荒熟，按亩征收钱粮，办理“抵征”。保甲局主要清查和恢复地方保甲组织，维持地方秩序，包括盘查四门等。抚恤局又叫难民局，主要任务是施放钱米，救济饥民。文报局主要负责递送书信、文件。此外善后局还负责审理案件，例如黄彬一案，曾国藩就令安庆善后局司道审理。

安庆善后总局由李榕负责，各局委员还有徐树钊、刘星炳、姚彤甫、杨文会、靳芝亭、涂宗瀛、刘献葵、禄廉、黎庶昌等。

金陵善后局设于江宁，时间约在同治三年七月，曾国藩由安庆赴江宁巡察之时。金陵善后局除设有前述各局外，又增加了清查田产局、清理街道局、营造工程局。清查田产局（简称田产局），主要任务是清查田亩、房产等财产关系。清理街道局主要修整被战争破坏的街道。营造工程局简称工程局，主要任务是尽快修缮江宁考院及各书院，以应补行江南乡试之期。

金陵善后局主要由庞际云负责，下属委员有洪汝奎、王荫福、杨文会、

陆伯吹、黎庶昌、李鸿裔、谭鳌。同治三年八月，经曾国藩奏准，庞际云署江宁盐巡道，仍饬办善后局。

在对太平军、捻军作战的过程中，为了解决粮饷、物资的供应问题，曾国藩先后建立了一系列粮饷筹办机构。为弄清其中的原委，不妨简要回顾一下曾国藩筹办军饷的经历。

当曾国藩造船、购炮编练湘军，准备与太平军一决雌雄的时候，太平军已是控制长江沿岸重镇的百万雄师，要战胜这个集中而强大的敌人，曾国藩不仅需要千方百计地提高湘军的战斗力，更需要不断招兵买马，增加湘军的数量。曾国藩东征之始，湘军仅一万七千人左右，迨至同治二、三年间战争最为吃紧之时，各地湘军总数已达到三十多万，仅曾国藩直接指挥的部队即有十二万之多，其中约有十万需由曾国藩供饷。若以每万人月饷六万两计算，每月饷银就需六十万两，即以半饷计，每月亦需三十万两。曾国藩从咸丰三年创建湘军到同治七年战事基本结束，先后报销军费三千五百万两左右，其中除少量各省协款与清政府指拨轮船退款外，绝大多数由自行筹措而来。正是这笔巨款保证了湘军的军需供应，使他打赢了对太平军、捻军的战争。

曾国藩筹饷主要有劝捐、征厘、盐课三种途径。咸丰三年九月至七年年底主要靠劝捐和经销饷盐筹饷，咸丰八年六月再出领兵至同治四年五月北上剿捻主要靠征收厘金筹饷，同治四年五月后厘金大部分停解，则主要靠征收盐课敛财。曾国藩主要饷源及筹饷方式的改变，既反映了他的不同经历，也说明了他所处客观环境的变化，可谓包含了他一生的酸甜苦辣。

曾国藩初办团练之始，即决心借机编练一支军队，以取代清朝常备武装八旗、绿营，主动担负起镇压太平天国农民起义、维护封建制度的任务。但是清政府财政拮据，自顾不暇，根本不可能为他提供这笔巨额军费；而依靠地方政府供饷则不仅数量有限，且处处受人摆布，不能自主，吃尽了寄人篱下的苦头。咸丰三年正月至八月驻扎长沙之时，湘军只有一二千人，粮饷物资由湖南藩库供应，使曾国藩和湘军弁勇忍受不少屈辱，以致在省城无法立足，不得不借口移驻衡州以离开这一是非之地。自此之后，曾国藩开始自筹军饷。

然而，曾国藩筹饷之始，并没有找到一种可靠的途径。起初，他采取劝捐的方法来筹集军饷，小户无钱，专向大户劝捐；劝而不动，就强行勒派，即采用强制手段向大户征银。结果得钱不多，招怨不少，弄得全省舆论哗然，甚至连湖南巡抚骆秉章及其幕僚左宗棠都因向安化陶家勒捐之事与之不和。曾国藩在驻守江西那几年，劝捐、饷盐所收都不多，无法养军，不得不仰给于江西巡抚。这样，不仅军饷无法保证，且受尽江西地方官的欺凌。这种环境，使曾国藩更加深切地体会到，身当乱世，带兵统帅“必须亲自筹饷，不可仰食他人”[1]；而带兵与筹饷这两件事比较起来，“筹饷更难于督兵”[2]。因而曾国藩放下理学家的架子，一改“君子不言利”的书生习气，努力学习理财之法，把一切成败的关键归结于一个“财”字：“大抵军政、吏治，非财用充足，竟无下手之处”[3]，“利权所在，即威权亦归之矣。”[4]那么既然劝捐不甚可靠，还有什么更好的敛财办法呢？那就只有设局征收厘金了。

厘金制度是咸丰三年由在清军江北大营帮办军务的刑部侍郎雷以諴创立的，次年经向清政府奏准，取得合法地位。其后安徽、湖南、湖北、江西等用兵各省纷纷仿行，并取得显著成效。对于这种新的筹饷方式，曾国藩极为赞赏，认为“病商之钱可取，病农之钱不可取”[5]，且此法自古有之，古时之“军租”即今日之厘金也。“钱武肃王征榷最重，而其兵甚强，其民亦不甚怨。可见征商胜于征农。”[6]然而此法虽好，曾国藩当时却无法大张旗鼓地实行——因为征收厘金必须兼有地方政权。此时的曾国藩客军虚悬，有兵无地，地方官处处跟他作对，无法广为设局大量征收。虽在少数几个地方以办理饷盐为名设置厘卡，向邻省私盐商贩加抽税金，却杯水车薪，无济于事。所以曾国藩总结几年来骆秉章、胡林翼的成功经验和自己失败的教训，把一

1.《曾文正公书札》，第十六卷，第 2 页。

2.《曾文正公奏稿》，第二卷，第 35 页。

3.《曾国藩未刊信稿》，第 205 页。

4.《曾文正公书札》，第二十九卷，第 28 页。

5.《曾文正公杂著》，第三卷，第 78 页。

6.《曾文正公书札》，第十六卷，第 2 页。

切成败的关键又进一步归结为是否掌握地方政权。咸丰七年六月曾国藩在向清廷申诉自己不愿再以“客寄”身份继续带兵的情由时说：“臣细察今日局势，非位任巡抚、有察吏之权，决不能以治军；纵能治军，决不能兼及筹饷。臣处客寄虚悬之位，又无圆通济变之才，恐终不免于贻误大局。”[1]曾国藩的这些话可以说基本反映了当时带兵、筹饷与地方政权三者之间的内在联系。由于曾国藩这一时期没有地方行政之权，故带兵不过万人上下，筹饷亦仅三百一十八万多两，其规模根本无法与后来相比。

曾国藩大设局、卡，广征厘金，是咸丰十年五月以后的事。自咸丰八年五月至同治三年六月，六年多来筹集军费银一千八百五十多万两，钱近百万多串，其中绝大多数来自厘金，其他收入估计不会超过三百万两。故曾国藩一再宣称：“东南用兵十年，全赖厘金一项支持。”[2]所以不少人认为厘金是清王朝裕饷中兴的根本、转败为胜的关键。曾国藩为保障厘金收入常旺不衰，采取了一系列措施，如禁止兵勇在长江上掳船，以使商人往来无阻；派重兵保护江西腹地及河口等重要厘卡，以使征厘不受干扰等。

然而，无论隔省抽厘，还是在自己管辖的省份收厘，曾国藩都不可避免地与所在省份的巡抚发生矛盾，受到当地官绅的反对，且使自己背上“广揽利权”的名声，为清廷所疑忌。所以，自同治三年六月湘军攻陷天京之后，曾国藩即将广东、湖南、湖北、江西厘金先后停解，转交当地官员经收，以更为稳妥的饷源取而代之。

自同治二年五月长江水路开通之后，曾国藩即着手整顿两淮盐政，迨于同治四年五月各省厘金基本停解之时，淮盐引地已陆续恢复，盐课已成为曾国藩一笔数额巨大而又十分稳定可靠的收入，到同治十一年二月曾国藩去世之时，八年之中，仅此一项即已获银两千多万两，几乎等于曾国藩镇压太平军期间所报军费的总和。这时战争已基本结束，开支大为减少，而两淮盐政又属江督专权，再无他人争饷之虞，亦不会受到越省敛财的指责和各地绅商的反对。应该说这是曾国藩最好过的几年。

1.《曾文正公奏稿》，第九卷，第76页。

2.《曾文正公书札》，第二十八卷，第30页。

总之，在长期的战争中，曾国藩不断总结经验，改进方法，成功地建立起一套完整的后勤供应机构，始终掌握着一个可靠的财源，故而保证了前线作战部队的各项军需，成为湘军攻取战胜的重要原因之一。

曾国藩的粮饷筹办机构大致可分为筹饷与供应两大类。筹饷机构主要是劝捐局、饷盐局、厘金局、盐务局及其为数众多的下属分支机构。其中劝捐局主要有衡阳劝捐总局、樟树镇劝捐总局、汉口劝捐局以及设于各州、县的分局，分布于湖南、江西、湖北三省。

劝捐济饷是曾国藩最早采用的筹饷办法，也是湘军当时的主要饷源。曾国藩办捐自咸丰三年九月开始，直到同治三、四年间尚未完全停止。其间，咸丰三年九月至七年二月带兵最多时达一万一千人，月需饷银六万余两，主要依靠劝捐与办理饷盐筹集。咸丰八年六月再出领军，尤其是咸丰十年五月在江西等省开办厘金以后，劝捐虽已不再是主要饷源，但仍继续实行，尤其在军饷短缺时更是如此。

咸丰三年八月，曾国藩因在长沙无法立足，不得不以进剿湘南“土匪”为名移驻衡州，一方面募勇、造船需饷日增，一方面因与湖南司道关系弄僵而无法再向藩库领饷，迫于无奈，只得另起炉灶，自筹军饷。其时切实可行的筹饷办法只有劝捐一种。于是这年八月曾国藩就在衡州设立劝捐总局，并陆续在湖南各府、州、县设立分局，派人四出劝捐筹饷。当时劝捐范围未出省界，执照由曾国藩自刊，钤以湖南藩司或巡抚之印，不仅信用不高，且尚须亲赴户部换照方才有效，故手续麻烦，滞碍甚多，致使富绅裹足，报捐者不多。咸丰四年二月曾国藩率军东征，需款孔亟，曾国藩又奏准预领户部与国子监印发的空白执照各二千张，委夏廷樾、郭嵩焘、黄赞汤、万启琛、胡兴仁、李惺等人分别在湖南、江西、四川三省劝捐，曾国藩大营与以上三省各发一千张，两种执照与大小职衔均匀搭配，俱依照原案折成实收，按资填发。结果，四川因胡兴仁调往他省，办成与否事属悬案，而湖南、江西则办理颇著成效，其中尤以江西成效最著，获款最巨。咸丰三年八月至咸丰四年底，衡州总局仅捐银一万九千多两。而江西在籍侍郎黄赞汤于咸丰四年正月始受曾国藩之托，在江西樟树镇设局劝捐，及至咸丰五年十一月尚不足二年，

筹款已逾八十万两，先后解送曾国藩军营。

咸丰四年闰七月湘军攻入湖北境内，曾国藩又委托在籍礼部主事胡大任在新堤设局开捐。八月湘军攻占武汉三镇，曾国藩又在汉口设立劝捐分局，仍委胡大任主持。咸丰五年五月太平军再克武汉三镇，胡大任移局新堤，继续劝捐，直至咸丰六年十月仍驻在这里。

咸丰八年六月曾国藩再出领军，劝捐虽已不是主要饷源，但并未放弃这一筹饷办法，尤其曾国藩担任两江总督之后，颁发章程，继续劝捐；唯办法稍有改变，一般不再派员四出设局，而委各地府、县官员办理。地方官贪图方便省力，便将本地应捐款项摊入地亩，强行征收，以致引起乡绅民众的不满。此法通行颇久，直到同治元年正月经江西藩司禀请，曾国藩始批令停办。

同治三年三月，江西巡抚沈葆桢奏准截留江西厘金之半，曾国藩惧金陵围师功亏一篑，急札饬江宁藩司万启琛与江苏藩司刘郇膏督率当地官绅分别在泰州和上海开捐，并要求上海筹集沪捐六十万两以济军饷。同治三年六月湘军攻克天京，清政府迫令曾国藩速裁湘勇以自剪羽翼，曾国藩急需大批款项发还欠饷及湘勇返籍途费，又于是年八月札委苏藩刘郇膏与沪道丁日昌在上海劝捐八十万两，陆续解送江宁善后总局，以应急需。这次劝捐活动可能要继续到同治四年方能结束。上海虽富，要在一年之内办捐一百四十万两，亦并非易事。在此之后，曾国藩是否继续劝捐尚未可知，而他的下属官吏的劝捐活动却仍继续进行。同治七年春，曾国藩致函署安徽巡抚、安徽布政使吴坤修，令其立即停止在“都门”[1]的劝捐活动。可见直到此时两江地区仍有人到外地劝捐。京都之地尚有人暗行此事，天下还有何处不可行？

在此期间，曾国藩还采用了增广学额的办法，鼓励弁兵踊跃报捐，以解决湘军欠饷问题。按清朝咸丰三年新例，凡捐银万两者，除各该捐生给予应得奖叙外，其本县准加文武学额各一名；其加捐十万两以上者，亦以十名为限。当时湘军各部欠饷严重，平江营欠饷二十万两，新立不久的吉字营亦欠饷七八万两以上。于是李元度首先在平江勇中动员以欠饷抵捐。

1.《曾文正公书札》，第三十三卷，第 2 页。

各勇闻可刊碑勒名于学宫，纷纷欣然报捐，先后捐抵欠饷银十五万两，增广平江学额十名、岳州学额五名。接着曾国藩就与曾国荃、李续宾、张运兰等人商议，劝他们所部各捐几万两，凑成七万之数，以增广湘乡县文武学额各十名（前已增广三名）。以欠饷抵捐，虽未拿到现银，但却减轻了筹饷负担，实际上与捐银发还欠饷无异，亦应算作劝捐的一种形式。由于湘军欠饷太多，弁兵知道难以拿到手，不如索性报捐，刻名于学宫碑石之上，以荣耀身家，加以上司直接动员，故办理较易，而实际上则与勒捐相差不远。

办盐抵饷是曾国藩最初筹饷的另一办法，其办理机构主要是樟树镇饷盐总局及下属局卡。咸丰五年四月，曾国藩奏请自运浙盐行销江西、湖南两省，以所获应交户部之盐课，抵户部应拨该军之饷，故称此盐为饷盐。因江西、湖南本淮盐引地，现因淮盐不通而行销浙盐，故称借销浙引以抽课抵饷。曾国藩奏请在江西樟树镇设立总局，由黄赞汤常驻主持，劝谕绅富措资承运，兼理督销；由前任浙江学政、侍郎万青黎驻扎杭州，督办浙盐外运。另外又委派道员史致谔、万启琛协理浙盐在江西的行销事务，湖南盐法道裕麟、在籍知府黄廷赞协理浙盐在湖南的行销事务。此事很快得到清政府的批准。咸丰六年正月，曾国藩即委派郭嵩焘、周腾虎前赴杭州，同浙抚何桂清、留浙侍郎万青黎协商浙盐运销具体事项，并迅速办理妥当。随后曾国藩又委派万启琛赴浙经办招商、督运，办理颇著成效。数年之间仅万启琛一人即发运浙盐一万二千余引行销江西，征收盐课八十余万两，成为曾国藩与江西巡抚的重要财源。直到咸丰七年十二月，尚有饷盐盈余一万五千两存于杭州，盐局派专人赴湖南湘乡向曾国藩禀请处理办法，曾国藩批令解交湖南藩库充饷。曾国藩奔丧回籍后，江西巡抚继续办理，所获颇丰。直至同治二年曾国藩整顿盐政，重新恢复淮盐引地，江西始停销浙盐。

为了保证浙盐在江西畅销，曾国藩还在重要交通枢纽设立了一些盐卡，对过往私盐加抽盐税，以减少邻省私盐流入。其较为著名者有饶州、吴城、万安、新城四卡（亦称分局）。这些盐卡地处浙江、广东、福建三省私盐入赣要道，不仅可有效阻滞邻省私盐入境，且可获得一大笔可观收入。据曾

国藩估计，每月可得银万余两。正式开办之后，实际上要大大高于这个数字，且有年年增加的趋势。据同治元年九月曾国藩的一个奏折推算，这些盐卡的收入多者每月可达万两，而且长盛不衰。故同治三、四年间曾国藩奏停各省厘金时特别声明，包括上述四卡在内的、多年来由他自己设立的盐、厘各卡，仍由他派员经收，以保住这一可靠财源。由此可见这些盐卡对他来说是多么重要。

咸丰十年十二月曾国藩还仿照上述办法，与署理湖南巡抚翟诰联合奏请在湖南行销粤盐，征课抵饷，其具体事务由东征局兼理。湖南大部地区向为淮盐引地，唯湘南郴、桂等十二州、县历来行销粤盐。咸丰三年后淮盐不能上运，引地被四川私盐侵灌，湖南遂改食川盐。咸丰十年曾国藩见淮盐运道仍然不通，遂奏请在湖南全省行销粤盐，借以抽取盐课裕饷。此事亦只见奏稿不见下文，大约没有办成。

多年来受曾国藩委派办理劝捐、饷盐等务的人员主要有：郭嵩焘、夏廷樾、胡大任、万启琛、裕麟、张丞实、钱鼎铭、沈葆桢、周腾虎、黄廷瓒、黄赞汤、万青黎、朱蓂、李惺、祥麟、潘曾玮、史致谔、吴文澜、邵懿辰、杨欣、姚岳望、须国昶、蔡锦青。

曾国藩征收厘金的机构主要有江西牙厘总局、赣州牙厘总局、安庆牙厘总局、皖南厘金局、江北厘金局、湖南东征局、韶关厘金总局及其下属分局、厘卡，广布于江西、安徽、江苏、湖南、广东五省。

厘金由米捐而来，取值百抽一之义，咸丰三年九月由帮办清军江北大营军务的刑部侍郎雷以諴创始，相传周腾虎、钱江亦参与其事。其时军饷不足，各省纷行劝饷筹饷之策，雷以諴就在扬州附近的仙女庙、邵伯、宜陵、张网沟一带向当地米商派捐，照每石米捐钱五十文计算，大约等于货价的百分之一。其后在推广过程中情况又发生了一些变化。厘金分行厘与座厘两种，征于铺商者称座厘，征于行商者称行厘。开始以征收座厘为主，后来座厘渐渐减少以至停止，变而成为征收行厘为主。起初，还按资多少填发执照，后来变成强行征收，不再填发执照。其名字也不再叫厘捐，而明确将厘和捐区分开来。例如，自督办徽州军务张芾开始，就在皖南地区采取茶厘与茶捐两项并征、统一办理的办法，茶捐仍按资填发户部和国子监刊印的空白执照，完全按劝捐办法办理，而茶厘部分则仅给收据而已。曾国藩接办皖南军务以来，亦承继这种办法。厘金可按劝捐办法办理的唯一例子，是湖南东征局。由于东征局系厘外征厘，故对交厘数额较大的商人可按资填发执照，而一般商人则仍依征厘办法处理。另外，随着地域的扩大，各省税率多少不同，已不限于百分之一。据《中国厘金史》作者罗玉东的统计，及至同治年间，全国绝大多数省份所征厘金的税率都超过百分之一，一般为百分之二至百分之五，有的省份竟高达百分之十。最初厘金只是作为一种解决军费问题的临时办法，后来由于数额巨大，渐渐成为清政府不可缺少的一笔常规收入，所以战争结束后各省征厘制度与机构、人员都完整地保留下来。厘金之弊不仅在税额的增加，给资本原始积累增加了困难，而为害更烈的是局、卡人员任意敲诈勒索，设计刁难，迫使行商不得不行贿求情，实际上给行商造成的损失远远超过所付厘金之数，这对中国资本主义发展的阻碍作用是非常明显的。直到20世纪30年代初，国民党政府才撤销厘金名目，将其税额归于营业税，与当时的各种苛捐杂派统一征收。虽如此，仍算废除了一项弊政。

曾国藩大规模设立局卡、广征厘金筹饷是咸丰十年四月担任两江总督后开始的。他首先从江西和湖南着手，陆续推广到江苏、安徽，最后及于广东。征厘最多时局、卡遍及五省，月入白银三十多万两，成为近代史上抽厘筹饷成效最著、影响最大的代表人物。后人谈厘金之害，往往首先想到曾国藩，是有一定道理的。自同治三年六月曾国荃率湘军攻陷天京之后，曾国藩就陆续停止或减成提取各省厘金。及至同治四年五月北上剿捻时，除安徽、苏北和江西部分厘卡外，各省厘金大都转交本省经收，曾国藩的主要财源也由厘金收入变为盐课。

江西牙厘总局是咸丰十年五月设立的，地址在江西省城南昌。咸丰八年六月曾国藩再出领军，主要由两湖与江西供饷。咸丰十年四月担任两江总督以后，部队增加，饷需孔亟，遂与江西巡抚商定，江西地丁银由江西巡抚经收，供本省防军饷需；江西全省厘金及部分漕折由曾国藩经收，供

曾国藩所部湘军饷需。咸丰十年五月经曾国藩奏准在江西省城南昌设立牙厘总局，委派江西粮储道李桓与候补道李瀚章综理。这年十二月，李瀚章补授江西吉赣南道，曾国藩遂将江西牙厘总局一分为二，一留南昌，一移赣州，分别由李桓与李瀚章经管。留于南昌者仍称江西牙厘总局，简称省局，辖南康、抚州、建昌、广信、饶州、九江、南昌七属局、卡；新设于赣州者称赣州牙厘局，简称赣局，辖袁州、瑞州、临江、吉安、南安、赣州、宁都七属局、卡。同治元年五月李瀚章奉派赴粤办厘，袁州、瑞州、临江三府局、卡归并省局管辖，赣局仅辖南安、吉安、赣州、宁都四属局、卡，由署赣州道台王德固接替管理。江西办厘机构除省、赣两大局之外，还在一些重要地区和水陆交通枢纽设立了一些厘金分局，如饶州分局、吴城分局、吉安分局、湖口分局、抚建分局。同治元年五月袁州、瑞州、临江三府划归省局后，赣局的地位已大为降低，不能与省局分庭抗礼；迨至吉安设立分局，赣州局就变为省局的分支机构，故同治二年曾国藩即直称赣局为赣州分局，与上述各分局相提并论了。

江西厘务开办之始还是比较顺利的，收入也比较稳定，成为曾国藩的主要饷源之一。同治元年以来，曾国藩督办四省军务，分兵四出，军队人数大增，曾国荃一军自安徽进攻天京，鲍超一军由宁国、广德攻向苏南，左宗棠一军由江西攻入浙江，都赖江西供饷，其筹饷办法主要靠征收厘金。故曾国藩自二月起颁布新章，在江西实行物货两起两验，加倍征收厘金，税率高达百分之十。曾国藩原以为厘金收入会日益增加，不料月月减少。江西牙厘总局设立之初，规定每月向粮台解银八万两，扣除湖口、吴城两分局月解二万两外，实际仅解六万之数。而同治元年四至八月，五月之中省局仅解厘金四万两，且商民怨言颇多。与此相反，自河口、景德镇、乐平三卡拨归左宗棠派员经收，饶州一卡拨归祁门粮台经管后，厘金收入愈来愈旺，每月收银已过五万两，较省局月收厘金之数超出四倍有余。其中河口一卡同治元年四月前月收厘金最多不过五千余两，左宗棠派人接管之当月厘金收入即超出一倍，而六、七两月又增一倍，每月达一万五千两。曾国藩对此极为震惊与气愤，认为所以发生这种现象，不外两个原因：一是江西卡员中有人贪污，主管官员鞭长莫及，难于发现；二是厘卡人员有人敲诈勒索，刁难商人，使行商绕道而行，减少厘金收入。而造成这种情况又有两个原因，一是江西卡员多属佐杂人员，或则操守不好，或则身微权轻，不能与地方官对抗；二是主管官员只关心地方利益，不关心前线军饷的需要。曾国藩由此得出结论，江西厘金必须亲自经理，不能委托江西地方官代办。

为扭转江西厘金收入日少的状况，曾国藩从两个方面采取措施：一是派人假扮商人，了解江西商情和各卡经办人员的优劣；二是采取组织措施，双管齐下，改变江西各局、卡的组织成分与领导状况。为此，他于同治元年九月上奏弹劾江西布政使李桓玩忽职守、贻误饷需，委派江西盐巡道孙长绂常川驻局专司月报，刘于浔查访商情与办厘人员优劣，三人共同管理江西牙厘总局。同时对江西厘务人员大加奖惩，优奖四人，革差十五人，由安庆委派湖南籍士绅一一接替，实行赣湘参用、官绅参用的用人方针，使他们相互监督，难于贪污；并撤去一些厘卡，以便于江西与邻省的商业往来。同治二年二月李桓奉旨赴陕西省办理陕南军务，实际上是有意将他调开。李桓不愿远行，称病请假，遂于是年八月被清政府免职，并任命孙长绂为江西布政使。十一月曾国藩又札委当时正在江西整顿厘务并取得一定成效的幕僚范泰亨总理江西牙厘总局，兼理粮台。不料任命刚及一月，范泰亨一病不起，只好委令新任江西布政使孙长绂接任其职。经过一系列人事更动与整顿，江西厘务日有起色，四年间共向江西粮台解银七百余万两，月解厘金数额渐渐达到和超过江西牙厘总局初立时的水平。

不料正当曾国藩为江西厘金收入渐旺而高兴的时候，江西巡抚沈葆桢奏请截留江西厘金，并得到户部的批准，由此引起曾国藩、沈葆桢之间的一场厘金之争。多年来曾国藩为军饷之事经常与江西发生矛盾。咸丰八年六月，曾国藩再出领军之初，与江西地方官的关系还比较好，而自咸丰十一年沈葆桢担任江西巡抚以来，又渐渐出现一些摩擦。曾国藩为厘金收入渐少劾罢李桓即是表现之一。沈葆桢、李桓皆是经曾国藩奏保而担任要职的，为什么一就新职就与曾国藩为难呢？究其原因，主要还是由自身利

益的不同引起的。同治元年以前，曾国藩、左宗棠各军主要在安徽、江西作战，江西本省无须太多的军队，故将主要收入都解送曾国藩粮台，供其所部饷需。同治元年以后，曾国荃攻至天京城下，左宗棠进入浙江，鲍超由广德进入苏南，九江镇总兵普承尧一军溃散，致使江西成为江、浙、赣、皖四省中兵力最为薄弱的地区。特别是杭州失陷后，浙江太平军作战失利，大批转入江西，沈葆桢急忙扩充军队进行抵抗。于是为解决日益增加的饷需困难，就逐渐截留原定解送安庆粮台的饷银。他先是不经商议扣留了月解安庆粮台的四万两江西漕折银，接着严厉追回经曾国藩奏准并已起解的九江关税银数万两，同治三年三月又奏请截留江西厘金。这时围攻天京的曾国荃早已筋疲力尽，饷需匮乏，不仅无银发饷，甚至连买米用款都难以筹措，前敌兵勇有时不得不喝稀粥度日，时时都有溃散的危险。因而曾国藩无法忍耐，不惜撕破脸皮与沈葆桢大闹一场，以致双方都上奏请假，摆出躺倒不干的架势。最后清政府决定将江西厘金双方平分，各得一半，另拨轮船退款抵偿曾国藩遭受的部分损失。这年六月湘军侥幸攻陷天京，曾国荃一军开始裁减，原由曾国藩发饷的鲍超、周宽世等军亦开进江西，皆可由沈葆桢直接发饷，曾国藩遂于这年十月奏准停解江西半厘，仅留向来由他经收的吴城、湖口、万安、新城四个盐务厘卡与饶州、景德镇厘金之半仍归自己经管，其余所有厘金局、卡概交江西巡抚经管征用。

这一时期办理江西厘金的人员人数甚多，现已查出姓名的主要有李桓、李瀚章、范泰亨、孙长绂、刘于浔、王德固、蔡应嵩、朱紫卿、甘绍盘、文辅卿、杨照藜、潘文琳、赵少魁、孙鸿钧、姚星浦、李振钦、陈黉举、李寅、王廷鉴、陈茂、阎炜、万永熙、向绍先、吴沄、邓嘉绩、周汝霖、王祥储、黄锐昌、汪丽金、袁文镙、郑重、李万青、潘良梓、俞潘等。

安徽牙厘总局咸丰十一年八、九月间在安庆设立，由署安徽按察使万启琛主持。同治三年九月万启琛赴江宁布政使任，兼理金陵总粮台，安徽牙厘总局由蒋嘉棫接办。同治四年前后曾国藩在各省开办的厘金局陆续停解厘金，交由所在省份接办，唯安徽、江苏始终不放。同治四年，安徽布政使英翰要求将安徽全省厘金交由本省经收，以解决安徽剿捻各军的军饷供应。曾国藩不许，只答应将皖南厘金之半解送英翰军中，以解饷需之急。

在安徽牙厘总局设立之前，曾国藩已在安徽接管了一些局卡，如皖南厘金局及婺源、大通、华阳等卡，在此之后又接管了在皖北的盐务厘卡，所以安徽办厘机构的设立与接管过程与江西有所不同。这些局、卡大致分布于皖南、沿江与皖北三个区域，兹分别叙述如下。

皖南厘金局设于芜湖，并在徽州、宁国、池州等处设有分局，一些重要县份如婺源等处设有厘卡、分卡。这些局、卡原由当时在皖南督办军务的张芾于咸丰七年设立，咸丰十年六月起由曾国藩陆续接管，同治二年复制定新章，加意经营。皖南厘金以茶为大宗，其次则竹木山货之类，仅徽州六县每年即可获厘、捐各款六十万两，其中婺源一卡收入尤旺。同治元年曾国藩曾将婺源一卡与江西之景德镇、乐平、河口三卡交左宗棠经收，以为进军浙江之饷，同治二年复重新收回，由自己派员经收。

沿江厘卡是由水师在咸丰八至十一年间陆续设立或接管的，其中二套口、华阳镇二卡系咸丰八年由彭玉麟设立。枞阳一卡系吴全美、李德麟二水师所设，后吴全美、李德麟去下游，卡撤两月后，复于咸丰十年九月重新设立。大通一卡早已有之，后由杨载福经管。咸丰十一年八月安徽牙厘总局设立后，曾国藩将沿江各卡统一管理经收，提出其中的若干成解送原管各军，以为奖励。其比例大小，则等第有差，根据具体情况而定。金柱关一卡系在此之后由曾国荃与水师共同设立的，其管理及收入分成亦沿用上述办法。沿江各卡厘金以盐厘为大宗，其中以大通、华阳、荻港、金柱关四卡收入最丰。

皖北厘金机构主要是由李昭寿陆续设立的。同治二年正月李昭寿将各卡交回，曾国藩除留一卡继续由李昭寿派员经收自用外，其余各卡一概收归已有，派员经收以集饷。皖北厘卡主要是抽收盐厘，又与淮北盐场紧密相关，其具体情况拟于盐务局一节再叙。

经办安徽厘金的人员主要有万启琛、蒋嘉棫、邓季雨、张富年、姚体备、阎炜、郑奠、吴中英、汪瀚、邓益亭、高慧生、潘鸿焘、郭用中、王寿其。

江苏厘税以上海所入最丰。早在咸丰六年正月曾国藩即羡于各省抽厘

筹饷之便，奏请派员赴沪征收厘金裕饷，结果未获批准。咸丰十年曾国藩担任两江总督后仍未能在江苏设局征厘，直到同治初年曾国荃、彭玉麟、鲍超等军陆续攻入江苏境内，才开始在苏、皖边境及沿江一带设立局、卡，抽厘筹饷。同治元年先在大胜关设卡，同治二年又在东坝、九洑洲设卡，后以设置太密，将大胜关一卡撤去。

江北厘金局初为清军江北大营所设，专为驻守江北的绿营各军筹饷之用。同治三年六月湘军攻占天京后，原有绿营各军及专为他们供饷的江南、江北两粮台陆续裁撤，江北厘金局始由曾国藩接管。同治三年冬曾国藩委派李宗羲驻守扬州，总办江北厘务，兼理两淮盐务。同治四年十月李宗羲赴江宁布政使任，江北厘局由新任两淮盐运使丁日昌接管，同治六年二月丁日昌迁江苏布政使，江北厘局复由新任两淮盐运使程桓生接办。该局厘金收入以盐厘为大宗，江西等省厘金停解后，曾国藩仍把它握在自己手中，未交给江苏巡抚。

此外，曾国藩还在江宁城外上新河设木厘局，派员经理。

先后在江苏经办厘金的人员主要有李宗羲、丁日昌、程桓生、李光熙、张载福、冯邦栋、樊沛仁、汤寿铭。

湖南东征筹饷局，简称东征局，咸丰十年七月在湖南省城长沙设立，名义上由湖南布政使文格、湖北按察使裕麟负责，实际上主持局务的是黄冕、恽世临、郭嵩焘。郑元璧也参加了东征局的筹建工作。东征局还在各地设有分局，分别由黄锡彤、郭征畴、陶桄、彭汝琮、胡镛、黄廷瓒、黄芳、冯晟负责。

东征局，顾名思义专为东征，即向安庆、天京发动进攻的湘军筹饷而设，最初议定三分之二解江西粮台，协济皖南各军；三分之一解湖北粮台，协济皖北一军。安庆粮台设立后则全解安庆粮台，专供曾国荃吉字等军进攻天京之用。东征局设立之初，曾国藩规定月解银三万两，每月十三日派提饷炮船回湘守提，若有盈余，则随时解送；若不能满足此数，则立即停办。由于东征局的经办人员特别卖力，结果每月会解银钱平均达到五万七千两左右，大大超过定额。同时东征局还采办谷米、火药，制造枪炮子弹。只要前方急需，东征局接奉曾国藩片纸即急如星火，连夜赶办。此外，湖南东征局还兼任淮盐在湘行销职能。同治二年曾国藩整顿盐政，在江西、湖北、安徽等省都成立了盐务督销局，唯湖南接受郭崑焘的建议，以东征局兼理淮盐在湘督销事务，只增添几名查禁粤私人员，不再另建机构。凡此种种，使曾国藩对之极为感激，称其所解巨款如“大旱之雨，严雪之炭”[1]，甚至把湘军得以攻占安庆、天京，亦多归功于东征局绅的“垂情扶助”，“竭力经营”。他在与黄冕的信中称：“每于艰难绝续之交，得东征局饷弥缝补救，俾免决裂，感赖实深。”[2]又说：“东征局初立之际，实不料集此巨款，助此大功。今幸各局撤竣，善始善终。感荷大惠，曷有既极。”[3]为了报答东征局之功，曾国藩对曾在事各员都进行优保，总人数达490人。他在历举东征局所筹之款对战争的关键作用之后说：“斯皆关系最大，论功不在前敌猛将之后，迥非寻常粮台厘局所可相提并论。”又说：“他省纵敦恤邻之谊，断不能如此踊跃。盖其情切于救焚拯溺，其力遂能扶危定倾。”[4]这是他一生所办保案中最为优厚的一例。

由于东征局的征厘办法是于湖南厘金之外加抽半厘，实与重征无异，故其设立之初即受到湖南官绅商民的反对。他们为了制造舆论，假借湖南名士、岳麓书院山长丁善庆的名义“作一长缄，力诋不便”，传播远近，几至停办。其后东征局绅亦假借曾国藩的名义“作一长函，痛辩其非”[5]，才把反对派的议论暂时压了下去，使东征局得以维持，但湖南官绅商民反对湖南东征局的斗争却从来没有停止过。五年之间，东征局不仅聚敛巨款，严重阻碍了湖南经济的发展，而且扰害多端，甚有急于采办芒硝，在民间拆屋挖墙之事，故早为湖南绅民所指目，无不望眼欲穿，亟盼停办。所以，当同治四年五月曾国藩北上剿捻之际，不顾杨载福等人的奏请和清政府的

1.《曾文正公书札》第十六卷，第17页。

2. 同上，第二十四卷，第13页。

3. 同上，第二十五卷，第13页。

4.《曾文正公奏稿》，第十七卷，第82—83页。

5. 江世荣编注：《曾国藩未刊信稿》，中华书局1959年版，第79页。

一再提议，坚决反对将东征局改名西征局，要求即刻裁撤，以挽回自己在家乡的声誉。从此之后，原定半厘之数虽然照征不误，但却改由湖南省厘金局出具收执，不再用东征局的名义。这在曾国藩看来，也就与他无干了。

东征局的经办人员主要有：裕麟、郭崑焘、郑元璧、黄冕、恽世临、黄锡彤、郭征畴、陶桄、彭汝琮、胡镛、黄廷瓒、黄芳、冯晟、李茂斋、邹昀荄、何应祺、成果道、王治覃、吴文澜、李明墀、梁葆颐。

广东厘金是同治元年七月设局开征的，总局设在韶关，另于省城及各地府、县、集、镇设立局、卡，其较为著名者有佛山、肇庆、白沙、石龙、鹤山、四会、芦包、后沥、陈村、江门等局、卡。自咸丰三年雷以諴在扬州创办厘金以来，各省纷纷仿效，广东当然也不会例外。只是由于当地绅商民众的坚决反对，地方大吏动摇不定，虽设有一些厘卡，但几起几落，都没有坚持下来。然而这里商业发达，历称富庶之区，又未受战乱之扰，无疑是抽厘筹饷的理想之地。曾国藩筹饷艰难，早就对此垂涎欲滴，无奈这里既非自己的辖区，亦非自己的故乡，无法向朝廷启奏。没有清政府的支持，也就无法压制广东官绅商民的反对。不料同治元年三月，正当曾国藩需饷孔亟而江西厘金收入又日渐减少的时候，清政府就御史朱潮所奏统筹东南大局一折是否有可取之处，令各省督抚议复。曾国藩乘机奏请派钦差大臣赴粤办厘，以济浙江、江苏、安徽之饷。清政府批准了这一奏请，委派曾国藩的同年、都察院左副都御史晏端书为钦差大臣，驰赴广东总办厘务，为江、浙、皖省筹集军饷。五月，曾国藩奏明拟派李瀚章、黄冕、赵焕联、蔡应嵩、颜培鼐、丁日昌、陶庆仍等江西、湖南官绅及广东粮储道蒋志章、虎门同知吴赞城随同办理。后因情况变化，湖南之黄冕、赵焕联没有去成，其余各员均按时赶到，广东厘金遂于当年七月开征。

在广东厘金的开办过程中，由于各自的立场与利害不同，曾国藩与广东地方官员乃至钦差大臣晏端书都曾发生过冲突。曾国藩为筹饷成功，接连弹劾自己的恩人好友，直至厘金入款达到定额为止；于是在清政府支持下，进行了频繁的人事调动，直到曾国藩满意为止。最初，开办广东厘金以济江、浙、皖饷，受到两广总督劳崇光的坚决反对，曾国藩在信函中与之往返辩论而无济于事，只好将其奏劾去职，降三级调用。劳崇光走后，清廷任命广西巡抚刘长佑为两广总督，刘长佑未及上任而调赴直隶，遂命钦差大臣晏端书为两广总督。在此之前，清廷已任命黄赞汤为广东巡抚。督、抚均为曾国藩的好友，照说广东厘金的征收应该畅顺了，然而事实上却并非如此。广东厘金初办之时，曾国藩要求月解饷银十六万两，以八万解浙江粮台供左宗棠一军，以八万解安庆粮台供曾国荃一军。结果直至同治二年四月，广东厘金仅解送七批，按月计算不过三万之数，四省瓜分，所得无几，徒有隔省抽厘之名而无救贫之实。曾国藩对此心急如焚，极为不满，而晏端书、黄赞汤二人却稳坐泰山，我行我素，几经信函呼吁，均不为所动，且有将粤厘全部截留本省之意。曾国藩贫极生忿，再举弹章，清政府只好于同治二年五、六月间将晏、黄先后调回，任命曾国藩的好友毛鸿宾为两广总督，郭嵩焘为广东巡抚。曾国藩对这一任命极为满意，甚感放心，遂将原先派赴广东办厘的江西、湖南人员——除已就任广东按察使的李瀚章外——全部调回，并致函敦请胡大任出山，经毛鸿宾调赴广东办厘，充当自己耳目，以防广东地方官私扣厘金。从此广东厘金收入转旺，每月总额渐渐超过十四万两。曾国藩经过反复斗争，终于得到较为满意的结果。

广东厘金最初全解浙、皖粮台，不许地方扣留。同治二年，当地发生农民起义，战事渐繁，广东督抚要求将所收厘金以六成解送安庆粮台，四成留充本省军费。曾国藩不许。经反复协商，议定以三成留省，七成解皖。同治三年六月，湘军攻陷天京，太平天国革命宣告失败，曾国藩随之奏请自八月起停解粤厘，以纾邻困。清政府不准，饬令改为七成留省，三成解赴金陵粮台，以尽速遣散驻扎江宁内外的湘勇。同年十月曾国藩再次奏请停解广东厘金，并得到清政府的批准。曾国藩所以这样一请再请，急于停解广东厘金，意在尽快洗去专利之名。此后，虽然广东厘局照设、厘金照收，却与曾国藩没有什么关系了。实际上曾国藩这时正需大批款项以遣散江宁地区的湘勇，筹饷依旧困难。但与他政治上的根本利益——即速去“广揽兵权、利权”之名，以安清廷之心比较起来，就退居次位了。

除钦差大臣晏端书外，经曾国藩奏派办理广东厘金的人员主要有李瀚

章、蔡应嵩、丁日昌、陶庆仍、颜培蕭、蒋志章、吴赞城。

曾国藩办理盐务的机构主要有泰州招商总局、大通招商局、瓜洲盐务总栈、江西督销局、湖北督销局、湖南东征局（兼）、淮北督销局、武穴督销分局、新堤督销分局及其下属分支机构，广布于三江两湖五省。

曾国藩整顿两淮盐政是从同治二年开始的。清代各大盐场营运皆有定法，行销有固定地区，盐船停靠销售亦有固定地点。因其运销单位称为引，故行销地区称引地，销售地点称引岸。两淮盐场分淮南、淮北两大盐场，淮南例行纲运之法，淮北例行票运之法，故淮盐又有纲盐、票盐之分，淮南之盐称纲盐，淮北之盐称票盐，江苏、安徽、江西、湖北及湖南的大部分地区皆其引地。自陶澍以来，两淮盐政例由两江总督专任，设两淮盐运使常驻扬州（咸丰三年至同治三年间曾一度移驻泰州）协理其事。为便于淮北盐场的管理，又在海州设盐运通判一人，受江宁藩司管辖，专司淮北盐池、票商诸务。

咸丰三年太平天国定都天京之后，两淮盐场虽仍在清政府手中，但淮盐无法上运，原有引地尽被川、粤、浙、闽各省私盐侵灌，这一巨大财源亦随之分流邻省。曾国藩担任两江总督之后，办法使尽，所得无几，只得向辖区之外，如广东、湖南征厘筹饷，颇有揣着金饭碗讨饭吃的味道，实在令他心有不甘。所以同治二年五月湘军攻占太平军坚固设防的九洑洲之后，长江航路刚刚打通，曾国藩就立即着手整顿两淮盐政，力图恢复旧制，从邻省夺回盐利。为此，他将熟悉两江财政和盐法的黄冕调到自己身边，经反复商讨斟酌，于三年之中连续制定和刊布了《淮盐运行西岸章程》《淮盐运行皖岸章程》《淮盐运行楚岸章程》《淮北票盐章程》等盐务新章，设置了一整套盐务机构。他决定淮南盐场仍行纲运之法，淮北盐场仍行票盐之法；在泰州设立招商总局，总理招商承运各事；在瓜洲设立盐务总栈，总理征厘、掣验事务。同时在南昌、汉口、长沙设立盐务销督局或指派代理机构，分别委派程桓生、杜文澜等驻扎，经理岸销事务；在大通设招商局，委派刘履祥驻扎，经管招商、抽厘诸务，兼理皖岸督销事项。安徽省城不设销售局，行销事项由大通招商局和淮北督销局分理。另外，还在湖北的武穴设立督销分局，管理远离省城之各点销售事务。为使淮盐畅销，曾国藩还分别在江西的吴城、新城设吴城分局和抚建分局，在各通商要道设立盐卡，加抽捐税，以减少邻省私盐入境。结果所得无几而屡酿大案，甚至有的地方发生捣毁盐卡、殴毙卡员事件，迫使曾国藩不得不撤除了一些陆路关卡，只抽船运私商之税，不加负贩私盐之税，以免负贩私盐之家生计断绝，起来与他拼命。

经过这番整顿，两淮盐政大有起色。淮南盐运昔年本于仪征设栈，改捆出江，自咸丰七年改由泰兴县的口岸出江。但该处河道浅窄，挽运艰难。曾国藩遂决定在离瓜洲三十多里的新河口地方挑河筑堤，建立新栈。自同治四年闰五月新栈建成,盐船改由新河口出江,大大便利了淮盐的营运销售。同时经过几年的努力，淮盐旧有引地安徽、江西及湖南的大部分逐渐得到恢复，唯湖北仍被川盐侵灌，淮盐销售无几，尚不及销售总额的十分之一。同治十一年正月曾国藩奏称，由于川盐较淮盐价廉而质优，且楚民久食川盐已成习惯，故川盐侵占淮南引地虽属大纲紊乱之事，而又有万难遽变之势。为暂时挽回一二并为将来规复全境之计，特将湖北九府一州一分为二，其武昌、汉阳、黄州、德安四府先行归还淮南，专销淮盐，不准川盐侵入分寸之地;其安陆、襄阳、郧阳、荆州、宜昌、荆门五府一州仍准川盐借销，但淮商可以酌设盐店，拨销零引，以明本系淮盐引地，不可喧宾夺主、一割而永弃之意。同时将原设于沙市之配销局撤销，移至新堤，改为分销淮盐局，并将武昌、汉阳、黄州、德安四府内湖北所设抽收专税之水陆局卡一律裁撤，禁止川盐，颗粒不得侵销。曾国藩此奏实为无可奈何之计，其成效如何亦不得而知。但有一点是肯定的，即直到曾国藩去世之时，这块淮盐引地都未能恢复，仍被川盐侵灌。不过尽管如此，曾国藩仍从淮盐经销中获利甚巨，自同治二年五月至同治十一年正月，八年之中征收盐课银二千万两有余，几等于他镇压太平军过程中所报军费的总和。

先后为曾国藩经办盐务的人员主要有郭嵩焘、李宗羲、丁日昌、程桓生、黄冕、金安清、张富年、刘履祥、李兴锐、杜文澜、刘世墀、陈黉举、王柏理、刘廷选、贺霱若、恽光业、王治覃、张仙舫、黄家驹、程国熙、倪

镜帆、刘受亭、方浚颐、薛世香、王子鉴、何铣、张德坚、部仲龄。

曾国藩的粮饷供应机构主要是粮台与报销局，制造船、炮的军工厂、局及相关科技、教育等机构，亦归于其中。

设立粮台以解决军队的供应问题，并非曾国藩的发明，而所不同的是，过去命将出征，兵系经制之兵，饷系国库之银，粮台亦由皇帝钦派大臣掌管，发饷多少、何时、何军，以及各军各部间的轻重缓急，均由粮台官员裁定。粮台官员皆系皇帝钦命，并不受统兵大帅管辖。他们各任其事，共同对朝廷负责，其关系是平行的。曾国藩兵非经制之兵，饷非国库之银，军队自募自练自带，粮饷自筹，粮台自设，无论带兵将领还是粮台委员都由曾国藩委任，只听他一人之命，只对他一人负责。无论实缺官员还是候补官员，所有奉札委办粮台的委员实际上都是他的属僚，无论其发放何款，发放多少，何时发放，以及各军各部间的轻重缓急，皆由曾国藩一人决定，粮台委员不过奉命行事而已。所以与绿营比较，湘军闹饷之风不盛。因为在这种体制下，士兵闹饷不只是与粮台为难，也是把矛头指向统兵大帅，必然很快遭到严厉镇压；且粮台有银自会发放，无银闹也无用。这也正是曾国藩的自鸣得意之处。他在奏报咸丰三年九月（1853年10月）至同治三年六月（1864年7月）镇压太平军期间军费开支时说："臣查向来军营放款缓急、多少，粮台委员得以主持其事。臣则十余年来无论支发何款，无不亲自裁度。""同治二、三年间统军至十余万人，欠饷至十五六个月，从未有兵勇向粮台索饷滋闹者。一由于粮台之银随到随发，从无存留；一由于发饷之际，概由微臣斟酌，不与委员相干。因是差免于浮冒之弊，而即以取信于将士之心。"[1] 曾国藩的这些话大致符合实际，只是说"从未有兵勇索饷滋闹者"未免有些夸大其词。实际上，自同治三年春天以来，湘军中就不断发生兵勇闹饷之事，而同治四年则尤为严重，成为促使曾国藩下决心迅速裁军的重要原因。不过由于军营体制的不同，湘军没有像绿营那样为粮饷供应之事动辄哄闹就是了。

1.《曾文正公奏稿》，第二十二卷，第51—52页。

曾国藩的粮台设置分为行营粮台、转运粮台和后路粮台，其总的任务是解决军队粮饷、军械的供应，而不同的粮台则又有其不同的具体任务和工作特点。行营粮台又称支应粮台，主要负责前线各军的直接供应，一般随曾国藩湘军大营行动。有时根据战争形势的需要，常于行营总粮台之外另设粮台或支应所，以就近解决前线部队的供应问题。实际上这也属于行营粮台之类，不过由于战场的不断扩大和作战部队的分散，前线供应机构相应增加，不像湘军初起时那么单一而已。转运粮台又称转运局，其主要任务是负责粮饷及其他军用物资的居间转运。后路粮台的主要任务是准备钱物，以应行营粮台之需；在物资缺乏的情况下，也负责采办和监制工作。此外，设在长沙的后路粮台还负责为新募湘勇提供就近训练和道途行军的费用，向裁撤回籍的湘勇发还欠饷。

至于粮台的内部结构，后路粮台与转运粮台都不得其详，唯知行营“粮台设立八所，条综众务：曰文案所、内银钱所、外银钱所、军械所、火器所、侦探所、发审所、采编所”[1]。似乎包揽一切，将曾国藩大营最初的办事机构都包括在内了，不过这是咸丰四年二月曾国藩东征开始前设计的。俟咸丰八年六月再出领军时，情况有了很大不同，粮台之中只有银钱所、军械所及护理人员，且规定行营粮台“去行营四十里外八十里内皆可”[2]，而管理营务发审及文案、书启的人员均与之分开，随自己一起行动。另外曾国藩还在大营中设有银钱所与军械所，随自己一起行动，专门负责大营内各类人员的供应。为区别起见，通常称粮台银钱所、军械所为外银钱所、外军械所，大营银钱所、军械所为内银钱所、内军械所。

曾国藩在咸丰二年年底初办团练之时，既无粮台亦无账目，所有需费物资均向湖南藩库领取。咸丰三年八月移驻衡州之后，曾国藩募勇稍多，军饷自筹，实际上已开始自设粮台，只是名义上尚无粮台名目，“出入银钱

1.《曾国藩年谱》，咸丰四年二月初二日。

2.《曾文正公手书日记》，咸丰八年七月十八日。

多系自行经理”，仅委派陶寿玉一人“检点账目”[1]而已。直到咸丰四年正月东征之时，曾国藩才开始正式设立粮台。不过这时限于省内作战，种类单一，数量亦仅一个。其后出省作战，随着战争形势的发展，战线愈来愈长，战场愈来愈大，统兵愈来愈众，粮台也愈设愈多。其间曲折变化，头绪纷繁，综其发展过程，大体可分为三个阶段：咸丰四年正月至咸丰六年十二月为第一阶段，咸丰八年六月至同治四年五月为第二阶段，同治四年闰五月至同治七年六月为第三阶段。

咸丰四年正月曾国藩率兵东征，开始在长沙设立粮台，委李瀚章任粮台提调，经管收支事件。七月，曾国藩从岳州出发，进攻湖北的太平军，李瀚章的粮台随大营行动，改称行营粮台，另于长沙设后路粮台，由裕麟和厉云官经理；于岳州设转运粮台，委夏廷樾专司其事。九月，曾国藩由武昌出发进攻九江，在汉口设汉口转运局，委派胡大任经理。咸丰五年四月曾国藩大营移驻南康，又于江西省城南昌设后路粮台，委李瀚章、甘晋司之。咸丰六年十二月，曾国藩撤销粮台，军中一切饷需由江西藩库供应，省局司道管理，并委派胡心庠、丁应南二人专管曾国藩一军的支应事项。

咸丰八年六月，曾国藩再出领兵，设行营粮台随军行动，由张韶南负责；在汉口设湖北转运局，由厉云官负责；在湖口设报销兼转运局，由李瀚章负责；在南昌设江西支应局，由胡心庠、丁应南负责。八月行抵河口，准备率军入闽，为解决粮饷转运问题，决定在广信府城和铅山县城设立转运粮台，委沈葆桢、雷维翰经理；后情况发生变化，江西支应局、广信、铅山转运粮台撤销，湖口报销兼转运局亦改名报销局，由湖口移至吴城，专司报销，不再兼理粮饷转运事项。咸丰十年六月，曾国藩出任两江总督，并随之进兵皖南，遂于江西省城南昌设总粮台，作为他的后路粮台；原先设立的随军行动的行营粮台随大营移驻祁门，并添派隋藏珠、张韶南共同经营；同时札委李作士在安庆城外设安庆银钱支应所，专门负责围攻安庆之吉字等营的粮饷供应。咸丰十一年四月，曾国藩大营由祁门移驻东流，

1.《曾文正公奏稿》，第九卷，第83页。

原行营粮台一分为二,一部分随大营迁往东流,一部分留在祁门。其随行部分改名江外粮台,又称东流粮台,由隋藏珠、王延长负责,作为行营总粮台;其留驻部分改名山内粮台,又称祁门粮台,由李兴锐负责,专司皖南各军的供应事项。八月,江外粮台随曾国藩大营由东流江面移驻安庆,改名安庆粮台,仍为行营总粮台。不久,曾国荃率兵沿长江向天京推进,李作士的银钱支应所即随军行动,曾先后驻扎大通、无为等地,专司曾国荃一军的粮饷供应。同治元年五月曾国荃一军进至天京城外的雨花台,开始对太平天国的首都天京展开围攻。李作士的银钱支应所也随之迁往,安置在停泊于大胜关附近江面的两条船上,专门负责围攻天京的吉字等营的粮饷供应。同治三年九月,上述银钱支应所随曾国藩大营迁往江宁,改名金陵粮台,作为曾国藩的总粮台,改由江宁布政使经管。

同治四年五月曾国藩奉命北上剿捻,设行营粮台,随大营移动,并将金陵粮台改名北征粮台,仍驻江宁,作为剿捻各军的总粮台,札委候补知府彭嘉玉经管;另于江苏清江浦设清江转运局,由吴世熊负责;在徐州设徐州粮台,由李鸿裔负责。同治五年十二月,刘松山率老湘营入陕,为保障其军需供应,又专设灵宝粮台以司转运,仍派薛书常管理。这一时期,曾国藩所用勇兵淮军多于湘军,为统一供应标准与时间,以减少各军间的矛盾,曾国藩与李鸿章商定两军粮台合并,统一供应。同治六年一月前,由曾国藩带兵,李鸿章司饷运;此后则改由李鸿章带兵,曾国藩司饷运,其粮台的设置、职能、人员等则基本未变,只是双方人员混杂,且间有转换门庭之事,幕僚究竟属曾属李,界限殊难划清。同治八年正月军务告竣,各路粮台亦随之陆续裁并,仍然保留的北征粮台则改名军需总局,由洪汝奎总理,负责远征西北的老湘营与江宁防军的饷需供应。

此外曾国藩还曾组织过大规模的购米活动。同治元年至二年间,由于水旱灾害与战争的影响,江西、安徽、江苏等地米价大涨,饥民成群,太平军与湘军双方都大感粮食缺乏,供应不足。为了克服湘军大米供应上的困难,曾国藩在同治元年底至二年夏,曾派人四出购米运回安徽,以供军食。他派王子鉴在江西购米,厉云官、杜文澜在湖北购米,令东征局在湖南购米;

同时接受黄冕的建议，委派李宗羲在四川夔州设局购米，江忠浚、徐堂赓、郭占彪在四川万县设局购米，潘敬在湖北宜昌设局购米。这些购米机构与人员直接、间接同粮台有关，故附于粮台之后一并叙述。

报销局是为粮台的军费收支账目办理报销的机构。一般是粮台人员工作一段时间之后，曾国藩就令其将自己经管的账目清理造册，办理报销，故报销局人员多由粮台转来。咸丰七年十二月，曾国藩在向清政府奏报历年开支情况的报销办法时说，几年来先后为他管理粮台事务的人员除一人病故外，其余六人尚在，“俟江西军务将毕，即行设局，饬该六员为臣办理报销事件，遵照定式，造册送部”，“惟是该六员者并非总理，本无专责”，“将来如有款目不符、著赔追缴之处，皆系臣一身承认，不与该六员相干”[1]。这表明报销局与粮台不仅是互为表里的关系，且本质上都属于曾国藩的私人机构，这里的人员无论候补人员或实缺官员，都是受曾国藩委派而为他个人办事的，都具有幕僚的性质，其身份与为曾国藩办理书启、文案的人员大致相同。

曾国藩自咸丰三年九月自筹粮饷到同治五年底退出剿捻战场，前后带兵达 13 年（咸丰七年二月至八年六月在籍丁忧一年有余应除去）之久，共向清政府奏报军费四次，先后设立三个报销局（其中两次奏报由一个报销局完成），现将其基本情况分别概述如下。

吴城—湖口报销局设立于咸丰九年正月，主要由李瀚章主持，另有胡大任、甘晋、张秉钧、陶寿玉、邓尔昌参与其事。曾国藩所建湘军虽兵饷自筹、粮台自办，而按照清政府的规定，仍须将每年军费收支造册详报，由户部核准方可报销。曾国藩第一次带兵作战，从未办理报销，故于咸丰七年十二月在籍守制时特向清廷声明，一俟江西军务将竣，即令原粮台人员办理报销。咸丰八年六月再出领兵，他想到的第一件事就是如何报销的问题。是年八月，曾国藩上奏清廷，决定在江西湖口设立报销局，由李瀚章负责，办理咸丰三年九月至咸丰六年十二月军费报销事宜。咸丰九年正

1.《曾文正公奏稿》，第九卷，第 83—84 页。

月正式开局办事，地点从湖口移至吴城，七月又从吴城移至湖口，咸丰十年五月事竣撤销。因其曾先后驻扎两地，吴城报销局与湖口报销局两个名字并存，而实际上又只一局，故以吴城—湖口报销局称之。

安庆报销总局设于同治四年十一月。当时曾国藩正在剿捻前线作战，故委令安徽、江西两省布政使主持，并派王延长、李兴锐、彭嘉玉参与其事。按照清政府规定的办法，将历年军费收支款目逐笔造册报销，实在是一件相当繁难的事，故李瀚章等人所办报销收支不过三百万两内外，竟至忙碌一年半之久。曾国藩出任两江总督之后，统兵多至十万，军费收支超过千万两，如此细细核算，报销事项何年才能完成？不仅办理报销的人员历尽艰辛，即复核这些账目的户部司员亦不胜其苦。故曾国藩在奏过报销第一案之后，虽声明此前军费将续作两案报销，而实际上却迟迟不动，直到同治三年六月，再没有报销过一次。户部亦深知此种报销办法脱离实际，即使发现收支不符之处，也无法向这些“功臣”们追赔。因而在对太平军的战争基本结束之后上奏清廷，请求变通报销办法：同治三年六月后军费报销仍照例办理，同治三年六月前军费收支免其造册，只须汇集总数，分年分起开具简明清单，奏明存案即可。这就使曾国藩如释重负，除一再感谢皇恩外，于同治四年十一月在安徽省城安庆设立报销总局，将咸丰三年九月至同治四年五月共11年间自己经手的湘军军费收支共分五案报销，先后两次向清廷奏明。李兴锐等人为此忙碌三年之久，直到同治七年十一月始完成任务，报销局亦随即撤销。这时曾国藩已在两个月前接到调任直隶总督的命令，上奏《湘军第五案报销折》的第二天，就由江宁启程北上赴任去了。

金陵报销总局设于同治七年十一月，由江宁、江苏两布政使主持，王延长、石楷参与其事，其主要任务是造册报销同治四年闰五月至同治五年年底参加剿捻的湘、淮各军的军费收支。其办理报销的办法是曾国藩与李鸿章共同商量的，并在同治七年十一月初奏报湘军第五案报销时声明：此案造册报销，仍沿用以前的办法，但造银两数，不造勇丁花名册。该局所办军费报销总额近一千万两，同治九年二月即完成任务，花费时间仅有一

年左右，与以往的速度相比，已高出数倍。当曾国藩出奏这一报销折时，尚在直隶总督任上，直到这年闰十月曾国藩才返回两江总督任。其报销年限截止于曾国藩退出剿捻战场之前，而实际上则直到同治七年六月剿捻战争才最后结束。故该报销局做完第一案报销之后，还应继续做报销工作，只是未见曾国藩续奏，何时撤销亦不得而知。

自咸丰三年九月曾国藩开始自筹粮饷至同治八年正月北征粮台改名军需总局，前后近15年间为曾国藩办理粮台、报销等务的人员主要有：陶寿玉、褚汝航、成名标、夏銮、李瀚章、郑德基、吴坤修、胡嘉垣、左菊农、裕麟、厉云官、夏廷樾、胡大任、甘晋、刘世墀、陈源豫、张秉钧、黎福畴、邓仁堃、刘于浔、胡心庠、丁应南、张韶南、张同生、何敦五、卜宗铨、丁蔼士、王澧、李兴锐、莫祥芝、胡云衢、魏栋、邓尔昌、凌荫庭、阎炜、曹禹门、邹寿章、郭国屏、程仲庠、沈葆桢、雷维翰、隋藏珠、王延长、王必达、李作士、刘曾撰、李桓、范泰亨、孙长绂、洪汝奎、潘兆奎、向师棣、姚镶、徐长怡、高列三、潘文质、王积懋、杨文会、陈鼐、李鸿裔、吴世熊、钱鼎铭、李宗羲、万启琛、潘鸿寿、陈长吉、梅启照、潘敬、江忠浚、徐堂赓、郭占彪、彭嘉玉、孙衣言、张兆栋、何璟、石楷、秦豫基、廖献廷、叶宝树、曹炯、曾广骥、李清华、林长春、马丕庆、林源恩、梅煦庵、彭山屺、普承尧、喻吉三、黄鸣珂、魏瀛、周继芬、吴廷球、易光济、余鋆、李宗涑、王浩、杨恩植、林周培、贺宗澜。

曾国藩为了引进西方科学技术，兴办军事工业，以改善军队的装备，筹建近代海军，还相继建立了一些具有管理、训练、科研、制造、教育、出版等职能的机构，主要有安庆内军械所、金陵军械所、江南制造总局及附其名下的造船厂、翻译馆、驻美中国留学生局、预备学校。

安庆内军械所设于咸丰十一年冬，起初仅制造新式枪炮，次年开始试制轮船，同治二年十月造成木壳小火轮一艘，取名“黄鹄”号。该所由著名科学家徐寿主持，著名科学家和铸炮专家华蘅芳、吴嘉善、龚之棠、徐建寅等人都参加了轮船试制工作。此前不久，在美国学习多年的容闳归国，并经人介绍聘入曾国藩幕府，曾国藩遂派他赴美购买机器，准备择地建立新厂，试制规模更大、技术更先进的轮船。同治三年九月曾国藩由安庆移驻江宁，内军械所也随之迁去，更名金陵军械所。同治四年五月，徐寿、华蘅芳、徐建寅等奉调赴沪，参加江南制造局的建厂工作，金陵军械所亦于此时并入李鸿章的金陵制造局。

江南制造局是同治四年五月由曾国藩和李鸿章二人共同创办的，容闳自美国购买的机器也随之运到，并入其中。江南制造局开始只制造新式枪、炮、火药，同治六年四月，曾国藩奏准拨款在江南制造局内增设船厂，专司轮船试制工作，并决定将江南制造局由虹口迁往城南高昌庙，择地兴工，建立新厂。徐寿、华蘅芳等人参加了新厂的建立和机器安装工作，为新厂的建成做出很大贡献。江南制造局成立以来，大政方针由曾、李商定，具体管理工作初由上海道丁日昌全面负责，同治四年十月丁日昌迁两淮盐运使,该局的管理工作即改由追随曾国藩多年的幕僚、新任上海道冯焌光接任。冯焌光初时信誓旦旦，颇有献身机器局之意。其后贪冒渎职，几乎引起周围所有人员的不满，社会舆论亦为之哗然，矛头直指曾国藩。曾国藩迫于无奈，只好于同治十年二月委派李兴锐驻局清查账目，接替冯焌光主持江南制造局局务。李兴锐在局十余年，规模几经扩充，技术设备也不断改进。曾国藩是力主自己试造轮船的，在他主持下先后造成大小轮船五艘。李鸿章独掌大权之后,江南制造局造船速度愈来愈慢,最后完全停止了造船业务，专司修理工作。

翻译馆属于江南制造局的一部分，设于同治七年，馆舍与迁址后的新厂一起建成。同治八年上海同文馆并入翻译馆，并招收十四岁以上少年入馆学习外国语文。开始只有英语、法语二班，后又增添日语班和俄语班。在馆中从事翻译工作的主要有英国人傅兰雅、伟烈亚力和美国人林乐知、玛高温。新厂建成后技术工作全由洋人把持，徐寿、华蘅芳也来到翻译馆，同傅兰雅等人一起从事翻译工作。翻译馆不仅具有科研和教育职能，同时也是出版机构，十年中翻译、出版科学技术和有关军事及制造工艺的西洋书籍近百种，对西方文化在中国的传播起了一定作用。

除上述诸项之外，曾国藩还赋予江南制造局以训练轮船管理和驾驶人

才的功能。曾国藩制造轮船的目的是为了使用，兵轮用于作战，商轮用于运输。他为了解决新造轮船的管理使用问题，并为将来建立外海轮船水师，即近代海军舰队准备管理和驾驶人才，于同治九年九月将吴大廷由福州船政局专折奏调江南制造局，令其专门负责新造轮船的操练工作，其效果究竟如何尚未可知。不过曾国藩在奏折中曾详细谈论培养海军人才之难，并亲自观看吴大廷在吴淞口外指挥“操江”等三轮进行操练活动，大约是见其训练不甚得法，技术水平太低，才决心派中国少年专门赴美学习的。

驻美中国留学局又称留学事务所，同治十年七月在上海设立，次年带留学生赴美。为了更好地培养军政、船政和其他科学技术人才，曾国藩还接受容闳、丁日昌等人的建议，于同治十年会同李鸿章奏准，派中国少年赴美学习，并委派陈兰彬、容闳分任正、副监督，另派翻译一人、教习二人，在上海设立驻美中国留学局，制定章程，具体办理留美学生的招生及在美学习工作。另于上海设预备学校一所，委刘瀚清为校长[1]，令留学生于出国之前，先入校学习中西文字一年，以适应国外学习生活之需要。这件事虽然半途而废（同治十一年出国，至光绪七年全部撤回），但在中国教育史上还是具有一定意义的。

先后为曾国藩经办近代军工、科技的人员主要有丁日昌、冯焌光、李兴锐、陈兰彬、刘瀚清、张斯桂、容闳、徐寿、华蘅芳、丁杰、龚之棠、吴嘉善、徐建寅、吴大廷、叶绪东、容云甫、曾兰生。

曾国藩幕僚中还有一些确知其在幕中，而现知机构难于归属或职事不明的人员，主要有：陈斌、曾开骥、张葆、万方田、胡升祺、杨朴庵、王福、杨名声、杨镇南、张吟、史连成、黄吟台、周子瑜、鲁秋航、薛芳亭、徐子苓、刘小粤、曹光汉、孙芳、张燮昭、褚景锠、桂正华、成振堂、计崇、杨宗彝。

---

1. 容闳称预备学校校长为刘开成。但据其所述经历，当为刘瀚清。刘瀚清字开生，与“开成”字音甚近，几经翻译，极易混淆。见容闳《西学东渐记》，1981 年湖南人民出版社，第 92 页。

幕僚与人才

曾国藩的幕府有两个职能，一为治事，一为育人。治事，即如前述，凡一切与军政有关的事务，诸如参谋机要、起草文件、审理案件、筹办粮饷、兴办军工科技等，统统在幕府办理，由幕僚完成。育人，则有计划、有目的地储备和培养人才。讲储备则曾国藩用人如流水，其幕府恰是储备人才之库；论育人则曾国藩犹如严师教弟子，其幕府即为读书、习练之所。曾国藩的人才政策是博取慎用。取之欲博，则凡具一技之长、一处出色者即广为延揽，多多益善，唯恐有所遗漏；用之欲慎，则使用之时慎之又慎，唯恐用非其人，人非所宜。面对众多的人才，要做到用之不误，就要有安插之所、考察之方，不仅要察言观色，还要试之以事、验之以效。于是曾国藩的幕府就成为实现这一目的的理想之地：对各种人才先是广为搜求，延之幕府，继则精心培养，细心观察，待对其了解较深、确有把握时，再根据实际需要，量才取用，委以地方之责。曾国藩的这套培养人才、使用人才的方法行之多年，卓有成效，本人自以为百无一失，世人亦多推其有知人之明，倘无如此庞大之幕府，是很难做到这一点的。

在人才问题上，曾国藩有一套完整的理论与方针。他认为，社会风气的形成、国家的兴衰、事业的成败，都是由少数人决定的："风俗之厚薄奚自乎？自乎一二人之心之所向而已。""此一二人者之心向义，则众人与之赴义；此一二人者之心向利，则众人与之赴利。"[1]纵观当今之世，"粤捻内扰，英俄外伺，非得忍辱负重之器数十人，恐难挽回时局也。"[2]而这些人才从何处得来呢？他认为，"世人聪明才力，不甚相悬，此暗则彼明，此长则彼短，在用人者审量其宜而已。"[3]"大约上等贤哲当以天缘遇之，中等人才可以人

1. 曾国藩：《曾文正公全集·文集》(以下简称《曾文正公文集》)，第二卷，第2页。

2.《曾文正公书札》，第七卷，第36页。

3. 赵烈文：《能静居日记》，同治六年八月二十八日。

力求之”[1]，故人才之有无全靠当权者之发现、培养及使用得当。鉴于这种认识，曾国藩对人才的识拔培养极为重视。早在咸丰登极之初，即专就用人一事上疏陈言，提出培养和使用人才的三个环节：“有转移之道，有培养之方，有考察之法。”[2]所谓转移之道，即风气的树立，借以引导人才，使之照当权者的需要发展；所谓培养之方，即教诲、甄别、保举、超擢数端；所谓考察之法，即询事、考言二事。曾国藩提出借奏折考核人才，将平时的考核与三年一次的京察结合起来。

曾国藩从军以来，尤其在担任两江总督之后，百事丛集，愈感人才之匮乏，而对人才的聚集、培养、选拔、使用问题亦愈加急切。曾国藩经常与人讨论人才问题，虚心体察自己在用人问题上的不足之处。当他发现自己不如胡林翼对士人更有吸引力，不少人愿投奔胡林翼而不愿跟他做事时，立即改弦更张，与之展开一场广揽人才的竞争。他在给胡林翼的信中说：“汪梅村洵积学之士，廉卿亦精励可畏。台端如高山大泽，鱼龙宝藏荟萃其中，不觉令人生妒也。”[3]每到一地，曾国藩即广为寻访、延揽当地人才，如在江西、皖南、直隶等地都曾这样做。他的幕僚中如王必达、程鸿诏、陈艾等人都是通过这种方法求得的。剿捻期间，曾国藩在其所出告示中还特别列有“询访英贤”一条，以布告远近：“淮徐一路自古多英杰之士，山左中州亦为伟人所萃。”“本部堂久历行间，求贤若渴，如有救时之策、出众之技，均准来营自行呈明，察酌录用。”“如有荐举贤才者，除赏银外，酌予保奖。借一方之人才，平一方之寇乱，生民或有苏息之日乎？”[4]在直隶总督任内，为广加延访，以改当地士风，曾国藩除专拟《劝学篇示直隶士子》一文广为散布外，还将人才“略分三科，令州县举报送省，其佳者以时接见，殷勤奖诱。”[5]曾国藩与人谈话、通信，总是殷勤询问其地、其军、其部是否有

1.《曾文正公书札》，第十八卷，第 43 页。

2.《曾文正公奏稿》，第一卷，第 7 页。

3.《曾文正公书札》，第八卷，第 24 页。

4. 曾国藩：《曾文正公全集·杂著》（以下简称《曾文正公杂著》），第三卷，第 38 页。

5.《曾文正公书札》，第三十二卷，第 25 页。

人才，一旦发现，即千方百计调到自己身边。他幕府中的不少幕僚都是通过朋友或幕僚推荐的。他还由此总结出一套求才的原则和切实可行的办法："求才之道须如白圭之治生、鹰隼之击物，不得不休；如蚨之有母、雉之有媒，以类相求，以气相引，庶几得一而可及其余。"[1]为了增强对人才的吸引力，以免因自己一时言行不慎或处事不当而失去有用之才，曾国藩力克用人唯亲之弊，"其阘冗者，虽至亲密友，不宜久留，恐贤者不愿共事一方也"[2]。同时自强自砺，"刻刻自惕"，"不敢恶规谏之言，不敢怀偷安之念，不敢妒忌贤能，不敢排斥异己，庶几借此微诚，少补于拙"[3]。从其一生的实践看，他基本上做到了这一点。曾国藩的周围聚集了一大批各类人才，幕府之盛，自古罕见，求才之诚，罕有其匹。事实证明，其招揽与聚集人才的办法是正确的和有效的。

曾国藩对人才的使用极为谨慎。他认为，行政之要首在立法与用人二端。而他生当封建社会末期，主要使命是"扶危救难"，维护旧制度，基本上无"立法"之责，而其事业之成败利钝，也就主要在于用人得当与否，故称"吾辈所慎之又慎者，只在'用人'二字上，此外竟无着力之处"[4]。为用人得宜，不致因用人不当而偾事，曾国藩对人总是反复测试、考察。据说，每有赴军营投效者，曾国藩先发给少量薪资以安其心，然后亲自接见，一一观察：有胆气血性者令其领兵打仗，胆小谨慎者令其筹办粮饷，文学优长者办理文案，讲习性理者采访忠义，学问渊博者校勘书籍。在幕中经过较长时间的观察使用，感到了解较深、确有把握时，再根据具体情况保以官职，委以重任。

在取才标准上，曾国藩因受理学的影响，虽口称德才"不可偏重"，但在实际上则往往偏重于德。他认为德为本，才为用，二者关系不可倒置。"譬之于水，德在润下，才即其载物、溉田之用；譬之于木，德在曲直，才即

1.《曾文正公书札》，第十二卷，第 23 页。

2.《曾文正公家书》，咸丰八年四月初九日。

3.《曾文正公书札》，第十一卷，第 40 页。

4. 同上，第九卷，第 22 页。

其舟楫、栋梁之用。”又说：“德若水之源，才即其波澜；德若木之根，才即其枝叶。”[1]从这一观念出发，他根据各自德、才的长短，将人区别为近于愚人者与近于小人者，官气较多者与乡气较多者，高明者与卑琐者，并从而决定自己的取舍与对策。他说：“德而无才以辅之则近于愚人，才而无德以主之则近于小人。”“二者既不可兼，与其无德而近于小人，毋宁无才而近于愚人。自修之方，观人之术，皆以此为衡可矣。”[2]又说：“大抵人才约有两种，一种官气较多，一种乡气较多。官气多者好讲资格，好问样子，办事无惊世骇俗之象，语言无此防彼碍之弊。其失也，奄奄无生气。凡遇一事，但凭书办、家人之口说出，凭文书写出，不能身到、心到、口到、眼到，尤不能苦下身段去事上体察一番。乡气多者好逞才能，好出新样，行事则知己不知人，语言则顾前不顾后。其失也，一事未成，物议先腾。”他认为，“两者之失厥咎维均，人非大贤，亦断难出此两失之外。吾欲以‘劳苦忍辱’四字教人，故且戒官气而姑用乡气之人，必取遇事体察，身到、心到、口到、眼到者。赵广汉好用新进少年，刘晏好用士人理财，窃愿师之。”[3]还说：“高明者好顾体面，耻居人后，奖之以忠则勉而为忠，许之以廉则勉而为廉。……卑琐者本无远志，但计锱铢，驭之以严则生惮，防之稍宽则日肆。”他认为，对这两种人应分别采取两种不同的策略。对前者以奖励为主，“薪水稍优，夸许稍过，冀有一二人才出乎其间”；对于后者则以惩戒为主，严加管束，“俾得循循于规矩之中。”[4]总之，曾国藩喜用新人，喜用士人，喜用乡气之人，喜用有德或好德上进之人，究其原因只有一条，那就是在他心目中，德比才远为重要。

他的这种思想在有的场合表达得更为明确：“取人之式，以有操守而无官气、多条理而少大言为要。”[5]这里所言四条，除“多条理”一条属“才”

1.《曾文正公杂著》，第四卷，第 31 页。

2.《曾文正公杂著》，第四卷，第 31 页。

3.《曾文正公书札》，第十二卷，第 23 页。

4. 同上，第十三卷，第 2—3 页，

5.《曾文正公批牍》，第二卷，第 14 页。

的方面之外，其余都是对“德”的要求。只是对于所列三条，曾国藩亦并未平均看待，而是分别轻重不同对待。他认为，“多大言”尚属个人修养问题，经教育、引导，有的人可以改变，而官气太重则无可救药。他在给李元度的信中说：“今大难之起，无一兵足供一割之用，实以官气太重，心窍太多，漓朴散醇，真意荡然。”故“湘军之兴，凡官气重、心窍多者所在必斥”[1]。他在给曾国荃的信中又说：“文士之自命过高、立论过亢，几成通病。”“然天分高者，亦可引之一变而至道。如罗山、璞山、希庵皆极高亢后乃渐归平实。即余昔年亦失之高亢，近日稍就平实。”还说：“大抵天下无完全无间之人才，亦无完全无隙之交情。大者得正，而小者包荒，斯可耳。”[2]这说明曾国藩用人并不求全责备，因为那样做并不能得到真正的人才。正像他自己总结的那样，“衡人者但求一长可取，不可因微瑕而弃有用之才，苟于峣峣者过于苛求，则庸庸者反得幸全”[3]。

曾国藩爱才成癖，用人亦极有经验，但仍感用人之不易。同治三年春，他在一封家书中曾颇有感慨地说：“惟用人极难，听言亦殊不易，全赖见多识广，熟思审处，方寸中有一定权衡。”[4]这里所说的“一定权衡”，就是将上述用人标准牢记在心，坚定不移。大概这是曾国藩一生最重要的经验。不过由于他用人偏重于德，总不免有遗漏人才之事。故左宗棠用人反其道而行之，专用曾国藩遗弃的人才而成就大功，遂致函讥讽其“喜综核而尚庸才”[5]。对于这种批评，曾国藩虽然当时不肯认账，但到了老年也渐渐感到自己用人的弊病，同治十年他在一篇读书笔记中称：“虽有良药，苟不适于病，不逮下品；虽有贤才，苟不适于用，不逮庸流。”“当战争之世，苟无益胜负之数，虽盛德亦无所用之。余生平好用忠实者流，今老矣，始知药

1.《曾文正公书札》，第十二卷，第4页。

2.《曾文正公家书》，咸丰十年八月十二日。

3.《曾文正公书札》，第二十三卷，第22页。

4.《曾文正公家书》，同治三年正月十七日。

5.《曾文正公书札》，第二十二卷，第1页。

之多不当于病也。”[1]不过这毕竟是次要的。总的来看，曾国藩的人才思想与用人政策是得当的。否则，他不会取得事业上的成功，一生与他争长论短的左宗棠，也不会在他去世之后书赠“谋国之忠，知人之明，自愧不如元辅”[2]的挽联，以为盖棺之论。

曾国藩非常重视人才的培养。他认为“山不能为大匠别生奇木，天亦不能为贤主更出异人”[3]，人才的取得全靠自己收集与培养。故他将求才之道总结为“广收、慎用、勤教、严绳”[4]四条与“访察、教化、督责”[5]三条，内容大同小异，都把人才的培养放在重要地位。曾国藩虽靠科举考试登上仕途，但他深悉这种制度的弊病，认为它误人子弟，不能培养出真正有用的人才。他在给曾国华的一封家信中说：“六弟今年入泮固佳，万一不入，则当尽弃前功，一志从事于先辈大家之文。年过二十，不为少矣，若再抚墙摩壁，役役于考卷截搭小题之中，将来时过而业仍不精，必有悔恨于失计者，不可不早图也。余当时实见不到此，幸而早得科名，未受其害。向使至今未尝入泮，则数十年从事于吊渡映带之间，仍然一无所得，岂不腼颜也哉！此中误人终身多矣。”[6]就是说，在这种制度下，青年士子终日为应考做准备，虚耗时间、精力而学不到真正有用的知识，年复一年，代复一代，误人青春，误人子弟，却培养不出真正有用的人才。也正由于这个原因，当曾国藩用人之际，深感无现成人才可用，不得不亲自动手，进行培养训练。于是曾国藩赋予他的幕府两种职能，一是治事，一是育人，使幕府不仅是治事之所，也是培养人才的学校。曾国藩本人既是军政官长，也是业师；幕僚则既是工作人员，又是生童。曾国藩在给朋友的信中描述他的幕府说：“此间尚无军中积习，略似塾师约束，期共纳于轨范耳。”[7]他在给丁日昌的信中则谈得

1.《曾文正公杂著》，第四卷，第 34 页。

2.《曾国藩年谱》附二，第 63 页，岳麓书社版。

3. 赵烈文：《能静居日记》，同治六年八月二十八日。

4.《曾文正公手书日记》，同治元年四月十三日。

5. 同上，咸丰十年六月二十九日。

6.《曾文正公家书》，道光二十四年五月十二日。

7.《曾文正公书札》，第九卷，第 26 页。

更为具体："局中各员譬犹弟子，阁下及藩司譬犹塾师，勖之以学，教之以身，诫之以言，试之以文，考之以事，诱掖如父兄，董督如严师，数者缺一不可，乃不虚设此局。"[1]这既是对江南制造局的要求，也是对整个幕府的要求，可以说是他设立幕府的一项宗旨。为了使更多的人了解此意，自觉去做，还把它写成对联，贴在总督衙门的府、县官厅上："虽贤哲难免过差，愿诸君谠论忠言，常攻吾短；凡堂属略同师弟，使僚友行修名立，方尽我心"[2]。

曾国藩这样要求自己，也这样要求每个幕僚。曾国藩根据自己的实践经验，将当时切于实用的知识学问概括为四项内容，令每个幕僚自选一项进行习练，并将此列入条令，人人都必须遵守。他在《劝诫委员四条》之三《勤学问以广才》中说："今世万事纷纭，要之不外四端，曰军事，曰吏事，曰饷事，曰文事而已。凡来此者，于此四端之中各宜精习一事。习军事则讲究战攻、防守、地势、贼情等件，习吏事则讲究抚字、催科、听讼、劝农等件，习饷事则讲究丁漕、厘捐、开源、节流等件，习文事则讲究奏疏、条教、公牍、书函等件。讲究之法则不外'学'、'问'二字。学于古则多看书籍，学于今则多觅榜样；问于当局则知其甘苦，问于旁观则知其效验。勤习不已，才自广而不觉矣。"他在《劝诫绅士四条》之四《扩才识以待用》中又说："天下无现成之人才，亦无生知之卓识，大抵皆由勉强磨炼而出耳。《淮南子》曰：'功可强成，名可强立'；董子曰：'强勉学问则闻见博，强勉行道则德日起'；《中庸》所谓'人一己百，人十己千'，即勉强工夫也。今士人皆思见用于世而乏用世之具，诚能考信于载籍、问途于已经，苦思以求其通，躬行以试其效，勉之又勉，则识可渐进，才亦见充；才识足以济世，何患世莫己知哉！"曾国藩最后总结说："圣贤之格言甚多，难以备述；朝廷之律例甚密，亦难周知。只此浅近之语，科条在此，黜陟亦在此，愿我同人共勉焉。"[3]若将以上几条结合起来便可看出，曾国藩的这几条规定，

1. 同上，第三十三卷，第 6 页。

2.《曾国藩全集·诗文》，岳麓出版社，第 105 页。《曾文正公手书日记》同治三年十月初十日所载下联为："凡堂属略同师弟，使僚友行修名立，乃尽我心"，文字稍有不同。

3.《曾文正公杂著》，第三卷，第 10—11 页，第 12—13 页。

既有各位幕僚应当习练的具体内容和方法，也有对其必要性的说明，既是劝诫，也是命令，既有引导，也有鞭策，真是字斟句酌，费尽苦心。

曾国藩培养人才的办法约有三条：课读、历练、言传身教。曾国藩要求所有部属、僚友按其专业方向读书学习，而对自己身边的幕僚则抓得尤紧，要求尤严，既有布置，也有检查。在环境较为安定、条件允许的情况下，如曾国藩大营进驻安庆之后，曾国藩就对身边幕僚进行定期考试，每月两次，亲出题目，亲阅试卷，以定殿最。在曾国藩的日记与赵烈文的《能静居日记》中，都有关于曾国藩考试幕僚的记载。同治元年五月初八日《曾文正公手书日记》载："夜，接课卷二十馀篇。盖初六日余出策题一首，拟告示一道，令忠义局及各员应课，至是始交卷也。粗阅一过。"赵烈文《能静居日记》同治元年五月二十二日、二十三日则详细载有按题应试的情况。二十二日载："揆帅合试幕僚，每月二期，今当第二试，应教撰《对策》一首。"二十三日载："应教撰议一首……《多将军会攻金陵或援陕西议》。"其后都详细抄录其文稿。可见师生双方做得都很认真。曾国藩通过这种办法既可督促幕僚读书学习，也可了解他们各自的情况与水平。与此同时，曾国藩还利用茶余饭后的闲暇，结合自己的阅历与读书心得谈古论今，内容切合实际，形式生动活泼，使幕僚潜移默化，增长学问，扩大眼界。薛福成与李鸿章都曾谈论过关于曾国藩召幕僚"会食"及饭后讲论的情形。薛福成称："傅相（指李鸿章）入居幕中，文正（指曾国藩）每日黎明必召幕僚会食。而江南北风气与湖南不同，日食稍晏，傅相欲遂不往。一日以头疼辞，顷之差弁络绎而来，顷之巡捕又来，曰：'必待幕僚到齐乃食。'傅相披衣踉跄而往。文正终食无言，食毕舍箸，正色曰：'少荃既入我幕，我有言相告：此处所尚，惟一'诚'字而已，遂无他言而散。"[1] 李鸿章则事后对人说："在营中时，我老师（指曾国藩）总要等我辈大家同时吃饭，饭罢后即围坐谈论，证经论史，娓娓不倦，都是于学问、经济有益实用的话，吃一顿饭胜过上一回课。他老人家最爱讲笑话，讲得大家肚子都笑疼了，个个东歪西倒的，

1. 薛福成：《庸庵笔记》，扫叶山房版，第一卷，第9页。

他自家偏一些不笑，以五个指头作把，只管捋须，穆然端坐。”[1]

对于不在身边的幕僚，曾国藩则主要采取个别谈话和通信、批示的形式，结合实际工作进行教育。曾国藩在回顾自己对部将的教育时则说：“臣昔于诸将来谒，无不立时接见，谆谆训诲，上劝忠勤以报国，下戒骚扰以保民，别后则寄书告诫，颇有师弟督课之象。其于银米子药、搬运远近，亦必计算时日，妥为代谋，从不诳以虚语。各将士谅其苦衷，颇有家人父子之情。”[2]这里说的是带兵将领，而其于幕僚亦与之相似。在曾国藩的《书札》与《批札》中至今保留不少文字，对幕僚如何做事、如何做人总是谆谆嘱咐，既有鼓励、鞭策，也有告诫。咸丰九年，在湘后营营务处任事的何应祺曾就选任湘军统带一事禀陈管见，曾国藩虽未采用他的意见，但仍细加批语，以示鼓励：“据陈各条颇为切中机要……目下本部万人，自宜亟定统带，该令既有所见，仰就现在诸营官中开折密保，当面逞递。……该令返躬察己，长短自知，果不爱钱，又能推贤让能，忍气任怨，待人以诚，爱才如命，则良将良吏一身可兼，何业之不成哉！但期勉践斯言，持之以静，贞之以恒，实所厚望。”[3]在给李榕的信中又说：“何镜海若能‘克勤小物’四字上用功，应日有长进。望阁下虚己以待之，方不隔膜。”[4]又如，有卡员禀报同事数人工作之余在一起读书论古情形，曾国藩回批大加鼓励：“该员在卡照常办事，又得陈守、李生等读书论古，问学日新，至以为慰。兰生幽径，不以无人而不芳，本无待于外；而德无久孤之理，玉无终闷之辉，亦会有赏音也。”[5]这里的“陈守”就是近代史上的著名人物陈宝箴。戊戌变法时期，他曾以湖南巡抚疏荐“六君子”中的杨锐、刘光第、谭嗣同、林旭四人赴京佐新政。时陈宝箴丁忧在籍（江西义宁人），以候补知府充任义宁州厘卡委员。凡此

1. 吴永：《庚子西狩丛谈》，第 130—131 页。

2.《曾文正公奏稿》，第二十五卷，第 14 页。

3.《曾文正公全集·批牍》（以下简称《曾文正公批牍》），第二卷，第 11—12 页。

4.《曾文正公书札》，第九卷，第 16 页。时原统领曾国荃暂时请假离营，李榕与朱品隆共同主持营务，代领该军。

5.《曾文正公批牍》，第三卷，第 70—71 页。

种种，足见其望“僚友行修名立”的殷切心情。至于对一些亲近幕僚的谆谆训诫之语，则《书札》、《批牍》随处可见，真可谓连篇累牍，不胜枚举。如李榕在太湖城外带兵期间，李瀚章在主持江西赣州厘局期间，范泰亨、蒋嘉棫整顿厘务期间，程桓生主持江西盐务督销局期间，曾国藩都连连写信，有禀必批，有函必答，于如何做事、如何做人不厌其烦，循循诱导。至于通过个别交谈启发、培养人才，在曾国藩《手书日记》中亦不乏其例。如咸丰十一年十一月初八载："张廉卿来，与之论古文之法，全在'气'字上用工夫。"又如同治元年五月二十七日载："日内因人才缺乏，印、委各务往往悬缺待人，思所以造就之法，拟于每日接见州县、佐杂三人，与之坐谈而教诲之。"其后则连日记载接见桂中行等人的情形。

在培养方向上，曾国藩亦注意因材施教，根据各人的特点进行培养。有的人，如张裕钊、吴汝纶文学基础很好，曾国藩就令其在幕中读书，专攻古文，以求发展。对其所谓“文学四弟子”中的薛福成、黎庶昌二人，曾国藩也都在文学方面进行过培养，不过与对张裕钊的要求有些不同而已。

总之，曾国藩在招揽与培养人才方面呕心沥血，不遗余力，正像他自己讲的那样，求才之道约有三端："曰访察，曰教化，曰督责。探访如鸷鸟、猛兽之求食，如商贾之求财；访之既得，又须辨其贤否，察其真伪。教者，诲人以善而导之以其所不能也；化者，率之以躬而使其相从于不自知也。督责者，商鞅立木之法，孙子斩美人之意，所谓千金在前，猛虎在后也。"[1] 曾国藩是这样说的，也是这样做的。也正因为这一点，曾国藩幕府对士人具有很大的吸引力。正像有人评论的那样："公（指曾国藩）任兼圻，虽于幕府外设书局、忠义采访局以安置士人之贤者，而薪俸仅足赡其家，但能随人之才以成就之，故归之者如流水。"[2] 不少幕僚受其感动，拜他为师。例如，赵烈文咸丰五年年底初入曾国藩幕，咸丰十一年夏再次入幕，直至同治四年春始行拜师大礼，改变称呼。此足见其郑重其事，并非草率之举、阿谀

1.《曾文正公手书日记》，咸丰十年六月二十九日。

2. 姚永朴：《素园丛稿·见闻偶笔》，《曾文正公逸事》，第4页。

之行。曾国藩幕僚中有如此众多的人才是毫不奇怪的，对他们的大多数来说，恐怕是同曾国藩的教育、培养分不开的。

曾国藩认为，人才与吏治息息相关。他对人才的重视，亦与其一贯重视吏治问题相一致。咸丰初年，当以太平天国为代表的农民起义在全国展开的时候，不少理学家把这一局面的造成归罪于汉学。曾国藩的好友孙鼎臣与左宗棠均持这一观点。曾国藩则不同意这种说法。他认为发生大规模民众起义的主要原因是由于吏治败坏，尤其基层政权的腐败造成的。咸丰元年，他在给好友胡大任的信中说："今春以来粤盗益复猖獗，西尽泗、镇，东极平、梧，二千里中几无一尺净土。推寻本原，何尝不以有司虐用其民，鱼肉日久，激而不复反顾。盖大吏之泄泄于上而一切废置不问者，非一朝夕之故也。"[1] 在曾国藩看来，这些官员的腐败主要表现在两个方面：平时鱼肉乡民，使老百姓无法生活下去，不得不起而反抗；而一旦官逼民反，他们又束手无策，任其发展，以致不可收拾。所以，曾国藩针对这一情况，在镇压农民起义时双管齐下，一面率军征剿，一面派官安抚，视治军与整顿吏治并重，以求挽回不利局势。他在给朋友的信中说："军兴太久，地方糜烂，鄙意一面治军剿贼，一面择吏安民，二者不可偏重。"[2] 又说："细察今日局势，若不从吏治人心上痛下功夫，涤肠荡胃，断无挽回之理。"[3] 根据这一思想和在湖南、湖北的经验，曾国藩在战争期间，每控制一个地区就治理一个地区，整顿吏治，恢复地方政权，力求把这些地区建设成筹饷基地。他在江西和安徽都是这样做的。咸丰十年，他在进兵皖南之时曾写信对左宗棠说："皖南四府一州实大有为之地，只要军事、吏事两者切实讲求，每年可得银百三四十万，若东坝克复，则尚不止于此。"[4] 然而这一地区吏治腐败，亟待整顿，很多人需要重新更换，以"有操守而无官气，多条理而少大言"的循良之吏取代原来的庸劣官员；同时还要有一二名极为出色之

1.《曾文正公书札》，第一卷，第 30 页。

2. 同上，第十二卷，第 11 页。

3. 同上，第十二卷，第 14 页。

4. 同上。

员以为榜样，带动群官，转变风气，使老百姓有耳目一新之感，对前途充满信心，否则只能流于空谈，难起实效。所以他把能否真正做到这一点视为整个大局成败的关键。他说："惟须极廉极勤之州、县一二人来此树立风声，与民更始，庶几渐有转机，不知阁下能物色循良携以俱来否？"又说："敝处并无才辩之士，专望台端早至，安危得失均系于此。"[1]这就是说，战争的成败在很大程度上决定于饷源是否充足可靠，而饷源有无保障，则全在已控制地区的吏治是否能够随时整顿，而整顿吏治的成败则全在人才的有无。曾国藩在一封奏折中又进一步阐述了这一思想，并把整顿吏治的重点放在恢复州、县基层政权上，认为"吏治之要，首在得人，吏治之兴废，全系乎州、县之贤否。……小民久困水火之中，偶得一良有司拊循而煦妪之，无不感深挟纩，事半功倍。如署芜湖县知县刘世墀经臣于上年六月奏明委署斯缺。臣此次巡视各军，舟过芜湖，即闻境内之民颂声四起，比以母忧去任，卧辙攀留者相属于道。可见民心之易感而吏治之尤宜极讲也。"又说："溯查湖北省自三次克复后，地方凋敝与今日之安庆相同，经前抚臣胡林翼罗致贤才，多方培养，不数年间吏治渐振，抚字催科，绰有条理。"[2]

然而曾国藩在整顿安徽吏治时却遇到两个难题，一是人才缺乏，二是旧法滞碍。攻占安庆、庐州，尤其平定苗沛霖团练和迫使李昭寿辞官回籍之后，安徽全境均置于湘军的控制之下，广大地区的地方政权亟待恢复，需要大批人才充任州、县官。曾国藩虽经多年的搜罗与培养，堪任地方官员的人才仍不敷其用；有的虽人才可用，但却不符清政府定例，奏荐之后往往遭到吏部的批驳。于是曾国藩就采取两方面的措施，一是拓宽人才来源，一是请求清政府准予破格用人。自咸丰末年以来，曾国藩就不断奏请清廷尽量多向安徽分发一些候补官员。他认为这些人新入仕途，较少沾染官场习气，易于培养成才。但安徽凋敝太甚，人人裹足，分发数量有限，来者为数更微，杯水车薪，无济于事。于是他就截留一批分发江苏的候补官员于安庆军营，并将一些原属湖南、江西的候补人员调往安庆大营，以便经

1. 同上。

2.《曾文正公奏稿》，第十八卷，第 42 页。

过一个时期的观察、培养，派充安徽州、县官吏。然而，待其真的这样做时，又因不合吏部则例而动遭议驳，致使曾国藩不得不起而力争。同治二年三月，他在一封奏折中称："安徽用兵十载，蹂躏不堪，人人视为畏途，通省实缺人员仅有知府二人、州县二人；即候补者亦属寥寥，每出一缺，遴委乏员。……然使拘泥旧章，绳以格例，不稍示变通之法，则目前几无可委之员；不广开登进之途，则将来难收得人之效。臣上年所奏委署之二十人，旋准部咨，分别准驳，合例者只有五人，其余如刘世墀等均在不合之列。臣于奏署后随时察看，其有人地未宜者业经陆续撤委，其尚属得力者，虽与例未符，亦仍从权留任。"又说："咸丰九年胡林翼奏补府、州、县各缺大半与例不符，奉旨交部核议，均经通融议准在案。臣拟此后即比照湖北章程办理，闻有才品较优、誉望渐著者，随时札调来营试用，如其有裨吏治，专案奏请录用。苟非实有过人之才，不敢率为破格之请，纵或稍出定例之外，亦不悖乎立法之原。"[1]还说："现当地方糜烂之时，分发皖省人员率皆裹足不前，非破格录用，不足以资鼓励。"[2]在此之前，曾国藩曾接到过清政府关于破格奏荐人才的上谕："安徽巡抚现在简用乏人，着曾国藩于所属司道大员内择其长于吏治、熟悉军情者，不必拘定资格，秉公保奏一二员，候旨简放。"[3]可见曾国藩的要求虽不合吏部旧例，但却符合清政府的根本利益与破格用人的精神实质，所以清政府很快批准了这一奏请；不仅此次所荐各员"着照所请"，且"嗣后均着准其照此办理"；"并着吏部于本科进士引见后，将即用知县人员于定例分发外，多掣十六员分发该省，以资差委"。不过这是为了照顾"安徽省现在地方吏治需人尤为紧要"的特殊情况，"他省不得援以为例"。[4]这样，曾国藩就既使安徽地方政权很快得到恢复，也使一大批幕僚得到实缺，人尽其用，从而达到一箭双雕的目的。

曾国藩一生荐举人才甚多，其中很大一部分属于他的幕僚。现已查明

1.《曾文正公奏稿》，第十八卷，第42—43页。

2. 同上，第十八卷，第41页。

3. 同上，第十五卷，第1页。

4. 曾国藩：《曾国藩全集·奏稿》(六)，岳麓书社，第3219页。

的曾国藩幕僚有400余人，其中绝大多数人受过他的保举。可以说，凡为其幕僚者，几乎人人都有顶戴，即使不是实缺官员，也有候补、候选、记名之类名堂，无此资格者反倒为数极少。而获得实任者，更是直接间接地借助于曾国藩的荐举之力，幕僚中26名督抚、堂官，52名三品以上大员，以及难以数计的道、府、州、县官员，大多受过曾国藩的保举，有的甚至一保再保，不止一次。他们所以得任现有最高官职，有的系他人奏保，有的是曾国藩死后循资升迁，有的则完全出自曾国藩的推荐。殆至同治十一年二月曾国藩去世时，其幕僚官至三品者已达22人，其中总督4人，巡抚7人，至于道、府、州、县，则难以统计。曾国藩所保举的幕僚，人员之众、次数之多、升迁之快、官职之高，在中国幕府史上都是罕见的。

曾国藩保举幕僚的目的不外有二：一是客观实际的需要；二是作为奖励部下、激励奋进的手段。实际需要又分两种情况：一为尽快恢复被太平天国破坏的地方政权；二为整顿吏治的需要。有的地区，如安徽的安庆、庐州等地，由于太平军长期占领，清朝地方政权遭到彻底破坏，湘军夺回之后，急需恢复，以作为进攻天京的基地；但由于长期战乱，破坏过甚，安徽的原有候补官员既少，新分发来皖的人员且又人人裹足，故一时成为需要州、县官员最多的地区。曾国藩在给李续宜的信中说："盖安徽糜烂之区，人人裹足远避。前此七八年间，福中丞告病告假奏疏近十次，其避抚篆如避虎狼。近翁中丞思卸抚篆，前后亦具疏数次。恩廉访不肯接篆，曾经严旨申饬。"[1]巡抚、藩、臬大员尚如此远避，道、府、州、县更是逃之唯恐不速。正像曾国藩在另一信中说的那样："惟近日皖省出缺太多，无员委署，如敝处前次派委者，皆不惬物望。尊处派留六安、霍邱亦非称意之选。"[2]这样，曾国藩就不得不保奏一批人充任地方官员。如穆其琛署无为州知州、方翊元署和州知州、刘世墀署芜湖知县等都属于这种情况。然而官员保举、任命皆有定例，违例即遭吏部议驳。而曾国藩对一些官员的任命则多不合例，刘世墀即在其列。曾国藩为尽快解决悬缺问题，在接到吏部咨文后，只将

1.《曾文正公书札》，第十三卷，第27—28页。

2. 同上，第十八卷，第43页。

实在不行者酌改数员，其余则任用如故。

曾国藩整顿吏治则主要在那些未被太平军长期占领，或太平军势力未及但却吏治极为腐败的地区。对于这种地区，曾国藩总是下车伊始即对当地的腐败官员大加参劾，然后一一以自己的部下、属僚更换。他在安徽和直隶都是这样做的。这样就需要有一批堪任地方之责的人才填补空缺，以治理地方，转变吏风。在安徽时，由于一时人才缺乏，不得不向湖南、湖北求援。他在给时任湖南巡抚衙门幕僚郭崑焘的信中说："皖南州县中须换之人甚多，若能物色循吏，远以见饷，则造福于皖者多矣。"[1]在给胡林翼的信中说:"皖北州县皆请公以夹袋中人才换之，侍当附片奏之。"[2]在直隶，则从江南奏调大批幕僚北上，待机补缺，一次即达11员之多，钱应溥、薛福成、吴汝纶、陈鼐、游智开、赵烈文、方宗诚、萧世本等都是这次调去的。其后除随曾国藩返回江南的钱应溥、薛福成、吴汝纶等人外，留于直隶者均先后补授实缺，既对直隶吏治有所补益，亦使这些追随多年的幕僚找到出路。

战争期间非重奖厚利不足得人死力，而奖励手段则又不外升官、发财二事。其时筹饷相当困难，前线弁勇除口粮稍优外，不可能再另外给予重金奖励，而幕僚等后方人员则连薪资亦并不丰厚。办厘人员薪水来自厘金提成，粮台人员薪水来自湘平与库平银两的差色折算余数，弄得好也还收入不错。而文案人员则薪水出自军费，标准甚低，数有定额，仅能维持全家生活。他们所以对曾国藩幕府趋之若鹜，主要是为了学点真才实学，混个一官半职。正像有些人说的那样，曾国藩虽于秘书处之外设书局、忠义局等"以安置士之贤者，而薪俸仅足赡其家，但能随人之才以成就之，故归之者如流水"。所谓"成就之"，即指曾国藩利用幕府训练与培养出大批人才，并委以重任，保举高官，以至"荐贤满天下"[3]。这样，保举也就成为曾国藩吸引人才、鼓励士气的主要手段。

1. 同上，第十二卷，第11页。

2.《曾文正公书札》，第十二卷，第28页。

3. 姚永朴：《素园丛稿・见闻偶笔》，第4页《曾文正公逸事》。

曾国藩从军之初，对这一点体会并不深刻，“不妄保举，不乱用钱，是以人心不附”[1]。例如，咸丰四年曾国藩带兵攻下武昌、汉阳，“仅保三百人”，受奖人数仅占百分之三。咸丰五、六两年保奏三案，合计仅数百人。而胡林翼攻占武昌、汉阳，一次即保奏“三千多人”，受奖人数竟达到百分之二三十。消息传开，不少人认为欲求官职，投曾不如投胡，往往有曾国藩挽留不住的人员却主动投奔胡林翼门下。开始曾国藩还以为自己德不足以服众，后来渐渐发觉主要是保举太少，使人感到升发无望所至。回顾往事，亦甚感对不住李元度、甘晋等同自己患难与共的僚属，他们长期沉于下位，实与自己保举不力有关。正像赵烈文在《上曾涤生大帅书》中说的那样：“阁下爱贤好士，天下之所共知也。远者可无论，第左右人士屈指可数者，士负阁下邪？抑阁下以为无益而弃之也？儒者信多迂缓，不切事理，然求通达之论、孤鲠之节，舍此不获也。使斯之人恒得清议出入，令天下晓然知阁下谦冲之虚纳，已将有裨政治，况集思广益，未尝无补也。叔季之人，匿实蹈虚，外托高雅，内急私利，士习之所恒有。阁下更事既多，识人既广，隐遁容饰，洞若观火，可谓明矣。然某愚以为知之不难，而忘之实难。泰山之高，以其不弃粪壤；沧海之大，以其不拒浊流。天下分崩，人志日嚣，凡其器能略过侪辈，咸思奋自树立，四顾以求因依，真伪虽不一端，未尝无也。苟非贤杰以天下为己任，流俗之情大抵求利耳。使诚无求，将销声匿迹于南山之南、北山之北，又肯来为吾用邪？是以明君给人之欲，不失其意；责人之力，不求其情。故人人自以为得君，顶踵思效，合众人之私以成一人之公，所以能收效也。夫与人共患难之际，而务慎密于登进，殆自孤之道也。谓宜多储广纳，收其偶然之用，其有误滥，则亦为损甚微，而以获好贤之称，利甚厚也。军旅之间，一技不没，有道以御之，孰不思尽其力？况贤否之分，不可仓卒，士有造次倾动，亦有闇然日章，观人之难，及久而后可尽也。故曰：‘贤主求才终日，及其得人，不出闾巷。’信笃论也。自古英霸之略，汲汲不遑，惟有求贤自助而已。而士恒偃蹇不乐者，徒以

1.《曾文正公家书》，咸丰八年五月十六日。

既出则当分人之忧，非荣宠安乐已也。自后世志节凌夷，以干谒为晋身之阶，一登仕途，有利无患。于是游谈之士争扼腕而言利害，虽衡石程书犹不可计，是使周公在今，亦将爽然而废吐握，何论余者！阁下奋其勇智，矫世违俗，恳诚拳拳，千里之外，将共兴起。尤望敦尚儒者骨干之士，以佐不及，宽以纳才，严以责效，是实安危之大端、治乱之所存也。”[1] 这些话说得入情入理，切中要害，不能不使曾国藩动心。于是曾国藩“揣摩风会，一变前志”[2]，从咸丰十一年起开始效法胡林翼，大保幕僚，不再拘于旧例。

曾国藩办理保案，主要有汇保、特保、密保三种，三种保案反映不同的情况、级别、待遇。湘军每攻占一城、夺回一地或打一胜仗，曾国藩就办一次汇保之案，于奖励作战有功人员的同时，也以劳绩奏保一部分办理粮台、文案、善后诸务的幕僚。如汇保攻克浮梁、景德镇出力人员之案，续保攻克金陵出力人员之案等，都在以军功奏保武弁的同时保奏一部分幕僚。因金陵汇保之案办理稍迟，故曾国藩在办理攻克金陵出力人员的同时特别声明，“随臣在安庆各营防守要地及办理文案、善后、粮台诸事，竭力经营，已越三年，其苏、皖印、委各官有裨金陵军事、饷事者，臣均当确切查明，续行分案择优请奖”[3]。而办厘筹饷人员，则不必搭车挂带，仅根据筹饷款数就可以直接保奏，如江西厘局、广东厘局、湖南东征局都以筹饷之功办理过汇保之案。而其中东征局保案尤为优厚，汇保人数达四百九十多人，多属免补本班，越一级升补。曾国藩在奏折中说：“臣前年忝督两江，正值金陵师溃，苏、常沦陷，苏、皖两省几无一片干净之区，只有江西一省略称完善，力不能供亿众军。乃湖南官绅于本省厘金之外，又为东征诸军特设一局，殚精竭虑，同济艰危。举办未及二年，解数已逾百万。”“维持全局，保固军心”，功莫大于此。“其中关系最巨者，如上年六七月间，安庆援贼大集，饷项极绌”，江西、湖北“均不能解济皖饷，赖东征局办饷数万，飞解安庆，军心大定，克竟厥功。又如本年八九月间，下游各军

1.《太平天国史料丛编简辑》，第3册，第197—198页，中华书局版。

2.《曾文正公家书》，咸丰八年五月十六日。

3.《曾文正公奏稿》，第二十一卷，第23页。

疾疫死亡，卒伍空虚，凡鲍超、曾国荃、彭玉麟、周宽世等回湘添募之勇不下二万，其费资皆取之于东征局，既取携之甚便，乃挹注而不穷。又如近月以来皖北有和、含、巢县之失，皖南有祁门、石、太之失，湖南抚臣毛鸿宾一闻警信，立商江忠义募勇万人，星驰援皖。此举办成，费银当在十万内外，固由该抚臣不分畛域，力拯时艰，亦赖有东征厘局能筹巨款，乃成盛举，万一皖南决裂，尚有可以再振之望。斯皆关系最大，论功不在前敌猛将之后，迥非寻常粮台、厘局所可相提并论。”[1]

特保则无此缘由，多以荐举人才的方式保奏，如咸丰十一年曾国藩以常州士绅办团坚守危城为由，一次就特保周腾虎、刘瀚清、赵烈文等六员。密保之案则专为立有大功或特别优异的人才个别办理，或专具密折，或夹带密片，如保奏东征局黄冕、恽世临之密片，保奏左宗棠、沈葆桢、李鸿章之密折等，皆属此类。

汇保与特保皆属一般保案，人数较多，办理稍宽，只能保奏候补、候选、即用、简用之类，或仅保一官衔，且有时全准，有时议驳，或只批准一部分。同治元年曾国藩办理湖南东征局保案全部批准，而咸丰九年曾国藩办理浮梁、景德镇保案则武职全准，文职全部驳回，要他对每个所保人员都分别出具考语。待曾国藩次年重办保案，人数已大大减少，大约有些人恐遭议驳，未敢列入保案。因实缺有限而记名，候补之类无限，所以用汇保之案开空头支票就成为曾国藩乃至所有统兵将帅在战争期间鼓励士气的主要手段。这种办法初由曾国藩创立，后来风行全国，愈演愈烈，遂成晚清一大弊政。同治九年，曾国藩在一封奏折中奏称：“军营保举记名道、府，实在微臣创始，臣于咸丰四年请保罗泽南、李续宾、彭玉麟三员始照京察记名章程开用此例。缘三臣才能卓越，又建非常之功，是以破格请奖，记名后不过数月，均蒙文宗皇帝简放实缺。厥后各处仿照此例，武而提、镇，文而藩、臬，均保记名请简。军兴愈久，员数愈多，非臣初意所及料。滥竽冒进之弊诚所不免，而迈众之才、异常之劳，亦未尝不出其中。”又说：

1. 同上，第十七卷，第 81、82 页。

"现在陕甘、云贵兵事未已，沿海沿江时局亦多隐患，仍属需才孔亟之时。部议新章保藩、臬者一律先补道员，在各员不至遽尔觖望，但求圣慈存记，每年简放实缺数人，俾知军功记名一途尚有得缺之日，则群彦争奋于功名之会，而军营愈以见鼓舞之神。部章以除授有定，所以慎重名器；圣主之特简无定，所以驱策群才。二者互相为用，于振励人才之道更为详备。"[1]曾国藩所谓"臣向办军营保案稍失之宽"[2],即指此而言。不过曾国藩这里所说的"宽"是与"密保人员则慎之又慎"[3]比较而言，若同其他人员或胡林翼相比，则情况还要好得多。同治五年（1866），他在一封奏折中说："臣向办保案极为矜慎。咸丰四年克复武汉,仅保三百馀人。五、六两年保奏三案，合计仅数百人。上年奉命剿捻已逾一岁，诸军屡获胜仗，尚未开单请奖一次。各营将士颇疑臣保奏过迟，稍形觖望。惟咸丰十一年（1861）及同治一、二等年臣处保举稍宽，实因统辖至十余万众，克复至数十城，不得不略示优奖。"[4]事实上亦的确如此。曾国藩幕僚虽升官者甚多,但以资历、能力、劳绩而论，比同一时期在他处充任幕僚者的升迁要慢得多。曾国藩咸丰八年曾在江西遇到一府一县，皆幕僚出身。一邓姓咸丰四年为提督衙门稿房，咸丰五年为杨载福办文案，咸丰八年已是江西金溪县知县。另一黄姓曾在宝勇普承尧手下办理营务，咸丰八年已是江西建昌府知府。使曾国藩徒增感慨。再如马新贻、乔松年等人之极为明显地功薄赏厚，更使湘、淮军人物大感不平。

按照清朝惯例，各省督、抚每年年终要对司、道、府、县官员进行秘密考核，出具切实考语，"以备朝廷酌量黜陟"，故清政府对此极为重视，"措词偶涉含糊，即令更拟"[5]，官员的升迁降黜皆以此为据。战争期间清政府基本上仍沿用此法，虽候补官员奏保甚滥，而实缺官员的补授则非地方督、

1.《曾文正公奏稿》，第二十九卷，第68—69页。

2. 同上，第二十五卷，第61页。

3. 同上。

4.《曾国藩全集·奏稿》（九），岳麓书社版，第5349页。

5. 刘体智：《辟园史学四种·异辞录》，第二卷，第28页。

抚出具切实考语不可。因这些考语是秘密的，任何人不得外泄，所以这种考核办法及其考语称为密考，而依照此法保奏官员即称为密保。也正因为这一点，汇保一般只能得到候补、候选、即用、即选之类，只有密保才能得到实缺，所以曾国藩欲保奏实缺官员，就只有密保。如上述东征局保案，为了让黄冕、恽世临得任实缺，特于汇保490多人之外另具夹片，密保黄冕、恽世临主持东征局最为出力，请求清廷从优奖励。曾国藩奏称："湖南东征局襄办各官绅，臣已奏恳鸿施，优加奖励。而主持其事最为出力者，如布政使衔江西即用道黄冕，自前年八月创始设局，任劳任怨，巨细不遗。又卸署湖南布政使、盐运使衔岳常澧道恽世临，自去年九月会办局务，综核精密，条理秩然。"[1]下面所举事实甚多，而要害则是对每个人出具的八字考语。其后清廷准奏，恽世临很快升迁，由实缺道员而布政使，由布政使而巡抚。黄冕官运不佳，亦补授云南迤东道。再如咸丰九年奏保胡大任、厉云官之案，咸丰十一年奏保左宗棠、沈葆桢、李鸿章之案，奏保万启琛、李榕之案，同治二年十一月奏保范泰亨、周学浚、孙衣言、李鸿裔、涂宗瀛、黎庶昌、向师棣之案，同治三年奏保涂宗瀛、莫祥芝之案等，都很快获准，所保各员也大都得到实缺。如左宗棠授浙江巡抚，沈葆桢授江西巡抚，李鸿章授江苏巡抚，范泰亨授吉安知府，涂宗瀛授江宁知府，莫祥芝授江宁知县等。由此可见密保作用之大。故曾国藩奏称："臣向办军营汇保之案稍失之宽，至于密保人员则慎之又慎，不敢妄加一语。上年奏片中称'祝垲在豫，士心归附，气韵沈雄，才具深稳，能济时艰'，虽不敢信为定评，要可考验于数年数十年以后。"[2]

曾国藩对密保慎之又慎的另一原因是为了远权避嫌。清代实缺官员的任命原有明确规定，三品以上官员由皇帝任命，其办法是先由军机处根据考绩记名，遇有缺出差额开单呈递，由皇帝亲自朱笔圈定。自四品及以下官员则分为简缺、题缺、奏缺，分别由皇帝、吏部与督抚任命，各有定额，不得侵混。战争期间秩序大乱，道、府、州、县官员的任命权实际上落到

1.《曾文正公奏稿》，第十七卷，第83页。

2.《曾文正公奏稿》，第二十五卷，第61页。

各地督、抚手中，藩、臬、运司的任命亦多由督抚操纵，唯督抚大员的任命仍由皇帝亲自掌管。自那拉氏、奕䜣政变上台之后，对汉族地方督抚的信用更为放手与专一，连发谕旨，饬令曾国藩“保举人才”。咸丰十一年十月间，清政府“令保封疆将帅”[1]，一月后又因安徽巡抚“简用乏人”，令曾国藩“于所属司道大员内择其长于吏治、熟悉军情者，不必拘定资格，秉公保奏一二员，候旨简放”[2]。在这种情况下，曾国藩仍然极为谦谨，以避揽权用事之嫌。他在一封奏折中称：“前此叠奉谕旨，饬臣保荐江苏、安徽巡抚，顷复蒙垂询闽省督、抚，饬臣保举大员，开列请简。封疆将帅乃朝廷举措大权，如臣愚陋，岂敢干预？嗣后臣如有所知堪膺疆寄者，随时恭疏入告，仰副圣主旁求之意。但泛论人才以备采择则可，指明某缺径请迁除则不可。不特臣一人为然，凡为督抚者皆不宜指缺保荐督抚。盖四方多故，疆臣即有征伐之权，不当更分黜陟之柄。在圣主虚衷访问，但求投艰而遗大，不惜舍己而从人，惟风气一开，流弊甚长，辨之不可不早，宜预防外重内轻之渐，兼以杜植私树党之端。其督、抚有任可履者，不准迁延不到，亦不准他处奏留，庶几纲纪弥肃，朝廷愈尊。”[3]鉴于这一原因，所以曾国藩保奏实缺官员分为三个层次，分别采取不同办法。如保奏巡抚一级官员，曾国藩但称其才堪任封疆，并不指缺奏保。如保举沈葆桢时奏称：“该道器识、才略实堪大用，臣目中罕有其匹。”[4]而保奏李鸿章时则称“劲气内敛，才大心细，与臣前保之沈葆桢，二人并堪膺封疆之寄。”[5]保奏左宗棠帮办军务时则说：“以数千新集之众，破十倍凶悍之贼，因地利以审敌情，蓄机势以作士气，实属深明将略，度越时贤。可否吁恳天恩，将左宗棠襄办军务改为帮办军务，俾事权渐属，储为大用。”[6]而对于司、道官员则指缺奏荐，不稍

1. 同上，第十四卷，第69页。
2. 同上，第十五卷，第1页。
3.《曾文正公奏稿》，第十五卷，第17—18页。
4. 同上，第十一卷，第47页。
5. 同上，第十一卷，第83页。
6. 同上，第十三卷，第53页。

避讳。如奏保万启琛补授安徽按察使时说：“该员廉明干练，敏而不浮，筹饷、察吏尤擅专长。合无吁恳天恩，将前任湖北督粮道万启琛留于苏、皖两省，以道员请旨简放，即令署理安徽按察使，于军务、地方皆有裨益。”而保奏李榕时则说：“该员办理臣处营务两载以来，器识豁达，不惮艰险。现委办善后局务，实心讲求。可否仰恳天恩，准令江苏候补道李榕署理江宁盐巡道缺，随驻安庆，俾臣得收指臂之功。”[1] 对于州、县官员更有不同，如前所述，曾国藩不仅指缺奏荐，且对因资历不符而遭吏部议驳者仍要力争，在违例任用刘世墀之后，再次奏请将前任四川梁山县知县曾化南、指分江西试用知县蔡家馨留于安徽补用。

为了使广大候补府、县均有补缺之望，他还特别制订委缺章程，使出类之才早得实缺，一般人才亦有循序升迁之望。他在给江西布政使李桓的信中说：“委缺章程自当分别轮、酌二宗。酌委未必果得杰俊之才，而轮委最足服大众之心。郑小山在河南方伯任内，闻以轮委较多，立获令誉。武、汉克复后纯用酌委，沉滞者退有后言。国藩曾以三轮、四酌劝胡宫保，未知果照行否。此次江西章程，总须有轮委班，使中人以上皆可勉图上进。其轮、酌各分几成，请阁下禀商中丞核夺。”[2] 对于幕府的保奏，曾国藩实际上亦采用此法。追随曾国藩多年的幕僚，才高者如李榕、李鸿裔、厉云官等早已位至司、道，而方宗诚等则直到同治十年才得任实缺知县，大概这就是区分酌委与轮委的结果。这就使中才以下只要勤勤恳恳，忠于职守，人人都有升迁之望。

曾国藩大批奏保幕僚补授实缺主要是在咸丰十年出任两江总督之后。咸丰四至七年曾国藩第一次带兵出省作战期间，很少奏保幕僚。他在籍丁艰时期曾为此甚感苦恼，觉得很对不住与自己患难多年的幕友李元度、甘晋等人。咸丰八年再出领军后，奏保幕僚较前为多，但又常遭议驳，难获批准。咸丰九年，曾国藩奏保其老友吴嘉宾升任候补同知，即为吏部驳回；同年奏保按察使衔候补道员李鸿章升任两淮盐运使，亦未获批准。咸丰十

1. 同上，第十四卷，第 54、55 页。

2.《曾文正公书札》，第二十八卷，第 15 页。

年担任钦差大臣、两江总督后，曾国藩既有地盘又得清廷倚重，奏保候补官职自不待言，即请旨简放实缺，亦无不获准。这一时期，曾国藩奏保人数之多、官职之高，都是空前的。咸丰十年七月，曾国藩于一折之中同时举荐李鸿章、沈葆桢二人堪膺封疆之寄；同治二年十一月又一次奏保涂宗瀛等九员皆学行修饬，可备任使；其他三三两两陆续奏保者更是难以尽举。此时清政府出于各种原因，对曾国藩等人的奏请几乎有求必应，以至咸丰十一年至同治四年的五年之中，曾为曾国藩幕僚的五位道员皆被破格重用，分别超擢为江西、江苏、广东、湖南等省巡抚，其中沈葆桢、李鸿章由道员直升，恽世临半年两迁而至，郭嵩焘、李瀚章则两年之中连升三级，由道员位至巡抚，同治三年六月湘军攻占天京之后，清政府开始对地方督、抚的权力略加限制，吏部颁布新章规定，凡各省保荐人员，寻常劳绩概不准超级保升及留省补用，对粮台保案挑剔尤甚，致使曾国藩不得不变换手法，免遭吏部诘责。其后曾国藩奏保幕僚多以整顿吏治、荐举人才为辞，尤其北上剿捻和移督直隶前后，都曾奏保大批幕僚升任实缺。

曾国藩奏保幕僚，通常有直接奏保、委托奏保和交互奏保三种办法。直接奏保即由其本人具折出奏。这种办法最为便捷，在受保幕僚中所占比例亦最大，但有时却不大方便。例如郭嵩焘，追随最久，功劳亦大，曾国藩早想让他升任官职；但碍于儿女姻亲，例应回避，不能由自己出奏，只好托人代办，先由李鸿章保为两淮盐运使，再托两广总督毛鸿宾奏保广东巡抚。有时则因事暂离，奏保不便，也托人代办。如同治四年曾国藩北上剿捻时，只带部分秘书人员随行，便将留在两江总督衙门中的幕僚一一托付给署理江督李鸿章，要他予以奏保。交互奏保亦是遇有某些不便而采取的一种权变之计。例如曾国藩担任两江总督后，欲整顿皖北吏治，又怕受到直接管辖这一地区的安徽巡抚翁同书的阻挠，便致函对翁同书有恩的湖北巡抚胡林翼，要求安徽与湖北间各举数员，交互奏保，庶几“交易而退”[1]，各得其所。翁同书碍着胡林翼的面子，不便拒绝，遂使曾国藩如愿以偿。

1.《曾文正公书札》，第十二卷，第28页。

当然，曾国藩奏保幕僚是有条件的，那就是要确实为他干事，不怕艰苦、不讲条件，否则，他是不肯保举的。刘瀚清的例子就最能说明这一点。此外，还有三种人曾国藩不愿保奏：一是才高德薄名声不佳之人，二是才德平平迁升太快之人，三是个人不愿出仕之人。第一种人如周腾虎、金安清等，往往一入保案，即遭弹劾，心欲爱之，实却害之。例如周腾虎刚受到奏保，即遭连章弹劾，遂致抑郁而死，使曾国藩大为伤感。他在同治元年八月初三日的日记中写道："接少荃上海信，知周弢甫在沪沦逝。老年一膺荐牍，遽被参劾，抑郁潦倒以死。悠悠毁誉，竟足杀人，良可怜伤！"故曾国藩从此接受教训，待屡遭弹劾、名声极坏的金安清在幕中为他出力效命之时，力排众议，坚持只用其策，不用其人，并在给曾国荃的信中解释说："眉生之见憎于中外，断非无因而致。""今若多采其言，率用其人，则弹章严旨立时交至，无益于我，反损于渠。余拟自买米外，不复录用。"[1]第二种人如恽世临、郭嵩焘等，皆经曾国藩直接间接地奏保，于两年之内连升三级，由道员超擢巡抚，复因名声不佳、升迁太快而被劾降调。至于第三种人，本人不愿出仕或不愿受人恩德，受保之后本人不以为恩，反成仇隙，说来颇令曾国藩伤心。虽未知其姓名，却可断定确有其事。他在给曾国荃的信中谈到奏保之难时说："近世保人亦有多少为难之处。有保之而旁人不以为然反累斯人者，有保之而本人不以为德反成仇隙者。余阅世已深，即荐贤亦多顾忌，非昔厚而今薄也。"[2]这可以说是曾国藩的阅历之得、经验之谈。通过这段话，更能较为全面地理解曾国藩在奏保幕僚问题上的态度。

1.《曾文正公家书》，同治三年正月十七日。

2.《曾文正公家书》，同治二年八月初二日。

九　承往古衰朽之续　开近代风气之先

曾國藩傳

从理学家到洋务派

多年以来，谈论曾国藩的人无不说他是一个理学家，也无不认为他是洋务派。但在近代史上，理学家多主张对外抵抗，思想趋于保守，反对“用夷变夏”；而洋务派多主张妥协投降，“师夷长技”，以适应形势发展的需要。显然二者在思想上是尖锐对立不能相容的。然而在曾国藩身上却二者兼得。那么，曾国藩是怎样在思想上将它们统一起来的呢？其一生中又是怎样完成从前者到后者的转化的呢？

说曾国藩是理学家是有理由的。早在京宦时期，曾国藩就曾追随唐鉴、倭仁、吴廷栋等人讲习理学，修身养性，在士林中颇有名气。事实上，他在很多方面也都明显地带有理学家的特点。

首先，他非常重视理学。他虽然主张兼取各家之长，义理、考据、经济、辞章四者不可缺一，但始终将理学放在首要和核心的地位，认为只有首先学好理学，才能学好其他学问。同治八年，他在《劝学篇示直隶士子》一文中谈到治学问题时说：“为学之术有四，曰义理、曰考据、曰辞章、曰经济。义理者，在孔门为德行之科，今世目为宋学者也；考据者，在孔门为文学之科，今世目为汉学者也；辞章者，在孔门为言语之科，从古艺文及今世制义、诗赋皆是也；经济者，在孔门为政事之科，前代典礼、政书及当世掌故皆是也。人之才智上哲少而中下多，有生又不过数十寒暑，势不能求此四术遍观而尽取之。是以君子贵慎其所择而先其所急，择其切于吾身心，不可造次离者，则莫急于义理之学。""苟通义理之学，而经济该乎其中矣。"因而他特别强调说，"今与直隶多士约，以义理之学为先，以立志为本"。"志之所向，金石为开，谁能御之？志既定矣，然后取程朱所谓居敬、穷理、力行、成物云者精研而实体之；然后求先儒所谓考据者，使吾之所见证诸古制而不谬；然后求所谓辞章者，使吾之所获达诸笔札而不差。择一术而坚持，而他术未敢竟废也"[1]。很明显，在曾国藩看来，儒学虽分四科，而唯义理为统帅，为灵魂，其他各科都是为它服务的，只能起辅助作用；或者不过是它的具体化、它的基本原理的进一步丰富和发展。因而考据、辞章、经济三科同义理比较起来，皆莫急于它，莫先于它，莫重于它，只要学好了理学，其他各科也就容易学了。他的这种观点与理学家是基本一致的。

同时，他在世界观和道德观上与理学家也是一致的。曾国藩认为，"万事万理皆成两片"[2]，"非两不立"[3]，例如阴阳、刚柔、仁义等等，无不如此。所谓圣人之学，不外乎"即物求道"和"身体力行"两事，前者即所谓"致知"工夫，后者即所谓"力践"功夫。他不同意王守仁的"即知即行"之说，认为"致知"重要，"力践"更重要[4]，关键是个"诚"字。他认为"天地之所以不息，贤人之德业之所以可大可久，皆诚为之也。故曰：诚者物之始终，不诚无物"。因而他特别赞许"道在存诚"一语，说"果存诚而不自欺，则圣学王道又有他哉"[5]! 那么究竟什么算"诚"呢？他认为"诚"就是"不欺"，就是"无私"，就是"至虚"，"是故天下之至诚，即天下之至虚者也"[6]。在他看来，从事理学研究就是达到"至诚"这一最高境界的指南和阶梯，也是自己不断"克己""去私"的过程，所以他又称理学为"克己之学"。

曾国藩非常重视个人品德的修养，自追随唐鉴、倭仁讲习理学以来，他

1.《曾文正公杂著》，第四卷，第 4—6 页。

2.《曾文正公书札》，第十卷，第 36 页。

3. 同上，第一卷，第 9 页。《曾文正公家书》，道光二十二年十月二十六日。

4. 同上，第一卷，第 11 页。

5. 同上，第一卷，第 1、2 页。

6.《曾文正公手书日记》，道光二十二年十一月十五日。

虽没有照理学家的样式坚持每日做“功课”，但从未放松过对自己的要求，对自己不合封建道德的行为经常进行反省和自责，时时见诸日记和书牍之中。尤其咸丰八年再次出山之后，经过一番“大悔大悟”，曾国藩对自己的要求更加严格和全面，思想上和政治上显得更成熟、更老练；否则，他在后期复杂的政治环境中是很难应付自如的，未必能够“保全末路”。他的一生，可以说就是严格按照理学家“诚意修身，齐家治国平天下”的准则奋斗不息的一生，其死后被清政府赐予“文正”的谥号是不奇怪的。至于他的民族投降主义，并非根源于他的个人品质，而是由半殖民地条件下地主阶级的政治利益决定的，可以说，这是近代中国地主阶级政治代表人物必然的历史归宿。地主阶级中主张抵抗者固然不乏其人，但总的说不占主流，不占优势，不能代表这个阶级的主要发展方向，只能算是个别人物和政治派别。因而，对于曾国藩一生的罪恶，也不应归咎于他的个人品质，而主要应归咎于他的反动的阶级立场和政治路线；反之，对于他的历史评价，亦不应根据他的品德修养，而主要应根据他的思想、行为所产生的社会后果，在中国近代史上所起的影响和作用。正如他在办理天津教案时所悟出的道理一样：“古人之不容于物论者，不尽关心术之坏也。”[1]

曾国藩非常相信主观意志的作用，有时甚至把自己一生中取得成功的原因归之于“坚忍”二字。他说：“李申夫尝谓余怄气从不说出，一味忍耐，徐图自强，因引谚曰：‘好汉打脱牙，和血吞，此二语是余咬牙立志之诀。余庚戌、辛亥间为京师权贵所唾骂，癸丑、甲寅为长沙所唾骂，乙卯、丙辰为江西所唾骂，以及岳州之败、靖港之败、湖口之败，盖打脱牙之时多矣，无一次不和血吞之。”[2] 又说：“本部堂办水师，一败于靖港，再败于湖口，将弁皆愿去水而就陆，坚忍维持而后再振。安庆未合围之际，祁门危急，黄德糜烂，群议撤安庆之围援彼二处，坚忍力争而后有济。至金陵百里之城，孤军合围，群议皆恐蹈和、张之覆辙，即本部堂亦不以为然，厥后坚忍支撑，竟以地道成功。”通过这些经历，他从而得出结论，“凡发一谋，举一事，必

1.《湘乡曾氏文献》，第二册，第1227页。

2.《曾文正公家书》，同治五年十二月十八日。

有风波磨折，必有浮议摇撼”，“天下事果能坚忍不懈，总可有志竟成”[1]。对于这一点，曾国藩很自负。一次当赵烈文说到李鸿章“事机不顺，未必能如师宏忍”时，曾国藩立刻非常得意地说：“吾谥法文韧公，此邵位西（懿辰字）之言，足下知之乎？”[2]曾国藩的这种认识，显然受到理学家的影响。其所谓“志之所向，金石为开”，恐怕也是从“精诚所至，金石为开”的格言脱化而来的，其精神实质同上面所说的“坚忍”二字也是相一致的。

在政治上，曾国藩更处处摆出一副理学家的面孔，时时以“诚”字相标榜，处处以儒学的卫道士自居。他出山之始，就在《与湖南各州县公正绅耆书》中信誓旦旦地说：“国藩奉命以来，日夜悚惕，自度才能浅薄，不足谋事，惟有‘不要钱’、‘不怕死’六字时时自矢，以质鬼神，以对君父，即借以号召吾乡之豪杰。”[3]自湖南出发东下、进攻太平军之前，他又发布文告说，“自唐虞三代以来，历世圣人扶持名教，敦叙人伦，君臣父子，上下尊卑，秩然如冠履之不可倒置”。太平天国宣布人人平等，田赀归公，“举中国数千年礼义人伦、诗书典则一旦扫地荡尽。此岂我大清之变？乃开辟以来名教之奇变，我孔子、孟子之所痛哭于九原，凡读书识字者又乌可袖手安坐，不思一为之所也”？他还号召一切忠于孔孟之道的封建士人起而向太平天国作斗争，说什么“倘有血性男子号召义旅助我征剿者，本部堂引为心腹，酌给口粮；倘有抱道君子痛天主教之横行中原，赫然愤怒以卫吾道者，本部堂礼之幕府，待以宾师”[4]。事实上，曾国藩选拔军官、招聘幕僚也都以是否忠于封建礼教，即是否所谓“血性男子”为标准，对具有书生之“血诚”者特别重视。咸丰十年太平军扫荡苏州、常州，两江总督何桂清先期自常州逃走，地方官随之逃散一空，唯当地反动士绅据城顽抗。常州城破之后，他们还率领团练武装继续与太平军为敌。曾国藩听到后非常高兴，认为“该郡素尚节义，其士子多好读书稽古，研究事理”，“其中必有二三贤智之士为之倡率”。曾国藩把

1.《曾文正公批牍》，第三卷，第 65 页。

2. 赵烈文：《能静居日记》，同治六年八月二十八日。

3.《曾文正公书札》，第二卷，第 4 页。

4.《曾文正公文集》，第三卷，第 1—2 页。

这些“贤智之士”视为难得人才，立即上奏清廷，保举周腾虎、刘翰清、赵烈文、方俊谟、华蘅芳、徐寿等人，请求清政府令各地督抚将他们咨遣来营，收入幕府，加以“造就”，留“为他日之用”[1]。这不过是一个较为典型的例子，类似的情况则比比皆是。曾国藩手下的不少幕僚和将领，都是由于誓与太平军为敌，被曾国藩目为“血性男子”而收为部下的，幕僚何栻和后来成为淮军将领的潘鼎新都属于这种情况。

曾国藩认为，清朝社会风气的转变、气节的树立、政治颓势的挽回，全都“自乎一二人之心之所向而已”。“此一二人者之心向义，则众人与之赴义；此一二人者之心向利，则众人与之赴利”[2]。又说：“世多疑明代诛锄缙绅而怪后来气节之盛，以为养士实厚使然。余谓气节者，亦一二贤臣倡之，渐乃成为风会，不尽关国家养士之薄厚也。”[3]他甚至认为，创办湘军、镇压太平天国革命的成功，都是理学的胜利，是罗泽南、李续宾等数位“忠诚君子”倡导的结果。他在《湘乡昭忠祠祀》中说：“君子之道，莫大乎以忠诚为天下倡。世之乱也，上下纵于亡等之欲，奸伪相吞，变诈相角，自图其安，而予人以至危，畏难避害，曾不肯捐丝粟之力以拯天下。得忠诚者起而矫之，克己而爱人，去伪而崇拙，躬履诸艰而不责人以同患，浩然捐生如远游之还乡而无所顾忌。由是众人效其所为，亦皆以苟活为羞，以避事为耻。呜呼！吾乡数君子所以鼓舞群伦，历九州而戡大乱，非拙且诚者之效与！”[4]咸丰十年后，清王朝内忧外患，危机重重，曾国藩更为重视人才的培养，认为“粤捻内扰，英俄外伺，非得忍辱负重之器数十人，恐难挽回时局也”[5]。他从这种个人英雄史观出发，总是把所谓整顿吏治放在首位，将招揽和培养人才，尤其主要官员的选择作为“挽回时局”的着手点，认为“一省风气系于督抚、司道及

1.《曾文正公奏稿》，第十四卷，第 69 页。

2.《曾文正公文集》，第二卷，第 2 页。

3. 同上，第二卷，第 70 页。

4. 同上，第四卷，第 18—19 页。

5.《曾文正公书札》，第七卷，第 36 页。

首府数人，此外官绅皆随风气为转移”[1]。他的一生中，在这方面曾作出过巨大的努力，他的幕府就是汇集和训练人才的综合学校，按照他的思想要求，培训出不少适应于半殖民地半封建社会制度要求的人才，分遣各地、各部门担任要职，作为积极贯彻他的思想政治路线的“种子”。到了晚年，曾国藩对清朝的前途开始感到失望，但仍一再表示，自己一生难以改变当时的社会风气，只是留下一些“好种子”而已。当然，在他心目中，最“好”的“种子”莫过于李鸿章。我们由此可以看出，他在这方面确实是按照理学家的哲学观点行事的。

在军事上，曾国藩亦明显地受到理学的影响。对于战争中武器与人的关系，曾国藩认为，“用兵之道，在人而不在器”[2]；“攻守之要，在人而不在兵”[3]；还说：“炸炮、轮船虽利，然军中制胜究在人而不在器。”[4]而在人的问题上，曾国藩又非常重视人的主观能动性，尤其士兵的斗志和将领的谋略，认为这些因素往往决定战争的胜负。他在与赵烈文论军事时说：“胜负不在形而在气，有屡败而无伤，亦有一蹶而不振，气为之也。”又说：“为将者设谋定策，攻则必取，不然毋宁弗攻；守则必固，不然毋宁弗守；攻之而为人所逐，守之而为人所破，虽全军不遗一镞，其所伤实多。”赵烈文为他做了进一步解释：“言兵事归之于气，至矣，而气又根之于心。故偶然之成败，损益甚微，而谋定之战，一失算即将馁于上，士馁于下。何则？其心已夺，而气不得不馁也。”[5]可以说这是给曾国藩的话所做的最好的注释，经过这番解释，其意思就更加清楚了。这些思想固然与孙子兵法中“攻心伐谋”的思想暗合，但出自曾国藩之口，得之于其亲身经历，恐怕很难说与理学家的思想无关。

关于军队的治理，曾国藩主张以礼治军。他认为，“带勇之法，用恩莫如仁，用威莫如礼”。他的所谓“仁”，即“欲立立人，欲达达人”，也就是

1.《曾文正公手书日记》，咸丰十一年十一月十三日。

2.《曾文正公书札》，第二十卷，第 38 页。

3.《曾国藩未刊信稿》，第 127 页。

4.《曾文正公书札》，第二十卷，第 40 页。

5. 赵烈文：《能静居日记》，同治六年六月十五日。

“待弁勇如待子弟，常有望其成立、望其发达之心”。如此，“则人知恩矣”。还说：“将领之管兵勇，如父兄之管子弟。父兄严者，其子弟整肃，其家必兴；溺爱者，其子弟骄纵，其家必败。”[1] 他的所谓“礼”，即“无众寡，无小大，无敢慢，泰而不骄也”。也就是说，“正其衣冠，尊其瞻视，俨然人望而畏之”；“持之以敬，临之以庄，无形无声之际，常有凛然难犯之象”。如此，“则人知威矣”。总之，就是带兵之人“以仁存心，以礼存心”[2]，不加恩而令弁勇知恩，不立威而令弁勇知威，于“无形无声”之中，达到“辨等明威”[3] 的目的。曾国藩的这套做法就是把封建伦理观念同尊卑等级观念融合起来，将军法、军规与家法、家规结合起来，用父子、兄弟、师生、朋友等亲友关系掩饰、调剂以至补充上下尊卑关系，以减少内部的摩擦与抵触，使士兵或下级易于甚而乐于尊重官长、服从官长、维护官长，为官长卖命。为达到这一目的，曾国藩非常重视对士兵的政治思想训练和军官的选拔培养。后来他在评论自己带兵的长处时说：“臣昔于诸将来谒，无不立时接见，谆谆训诲，上劝忠勤以报国，下戒骚扰以保民，别后则寄书告诫，颇有师弟督课之象。其于银米子药搬运远近，亦必计算时日，妥为代谋，从不诳以虚语。各将士谅其苦衷，颇有家人父子之情。此臣昔日之微长也。”[4] 其实不仅曾国藩，罗泽南、王鑫亦无不以礼治军。故有人说，“湘军自讲学而起，修道为教”[5]。这与曾国藩本人乃至湖南的理学传统是分不开的。

曾国藩用兵非常谨慎。他在给吴廷栋的一封信中说：“近年军中阅历有年，益知天下事当于大处着眼，小处下手。陆氏但称‘先立乎其大者’，若不辅以朱子‘铢积寸累’工夫，则下梢全无把握。故国藩治军，屏弃一切高深神奇之说，专就粗浅纤悉处致力，虽坐是不克大有功效，然为钝拙计，则犹守

1.《曾文正公批牍》，第二卷，第 9 页。

2.《曾文正公手书日记》，咸丰九年六月初四日。

3.《曾文正公全集》，首卷，第 63 页。

4.《曾文正公奏稿》，第二十五卷，第 13 页。

5. 刘体智：《辟园史学四种 · 异辞录》，第一卷，第 23 页。

约之方也。"[1]因而，在战略上曾国藩虽然主张积极进攻，以攻为守，甚至攻敌必救，迫敌决战（如安庆之战），但从不肯孤军冒进或分散兵力。例如围攻安庆期间，力排众议，坚持在安庆攻陷前不去分兵攻取江、浙；进攻天京时，反对曾国荃孤军进围天京等。在战术上，曾国藩则采取以守为攻的方针，力戒攻坚，亦戒浪战，主张谋定而战，预留退路，步步求稳求准，不肯做一点冒险。这与太平军、捻军的大规模运动战的战略战术恰成鲜明对照。曾国藩用兵最讲以静制动，后发制人。每野战时，两军对峙，列阵之后按兵不动，诱使太平军先发，待其三鼓而竭或饥疲欲归时发兵反攻，往往取胜。他经常指示他的部下，同太平军作战，一定要"避其锋锐，击其惰归"[2]，"深沟高垒，立于不败之地"[3]。他认为，"凡行兵，须蓄不竭之气，留有余之力。《左传》所称再衰三竭，必败之道也"[4]。而要做到"蓄不竭之气，留有余之力"，避免气衰力竭，为敌所乘，就要戒攻坚，戒浪战。所谓"浪战"，就是打无准备、无胜利把握之仗。他在给曾国荃的信中说："凡与贼相持日久，最戒浪战"，"宁可数月不开一仗，不可开仗而毫无安排计算。"[5]李元度和林源恩进攻抚州，一再攻坚，士兵死伤数百人而城不下，曾国藩立刻去信制止说："足下与秀三之围攻之师兵力颇厚，惟屡次为枪炮伤我壮士逾数百人，锐气暗伤，最为兵家所忌。"[6]正因为如此，曾国藩一贯主张后发制人，非常注意主客关系的变化。他要求"战阵之事须半动半静，动者如水，静者如山"[7]。又因为"主气常静，客气常动，客气先盛而后衰，主气先微而后壮，故善用兵者最喜为主，不喜作客"[8]。所以"兵须不得已而用之，常存不敢为先之心，须人打第

1.《曾文正公书札》，第九卷，第 14—15 页。

2. 同上，第十卷，第 1 页。

3. 同上，第十卷，第 34 页。

4.《曾文正公家书》，同治元年九月三十日。

5. 同上，咸丰七年十月十五日。

6.《曾文正公书札》，第五卷，第 30 页。

7.《曾文正公手书日记》，咸丰九年二月二十八日。

8. 同上。

一下，我打第二下”[1]。但是战场上的主客地位往往是由客观上的攻守形势决定的，并非出于主观意愿，攻的一方往往为客，守的一方往往为主。倘属野战，尚可不放枪、不呐喊，在敌阵前列阵静守，示之以弱，示之以孤，诱敌来攻；若去进攻敌方的城镇，敌人深沟高墙，坚守不出，欲攻坚则多伤精锐，不攻坚则成久顿坚城之下的客兵，使自己处于不利地位。太平天国发生内讧之后，太平军在战略上常取守势，湘军常取攻势。这样太平军就常为主兵，固守城池；湘军常为客兵，顿兵城外。曾国藩为改变这种不利状况，就采取“蓄养锐气，先备外援，以待内之自敝”[2]的方针，以达到反客为主的目的。其具体办法是令攻城部队沿城挖筑双层壕墙，外层以拒援兵，内层以困守敌。这样湘军就由客兵变为主兵，由不利变为有利，往往以弱胜强，以少胜多。太平军的重镇名城如武昌、九江、安庆、天京及较小的城镇吉安、瑞州等，都是这样被湘军攻陷的。曾国藩此法屡用屡胜，收效显著，其门生幕僚倍加称颂，他个人也非常得意，将其军事生涯和制胜之道归结为“结硬寨，打呆战”[3]六字。后来曾国藩的这一战术思想又发展为“防河之策”，他本人虽然中途离去，而他的门生李鸿章最终还是用这一办法将捻军起义镇压下去。可见这一方针实际上还是有效的，只是在曾国藩手中未尽其用而已。

但是，理学的影响也造成他军事上的一些弱点，譬如行军迂缓，用兵呆板，不善打运动战，尤其不能亲自带兵打仗，等等。他自己也承认，“古人用兵，最贵变化不测。吾生平用兵，失之太呆”[4]。最使他苦恼的还是不能亲自带兵打仗，每一临阵必败。咸丰十一年，他从徽州败归后写信对曾国荃说：“历年以来，凡围攻最紧要之处，余亲自到场，每至挫失，屡试屡验。余偏不信，三月攻徽，又试往一次，果又验矣。”[5]对于造成以上弱点的原因，曾国藩归咎于儒学的影响。他曾自我评论说：“余性鲁钝，他人目下二三行，余或疾

1.《曾文正公书札》，第十五卷，第38页。

2. 同上，第五卷，第43页。

3.《曾文正公奏稿》，第二十五卷，第13页。

4.《曾文正公杂著》，第二卷，第3—4页。

5.《曾文正公家训》，咸丰十一年三月十三日。

读不能终一行；他人顷刻立办者，余或沈吟数时不能了。友人阳湖周弢甫腾虎尝谓余‘儒缓不及事’。余亦深以舒缓自愧。”又引用胡三省的话说明“儒缓”不宜于从政从军的原因：“凡儒者多务为舒缓，而不能应机以趋事赴功。大抵儒术非病，儒而失之疏缓，则从政多积滞之事，治军少可趁之功”[1]。在给家人的信中也说：“行军本非余所长，兵贵奇而余太平，兵贵诈而余太直”[2]。同胡林翼和左宗棠比较起来，虽同为儒生出身，曾国藩的书生气却重得多，这固然与他本人的性格有关，大约同理学的影响也不无关系。

不过，曾国藩虽然是位大名鼎鼎的理学家，但在学术上却并没有什么著述。曾国藩死后，《湘军志》的作者王闿运曾以当世名士的身份送去一副挽联，对他一生的长短得失作过较为客观的评定。挽词是：“平生以霍子孟、张叔大自期，异代不同功，戡定仅传方面略；经术在纪河间、阮仪征之上，致身何太早，龙蛇遗憾礼堂书。”意思是他平生以西汉霍光和明代张居正自期，但因时代不同，功业相差甚远，并没有真正像霍光、张居正那样位居中枢，统筹全局，而仅仅是力撑东南半壁，只留下一些用兵方略；儒术超过纪昀和阮元，但升大官太早了，临终没有留下什么学术著作。“相传光绪年间，有人向清廷建议，应准曾国藩从祀文庙。清廷下礼部议奏，部议国藩无著述，于经学亦无发明，且举王湘绮（闿运）的挽词证之。事遂中止。”[3]曾国藩未能入孔庙从祀，大约有多种原因，“无著述”一条也不一定是主要的，但这件事起码说明曾国藩在学术上确无突出成就。

曾国藩虽然受唐鉴、倭仁、吴廷栋等人影响很深，但在思想上并不受程朱理学的局限。在对所谓“宋五子”的态度上，极力推崇张载和周敦颐，对程朱反而有不少批评。在治学内容上注重经济，兼治汉学，对古文尤为喜爱，不仅批评汉学家文章繁杂冗长、支离琐碎而不得要领，而且反对理学家轻视古文的思想。他对古代善写文章的大史学家和文学家司马迁以及古文运动的发起人韩愈非常推崇，对理学家的各种奇谈怪论进行了坚决驳斥。他在与刘

1.《曾文正公杂著》，第二卷，第3—4页。

2.《曾文正公家训》，咸丰十一年三月十三日。

3. 高伯雨：《中兴名臣曾胡左李》，1977年香港波文书局版，第34页。

蓉论及“司马迁、韩愈之书”时说：“今论者不究二子之识解，辄谓迁之书愤懑不平，愈之书傲兀自喜，而足下或不深察，亦偶同于世人之说，是犹睹《盘》《诰》之聱牙而谓《尚书》不可读，观郑、卫之淫乱而谓全《诗》可删，其毋乃漫于概而未之细推也乎？”[1]有时曾国藩甚至将常为理学家所不齿的“左、庄、马、班之才”同儒家鼻祖的“文、周、孔、孟之圣”相提并论，认为他们博学贯通，不可归之于义理、辞章、考据中的任何一门，而周、张、程、朱则仅懂义理一门学问，与他们就不可同日而语了[2]。基于这种认识，曾国藩虽然是位名声在外的理学家，但兴趣最大、用功最深的学科却是古文，即所谓辞章之学。他自称“生平好读《史记》、《汉书》、《庄子》、韩文四书”[3]。又说，“余在道光廿二、三、四、五等年用胭脂圈批”过的各书中，唯有《史记》、韩文、韩诗、杜诗、《古文辞类纂》、《震川集》、《山谷集》数书“首尾完毕，馀皆有始无终”[4]。曾国藩上面提到的这些书基本属古文类，没有一本经书或理学家的著作；即如《史记》《汉书》《庄子》这些史学和哲学名著，曾国藩也主要是作为文学作品来读的。他对所谓经史书、宋五子书，似乎没有下过太大的功夫。咸丰八年，他在家书中对曾纪泽说：“余生平有三耻：学问各途皆略涉其涯涘，独天文、算学毫无所知，虽恒星、五纬亦不认识，一耻也；每作一事、治一业，辄有始无终，二耻也；少时作字，不能临摹一家之体，遂致屡变而无所成，迟钝而不适于用，近岁在军，因作字太钝，废阁殊多，三耻也。”[5]其后，曾国藩大致学会了辨认星体天象，书法也有所长进，唯经书进展缓慢，直到很晚才首尾完毕。至于古文与诗，曾国藩不仅嗜爱成癖，用心甚苦，而且颇为自信，所取得的成就和外界的评论均在其他学科之上。咸丰十一年，曾国藩困守祁门，形势危急万分，他在给长子曾纪泽的遗嘱中说，“此次若遂不测，毫无牵恋”，“惟古文与诗二者用力颇深，探索颇苦，

1.《曾文正公书札》，第一卷，第 4 页。

2.《曾文正公文集》，第三卷，第 25 页。

3.《曾文正公家书》，咸丰六年十一月初五日。

4.《曾文正公家训》，同治四年七月十三日。

5. 同上，咸丰八年八月二十日。

而未能介然用之，独辟康庄；古文尤确有依据，若遽先朝露，则寸心所得，遂成广陵之散;作字用功最浅,而近年略有入处。三者一无所成,不无耿耿”[1]。就是说，在古文方面他是决心自成一派的，而且确实摸到了门径，只是作品甚少，不能充分表达出来，若遽然死去，自己的心得体会也就从此泯灭，实在于心不甘。同治元年又说：“余近年颇识古人文章门径，而在军鲜暇，未尝偶作,一吐胸中之奇。”[2]同治六年还曾说过,假使我有暇读书,较之梅曾亮、何绍基“数子”，“或不多让”[3]。曾国藩对诗也很自信，他曾向人表示:“人生读书做事，皆仗胸襟。今自问于古诗人中，如渊明、香山、东坡、放翁诸人，亦不多让。而卒卒无暇，不能以笔墨陶写出之。惟此一事，心中未免不足。”[4]

后人对曾国藩的古文亦评价颇高。李慈铭看过《曾文正公全集》后，对其中不少篇章大加称赞，说有的情感“真挚”，有的叙事质实，有的笔力苍劲，有的字字传神，可谓“近代之杰作”[5]。近代史上的一代才子梁启超也对曾国藩的文章大加称赞，说即使没什么“事业”，单就文章而言，曾国藩亦“可以入文苑传”[6]。民国文人徐凌霄、徐一士兄弟对曾国藩的文章亦推崇备至，称“国藩文章诚有绝诣，不仅为有清一代之大文学家，亦千古有数之大文学家也”[7]。还说，曾国藩、左宗棠、胡林翼三人的奏议各有所长，“均为有清大手笔”，而“若以文字学根柢论”，则曾国藩“为独优”[8]。这些评论虽未必恰如其分，但总的说还是比较客观的。至于有些人出于门户之见或其他动机，称曾国藩的文章“冠绝古今”,“使司马迁、班固、韩愈、欧阳修之文绝而复续”,“自欧阳氏以来一人而已”[9],这就有些言过其实了。曾国藩自己还是有自知之

1.《曾文正公家训》，咸丰十一年三月十三日。

2. 同上，同治元年八月初四日。

3. 赵烈文：《能静居日记》，同治六年八月二十一日。

4. 同上，同治六年六月十五日。

5. 徐凌霄、徐一士：《凌霄一士随笔》,《国闻周报》，第十一卷，第 32 期。

6. 同上，第 17 期。

7. 徐凌霄、徐一士：《曾胡谈荟》,《国闻周报》，第六卷，第 33 期。

8. 同上，《国闻周报》，第六卷，第 40 期。

9. 同上，《国闻周报》，第七卷，第 4 期。

明的，他自认文章不如桐城派，无法与梅曾亮相比。他说，桐城张氏之算学，宣城梅曾亮之古文诗篇，高邮王念孙、王引之父子之训诂学，“实集古今之大成，国藩于此三家者常低徊叹仰，以为不可及”[1]。同治六年剿捻败归后又说，年轻时与梅曾亮交游，见其以古文名重京师，“心独不肯下之”；“今日复翻视梅伯言（梅曾亮字）之文，反觉有过人处，往者之见，客气多耳”[2]。也就是说，因为过去自我估计过高，对梅文的评价很不客观，今天看来确实高人一筹。曾国藩讲这番话时赵烈文也在场，实际上持有同样看法。可见曾国藩在古文方面虽有一定造诣，却始终不如梅曾亮，并以此引为终生憾事。

书法方面曾国藩也下过不少功夫。早在京宦时，曾国藩即“深以学书为意，苦思力索，几于困心横虑”。咸丰八年再出之后练字愈勤，“每日笔不停挥”，除读书、作文、办公事外，还要“习字一张，不甚间断”，并自觉“笔意笔力与之俱进，十年前胸中之字，今竟能达之腕下”[3]；只是字体屡变，无一定风格。他曾叙述自己练习书法的过程说，“吾自三十时已解古人用笔之意，只为欠缺间架工夫，便尔作字不成体段”。他先摹柳体，后学赵体，又欲将柳、赵两家“合为一炉”，独创一体，“亦为间架欠工夫”，“有志莫遂”[4]。迄后又以王羲之、王献之父子为师。“师羲之不可遽几，则先师欧阳信本；师欧阳不可遽几，则先师李北海。师献之不可遽几，则先师虞永兴；师虞不可遽几，则先师黄山谷。”以为“二路并进，必有合处”[5]，结果变来变去，不成一体，虽“用力亦不少，而时进时退，时好之，时不好之，时慕欧、柳，时慕赵、董，趋向无定，作辍靡常”[6]，终无大的成就，其造诣远逊于古文。

曾国藩不仅对儒学各门各派采取兼收并蓄的方针，力图集各家之长，自成一代“通儒”，而且对诸子百家亦主张兼师并用，吸收各家之长，杂糅一

1.《曾文正公杂著》，第二卷，第 2 页。

2. 赵烈文：《能静居日记》，同治六年八月二十一日。

3.《曾文正公手书日记》，咸丰十一年二月二十五日。

4.《曾文正公家训》，咸丰九年三月初三日。

5.《曾文正公手书日记》，咸丰十一年四月二十七日。

6. 同上，咸丰九年三月初一日。

体，以加强自身的修养，提高治国的本领。咸丰十一年，他在日记中写道："立身之道，以禹、墨之勤俭，兼老、庄之静虚，庶于修己、治人之术两得之矣"[1]。又说："周末诸子，各有极至之诣，其所以不及仲尼者，此有所偏至，即彼有所独缺，亦犹夷、惠之不及孔子耳。若游心能如老、庄之虚静，治身能如墨翟之勤俭，齐民能如管、商之严整，而又持以不自是之心，偏者裁之，缺者补之，则诸子皆可师也，不可弃也"[2]。他还认为，墨子学派的后人"豪侠"亦有不少方面，如薄利重义、忘己济人、轻死重节等，皆"与圣人之道"相一致。还说："昔人讥太史公好称任侠，以余观，此数者乃不悖于圣贤之道，然则豪侠之徒未可深贬。"[3]有时曾国藩甚至干脆把诸子百家的各派学说说成是孔子的"言外之意"。他说："圣人有所言有所不言：积善馀庆，其所言者也；万事由命不由人，其所不言者也。礼乐刑政、仁义忠信，其所言者也；虚无清静、无为自化，其所不言者也。吾人当以不言者为体，以所言者为用；以不言者存诸心，以所言者勉诸身；以庄子之道自怡，以荀子之道自克，其庶为闻道之君子乎！"[4]

严格地说，曾国藩既不算一个纯粹的理学家，也不算是纯粹的儒学家，而是一个以理学为核心、儒学为主体，集中国古今思想之大成的杂家。他吸收一切对统治阶级有用的思想，不论是何家何派，也不论是外来的或中国固有的，加以融会贯通，心领神会，形成自己复杂的思想体系。在近代史上，他之所以成为反动统治阶级中承上启下的人物是不奇怪的。也正因为这一点，他常常受到正统理学家的"讥议"[5]。比他稍晚的一位理学家曾在一封信中对曾国藩评论说："湘乡（指曾国藩）训诂、经济、词章皆可不朽，独于理学则徒以其名而附之，非真有镜于唐镜海、倭艮峰、吴竹如、罗罗山之所讲论者，其终身所得者，'以老庄为体、禹墨为用'耳。"又说："儒者学孔孟程朱之

1.《求阙斋日记类钞》，上卷，第20页。

2.《曾文正公手书日记》，咸丰十一年八月十六日。

3.《曾文正公杂著》，第四卷，第4页。

4.《曾文正公手书日记》，咸丰九年十一月初四日。

5. 徐凌霄、徐一士：《曾胡谈荟》，《国闻周报》，第六卷，第45期。

道，当独守孔孟程朱，不必以混合儒墨、并包兼容为大也。”“湘乡讥程朱为隘，吾正病其未脱乡愿之见耳。”他还讽刺曾国藩说：“以杂为通，以约为陋，以正为党，博学多能，自命通人，足以致高位、取大名于时而已，不当施之于讲学。”[1] 显然，这位以正统理学家自居的学者是不承认曾国藩为理学家的，认为他不过徒拥虚名而已，实际上已背离了理学的宗旨。这种看法虽出于门户之见，亦未必比曾国藩高明，但却在一定程度上反映了曾国藩的思想特点。

曾国藩的思想之所以这样始终以理学为核心，而又显得博杂多变，是与他一心为封建统治阶级尽忠报效的政治志向和经世致用的治学作风分不开的。他早在京宦初期就立志要成为地主阶级的一代圣贤，要立德、立功、立言“三不朽”。他虽然努力学古文，学理学，学训诂，学经济，但并不满足于仅做一门学科的学者，也不满足于仅做一代博学多能的通儒或能吏，而是要将平生所学付诸实践，以挽回封建统治阶级日趋衰落的形势，重新振兴摇摇欲坠的清王朝。这样，在他从军从政的过程中就会遇到许多复杂而困难的问题。要解决这些问题，没有渊博的知识和真才实学，仅有理学家关于世界观和方法论方面的一些说教是很不够的。因而他摈除门户之见，对于整个封建社会积累起来的大量可资以为治的有用知识，都采取兼收并用的态度；并在运用中加以整理和发展，错者改之，缺者补之，不仅要解决社会现实中提出的一些具体问题，还要总结出一整套经验，形成一定的规章制度，以为后世立法。他说，“天下之大事宜考究者凡十四宗：曰官制，曰财用，曰盐政，曰漕务，曰钱法，曰冠礼，曰婚礼，曰丧礼，曰祭礼，曰兵制，曰兵法，曰刑律，曰地舆，曰河渠”。而研究这些问题，“皆以本朝为主而历溯前代之沿革本末，衷之以仁义，归之于简易。前世所袭误者可以自我更之，前世所未及者可以自我创之”[2]。又说，“德成以谨，谨以慎行为要，而敬、恕、诚、静、勤、润六者阙一不可；学成以三经、三史、三子、三集烂熟为要，而三实亦须提其要而钩其元；艺成以多作多写为要，亦须自辟门径，不依傍古人格式；功成以开疆安民为要，而亦须能树人、能立法。能是二者，虽不拓疆不泽民，

1. 夏震武：《灵峰先生集》，第四卷，第 13 页。

2.《湘乡曾氏文献》，第六册，第 3369—3370 页。

不害其为功也”[1]。

然而曾国藩生当封建社会末世，不仅面临着中国人民日益高涨的反封建、反侵略斗争，还遇到西方资本主义列强日益猖狂的侵略和中华民族危机日益加深的问题。要保持住本阶级的统治，地主阶级就不能不提出自己的对策。于是曾国藩就代表地主阶级，在中国社会性质发生深刻变化的转折关头完成了这一历史性的任务。当然，要做到这一点，仅仅依靠中国固有的传统文化是不够的，还必须在此基础上突破“夷夏”界限，吸收外国的有用知识和技术。这一点正是正统理学家所坚决反对的，也是曾国藩同其他理学家最明显的区别。他在近代史上之所以成为一个影响深远的人物，并不由于讲习理学或善写文章，也不仅因为他搞起一支军队，将太平天国革命镇压下去，而主要是由于他在中国半殖民地化日益加深的形势下，根据西方列强的对华政策和清王朝衰败日甚的情况，制定出一条既适应帝国主义侵略中国的需要，又符合封建统治者根本利益的思想和政治路线，发动起一场地主阶级的自救运动。后来史学家多称之为洋务运动。

曾国藩的洋务思想最早萌芽于咸丰十年年底。当时第二次鸦片战争刚刚结束，咸丰皇帝犹惊魂未定，通过《北京条约》从中国掠走大片领土的沙俄政府为争取外交上的主动和对清政府内政外交政策产生更大的影响，又转而拉拢清政府。《北京条约》刚刚换约，俄国公使伊格纳切夫即向恭亲王奕䜣表示，愿派兵船帮助清政府镇压太平军，并提出可联系美商，帮清政府采买洋米，经海路运往天津，接济北京。清政府拿不定主意，令各部院大臣和地方督抚议奏。曾国藩复奏认为，这是洋人主动向清政府表示和好，朝廷应抓紧这个难得的机会，“将此两事妥为经划”，借以搞好同西方列强，尤其美、俄两国的关系，这样，“目前资夷力以助剿、济运，得纾一时之忧，将来师夷智以造炮制船，尤可期永远之利”[2]。据现有资料，这是曾国藩本人和洋务派人物最早提出的学习外国科学技术、兴办近代军事工业的主张。两年后，清政府与英、法、美、俄等外国侵略者就联合镇压太平天国的问题，即所谓

1.《曾文正公手书日记》，咸丰九年八月十六日。

2.《曾文正公奏稿》，第十二卷，第58页。

“借夷助剿”问题达成协议，英、法各国组成洋枪队，在上海、宁波等地协助清朝军队同太平军作战。这时曾国藩的洋务思想又有了进一步的发展，在一次与幕僚讨论“夷务”时大发议论，提出了全面成熟的看法。他在当天的日记中写道：“与幕府诸君畅谈，眉生言及（夷）务，余以为欲制（夷）人，不宜在关税之多寡、礼节之恭倨上着眼，即内地民人处处媚（夷）艳（夷）而鄙华、借（夷）而压华，虽极可恨可恶，而远识者尚不宜在此等着眼。吾辈着眼之地，前乎此者洋人十年八月入京，不伤毁我宗庙社稷；目下在上海、宁波等处助我攻剿发匪。二者皆有德于我。我中国不宜忘其大者而怨其小者。欲求自强之道，总以修政事、求贤才为急务，以学做炸炮、学造轮舟等具为下手功夫。但使彼之长技我皆有之，顺则报德有其具，逆则报怨亦有其具。若在我者挟持无具，则曲固罪也，直亦罪也；怨之罪也，德之亦罪也。内地之民人人媚（夷），吾固无能制之；人人仇（夷），吾亦不能用之也。”[1]这一段话较为全面完整地表达出了洋务派的思想政治路线，此后洋务运动的发展和洋务派人物的活动总的说来都没有脱离这个轨道。结合曾国藩的其他言论和行动，我们不妨对这条思想政治路线作一个较为全面的分析。

曾国藩的洋务思想包括政治和技术两个方面，二者相辅相成，密不可分。在政治上，曾国藩主张搞好与外国侵略者的关系，要记其“大德”，忘其“小怨”。他所谓“大德”，是指咸丰十年英、法联军攻到北京而没有推翻清政府，事后还帮助它攻打太平军；所谓“小怨”，是指道光二十年以来西方列强先后两次发动大规模侵略战争，强迫清政府签订《南京条约》《天津条约》《北京条约》等城下之盟，在中国攫取大量政治、经济特权，使中国在政治上和经济上失去独立，一步步变为西方资本主义强国的半殖民地。在曾国藩看来，民族的安危、人民的利益都是次要的，只有保住清朝的封建统治才是最重要的。因而，他权衡利害，决定同外国侵略者做朋友，坚决与革命人民为敌。曾国藩认为，只要清政府内修政事，急求贤才；外学技术，制船造炮，就可以自强。也就是说，帝国主义的政治压迫和经济侵略并不妨碍中国富强起来。

1.《曾文正公手书日记》，同治元年五月初七日。

中国的“自强之道”只是向外国学习技术、争取军事援助（请求侵略者出人出枪共同镇压人民革命），并没有反压迫、反侵略，争取民族独立和解放的任务。在此前后，曾国藩还在一封复信中表示，“方今发、捻交炽，苗祸日深，中国实自治之不暇，苟可与洋人相安无事，似不必别寻衅端”。又说，“今之西洋，以‘商战’二字为国，法令更密于牛毛”，“然彼自横其征而亦不禁中国之榷税，彼自密其法而亦不禁中国之稽查，则犹有恕道焉。咸丰三年刘丽川攻上海，至五年元旦克复，洋人代收海关之税，犹交还七十馀万与监督吴道。国藩尝叹彼虽商贾之国，颇有君子之行。即今沪、镇、浔、汉，凡有领事官之处，皆令我国管关者一体稽查，一体呈验舱口单，正税、子税较我厘金科，则业已倍之三之，在彼固自谓仁至义尽矣”[1]。海关是国家主权的重要组成部分，民族经济的主要保障。资本主义列强通过鸦片战争取得所谓“协议”关税的特权，使中国海关失去独立性。自咸丰三年起，又强行“代管”中国海关，并通过海关暗中操纵清政府的内政和外交，使清政府按照他们的意愿办事。对于这样一个关乎国家主权的大问题，曾国藩却认为无须去争。由此可以看出，从曾国藩为代表的洋务派完全是帝国主义对华政策的产物。他们屈服于帝国主义的军事压力，感激帝国主义对清政府的保护和支持，心甘情愿地接受半殖民地的政治和经济地位，并以此为制定思想政治路线的基础和考虑一切问题的出发点，极力使清政府的内外政策适应于这种情况，以便使封建地主阶级在帝国主义的卵翼下得以苟延残喘，不至被日益高涨的人民革命浪潮席卷而去。

曾国藩同外国侵略者之间也曾发生过一些矛盾和斗争。他反对外国人控制中国舰队，反对洋人派兵舰助攻太平军，反对洋人包打或参与攻打江宁、苏州、杭州等大城市，对那些一味崇洋媚外的江浙士人亦非常鄙视和反感。他说，“沪中自方伯以逮众流”，“奉洋如神，积非胜是”[2]，可惜风气已成，无术挽回。买办官员杨坊遭白齐文痛打之后，曾国藩闻之大快，在给李鸿章的

1.《曾文正公书札》，第十七卷，第 44 页。

2. 同上，第 18 页。

信中说："白齐文痛殴杨道，足使挟洋人自重者爽然自失。"[1] 从这点上说，曾国藩同他们还是有所不同的，还是较为注意顾及清王朝的体面的。

在对外交涉中，曾国藩则特别强调应以对外签订的不平等条约为准则，凡条约上有明文规定者信守不移，决不去争，不管这种条约多么严重地损害了中国的民族利益，也不管这种条约是在什么条件下签订的。这就是曾国藩在对外关系中的所谓"信"。而对于洋人超越不平等条约的一些做法，曾国藩认为应该据理力争，在一般情况下，他也能做到这一点。例如十口通商后，对洋人违背条约规定的做法，由于涉及厘金收入，他都曾做过或明或暗的斗争，并曾逮捕过违约替洋人在内地开设茶店的买办，扣押过依靠外国船只拖带以逃税的中国民船。但是，一旦洋人开动兵船以战争相威胁，曾国藩便立刻软了下来，以"恐因此极小之事肇生衅端"为由，"即将扣留之船放去"[2]；洋人在内地非法开店一事，也"只好将就了结"[3]。经过几场碰壁之后，曾国藩便连这一点"据理"力争的勇气也没有了。他在一封信中总结教训说："近日凡关涉夷务者，初则壮于頄，后则缄其口，牵一发而全神俱动，往往不克自伸。即如去岁十月禁止民船假张洋旗闯关一案，至今思之不快。又如江西二月拆毁教堂一案，京中责令赔修，沈帅虽自请严议，恐亦尚非了义。"他从此得出结论，"凡小事，苟无大悖，且以宽舒处之"，"皆可置之不论"[4]。这样，他的"争"到头来还是不争。对于坚决反对不平等条约、反对外国侵略、不甘屈服于外国压迫的人民群众的反帝爱国斗争，甚至根据条约向外国侵略者的背约侵害行为进行坚决斗争者，曾国藩都坚决反对，加以无情镇压和打击。其突出事例就是对天津教案的处理。由此可见，曾国藩搞洋务运动虽然标榜"求富求强"、保国"御侮"，而"求强"不争主权，"求富"不争利权，造船制炮而不敢武装抵抗外国人发动的侵略战争，这就使洋务运动从一开始就陷入无法自解的矛盾之中，注定了其必然失败的历史命运。

1.《曾文正公书札》，第十九卷，第 3 页。

2. 同上，第十七卷，第 8 页。

3. 同上，第十九卷，第 3 页。

4. 同上。

在办理天津教案的过程中及其以后，曾国藩似乎也感觉到“自强”与媚外之间的矛盾，他在请求为天津知府张光藻和知县刘杰减刑的奏折中说：“虽和约所载，中国人犯罪由中国官治以中国之法，而一为教民，遂若非中国之民也者，庸懦之吏既莫敢谁何，贤能之吏一治教民，则往往获咎以去。此次天津府、县，其始不过欲治一教民，其后竟致下狱，已为向来所未有，若部议再与重谴，将来地方官群以为前车之鉴，谁敢与教民较量？”[1] 他在给李鸿章的信中又说：“自宋以来，君子好痛诋和局而轻言战争，至今清议未改此态，虽知战不可恃，然不敢一意主和，盖恐群情懈弛，无复隐图自强之志。鄙人今岁所以大蒙讥诟而在己亦悔憾者，此也。”[2]

总而言之，曾国藩的所谓“自强之道”，不过是日暮途穷的封建地主阶级在民族危机日趋严重的形势下提出的一个解决中国现实出路问题的政治方案，并直接导致了洋务运动的兴起。从经济、技术的角度看，它虽然不具有资本主义性质，但却由此引进了西方机器生产；而机器是近代资本主义的产物、巨大生产力的象征，同封建生产关系终究是不相容的，故而机器的引进，无异于在盘根错节的封建生产关系中打进一个楔子，从而为资本主义的发展提供了可乘之机。所以洋务运动成为中国工业化的起点，讲近代化，讲近代科技史，都必须从这里讲起。然而从政治的角度看，曾国藩等人“师夷之长技”以制民，逆历史潮流而动，反对中国人民争取民族独立和自由民主的斗争，主观上力保反动腐朽的清朝卖国政府，客观上则适应了帝国主义侵略中国的需要，不仅不能阻止中国半殖民地化日益加深的趋势，反而对帝国主义的侵华政策起了为虎作伥、推波助澜的作用。因而他们是不能同太平天国、戊戌维新、义和团运动、辛亥革命的革命英雄与进步人士相提并论的，虽然这些运动也同样没有成功。

在技术上，曾国藩主张“师夷智”，即向洋人学习制炮造船之术，兴办军事工业，其思想和实际活动都有一个逐步发展的过程。早在创办湘军水师之初，曾国藩就非常重视西洋火器的购买和运用，他的炮船非“夷炮”不用，

1. 同治朝《筹办夷务始末》，第七十六卷，第 40 页。

2.《曾文正公书札》，第三十三卷，第 10 页。

他的水师非船炮齐备不出，其决心是相当大的。最后终以重金派专人从广东购来大量洋炮，并克服重重困难把它安装在炮船上，建立起一支当时中国技术装备最好的水上武装，将千里长江很快控制在湘军手中。但湘军水师船小体轻，难压大风巨浪，只能在内河、内湖行驶，不适于出海作战，更不能与西洋轮船相比。咸丰十一年清政府接受海关总税务司赫德建议，欲购买洋轮建立船队，在长江上截击太平军，征求曾国藩、薛焕等人的意见。曾国藩复奏表示，湘军水师已控制长江，太平军的优势“在陆而不在水”，因而无须增派轮船入长江“助剿”。但他认为“恭亲王奕䜣等奏请购买外洋船炮，则为今日救时之第一要务”，其意义不在一时一事，而在长远。“轮船之速，洋炮之远，在英、法则夸其所独有，在中华则震于罕见。若能陆续购买，据为己物，在中国则见惯而不惊，在英、法亦渐失其所恃。”[1]很明显，曾国藩反对的是插手攻打天京，并不反对建立一支外国船炮装备的船队，且应尽早建立，以使中国人开开眼界，杀一杀洋人的威风。不料英国侵略者企图借机控制中国正在筹建中的近代海军，拒绝交出新建舰队的指挥权，最后谈判破裂，迫使清政府退船。这件事对曾国藩刺激很深，使他感到无法直接从外国大批购置船炮和整套装备以建舰队，遂进一步坚定了收集人才，自己试制的决心。

咸丰十一年曾国藩开始筹划兴建近代军事工业。他最早建立的制造近代武器的军事工厂是安庆军械所。安庆军械所原为曾国藩大营中的内军械所，咸丰八年秋曾国藩再次出山后在江西建立，咸丰十一年湘军攻陷安庆后，随曾国藩大营迁入安庆，开始制造“洋枪洋炮”[2]，第二年又试制小火轮船。这个军械所规模不大，以手工制造为主，基本上属于手工作坊性质，所以从设备上讲还不能算是近代军事工业。但由于生产的产品属于近代武器，因而一般都把它看作洋务派兴办近代军事工业之始。试制小火轮的工作从同治元年开始，主要由近代科学家徐寿和华蘅芳负责，另外还有吴家廉、龚芸棠参加，没有招聘洋人。同治二年利用外国图纸制成一只木壳小轮船，“长约两丈八九尺”，取名“黄鹄”，交蔡国祥营使用。同治二年年底，曾国藩带领幕

1.《曾文正公奏稿》，第十四卷，第 10—11 页。

2.《曾文正公年谱》，第七卷，第 20 页。

僚登船试行，在江中行驶了“八九里”。据曾国藩推算，“约计一个时辰可行二十五六里”，折合时速约为十二三里。尽管如此简陋低速，但毕竟是中国人自己仿造的第一只小轮船，所以曾国藩当时兴高采烈，大受鼓舞，对中国学造洋轮一事充满希望，把它看作取得成功的开端。回到总督衙门后，他在日记中写道："试造此船，将以次放大，续造多只。"[1]但同时曾国藩又感到不甚满意，因“虽造成一小轮船，而行驶迟钝，不甚得法”[2]，军事上实用价值不高，亟待改进制造技术，充实工厂设备。为此，同治二年，曾国藩派遣刚从美国学习归来的幕僚容闳去美国购买机器，准备在偏远临水之地另建新厂。同治四年，容闳自美国购买的机器运抵上海，曾国藩又同李鸿章一起将原设上海的炮局、原设苏州的洋炮局以及新从美国人手中购买的铁厂合并，再加容闳新购机器，建成江南制造总局，由上海道负责掌管。

江南制造总局又称江南制造局或上海制造局、上海机器局，机器设备与主要材料都依靠外国供应，设计与制造技术由高薪雇佣的洋员控制，整个管理办法完全是封建买办性质的。江南制造局最初主要制造枪、炮、弹药，供湘、淮军镇压捻军起义之用。同治六年曾国藩回任两江总督后，于当年春天奏留海关洋税二成，以其中一成充作造船费用，在江南制造局下设立船厂，专门负责炮船的试制工作。这年夏天又将江南制造局由上海虹口迁至城南高昌庙，购地七十余亩兴建新厂，除建立汽炉（即蒸汽锅炉）、机器、熟铁、木工、铸造、洋枪、火箭诸厂外，还建造一座专门用来修造轮船的泥船坞。同治七年，江南制造局造出第一艘轮船，取名“恬吉”，意为“四海波恬，厂务安吉”，后又改名“惠吉”，其因不详。恬吉轮“长十八丈五尺，阔二丈七尺二寸”，仍为木壳，其中汽炉系自己制造，机器则是从外国买来的旧货，重新加以装修整制而成。完工之后首先开出吴淞口外，往返舟山群岛试航一次，随后驶至江宁，请曾国藩试航。曾国藩亲自登舟乘至采石矶，往返各“九十里”，上水“凡十二刻”，约合

1.《曾文正公手书日记》，同治二年十二月二十日。

2.《曾文正公奏稿》，第二十七卷，第7页。

时速三十一里多；下水“凡六刻”，约合时速六十二里半[1]。恬吉号同黄鹄号比较起来规模与速度都提高了一大步，但对外国的依赖性也进一步加强了。

恬吉号的试制成功，使曾国藩非常高兴。他在当天的日记中写道：“中国初造第一号轮船而速且稳如此，殊可喜也。”[2]随后又向清政府报喜说，这只小轮船“尚属坚致灵便，可以涉历重洋”。还说：“原议拟造四号，今第一号系属明轮，此后即续造暗轮，将来渐推渐精，即二十余丈之大舰、可伸可缩之烟筒、可高可低之轮轴，或亦可苦思而得之。”“中国自强之道或基于此。”[3]可见当时曾国藩还是很有信心的。此后，江南制造局就按照曾国藩的计划陆续开工制造轮船，俟同治十年冬，曾国藩由直隶重返两江总督之任赴上海巡阅时，已造出轮船四艘，第五艘亦即将完工。至光绪二年（1876），共先后制造出七只小轮船，其中炮船六只、铁甲船一只，其造船速度约合一年多一只。

当曾国藩活着的时候，江南制造局由曾、李两家共管，主要由曾国藩主政；曾国藩死后就基本上归李鸿章管了，不久，李鸿章就改变了曾国藩的方针。光绪元年，李鸿章开始督办海军，他认为江南造船所原材料主要购自外洋，制造工作又非洋员主持不可，与向外国买洋船没有什么两样，与其自己制造，还不如直接向外国订购轮船更为迅速便当。于是改变过去的方针，放弃了自己动手试制、逐步提高制造能力的一切努力，改为直接从外国购买船舰。从此江南制造局的造船速度大大放慢下来，至光绪十一年止，近十年间仅造了一艘兵船。此后便由造船改为修理，完全停止了造船业务，直至李鸿章死去为止，再没有制造过一只轮船。由此可见，李鸿章从事洋务活动的实际经济成果虽然比曾国藩大得多，但在思想上却又后退了一大步，对外国的依赖性

1.《曾文正公奏稿》，第二十七卷，第7—8页。《曾文正公手书日记》，同治七年八月十三日。关于恬吉号的航速，曾国藩在《奏稿》中所称“每一时上水行七十余里，下水行一百二十余里”，其中的“时”显然不是现在的“小时”，而是当时的计时单位“时辰”，实际上等于现在的两小时。这样，与《手书日记》中的记载（折合时速）还是很接近的，应为可信。戚其章《北洋舰队》（第11页）一书认为“显然有所夸大”，系因将“每一时”误抄为“每小时”所致，其推算的结果与曾国藩的奏报还是相差不远的。

2. 同上。

3. 同上。

更强了。仅以造船工业为例，按曾国藩的搞法，虽然最后不免遭到失败，但尚可留下一点工业基础，培养一点技术力量；照李鸿章的方针，就连这点少得可怜的东西也留不下。

总之，曾国藩由一个著名理学家逐步演变为洋务运动的创始人，是有其深刻的政治和思想原因的。但在此之后，他并没有完全脱去理学家的故态，割断同过去的思想联系，其他方面姑且不论，仅从他办洋务的指导思想上看，亦有不少地方是从理学家那里搬来的。例如，办理对外交涉坚持“忠信”[1]第一的原则，“求富求强”讲究“铢积寸累”[2]方式等等，实际上都是理学家的那套思想作风、修身方式在洋务活动中的运用。这对曾国藩来说可算是变中有常，万变不离其宗了。这是曾国藩思想上的又一特点。

近代军阀的开山鼻祖

曾国藩改革军制，以募勇替代世兵，固然扫除了绿营风气，克服了“败不相救”的弊病，大大提高了湘军的战斗力；但同时却造成了另一种风气，使湘军内部结成死党，对外呈半独立状态，由官勇变成家兵。综合起来，湘军有这样几个特点：

一、兵员自募，权归主将。鉴于唐末五代各地藩镇拥兵自立、割据混战的教训，自宋以来，各代统治者皆采取种种措施加强中央集权，防止兵权落到带兵将领和地方大吏手中，被曾国藩弃之如敝屣的清朝绿营兵调遣之法，就是这类措施之一。清朝绿营兵规定，将领平时各住其府，有事授以兵符，事过各回其府；士兵平时分驻各地，有事临时抽调，事后各回汛地。这样，士兵与将领之间、士兵与士兵之间只有奉命应征的上下级关系和同事关系，别无私情，兵将之间难以互相勾结，士兵之间亦不能结党营私。故兵为朝廷之兵，将为朝廷之将，共同对朝廷负责，不能形成一个谋求某一派系或家族

1.《曾国藩未刊信稿》，第 294 页。

2. 薛福成：《庸庵全集·庸庵文编》（以下简称《庸庵文编》），首卷，第 34 页。

私利的武装集团，兵权也就保证掌握在中央政府手中，各地带兵将领不能据为私有。曾国藩改世兵制为募兵制，并规定一军之权概交统领，大帅不为遥制；一营之权概交营官，统领不为遥制。于是各级弁兵层层选募，进退弃取皆由长官决定，统领、营官、哨官遂成为大帅的私属，士兵亦成为营、哨官的私兵。这样，实际上兵权也就不再为清朝中央政府所有，而逐步落到统兵将帅手中。兵为将有，将为帅有，层层节制，使湘军变成一个完全掌握在私人手中的武装集团。

二、军饷自筹。饷需供应是兵权的标志，军队由谁发饷，兵权就归谁所有。以往各地绿营兵皆由清朝中央政府供饷，一切费用出自国库，兵权也无疑为国家所有。太平天国革命爆发后，清政府国库空虚，旗、绿各营饷需已难以供应，对各地团练和地方武装就更无力供给了，所以湘军虽号称"官勇"，但国库却无力供饷。最初几个月，湘军由湖南藩库供饷，自曾国藩移驻衡州后，除少数款项是由户部指拨和外省协济者外，湘军的饷需都主要靠自己动手筹集，事后逐年向清政府报销。这种报销只是走一走形式，开始尚逐笔上报，由户部核批，后来就只报个总数，户部也不再核查议驳了。自行筹饷的最初动机不过是为了临时解决供饷问题，克服清政府财政上的困难，达到镇压人民革命、保住清王朝的目的，不料供饷单位的转换导致了军心的转移。当军队由国库供饷时，弁兵得到口粮和赏赐后，深感"国恩"和"皇恩"，想着如何报效"国家"和"皇上"；而当弁兵的粮饷名为公费实则出于将帅的私恩时，弁兵感恩图报的对象就只能是湘军的统兵将帅和各级官长，而不是国家了。因而，湘军名为清王朝的官军，实际上是统兵将帅的私产。

三、官职私相授受。湘军弁兵投军应募，无非为了升官、发财二事，欲二者兼而有之，则莫如充任统领、营官、哨官并进而谋得实缺。但是，一般弁兵若能为曾国藩卖命，得个候补官职或虚衔尚不为难，若要得到实际差任（如统领、分统、营官、哨官）或实缺（如清政府设置固定的提督、总兵、副将、参将等），就全靠统兵将帅的私情，非心腹亲信不可了，因为湘军差任无须朝廷任命，完全由各级湘军头目自行选拔；补授实缺虽必须由朝廷任命，但主要还是取决于大帅的荐举。所以这些人得到差任或实缺后，对主子感恩图报，誓死效忠，遂上下勾结，结成死党。这样，他们名义上是“朝廷命官”，实际上则完全是统兵将帅的私党，所谓“国家名器”也就成为统兵将帅网罗党羽、笼络人心的工具。湘、淮将领自胡林翼、左宗棠、李鸿章起，先后官至督、抚者达几十人，无一不是由曾国藩一手扶植的，不是他亲自保奏，就是由他保奏或委托的人所保奏。他们本来就是通过同乡、同年、师生、兄弟等私人关系聚拢在一起的，官职私授又使这种私恩私情得到进一步巩固和扩大，遂逐渐形成一个以曾国藩为首的谋求私利的军阀政客集团。

四、各树一帜。由于曾国藩规定，各级军权概交主将，上级不为遥制，加之各军各营皆以同乡、同学、师生、亲族等封建关系为组织纽带，遂使湘军内部派别林立，结帮拉伙，具有很大的相对独立性，各营各军之间更是自相标榜，互不服气。这样，整个湘军就形成一种各树一帜、力谋独立的风气，随着时间的推移和湘军势力的发展，在内部形成楚勇、左湘军、曾湘军、胡湘军等几个派系。

楚勇又称新宁勇，由江忠源创办，江忠源死后由刘长佑、江忠义分领。刘长佑一支后交刘坤一接统，江忠义死后其军由江忠朝接统。新宁勇在湘军系统中资历最老，亦最早受到清政府的信用。咸丰三年江忠源即被清政府任命为安徽巡抚，其后继者刘长佑、刘坤一皆位至督抚。所以这个派系虽然人数不多，势力不大，但在政治上仍有一定的地位，一直不曾失势。

左湘军即由左宗棠统率的一支湘军，是在王鑫老湘营的基础上演化而成的。湘军起源于湘勇。湘勇最初被调至长沙集训时只有一千多人，分为三营，分别由罗泽南、王鑫、邹寿章三人统带。曾国藩最初训练的湘军主要就是这三个营。后来王鑫因与曾国藩意见不合，遂脱离曾国藩的指挥，投到骆秉章门下。曾国藩改革湘军营制后，王鑫仍坚持初制，训练与作战亦自成一套，故被称为老湘营。老湘营由湖南巡抚指挥，湖南藩库供饷。咸丰四年曾国藩长沙整军后再次率军东征时，老湘营留在湖南镇压当地农民的反抗活动，直至咸丰六年冬才开始出省作战。在此期间，左宗棠在骆秉章府中任幕僚，大权独揽，王鑫离开曾国藩归骆秉章，实际上就落到左宗棠的掌握之中。所以这支部队上上下下皆仰承左宗棠的鼻息，服服帖帖，唯命是从。王鑫死后，

老湘军由张运兰、王开化分统。咸丰八年曾国藩再出，张运兰随曾国藩赴浙、赴皖，以后长期驻扎皖南。张运兰离开皖南（不久死于福建）后，老湘营分别由刘松山、易开俊统带。咸丰十年左宗棠奉命回湘募勇，即以王开琳等王鑫旧部为骨干建立新军，由王开化统领开赴江西独立作战。同治四年，老湘营随曾国藩北上剿捻，易开俊因故革差，又改由刘松山一人统领。同治六年左宗棠赴陕西镇压回民起义，奏调刘松山随行。这样，在老湘营的基础上就逐渐形成一个独立的湘军派系，因由左宗棠一手掌握，故称左湘军。以后左宗棠进军西北、收复新疆主要就是依靠这支部队。所以它是整个湘军系统中唯一曾为中华民族做过一件大好事的部队。

胡湘军即胡林翼手下的湘军，亦称湖北湘军，是以罗泽南部湘军为基础发展起来的。曾国藩赖以起家的军事资本主要是杨载福、彭玉麟、塔齐布、罗泽南四部，尤以罗泽南部最为重要，所以湘军将领多为罗泽南、王鑫旧部。罗泽南部湘军起初人数不多，刚出省时只有二千多人，人数最多时亦只有三千五百人，加上普承尧的一千五百名宝勇才五千人。到湖北后，在胡林翼手里得到很大发展。咸丰六年罗泽南被太平军重创而死，部队由李续宾接统。其后胡林翼从太平军手中夺取武汉、攻陷九江，就主要靠这支部队。咸丰八年李续宾部在三河被歼，胡湘军受到沉重打击。但由于李续宜部、唐训方部皆保存完好，所以李续宜收罗李续宾残部由自己统一带领并加以扩充，人数很快发展到二万人左右。与此同时，胡林翼又令鲍超仿照罗泽南营制赴湖南募勇，多隆阿亦仿湘军营制、营规扩大和训练部队，这样，加上唐训方、余际昌的部队，湖北总兵力即达四五万人，精兵猛将尽萃其中，一时成为湘军主力。曾国藩在安庆与太平军决战取胜，主要靠胡湘军多隆阿、鲍超两部苦战之力。胡林翼死后，多隆阿西走入陕死于盩厔，李续宜病死湖南，其旧部成大吉、蒋凝学、萧庆衍、毛有铭一分为二，成大吉、蒋凝学驻湖北，萧庆衍、毛有铭改归曾国藩指挥，鲍超早在几年前已归曾国藩管辖，这样，胡湘军实际上也就不复存在了。在湘军中曾、胡两人关系最为密切，胡湘军的骨干头领罗泽南、李续宾、鲍超等皆为曾国藩旧部，所以形成分而复合的局面。

曾湘军前期主要是塔齐布、罗泽南两军，中、后期主要是吉字营、老湘营、霆营等军，而水师则几乎始终属于曾国藩。其中吉字营尤称嫡系，曾贞幹的湘恒营也并入其中。这支部队后来扩充至三万五千人，马、步、水各营俱全，取代胡湘军的地位，成为湘军主力。曾国藩攻陷天京，最后把太平天国革命镇压下去，主要靠这支武力。吉字营在安庆与天京烧杀最凶、掳掠最惨，是湘军中最贪婪的一支，也是在战争中罪恶最大、捞取名利官位和江南财富最多的一支。这几支湘军不仅相互之间各不统属，即曾国藩亦不能对任何一支直接指挥。同时，它们不仅组织上各自独立，且营制、营规亦有差别，即发饷标准亦不尽相同，例如鲍超的霆营，其饷章标准就较他部为低[1]，这在绿营中都是没有的，亦反映出湘军内部各行其政的情况。

五、只论事寄轻重，不论品秩尊卑。曾国藩为了鼓励弁兵为他卖命，除用高饷金招引外，还广赐翎顶，滥保虚衔，以至到了后期，湘军中不少营、哨官都已升为提、镇大员，至于副、参、游击就更数不胜数了。但曾国藩保奏实缺和任命统领、分统、营、哨等职，并不仅根据其资历和战功，主要还是根据关系的亲疏和能力的大小。这样就发生了一个很大的矛盾：有的人参军很久，多次立功，已保至提、镇、副、参，仍为营、哨或士兵；有的人则从军不久，仅保至从九品，却已被任命为分统。这样究竟谁服从谁呢？曾国藩为了保证军事指挥系统的坚强有效，就在湘军中规定了一条原则：只论事寄轻重，不论品秩尊卑。意思是，不管积功擢至几品官员，哪怕已保至一、二品提、镇大员，只要在军中仍处营、哨之位，就必须绝对服从统领、分统的命令，即使他们只是从九品。最能够说明这个问题的是左宗棠对吴士迈杀朱德树一案的处理。朱德树在湘军中资历较深，被杀前已保至记名总兵、处州镇实缺游击，官至二品，大约因为不是左宗棠的心腹亲信而仅充任营官。

---

1. 湘军营制除王鑫老湘营与他部不同外，多隆阿、鲍超两军亦与他军有差别。曾国藩所定营制每营五百人，每哨八棚，每棚十一人。而多隆阿部每哨九棚，鲍超部每营六百人，每棚十人，其内部组成办法也有所变动。湘军饷章每勇月饷四两二钱，鲍超霆军每勇月饷四两，后来在皖北招募的淮勇和在皖南招募的皖勇概为月饷三两九钱。收编太平军叛徒而成立的春字营、盛字营、平字营、建字营等则只有三两六钱，“尚有不及三两者”。另外，营规虽系昔年所定，“亦有不尽遵者”（见《曾国藩未刊信稿》，第 16 页；《曾文正公批牍》，第三卷，第 12 页；《曾文正公书札》，第二十八卷，第 23、31 页）。

吴士迈因得到左宗棠的赏识被任命为统领，因乏战功，仅保至员外郎衔中书科中书，秩从七品。同治九年，左宗棠命吴士迈率马步七营赴汧阳一带增援李辉武，围剿回民起义军。朱德树所带马队营为七营之一。吴士迈不懂军事，曾多次指挥失误，深恐朱德树瞧不起自己；又以指挥不力，与朱德树意见分歧，久已怀恨在心，图谋报复。一次，朱德树为援救危在旦夕间的李辉武，临时改变作战计划，未能按时到达吴士迈所指定的作战位置，结果李辉武虽被救脱险，而回民起义军亦因而得以脱身东走。吴士迈愤恨已极，以为朱德树故违将令，轻视自己，遂不顾众人的劝阻，立斩朱德树于军前，借以立威。第二年朱德树的亲属向都察院控告吴士迈以七品官枉杀二品大员之罪。清廷令左宗棠查处。左宗棠复奏称，吴士迈杀朱德树实为“统领以违令杀营官，非中书杀总兵也”[1]。不过，朱德树违令当由吴士迈禀知左宗棠，由左宗棠上奏参劾，不应擅自杀死。因而吴士迈仅有擅杀的过错，并无枉杀之罪。左宗棠申明自己的理由说，“军事以号令为重，令进则进，令止则止，统领以之钤束营官，营官以之钤束哨官、什长，哨官、什长以之钤束兵勇，违者得以军法治之”，“自统领以至营、哨，节节相制，然后驱之出入生死之地而不摇。军兴以来，制兵不足用，各省皆募勇丁杀贼。勇丁积功擢至提、镇、副、参、游者不可数记”。因而“军营体制只论事寄轻重，不论品秩尊卑。有保至提、镇而仍当哨官、什长，保至副、参、游而仍充亲兵、散勇者；有在他军充当统领而在此军充当营官、在他军充当营官而在此军充当统领者。时地既殊，势分即异。当统领者必节制营、哨，当营、哨者必受节制于统领，固无他说也”[2]。这些话虽出自左宗棠之口，而这种大别于绿营的体制却是由曾国藩所首创，不过越到后期这个问题越突出罢了。这样一来，所谓朝廷“名器”就变成无足轻重的东西，还顶不上长官的一句话。湘军中实行这种体制的结果，久而久之，就在弁兵中养成一种观念：什么朝廷，什么国家，什么官秩尊卑、级别高低，统统都是没用的东西，可以不去理睬；只有长官的意志、长官的喜怒好恶才是最重要的，应该特别留意的。

1.《左文襄公全集·奏稿》，第三十九卷，第 2 页。

2. 同上，第三十九卷，第 2—3 页。

六、各尊其长。由于以上原因，在湘军中便养成一种风气，除非招募、选拔过自己的顶头上司，其他人无论官职大小、地位高低，皆拒不从命。所以不仅湘军以外的人无法进行指挥，即使湘军内部亦必须节节钤束，层层下令，任何人难以越级指挥下级部队。至于不同派系之间更是如此，江家军非江姓兄弟不能管带，刘家军非刘姓人不能指挥，湘军各军则非曾国藩统辖不可，他人无法钤束。王闿运所说的“福兴(原西安将军，奉命增援江西)等征调置不訾省，得国藩一纸千里赴急”[1]，就是指的这种情况。但曾国藩可以指挥各个统领，却不能直接指挥各个分统和营官，如若有事，非通过各个统领不可；即使曾国荃的部队，只要曾国荃在营，曾国藩就不能越级指挥。至于淮军将领，对曾国藩的命令更是阳奉阴违，前面已经讲过，这里就无须重复了。再如江忠义死后，原来由他统带的精捷军，就因军中再没有其他江姓兄弟而无人可任统领，因而不能作战。曾国藩既不能直接指挥，又不能改任他人，只好请江忠源的弟弟江忠朝千里迢迢，由湖南赶赴江西接统这支部队。还有一个是关于程学启改变号服的例子。程学启原为太平军将领，投降湘军后被任命为开字营营官，归曾国荃管辖。同治元年程学启奉命随李鸿章赴上海，随即改为淮军，由李鸿章指挥。但开字营穿的仍是昔日湘军的号服，与淮军很不一致。曾国藩为统一起见，致信程学启，要他改穿淮军号服。这本来是件小事，而程学启却不肯从命，复信声称“必待沅帅(即曾国荃)缄谕，乃敢改换”。对于程学启的这种做法，曾国藩事后大加赞扬，说“亦足见其不背本矣”[2]。可见湘军内部的上下级关系，完全是一种主人与奴才的关系，而且都是曾国藩一手倡导的。他剿捻时不能指挥淮军各将，致使作战失利，不得不中途改由李鸿章接任，这对他来说真可谓作茧自缚，自作自受。

七、各护其长。这种风气根源于各级军官自行选募所部弁勇的制度，是湘军一开始就存在的。左宗棠曾以赞赏的口吻描述塔齐布部下拼命救护其官长的情形：“即如塔三兄(指塔齐布)之抚标，寻常除谩骂以外无一长，而此次湘潭之捷，因主将偶尔不见，即相与痛哭寻觅，入群贼中若无人者，亦可

1. 王闿运 :《湘军志》，第四卷，第 11 页。

2.《曾文正公家书》，同治元年三月初八日。

想其心之固结矣。”[1]这本是曾国藩改革军制的重要目的之一，是他所求之不得的。然而却由此产生了另一弊病，即凡不是招募和选拔自己的军官担任指挥，打起仗来就弃置不顾，致使湘军将领皆不敢带领别人招募的部队打仗，一旦指挥易人，军队就必须重新改组，否则不能作战。咸丰十年萧翰庆奉命增援江浙时，就是由于对原属别人的部队未加改组，以至士兵临阵逃溃，不顾主将，送掉了自家性命。事后曾国藩时时引以为戒，他在给张芾的信中说："萧辅丞（翰庆字）遽尔殉难，深可悯惜。……韦营（指叛徒韦俊所统部队）是其所统之部，训营（原属唐训方统带，唐训方赴湖北粮道任，改由何绍彩接统）非其所招，曩所以剖晰于左右者，深知训营不顾萧守也。”[2]于是在湘军中就产生了另一条原则：一旦统领、分统或营官战死（或革职、病退等），其所统部队一般要予以解散，由新指挥官前去挑选；或整军、整营重新改组，选中者改换门庭，投靠新主子，余者遣送回籍。例如，吴国佐因与张运兰不和而被曾国藩借故斥退，对他的几营士兵就是这样处理的。又如攻打天京时充任头队的朱洪章，就是塔齐布死后归属周凤山，周凤山败后归属毕金科，毕金科死后被挑入吉字营任营官，先后数易其主，才归隶曾国荃部下的。这样一来，就使湘军中各护其长的风气更进一步得到巩固和发展，临阵各护其长，唯恐头头死去部队改组，使自己地位降落，影响未来的前程，或竟遣散回籍，从此失去升官发财的机会。也就是说，其保护长官的动机不仅出于最初招募时的私恩私情，还受到其后共同利害关系的制约。正像王闿运所说的那样："从湘军之制，则上下相维，将卒亲睦，各护其长。其将死，其军散；其将存，其军完。岂所谓以利为义者耶？”[3]所谓“以利为义”，就是指这种风气与其背后隐藏着的现实利益的关系。这两种因素相互促进、恶性循环的结果，使整个湘军乃至每军、每营、每哨实际上都成为以本部长官为核心的谋求私利的武装集团，对内结成死党，对外力谋独立，从全体弁兵到各个组成部分、各级作战单位都变成私人武装，家兵家将，层层兵权都落入私人手中，

1.《左文襄公全集·书牍》（以下简称《左文襄公书牍》），第二卷，第20页。

2.《曾文正公书札》，第十一卷，第30页。

3. 王闿运：《湘军志》，第十五卷，第8页。

再不像旗、绿营兵那样为清朝最高统治者所有了。王闿运所说的“冒死之将，汩廉捐耻，日趋于乱”[1]，正是指的这种情况。

八、私谊至上。维系湘军的纽带除政治、军事、经济、思想等因素外，还有同乡、同年、同事、师生、亲友、兄弟等封建关系。不仅在战场上，士兵与下级军官间靠这种关系达到相互援救的目的，而且在政治上，在筹饷、调兵以及处理所有一切问题上，各统兵将帅或统领之间，都采取私谊至上的原则，而把上级的命令、同级的公文，乃至清朝皇帝、慈禧太后的谕旨，都看作次要的东西。所以湘军统兵将帅之间每欲奏请一事，凡涉及他人者，必先函商妥当后再行启奏；否则不仅达不到目的，反而会把关系弄僵，使事情更难办。曾国藩对此解释说：“盖楚军（即湘军）向来和衷之道，重在函商，不重在奏请也。”[2]左宗棠进攻浙江时深感兵力不足，欲奏调蒋益澧由广西赴援浙江，曾国藩让他先去信与刘长佑商定后再行具折奏调（时蒋益澧正随同刘长佑在广西作战）。曾国藩在信中向左宗棠解释这样做的必要性说：“芗泉（蒋益澧字）之能来与否，全视乎荫渠中丞之坚留与否。阁下与荫渠为道义金石之交，如能屡函商定，然后以一片奏定，乃为妥善。否则，谕旨俞允而荫公不许，仍属无益。去年奏调萧军几成嫌隙，可以鉴也。”[3]左宗棠依计而行，果然奏效，刘长佑很快将蒋益澧派往浙江，助左宗棠一臂之力。可见在湘军将帅的心目中，堂堂朝命远不如一纸私函；而且一旦有人违反这一原则，即会恼羞成怒，拒不接受，甚至结下私仇，不通音讯。

对于曾国藩的这一套搞法以及由此引起的军营风气的变化，当时并不是没人看出问题。反对曾国藩的人中，例如具有丰富历史知识的祁寯藻和彭蕴章等，就深恐湘军将来成尾大不掉之局，力图预为防范。这种顾虑并非完全出于偏见或仅仅是由于“有学无识”。清政府对这些问题也不是看不出来，咸丰皇帝听到“某相国”的几句话即马上收回成命，不让曾国藩署理湖北巡抚，其后又迟迟不愿将地方大权交给曾国藩，在很大程度上也是出于维护清朝体

1. 王闿运：《湘军志》，第十五卷，第 8 页。

2.《曾文正公书札》，第十八卷，第 45 页。

3. 同上，第十三卷，第 42 页。

制的考虑。但随着战争的发展,清王朝赖以生存的所谓“经制之兵”相继瓦解,尤其是咸丰十年江南大营再次被太平军击溃后，清政府四顾茫茫，无兵可调，无帅可用，只好把两江总督这一重要席位授予曾国藩，依靠湘军这支在一些人的心目中不三不四的武装来支撑危局。这样，曾国藩也就成了清王朝的主要支柱和最大的地方实力派。从此以后，战争发展到哪里，湘军的势力就随之发展到哪里，数年之间，湖南、湖北、江西、安徽、江苏、浙江、广西、贵州、广东、陕西、甘肃等省，都成了湘军的地盘。倘若像嘉庆年间镇压白莲教起义时那样，战争一结束即迅速裁撤勇营，恢复旧日的军事体制，湘军这套军阀制度或许不至于在历史上产生这么重大和久远的影响。但是，俟战争快要结束时,各省绿营额兵大都已经土崩瓦解,或者名存实亡,失去战斗力,湘、淮军已经成为清政府的主要军事支柱，要将其彻底裁撤，根除湘军军制和由此而来的军阀习气，已经是根本不可能的了。

当清王朝对太平天国的战争胜利已成定局的时候，统治阶级内部曾就是否恢复绿营额兵的问题展开过一场讨论。同治二年年底三年年初，在安徽、河南一带督办军务的僧格林沁通过前安徽巡抚唐训方转咨曾国藩，要求对安徽营伍进行整饬，恢复旧日绿营额兵。不久，湖北巡抚严树森又奏请停补江苏、浙江、安徽等省绿营额兵。清政府将奏折转发各省，令督抚将军各抒己见，“妥议具奏”。其实在此之前已有处理这个问题的事例，同治二年四五月间，新任闽浙总督兼署浙江巡抚左宗棠已将闽浙绿营额兵裁汰，并上奏清廷，奉旨允准。因而曾国藩在同治三年二月复奏中称，安徽“原设绿营额兵散亡殆尽”，应“仿照浙江成案，溃卒不准收伍，间存零星孱弱之兵即予一律裁撤，其营汛将弁缺出，并请暂缓叙补，统俟一二年后军事大定，或挑选勇丁，或招募乡民，次第简补，以实营伍而复旧制，庶几兵归实用，饷不虚糜，于地方戎政较有裨益”[1]。当时天京尚未攻下，捻军势力复起，江西等省到处都有大支太平军流徙，因而清政府无法裁撤湘、淮军而恢复已不复存在的东南数省的绿营额兵；况且清政府认为可靠的武装力量，当时只有多隆阿和僧格林

1.《曾文正公奏稿》，第二十卷，第 17、18 页。

沁两支，要最后消灭太平军，仍主要依靠湘、淮军的勇丁。所以清政府只好接受曾国藩的意见，把这个问题搁置起来，暂缓处理。当时山东巡抚阎敬铭也曾建议清政府令多隆阿选拔和训练北方人充任将领，以提高绿营的战斗力，改变湘、淮军一统天下的局面。他在奏折中说，“前者僧格林沁奏称不宜专用南勇，启轻视朝廷之渐。老成谋国，瞻言百里”。他认为“自古名将，北人为多”，今“北人之智勇兼备者，推多隆阿。请饬多隆阿募北方将士，教之战阵，择其忠勇者，补授提、镇、参、游，俾绿营均成劲旅，何必更募勇丁？”[1]他的意图显然和僧格林沁差不多，旨在压抑湘、淮军，扶植绿营，力图在战争结束后尽快恢复清朝旧的军事体制。尽管这种意见在当时很不切实际，但却很合乎清政府的口味。同时也清楚地表明，阎敬铭虽然与胡林翼关系密切，但在政治上并非湘、淮军集团的嫡系，而属于极力维护清朝旧日体制的“世俗文法吏”之类。后来阎敬铭受到曾国藩的密劾而降职，但最终还是受到清政府的重用而官至户部尚书、军机大臣、东阁大学士，很可能都与这封奏章有关。不料多隆阿很快死于陕西盩厔（今周至），僧格林沁也在山东曹州丧命，所部溃败星散，使清政府失去最后可与湘、淮军争衡的军事资本。这样，彻底根除湘军制度、重新恢复旧的军事体制就更是不可能了。不过，当时湘、淮军取代绿营额兵的情况仅存在于东南数省，尚未发展到全国，更没有被清政府认可为一种国家定制。

湘军制度取代绿营成为清朝正式的国家军制，首先是从水军开始的。由于清朝向来没有统一指挥的长江水师，沿江水师由各省分管，有名无实，毫无战斗力，所以太平军得以顺利控制长江，利用舟楫之便，很快占领沿江重镇，把革命势力发展到湖北、江西、安徽、江苏等省。曾国藩建立水师后，夺回对长江的控制权，太平军渐渐失去水上优势，武汉、九江、安庆等沿江军事重镇尽失，失败遂成定局。由此曾国藩更加认识到设立长江水师的重要性。同治元年二月，对太平天国的战争稳操胜券之后，曾国藩即上奏清廷，要求将广东、福建的水师提督缺合并，空出一缺改设长江水师提督，统辖沿岸各

1.《阎敬铭传》,《清史稿》第 41 册，第 12384 页。

镇水陆官兵，以固江防。清政府很快批准这一奏请，并令曾国藩就长江水师的编制方案详议具奏。同治三年四月，原淮扬镇总兵黄翼升补授长江水师提督，湘军水勇改为长江水师额兵一事已成定局；只是由于当时忙于战争，还没来得及详定营制，直到同治四年二月，曾国藩才会同漕运总督及江苏、安徽、江西、湖北、湖南五省督、抚，将拟定好的有关长江水师的各项事宜和营制章程上奏清廷。曾国藩奏称，长江水师设提督一员，于太平府和岳州两地分设衙门和行署，每年定期轮驻；设总兵四员，分驻岳州、汉阳、湖口、瓜州四镇；设兼辖总兵一员，驻扎狼山镇。共统辖战船七百七十四号，弁兵二十四营一万二千人，负责荆州至崇明间上下五千余里的长江防务。其官兵供饷标准仍照原湘军水师饷章，俟战事结束后再行核减[1]。这样，长江防务固然较前加强，而湘军的地位也进而得以巩固。

尤其应该引起注意的是，曾国藩还乘机为日后以湘军军制改造和取代绿营军制做好了准备。他向清廷进言说：“自古养兵本无善政，南宋之括财、晚明之增饷，皆为兵多所累，识者病之。我朝绿营兵丁五十余万，较之宋、明已属极少。然乾隆四十六年议增缺额名粮，大学士阿桂曾上疏力争，臣国藩亦于咸丰元年疏请裁兵五万。户部初未议准，后乃通行各省酌办。溯自洪、杨倡乱，捻、回继变，军兴十余年，惟向荣、和春大营用兵稍多，其余皆倚勇丁以集事。国家养兵之费岁逾二千万，当此多事之秋，乃未闻绿营立一奇功、出一良将。今各省勇丁合计约在三十万以外，而昔年经制之兵仍未能议裁议减。守、战各兵在营之坐粮虽少，而出征外省，加以盐折、夫价、余丁等款，每兵一名月支亦在五两上下。平日有粮少之名，临事无省费之实，百年受养兵之累，应急无破寇之效。统筹全局，殊非长策。臣愚以为，军务全竣后，仍当综核名实，裁减陆兵；其必不可裁者，即当增加口粮。此又因今日设立水营，而即为异日绿营之地者也。”[2] 显然，曾国藩以湘、淮军取代绿营制度的决心是早已下定了的，并且将设立长江水师当成全面实行这一计划的第一

---

1. 湘军饷章原定陆勇月饷四两二钱，水勇三两六钱。咸丰十一年杨载福将水勇月饷增至三两九钱，仍低于陆勇（见《曾文正公奏稿》，第二十三卷，第 34 页）。

2.《曾文正公奏稿》，第二十三卷，第 35 页。

步。前面所谓“俟军事大定再复旧制”的话，不过是一种回避矛盾、暂缓处理的遁词而已。

当时，由于绿营兵腐败无战斗力，除盘踞东南和陕、甘各省的湘、淮军外，其他省份也都仿效湘、淮军制度招募勇营，用以镇压当地的农民起义军，如豫军、皖军、滇军、临淮军等都是这时候搞起来的。太平军、捻军和各地农民起义被镇压下去以后，这些勇营除遣散一部分老弱者外，仍分驻各地。这些武装力量和驻防各地的湘、淮军统统称为“防军”，实际上已不再被视为“勇营”，而当作清朝正式的国家军队了，于是清朝武装力量一时呈现出新旧混杂的局面。

除原有的旗营、绿营和防军外，还有一种介于二者之间的“练军”。练军是同治二年直隶总督刘长佑首先搞起来的。他为了提高绿营的战斗力，曾挑选一部分精壮官兵照湘军的办法进行训练。第二年，总理衙门会同兵部、户部共同商定选练直隶六军，遂有练军之名，实际上这是刘长佑以湘军制度改造绿营的一次尝试。但由于兵部和户部的插手，使这次改革变得不伦不类，很不彻底。重新编练的练军虽然采纳了湘军的一些做法，但在组织上仍与绿营保持着密切联系，其风气也一脉相承。所以这次改革有名无实，使练军仍与绿营一样腐败难用。

迫于无奈，清政府将捻军镇压下去之后，不得不令新任直隶总督曾国藩对直隶六军重新加以整顿。命令说：“直隶营务久经废弛，前经总理各国事务衙门会同户部、兵部议定选练六军，诚以根本重地，当为自强之谋，迨捻匪北窜，直隶官兵打仗仍不得力。虽云训练未精，然国家岁糜巨万帑金，养此无用之兵，实堪痛憾。此时贼匪既平，亟应将前定练军章程重新整顿。曾国藩久谙戎事，应如何变通之处，著于到任后详慎妥筹，悉心经理，务期化弱为强，一洗从前积弊，以卫京畿。”[1] 同治八年，曾国藩赴直隶总督任后不久，即就练兵一事上奏清廷，其“变通”之法可归纳为三条：一是练军必须完全采用湘军营制、营规、饷章等项，使各级军官兼有募兵、选将等用人权、

1.《曾文正公奏稿》，第二十八卷，第 17 页。

军事指挥权和发放粮饷之权，以事权归一，上级不得遥制。二是彻底废除绿营旧日的烦琐礼仪，一洗官气和衙门习气，使士兵勤俭朴实，吃苦耐劳。三是彻底割断练军与绿营的组织联系。士卒一经挑入练军，即将本营额缺裁去，不得兼有绿营兵籍，不得再领绿营底饷；因事斥革，即由练营募补，底营不得干预。绿营存余之兵亦不再裁撤，老弱淘汰及病死者不再募补，听其自灭。几个月后，曾国藩又上一折，其主要内容是驳斥兵部官员对他前折的反对意见，重申简化军营礼法，加强统领、营官事权和练军参用南将的必要性。这说明在是否采用湘军制度改造绿营的问题上清朝统治阶级内部仍有不同意见，一部分人力图防止湘军风气影响绿营，滋生弊端，不愿使绿营全盘湘军化，恐将来军权非清朝朝廷所有。但是这些“世俗文法吏”再次遭到失败，因为绿营兵实在太腐败了，已成不可救药之局。既然曾国藩已反复声言非如此不能“一洗从前积弊”、“化弱为强”，清政府鉴于上次因兵部、户部横加干预而导致改革失败的教训，也就只好让曾国藩放手“试办”，不再理睬这部分人的反对意见了。此后各省纷纷效仿，也有力复旧制或稍加变通者，但费时耗饷，办理卒少成效。“饷项虽加，习气未改，亲族相承，视同世业，每营人数较多，更易挟制滋事：身既懒弱，多操数刻，则有怨言；性又不驯，稍施鞭箸，则必哗噪。将弁不能约束，遑论教练？至于调派出征，则闻风推诿，其不能当大敌、御外侮固不待言，即土匪、盐枭亦且不能剿捕。惟直隶练军皆系勇营规模，其中多有外省勇丁，故尚可用。此外各省积弊大率相同。”[1]总而言之，清政府恢复绿营额兵旧制的努力遭到失败[2]。只是绿营制度在历史上延续了很长时期，实际上是与勇营一起最后退出历史舞台的。这样，清廷既然无法恢复战前旧有的武装力量与军营制度，也就不能不依靠湘、淮军；既依靠湘、淮军，也就不能不承认勇营制度的地位和曾国藩对军营制度的改革。然而这一改革不仅使国家兵制与军营风气为之大变，也使政治体制随之大变，由中央集权走向军阀割据的局面。

鉴于唐末五代藩镇割据的教训，自宋以来的历代统治者都采取种种措施，

---

1. 张之洞：《张文襄公奏稿》，铅印线装本，第三十二卷，第28—29页。

2. 参见罗尔纲：《绿营兵志》，中华书局1984年版，第74—114页。

防止带兵将领和地方大吏拥兵自立，对抗中央政府。清王朝是少数民族建立的集权中央的政权，对汉族文臣武将防范尤为严密。其时各省兵权、财权、行政与用人大权主要归于中央，地方官各有专责，互相牵制，谁也不能大权独揽，自行其是。太平天国革命的兴起，很快冲垮了东南各省的地方政权和军队，各项制度为之大乱。当时与太平军作战的清朝军队主要是湘、淮军和各省勇丁，地方政权的恢复也全仗勇营之力，于是这些地区的地方政权也就随之控制在他们手中；其后随着练军的兴办，湘军兵制在全国普遍推广，这样，湘、淮军在战争期间形成的一套军事体制也就很快扩展到全国，并引起政治体制的改变。

曾国藩的军制改革在政治上引起的变化归纳起来有这样几条：(一)兵饷合一。在此之前，清朝兵权、财权皆归中央，战时统兵大帅由皇帝任命，兵将从各省抽调，军饷费用皆由户部从国库解送或从各省应交款项中指拨。平时军队驻扎各地，总督、提督主管军政，布政使主管财政，皆直属中央。兵权与饷权在地方上也是分开的，领兵者只管领兵，发饷者只管发饷，各按规章制度办事，二者之间并无统属关系。湘军兴起，粮饷主要靠自筹，即使由户部指拨和各省协济的款项，亦由统兵将帅发放。这样，兵权与饷权就合二为一，统统落到领兵大员手中。(二)军政合一。清代地方官的设置，文官主要有总督、巡抚、布政使、按察使，武臣主要有提督和驻防将军。总督与巡抚无隶属关系，都是兼管军政的地方大吏，所不同的是总督侧重军政，巡抚侧重民政。另外，布政使主管财政和人事，按察使主管监察与司法，各有专职，共同对皇帝负责。提督直接统带军队，受总督管辖。凡不设提督的省份，由巡抚兼管军务；而设有提督的省份，则巡抚只管抚标数营，不得干预营务。这样，提督有领兵之权而无地方行政之权，故而不能独立；总督、巡抚虽有军政大权，却都是文官，一般不懂军事，带兵打仗也离不开武官。同时，八旗兵无论驻扎京师还是分防各地，都由皇帝直接掌管，兵权也属于中央。地方官不得过问旗营事务，凡设置地方官的省份，驻防将军亦不得干预地方行政。况且将军、提督等武官多不识字或文化甚低，不懂政治，又往往与文官不和，他们亦很难干预地方行政或与地方官勾结。于是军权和政权就分散在

几个人的身上，谁也不能总揽大权，拥兵自立。湘军兴起，文臣、书生纷纷带兵，随着战争的发展，带兵将领凡具文童以上功名者皆可保举文职，陆续补授地方实缺，遂形成军政合一的局面。同时湘军中的一大批募僚亦由"劳绩"得保地方实缺，他们有的直接领兵，有的虽不领兵但长期管理文案章奏或粮饷，与领兵将领间有着千丝万缕的联系，可谓间接掌有兵权，亦带有军政结合的性质。其最著名者如李瀚章、刘蓉、郭嵩焘、李宗羲、李兴锐等，皆位至督抚，其实力地位同以前的地方文官相比也有了很大不同。(三)用人权与军、政、财权合一。清朝规定，三品以上文武官员的任命，由军机处开列名单，呈请皇帝选定；三品以下官员的任命由皇帝、吏部(文职)、兵部(武职)、地方督抚分掌，缺额各有定数，不得侵混。官员的来源，文官主要靠科举取士，武官主要由军功保奏与武科选拔，虽有捐纳一途，但不是主要的。自太平天国起义以来，统治阶级动员一切力量与太平军作战，对于作战有功、筹饷出力和捐助军饷者，唯有一种奖励办法，那就是给予实缺、官职或虚衔，因而捐纳、保举越来越滥。清政府为了鼓励统兵将帅和地方大吏为自己出力，亦不再坚持过去的种种限制和缺额的分配，对他们的保案很少批驳，尽量满足，有时甚至可以说是有求必应。于是用人大权也逐步下移，渐次落到统兵大帅和地方大员手中。这样一来，地方督抚权力大大加强，兵权、政权、财权、用人权皆集于一身，遂形成拥兵自雄、尾大不掉的局面。从此朝廷权力下移，"外重内轻"，中央集权的政治体制开始解体，近代军阀制度随之发端。

这种局面的出现，从根本上说是清王朝在农民革命的沉重打击下迅速衰弱的结果。在一场战乱中，暂时出现权力分散、群雄四起的局面是常有的，而关键在于清朝中央政府有没有力量重新把权力集中于自己手中。所以赵烈文说："一统既久，剖分之象盖已滥觞，虽人事，亦天意而已。"[1]这个评论应该说还是比较公允的。不过赵烈文在这里主要强调了客观因素，即所谓"天意"，然而对于"人事"方面的因素，即曾国藩个人在这场变革中所起的作用，我们也是不应忽视的，始作俑者不得辞其咎。如果说曾国藩从创立湘军起就怀

1. 赵烈文：《能静居日记》，同治六年六月二十三日。

有个人野心，那是不公允的，就是咸丰七年在家丁忧期间伸手向清政府要地方督抚大权，并因要求得不到满足而坚卧不起，也不能说是完全出于个人的权力欲。他所以不避嫌疑反复申诉自己的观点，恐怕主要还是为清朝统治阶级着想，出于“公忠”之心，并非一己私意。他在《沥陈办事艰难仍恳终制折》中所说的最易受人攻击的话，如“细察今日局势，非位任巡抚有察吏之权者决不能以治军，纵能治军决不能兼及筹饷”[1]数语，实际上是他多年来实践经验的总结，是关乎当时战争成败，亦即清王朝生死存亡的大问题，形势所迫，使他不能不说。咸丰八年他在给胡林翼的信中又援引历史经验，进一步发挥他的这一观点：“惟今日受讨贼之任者，不若地方官确有凭藉。晋、宋以后之都督三州、四州、六州、八州者，必求领一州刺史。唐末之招讨使、统军使、团练使，防御、处置、应援等使，远不如节度使之得势，皆以得治土地、人民故也。”[2]事实上当时的情形也与此类似。倘若曾国藩墨守成规，避嫌自洁，像其他团练大臣一样只搞团丁自卫，不搞湘军出征；或者清政府守定“祖制”，不让曾、胡、左、李等带兵将帅兼管地方行政，甚至依从祁寯藻、彭蕴章等人的意见，罢曾、胡兵权而杀掉左宗棠，战争的发展很可能出现另一局面。

当然，我们应当看到，曾国藩集团的出现，说明封建地主阶级还有一定的力量，即使这些人被一时误杀，也还有人来支持清朝，将太平天国革命镇压下去。不过让谁来搞，也大致不会脱出曾国藩的这套做法之外。也就是说，清朝中央集权的衰弱和地方实力派的出现是不可避免的。这种情形与唐朝末年或东汉末年很有点相似。曾国藩个人的责任在于，他对于自己的这一套做法所可能导致的后果缺乏清醒的认识，当然就更谈不上会采取什么防范措施了。直到同治六年国家“剖分之象”已显露端倪时，他还把这种将地方军、政、财、人大权集诸一身的做法视为成功经验，自鸣得意，喋喋不休，而对于由此引起的种种恶果则毫无警惧之心。有一天，曾国藩与赵烈文一起谈古论今，当谈到宋代军政体制时，曾国藩说：“南宋罢诸将兵柄，奉行祖制也。故百年中奄奄待尽，不能稍振。”又说：“韩、岳等军制，自成军，自求饷，仿佛与

1.《曾文正公奏稿》，第九卷，第 76 页。

2.《曾文正公书札》，第六卷，第 32 页。

今同。大抵用兵而利权不在手，决无人应之者。故吾起义师以来，力求自强之道，粗能有成。”[1]赵烈文听后大不以为然，当即指出这种做法所造成的恶果：“师(指曾国藩)事成矣，而风气则大辟蹊径。师历年辛苦，与贼战者不过十之三四，与世俗文法战者不啻十之五六。今师一胜而天下靡然从之，恐非数百年不能改此局面。”[2]当时的有识之士除赵烈文外，王闿运也看出了这一问题，同治九年他看过《五代史》后，以古鉴今，为之大惊，便在当天的日记中写道:“观其将富兵横，矛戟森森，与今时无异，恐中原复有五季之势，为之臬兀。余去年过湘乡县城，如行芒刺中，知乱不久矣。”[3]王闿运的想法曾国藩未必知道，而赵烈文的话却是当面对他讲的；联系到三天前刚对他讲的“异日之祸，必先根本颠仆，而后方州无主，人自为政”一段话，和前面提到的“剖分之象盖已滥觞”等语，意思非常清楚。就是说，将来清朝必定会因为中央集权削弱、地方势力割据而亡，而这种体制的改变和风气的形成正是由曾国藩一手造成的。但是，对于这样明快的语言和尖锐的批评，曾国藩听后竟无动于衷，仍然津津乐道于自己成功的原因，随之又扯到其他问题上，而对于自己一手造成的军政制度的弊病，仅提到厘金一项，其他则不甚了了。

曾国藩并非不熟悉唐末五代的历史，他所以没有王闿运、赵烈文那种警惧之感和对国家未来前途的忧虑之心，大概不仅是被胜利冲昏了头脑，而恐怕主要还是智力为偏见与私心所蔽，使其无法认识由自己一手所造成的严重的历史恶果。事实上，督抚专政的情形已经发展到相当严重的程度，曾国藩已经非常清楚地看出了这一问题。同治三年，他在与沈葆桢争江西厘金时就曾在奏折中说：“前代之制，一州岁入之款，置转运使主之，疆吏不得专擅；我朝之制，一省岁入之款，报明听候部拨，疆吏不得专擅。自军兴以来，各省丁、漕等款纷纷奏留，供本省军需，于是户部之权日轻，疆臣之权日重。”[4]对于这种不正常的情况，曾国藩不仅不思予以纠正，反而将它作为同沈葆

---

1. 赵烈文：《能静居日记》，同治六年六月二十三日。

2. 同上。

3. 王闿运：《湘绮楼日记》，同治九年正月十六日。

4.《曾文正公奏稿》，第二十卷，第 24—25 页。

桢争权夺利的根据。他在奏折中说："疆臣既得专管利权，则督与抚事同一律，不得又有轻重、主客之分。臣尝细释《会典事例》，大体吏事应由抚臣主政，兵事应由督臣主政。就江西饷项论之，丁、漕应归沈葆桢主政，以其与吏事相附丽也；厘金应归臣处主政，以其与兵事相附丽也。"又说："厘金之起，始于咸丰三年，雷以諴倡办于扬州，专为发逆兵事而设，初非国家经制之款。臣忝督两江，又绾兵符，凡江西土地所出之财，臣皆得奏明提用，即丁、漕、洋税三者一一分提济用，亦不为过；何况厘金奏定之款，尤为分内应筹之饷，不得目为协饷，更不得称为隔省代谋。如江西以臣为代谋之客，则何处是臣应筹饷之地？"[1]说来说去，他与户部据理力争的所谓"理"，就是"疆臣既得专管利权"；而按照以前"一省岁入之款，报明听候部拨，疆吏不得专擅"的制度，他是不能违抗户部的指令的。可见曾国藩欢迎新制度，不乐意恢复旧规定，无论如何也不想把自己的既得权力吐出来，以恢复旧体制。这就不能说不是出于私心了。到了同治六年曾国藩与赵烈文讲上面那篇话时，情况又有了进一步的发展，湘军将帅的军阀性质暴露得更加明显了。当曾国藩向赵烈文表示"吾尚有归志"时，赵烈文郑重其事地对他说，"师进退大计，所关非浅"，"师万事不理，卧而镇之，犹胜寻常万倍。言师之才德，皆近于谀，兹姑弗言。湘、淮诸军之各有门户，师所知也。杨厚庵统水师，名动江表，一改陆师而号令不行。迁地弗良，其效尚如此，况百万之众，贵则茅土，富则陶、猗，皆一人所提携。现虽散处，其中豪强节概之士不可偻指而数，一旦取而代之，其可得乎？三年冬，师奉命离任，督剿皖、楚，旨甫下，而人间已有扼腕不平愤愤欲起者；况师谢事而去，易一新督，自颈以下不与头接，是大乱之道也。两楚三江，伏戎数千里，所惮一人耳。师今日去任，明日必呼啸而起。师至时而欲悔，上负君父，下负黎庶，不已晚乎？师向奏言，谢事不敢望归田里，欲统万人任一路。师试思，师为统将，孰当驭之？且天下虽大，何处可容师迹？"曾国藩听后立即表示，"足下言切如此，能无动心"[2]？可见赵烈文讲的话是符合实情的。

1.《曾文正公奏稿》，第二十卷，第24—25页。

2. 赵烈文：《能静居日记》，同治六年九月初十日。

曾国藩改革军制、创办湘军，固然暂时挽救了清王朝的灭亡，但也同时挖去了清王朝中央政权的军事基础，使军权和政治实权由满族皇室为首的贵族手中转移到汉族督、抚手中，从而导致军阀制度的产生和清朝的灭亡，国家亦由统一走向分裂。军阀割据和连年的战争一方面给民族带来灾难，加深了人民的痛苦；另一方面亦使统治阶级受到削弱，给人民革命的兴起创造了时机。这就是说，军阀制度的产生，并不是反动阶级力量强大的表现，而是其统治力量大为削弱的必然结果和走向末日的先兆。对曾国藩来说，改革军事体制本来就是无可奈何之计，最终走向其愿望的反面，也是不以他个人意志为转移的历史规律。他看不出这一点固然是个悲剧，即使他看到这一点，甚至再为改变这一后果做上一番努力，至多也不过改变一下后世对他个人的评价，于历史的发展大约也不会产生多大影响。

曾国藩死后，这种兵为将有、督抚专政的情况更为严重。后来有人描述南京的情况说，金陵“光复后战兵虽遣裁，留防湘军常万数，江督一缺必于湘军宿将中选之，盖非如此不足安其心，且恐有他变。杨金龙（湖南人）提督江南十余年，虽跋扈而朝廷不敢动（时哥老会匪多湘人，杨为其魁，遇事专擅，历任督臣不能制），亦此故也。光绪甲午、庚子间，刘忠诚公（刘坤一，字岘庄）督两江前后殆十载，竟若一日公不死，无复有可以代之者。金陵遂俨为湘人汤沐邑矣”[1]。起初，清政府曾想控制湖广总督一席，占据上游，以对湘、淮军阀起点制约作用。怎奈曾国藩集团不能容忍，同治五年曾国荃具疏弹劾官文，决心把他挤走。清政府只好实行让步，调走官文，将湖督一缺让给曾国藩集团。及至八国联军进攻中国时，两广总督李鸿章联合湖广总督张之洞、两江总督刘坤一、山东巡抚袁世凯，勾结帝国主义，宣布东南互保，保持中立。虽然时间短暂，事前事后都得到那拉氏的首肯，但毕竟非同寻常，它说明湘、淮军阀业已羽翼丰满，足可同清政府分庭抗礼了。这与曾国藩在世时相比，地方势力又大大向前发展了一步。

面对这种地方督抚跋扈日甚、中央集权日益削弱的形势，清政府无可

1. 汤殿三：《国朝遗事纪闻》，民兴报馆版，第 1 册，第 9 页。

奈何，只好将他们的头子调任直隶总督，以解决“内轻外重”的问题。这样，直隶总督也就成为湘、淮军阀的专席。同治七年清政府调曾国藩任直隶总督，后因那拉氏怀疑曾国藩为奕䜣一党，将他调回两江，由李鸿章取而代之。李鸿章死后，清政府又遵照他的遗嘱，任命新军头子袁世凯继任直隶总督、北洋大臣——由于作为清朝武力支柱的新军只听他一人指挥，北洋六镇统制和陆军部要员皆其旧部，清朝的军政实权便渐渐落到袁世凯的手里。那拉氏死后，摄政王载沣为改变这种情况，曾将袁世凯开缺，令其回河南“养病”。宣统三年辛亥革命爆发，奉命前往武昌镇压这次起义的北洋军不听指挥，清政府只得答应袁世凯的一切条件，请其出任内阁总理大臣。这样，清中央政府的军政、外交大权便由满洲贵族手中转到袁世凯为首的汉族军阀政客手中。当时，革命党没有实力消灭北洋军，只好双方达成妥协，遂使这支反动武装被完整地保存下来，成为袁世凯日后搞假共和、真专制的武力基础。因而这次革命虽然推翻了清王朝，结束了君主政体，但却没有推翻帝国主义及其走狗地主买办阶级的反动统治，造成换汤不换药的结局。这场革命除结束君主政体、建立共和体制这一理论上和思想上的意义外，实际上只做了一件事，那就是把国家的军政实权由满洲贵族手中完全转到汉族军阀政客手中。而追根溯源，这一过程是从曾国藩创办湘军开始的，直到此时才最后完成。故有人说：“湘军演变而为淮军，淮军演变而为北洋军；湘军崛起为满汉势力消长之关键，迨至北洋军，即与革命军合力推翻清朝，亦分为三阶段焉。”[1] 而蒋介石的御用文人陶希圣更进而认为“辛亥革命与曾文正亦有密切关系”，并与人“详论之”[2]。这固然反映了中国大地主大资产阶级对近代史主要发展线索的看法，但也从反面证明曾国藩在近代中国反动统治阶级政权更迭中的关键作用，新旧军阀都是尊奉他为开山鼻祖的。在考察曾国藩在近代史上的影响时，这个问题是不应忽视的。

---

1. 王德亮：《曾国藩之民族思想》，商务印书馆 1946 年版，第 73 页。
2. 《曾国藩之民族思想·后记》，第 1 页。

地主买办阶级的精神偶像

曾国藩通过自己一生的言论和行动，在思想上和政治上形成一条路线，其要点是：继承中国以理学为核心、儒学为主体的传统思想，以保持封建地主阶级的道统；对外屈服于帝国主义侵略，以换取帝国主义的支持与合作；学习外国科学技术，以兴办军事工业；集兵、政、财、文与人事大权于一身，以建立军阀制度；强化封建统治，以镇压人民革命。总之，就是在保持封建制度基本不变的前提下，引进西方资本主义国家的先进技术和科学知识，以加强统治力量，对付日益觉醒的革命人民，使中国社会沿着半殖民地半封建的道路生存和发展下去。这条路线集中地代表了地主、买办阶级的根本利益，最适合他们的需要，深受他们的拥护，因而这条路线的创行者曾国藩就成为地主、买办阶级的精神偶像，受到其政治代表人物李鸿章、袁世凯、蒋介石等人的顶礼膜拜，被推崇为一代“圣贤”。

曾国藩死后，他的得意门生李鸿章全盘继承了这条路线。李鸿章曾对人说：“别人都晓得我前半部的功名事业，是老师提挈的，似乎讲到洋务，老师还不如我内行；不知我办一辈子外交，没有闹出乱子，都是我老师一言指示之力。”接着他详述了自己接任直隶总督时曾国藩向他传授办理外交的秘诀的经过。他说：“老师见面之后，不待开口，就先向我问话道：‘少荃，你现在到了此地，是外交第一冲要的关键。我今国势消弱，外人方协以谋我，小有错误，即贻害大局。你与洋人交涉，打算作何主意呢？’”李鸿章回答说：“门生也没有打什么主意，我想与洋人交涉，不管什么，我只同他打痞子腔（痞子腔盖皖中土语，即油腔滑调之意）。”曾国藩听后大不以为然，正色教训李鸿章说：“依我看来，还是用一个‘诚’字，‘诚’能动物。我想洋人亦同此人情。圣人言：‘忠信可行于蛮貊。’这断不会有错的。我现在既没有实在力量，尽你如何虚强造作，他是看得明明白白，都是不中用的。不如老老实实，推诚相见，与他平情说理，虽不能占到便宜，也或不至过于吃亏。无论如何，我的信用身份，总是站得住的。脚踏实地，蹉跌亦不至过远，想来比痞子腔总靠得住一点。”李鸿章听后，觉得“老师的话实在有理，是颠扑不破的”，“心中顿然有了把握，急忙应声曰：‘是，是。门生准遵奉老师训示办理。”李鸿章对人说，“后来办理交涉，不论英、俄、德、法，我只捧着这个锦囊，用一个‘诚’字同他相对，果然没有差错，且有很大收效的时候。古人谓‘一言可以终身行’，真有此理。要不是我老师的学问、经济；如何能如此一语破的呢？”还说：“我老师的秘传心法，有十八条‘挺经’，这真是精通造化、守身用世的宝诀。”这十八条“挺经”李鸿章只讲了一条，其余十七条的内容不得而知。不过按照李鸿章的理解，“大抵谓，天下事在局外呐喊议论，总是无益，必须躬自入局，挺膺负责，乃有成事之可冀”[1]。由此可见，李鸿章办理内政外交的那套本领基本上都是从曾国藩那里学来的，在思想和政治路线上是一脉相承的。无怪乎清末学者夏震武曾说道：“合肥（指李鸿章）、南皮（指张之洞）一生所为，其规模皆不出湘乡（指曾国藩）。世徒咎合肥、南皮之误国，而不知合肥之政术、南皮之学术始终以湘乡为宗，数十年来朝野上下所施行，无一非湘乡之政术、学术也。”[2]

李鸿章死后，这套衣钵就传给了袁世凯。袁世凯的叔祖袁甲三早在京宦时期就与曾国藩、李鸿章志同道合，镇压太平军、捻军以来更是互相支援，配合紧密，双方有着千丝万缕的联系。袁世凯的父辈都追随袁甲三和湘、淮军阀干过镇压捻军起义的反革命勾当。袁世凯自幼读书习文，满望通过科举考试的道路爬上高位，不料乡试名落孙山，遂弃文就武，投靠淮军将领吴长庆门下，充任幕僚，从此依托李鸿章，“颇受奖植”[3]。其后他受命驻扎朝鲜和担负编练新军的重任，都同李鸿章等人的保荐分不开。虽然曾有一个阶段，李鸿章怨恨袁世凯改换门庭巴结翁同龢，骂袁世凯为“小人”[4]，但临死时还是选定袁世凯为接班人，向清政府推荐袁世凯接替自己，担任北洋大臣和直隶总督这个当时说来最为重要的职务。袁世凯果然“不负”李鸿章的“厚望”，

1. 吴永：《庚子西狩丛谈》，1943 年版，第四卷，131—134 页。

2. 夏震武：《灵峰先生集》，第四卷，第 56—57 页。

3. 吴永：《庚子西狩丛谈》，第四卷，第 138 页。

4. 同上。

其一生之所作所为，无一不遵循曾国藩、李鸿章的路线，而卖国与专制则尤过之。袁世凯死后，中国陷入四分五裂、军阀混战的局面。1927 年叛变革命后取代北洋军阀而兴起的蒋介石新军阀集团，更集卖国、独裁于一体，把曾国藩制定的反动路线发展到登峰造极的地步。最近，一位香港学者在评论曾国藩对后世统治者的影响时不无感慨地说：“从曾国藩、李鸿章自咸丰十一年讲洋务以来，一直到一九三七年抗日战争前，中国都是谨守曾、李的‘不宜自我开衅’之戒，只在‘万分无礼相加’时，不得已才起而应战，故东西各国频年对中国之‘无礼’，执政权的人都不欲言战。于是二十一条逼签，也只好俯首签字；五卅惨案、沙基惨案，亦可不了了之；九一八事变，日本人一夜之间可以夺去我东北三省，我们不会觉得他们‘无礼’，仍谨守曾文正、李文忠二公的遗教！曾、李的精神真伟大极了，死已三五十年，还能影响执政诸公也！”[1] 又说：“有些人论李鸿章办的是卖国外交、媚洋外交，无非是说他所订的条约多丧权辱国，但从李的时代起，以至 1949 年，办外交的人会不会比他好呢？”实际上“民国以来的外交家”，还“万万”不如李鸿章[2]。可见从曾国藩至蒋介石，其思想政治路线是一脉相承的，所以蒋家王朝对曾国藩的吹捧甚至过于前代。

蒋介石一上台，就一反过去孙中山先生的遗教，把辛亥革命时期遭到志士仁人痛加批判的曾国藩捧上了天，在思想上、政治上、军事上皆奉为宗师。其后他在江西庐山等地举办“中央训练团”，训练军事和党政骨干，又提倡阅读曾国藩的著作，到处发表演说，言必称曾、胡（即曾国藩和胡林翼），叫喊“要救国复兴，就不可不效法曾、胡”[3]，妄图借用当年曾国藩镇压太平军的经验，将中国共产党领导的工农红军扼杀于摇篮之中。当时有人评论发生这一转变的原因时认为，“清末士人昌言革命，詈曾、左如盗贼，以神圣颂洪、杨”。“今政府（指蒋介石反动政府）念平乱之无功（指蒋介石指挥的“围剿”江西红军

---

1. 高伯雨：《中兴名臣曾胡左李》，第 89 页。

2. 同上，第 99—100 页。

3. 彭国栋编：《蒋介石先生嘉言类钞》，商务印书馆版，第 397 页。

的反革命战争屡遭挫败)，求治兵之本计，通令军将，通读公(指曾国藩)书”[1]。真是寥寥数语，道出了蒋介石抬出曾国藩这具政治僵尸的真实用意。这时有一个由中央训练团党政班受训归来，“重沐总裁(指蒋介石)熏陶，“凛然有动于中”[2]的御用文人，无法抑制自己内心的激动，遂摇动笔杆，大造舆论，把什么“伟大”呀、“崇高”呀、“古今完人”[3]呀等漂亮言辞，都一起堆到曾国藩的头上，甚至还拿蒋介石同曾国藩加以对照，探索其中本质联系。他认为，“总裁与曾氏虽时代有先后，而其生平志业行谊则颇相类似。总裁之黄埔建军，是犹曾氏之创立湘军也。而皆遭值世变，秉承中华固有之传统文化，适应现代社会环境之需要”，“以诚为一世昌”[4]，并由此“窥见本党(即蒋介石国民党)与湘乡之渊源”[5]。直到1964年，一些文人仍把曾国藩当成他们鼓吹所谓“反共救国”的精神武器。有人在一本专为配合当时所谓“反攻大陆”的叫嚣而修改再版的曾国藩传记中说：“他(指曾国藩)的救国方案，是分作两方面进行：一方面要守旧，那就是说，恢复民族固有的美德，以‘公’‘诚’的精神教育来改造旧社会；另一方面要革新，接受西洋文化的一部分，以‘炮’‘船’的科学机械来建设新事业。革新与守旧同时进行，这是经世学的必然道理，也是曾国藩对我国近代史的大贡献。”又说：“我们佩服曾文正公，就因为他有这种远大的眼光，一直到现在，我们要救国家救民族还离不开这种原则。”[6]

总之，曾国藩、李鸿章、袁世凯、蒋介石在思想和政治路线上是一脉相承的，而对大地主大买办阶级来说，李鸿章、袁世凯、蒋介石等人不过是他们某一时期的政治领袖，而创行这条路线的曾国藩则始终是支撑其反动政权的精神支柱，而且越是到后来，越是在他们的统治感到危机时，这种作用也就越明显。

---

1. 何贻焜：《曾国藩评传》，1937年版，第622页。
2. 王德亮：《曾国藩之民族思想》，商务印书馆，第1页。
3. 同上，第75页。
4. 同上，第78页。
5. 王德亮：《曾国藩之民族思想·后记》，第1页。
6. 萧一山：《曾国藩传》，第179、180页。

附录一　曾国藩生平经历年表

嘉庆十六年(1811)

十月十一日(11.26)　出生于湖南省湘乡县城南一百二十里之白杨坪村(今属双峰县)，乳名宽一。

嘉庆二十一年(1816)

是年　开始在家塾读书。

嘉庆二十二年(1817)

是年　从其父曾麟书读书。

嘉庆二十五年(1820)

五月　曾国潢出生。

道光二年(1822)

五月　曾国华出生。

道光四年(1824)

八月　曾国荃出生。

道光八年(1828)

九月　曾国葆(后改名贞幹)出生。

道光十年(1830)

九月　肄业于衡阳唐氏家塾。

是年　赴唐氏家塾读书时取名子城，字居武。

道光十一年(1831)

十一月	肄业于湘乡涟滨书院。
是年	改号涤生。

道光十三年(1833)

是年	考取秀才，入县学。

道光十四年(1834)

是年秋	肄业于长沙岳麓书院，考取湖南乡试举人。
十一月	自家起程赴京师会试，途中与刘蓉相识。

道光十五年(1835)

是年	会考落第，留京师读书。

道光十六年(1836)

是年	恩科会试再次名落孙山，出都返回湖南。

道光十七年(1837)

是年	经刘蓉介绍，与郭嵩焘相识。

道光十八年(1838)

是年	会试取中第三十八名贡士，正总裁为大学士穆彰阿，二人遂有师生之谊。又嫌其名太俗，令其改名国藩。 殿试取三甲第四十二名，赐同进士出身。 朝考一等二名，改庶吉士，入翰林院庶常馆深造。

道光二十年(1840)

四月	庶吉士散馆，取二等第十九名，授翰林院检讨。
五月	英国侵略军进攻广东，第一次鸦片战争爆发。
六月	病倒客店，得欧阳兆熊、吴廷栋治疗、护理，两月始愈，三人遂成好友。

道光二十一年(1841)

七月	开始阅读宋代理学家朱熹的《朱子全集》，并向京师著名理学家、太常寺卿唐鉴请教读书之法、检身之要。

道光二十二年(1842)

七月	清政府与英国签订中国近代史上第一个丧权辱国的不平等条约《南京条约》。曾国藩对此极表拥护，大加称赞。
十月	向倭仁请教修身方法。

道光二十三年(1843)

三月	翰詹官大考，取二等第一名，以翰林院侍讲升用。
六月	奉命充任四川乡试正考官。
七月	补授翰林院侍讲。
十一月	充任文渊阁校理。

道光二十四年(1844)

八月	郭嵩焘引江忠源来见，二人一见如故，结为师生。
十二月	转补翰林院侍读。

道光二十五年(1845)

三月	钦派会试同考官，签分第十八房。
五月初二日	升授右春坊右庶子。
六月	转补左庶子。
九月	升授翰林院侍讲学士。李鸿章以年家子投其门下受业，甚受器重。

道光二十六年(1846)

夏、秋间	在城南报国寺养病，向同寓刘传莹（精通考据学）学习汉学，刘传莹向其学习理学。二人取长补短，受益甚大。
十月	湖南京官奏事首次以曾国藩领衔，此后相沿成习。

道光二十七年(1847)

六月	升授内阁学士兼礼部侍郎衔。
十月	钦派武会试正总裁，殿试阅卷大臣。
是年	郭嵩焘、李鸿章、李宗羲同科进士。

道光二十八年(1848)

七月	曾国荃科考一等，补廪膳生。

道光二十九年(1849)

正月	升授礼部右侍郎。
八月	兼署兵部右侍郎。

道光三十年(1850)

正月	道光皇帝死，咸丰皇帝继位。
二月	咸丰皇帝下令征言。
三月	应命上奏，举荐吴廷栋、江忠源等五人。
	骆秉章补授湖南巡抚。
六月	兼署工部左侍郎。
九月	广西提督闵正凤被革职，调向荣为广西提督，复任命前云贵总督林则徐为钦差大臣，驰赴广西会办军务。
十月	兼署兵部左侍郎。
	广西巡抚郑祖琛被革职。
十一月	林则徐病死广东潮州，改命前两江总督李星沅为钦差大臣。
十二月十日(1851.1.11)	洪秀全在广西金田村起义。太平天国运动爆发。

咸丰元年(1851)

二月	广州副都统乌兰泰奉命驰赴广西，帮办军务。
三月	赛尚阿奉命授为钦差大臣，驰赴广西督师。
四月	上疏批评咸丰皇帝，几乎得罪，经军机大臣苦苦求情始免。
五月	兼署刑部左侍郎。
六月	江忠源奉调赴桂林军营。

咸丰二年(1852)

正月	兼署吏部左侍郎。
四月	江忠源在广西全州蓑衣渡袭击太平军。
五月初四日(6.21)	骆秉章奉旨赴京(未去)，张亮基调任湖南巡抚。
六月	奉命充任江西乡试正考官，获准事毕回家探亲。
七月	行至安徽太湖境内接母丧讣闻，急由九江登舟西上，回籍奔丧。
八月二十三日(10.6)	行抵家门。
十一月二十九日(1853.1.8)	奉命帮办湖南团练事务。
十二月初四日(1853.1.12)	太平军攻克湖北省城武昌。
十三日(1853.1.21)	接到帮办团练之旨。
十七日(1853.1.25)	从家乡动身赴长沙。
二十一日(1853.1.29)	抵湖南省城长沙。
二十二日(1853.1.30)	奏请在省城立一大团，以防守长沙及镇压本省农民反抗活动。
二十六日(1853.2.3)	张亮基署理湖广总督，潘铎署理湖南巡抚。

咸丰三年(1853)

二月初十日(3.19)	太平军攻克江宁府城，改名天京，定为太平天国首都。
十二日(3.21)	奏明在团练大臣行辕设审案局，残酷镇压会党及其他群众的反抗活动。

三月	王鑫、刘长佑等开始带勇赴外县作战，镇压小股农民起义。
	署湖南巡抚潘铎因病免职，骆秉章由署湖北巡抚调署湖南巡抚。
四月	太平军派出两支大军，分别进行北伐和西征。
五月	曾国葆募湘勇一营，驻扎长沙南门外。
六月	会同骆秉章派罗泽南等率兵勇三千六百人赴援南昌。
	清江北大营帮办军务大臣雷以諴在扬州创行厘金。
八月	为避提标兵(又称永顺兵)之祸，曾国藩由长沙移驻衡州。
九月十九日（10.21）	安徽巡抚李嘉端革职，江忠源升授安徽巡抚。
是月	曾国藩开始着手改革军制，拟定营制、营规、饷章等，决心一扫绿营积弊，募练一支万人劲旅，以为镇压太平天国革命的军事资本。此为创建湘军的正式开始。
十月	奏请截取存放长沙的、广东解往江南大营的饷银四万两，在衡州设立船厂，日夜兴工，赶造战船，并派人赴广东购买洋炮，加紧筹建湘军水师。
十一月二十六日（12.26）	因清廷一再催其赴援鄂、皖，曾国藩上奏表示：船、炮不齐，决不出征。
十二月初二日（12.31）	在湘潭设立分厂，加快造船速度。
十六日(1854.1.14)	太平军攻克安徽庐州，江忠源投水自杀。

咸丰四年(1854)

正月十五日(2.12)	太平军攻毁清军黄州堵城大营，湖广总督吴文镕投水塘死。
二十六日(2.23)	衡州船厂完工，共造成拖罟、快蟹、长龙、舢板等大小船只二百四十余号，用钓钩船改造而成的战船一百二十号。
二十八日(2.25)	从衡州出发，开始东征。罗泽南留驻衡州。
二月	贵州道员胡林翼应调至湖北，闻警退回湖南，归依曾国藩部下。太平军攻占湖南岳州、湘阴、宁乡，长沙大震。储玫躬进攻宁乡败死。太平军亦全军退走，中途遇大队援军，复返回进攻湖南。
三月初二日（3.30）	曾国藩率水陆各营占领岳州。
初八日(4.5)	王鑫等营在羊楼司遇太平军，溃败。太平军乘胜追击，湘军水陆大败，返奔长沙。太平军乘胜攻占岳州、湘阴、宁乡、湘潭，形成对长沙的夹攻之势。
是月	为奏请原湖北巡抚杨健(曾受降职处分)入祀乡贤祠事，奉旨降二级调用。

四月初二日(4.29)	曾国藩亲率水陆各营进攻靖港，大败，投水自杀未遂。
初五日(5.1)	塔齐布、杨载福、彭玉麟率军攻占湘潭，湘军水陆大胜。
是月	太平军自湘潭迅速退兵至常德一带，与曾天养部会合后返回岳州据守。
六月十三日(7.7)	湘军第一批水师和塔齐布陆军自长沙出发，进攻岳州。
七月初一日(7.25)	太平军放弃岳州，退守城陵矶。
初六日(7.30)	曾国藩率第三批水师从长沙启行，前往岳州。
十六日(8.9)	湘军水师进攻城陵矶，大败，总兵陈辉龙、道员褚汝航、游击沙镇邦、同知夏銮同日毙命。
十八日(8.11)	塔齐布率湘军陆师攻占城陵矶，太平军著名勇将曾天养牺牲，西征军退往武昌。
八月二十三日(10.14)	湘军攻陷武昌、汉阳，太平军退走田家镇。
九月初五日(10.26)	咸丰皇帝阅曾国藩奏报，立即赏给二品顶戴，令其署理湖北巡抚。
十二日(11.2)	咸丰皇帝收回令曾国藩署理湖北巡抚的成命，赏给兵部侍郎衔，催令迅速东下，攻取赣、皖。
十三日(11.3)	湘军分三路从武昌、汉阳出发，水陆东下，进攻江西太平军。
十月初七日(11.26)	湘军陆师攻占田家镇对面的半壁山要隘。
十三日(12.2)	湘军水师攻断田家镇至半壁山的拦江铁链，焚毁太平军船只四千五百余艘。太平军弃田家镇退走广济、黄梅。
是月	杨秀清闻田家镇大战失利，急派石达开、罗大纲率军增援西线。
十一月初一至初三日(12.20—22)	太平军在广济、黄梅间的双城驿、大河埔等地大战失败，撤兵南走。
十二日(12.31)	罗大纲指挥各军在孔陇驿阻敌，失败后渡江退守九江。
十八日(1855.1.6)	湘军渡江进扎九江城外，开始对九江的进攻。
是月	胡林翼、王国才率湖北军队赶赴九江城外助攻。
十二月初六日(1855.1.23)	曾国藩以进攻九江屡次失利，派胡林翼、罗泽南分兵进攻湖口和梅家洲。林启荣、石达开、罗大纲分守九江、湖口、梅家洲，深沟高垒，坚壁不出，使湘军顿兵坚城之下，寸步难行。
十二日(1855.1.29)	太平军将湘军水师舢板船封死在鄱阳湖内，乘夜袭击停泊湖口江面的湘军大船，焚毁三十九号，余者逃向九江。
二十五日(1855.2.11)	太平军夜袭停泊九江江面的湘军水师，焚毁战船十余只。曾国藩座船被俘，文件尽失，再次投水自尽，被人救起，送入罗泽南营中。曾国藩见大势已去，欲策马赴敌自杀，经人劝解乃止。

咸丰五年(1855)

正月初	太平军乘胜反攻，分三路进攻湖北，重新占领汉口。胡林翼、王国才奉命回救武昌、汉阳。湘军外江水师以回援湖北为名，全部退至金口，修理战船。
十二日(2.28)	由九江启行赴南昌，与江西官员商讨修造大船事项，使内湖水师得以自存。
十六日(3.4)	抵南昌，任命萧捷三为内湖水师统领。
二月十七日(4.3)	太平军三克武昌，湖北巡抚陶恩培死。
三月	清廷命胡林翼署理湖北巡抚。
是月	曾国藩调内湖水师驻扎南康府，与李元度新募平江勇相依护。
四月十三日(5.28)	由吴城移驻南康府，令内湖战船进攻湖口。
二十七日(6.11)	湖广总督杨霈革职，荆州将军官文授为湖广总督。
七月十八日(8.30)	塔齐布病死九江城外军营，曾国藩令周凤山接统其军。
二十三日(9.4)	萧捷三进攻湖口败死，曾国藩急调彭玉麟接统内湖水师。
八月二十七日(10.7)	罗泽南由义宁拔营，回援湖北。
九月初四日(10.14)	补授兵部右侍郎。
十一月	石达开率军返回江西，连克瑞州、临江、袁州，围攻吉安。曾国藩撤九江之围，调周凤山率湘军南下。
十二月	周凤山攻占樟树镇、新淦，欲赴援吉安，又恐南昌遭受袭击。

咸丰六年(1856)

正月初三日(2.8)	彭玉麟水师至樟树镇，与周凤山营相依护。
二十五日(3.1)	石达开攻克吉安，率军北上。
二月十八日(3.24)	太平军袭破湘军樟树镇大营，周凤山全军奔溃，南昌大震。
二十日(3.26)	曾国藩赴南昌收集溃勇，调集水陆各军防守省城，并奏调罗泽南回援江西。
二十二日(3.28)	太平军攻克抚州府。
二十八日(4.3)	太平军大破清军江北大营。
二十九日(4.4)	太平军攻克建昌府。此时江西十三府中的八府五十州县皆在太平军的掌握之中，军势达到鼎盛时期。
是月	湖南巡抚骆秉章派刘长佑、萧启江率军赴援江西。
三月初八日(4.12)	罗泽南因进攻武昌受伤过重，死于洪山大营，胡林翼令李续宾接统其军。
四月二十九日(6.1)	太平军在江苏镇江大破清军，江苏巡抚吉尔杭阿死。
五月十八日(6.20)	太平军大破清军江南大营，向荣、张国梁败走丹阳。
六月	应曾国华之请，胡林翼派刘腾鸿、普承尧、吴坤修率军赴援江西。
七月初一日(8.1)	湖北援军抵瑞州城外。
八月	曾国荃募勇赴援江西，同周凤山新勇会合，谋攻吉安，由吉安知府黄冕供饷，故称其军为吉字营。

八月初四日至十月十一日(9.2—11.8)	太平天国发生内讧，杨秀清、韦昌辉、秦日纲、陈承镕等重要领导人相继死难，革命将士牺牲数万人，精锐几尽，元气大伤。
十一月二十二日(12.19)	湖北湘军攻陷武昌、汉阳，水陆东下，攻向江西。
十二月	李续宾、杨载福率军进抵九江城外，曾国藩闻讯由南昌前往劳军。

咸丰七年(1857)

二月十一日(3.6)	在瑞州大营接其父曾麟书讣闻。
二十一日(3.16)	同曾国华从瑞州动身，回籍奔丧。
二十九日(3.24)	抵故里家门。咸丰皇帝赏假三月，令其在家治丧。
三月	湖南巡抚骆秉章调王鑫率老湘营赴援江西。
五月	因假期将满，上奏陈请在家终制，咸丰帝不允。
六月	曾国藩复奏表示，非位任巡抚不能治军并兼及筹饷，希图谋取地方实权。咸丰帝准其在籍终制，使之陷于难言之苦。解兵部右侍郎任。
七月十四日(9.2)	湘军攻陷瑞州，刘腾鸿先一日死。
八月初四日(9.21)	王鑫病死于江西乐安，老湘营由张运兰、王开化分领。
九月初九日(10.26)	湘军攻陷湖口、梅家洲，彭玉麟内湖水师冲出鄱阳湖，与杨载福外江水师会合。
是月	因周凤山营再次奔溃，江西巡抚奏请由曾国荃统带吉安城外各营。
十月	杨载福补授福建陆路提督。
十一月十二日(12.27)	清军攻陷镇江，天京形势开始紧张。
十二月初八日(1858.1.22)	刘长佑、萧启江等军攻陷临江府。
是月	陈玉成与河南、安徽一带的捻军联合，军势渐壮。

咸丰八年(1858)

三月	曾国华至九江投军，留于李续宾军中。
	石达开率军由江西入浙江。湖北巡抚胡林翼奏请起复曾国藩，令其督军援浙。
四月初七日(5.19)	李续宾、杨载福率水陆两军攻陷九江，太平军守将林启荣以下将士一万七千人战死。
二十日(6.1)	萧启江、刘坤一等军攻陷抚州府。
二十四日(6.5)	湘军张运兰、王开化部攻陷江西建昌府。
五月二十一日(7.1)	奉命驰援浙江。
二十五日(7.5)	湖南巡抚骆秉章亦奏请起用曾国藩督军援浙。
六月初七日(7.17)	从家乡启行赴浙。
是月	杨载福改任福建水路提督。
七月二十一日(8.29)	抵南昌，拜会江西巡抚耆龄。
是月	清军江南大营挑壕筑墙围困天京。
八月初八日(9.14)	抵河口军营，接统张运兰、萧启江、吴国佐各军。
八月十五日(9.21)	曾国荃等军攻陷吉安府。

二十一日(9.27)	李秀成、陈玉成联军大败清军于浦口，再破清军江北大营，天京解围。
是月	李续宾、都兴阿统兵进攻安庆，攻陷太湖后李续宾分兵攻打潜山、桐城，都兴阿经石牌直抵集贤关外，欲收分进合击之效。
九月初五日(10.11)	曾国藩抵建昌府，扎营城外。
二十六日(11.1)	曾国荃带勇一千至建昌大营，曾国藩留其勇为亲兵。
是月	李续宾奉命夺回庐州，连陷桐城、舒城，进扎三河镇外。
十月初十日(11.15)	陈玉成、李秀成联军在安徽三河镇全歼李续宾部湘军精锐六千人，李续宾、曾国华同日毙命。都兴阿闻讯退走宿松。
十一日(11.16)	曾国荃自建昌动身返湘募勇。
十二月初二日(1859.1.5)	张运兰从建昌府出发奉命往攻景德镇。
十一日(1859.1.14)	李鸿章至建昌府，遂入曾国藩幕府，充任幕僚。

咸丰九年(1859)

正月	作《圣哲画像记》。
二月十二至十六日(3.16—20)	由建昌府移驻抚州。
是月	石达开由赣南转入湘南。
三月	萧启江奉命由吉安回援湖南。
四月二十七日(5.29)	曾国荃率新勇抵抚州。
五月十一日(6.11)	曾国荃率军由抚州启行，赴景德镇助攻，李鸿章同行参谋军事。
六月初三日(7.2)	奉命赴四川办理军事，预为设防，阻截石达开入川。
十四日(7.13)	太平军撤走皖南，湘军进占景德镇。
二十八日(7.27)	张运兰率军返湘，曾国荃带吉字营回抚州。
七月初七日(8.5)	由抚州起身，准备赴川。
是月	胡林翼见曾国藩未得川督一席，复请官文奏留曾国藩，与湖北合军进攻安徽。
八月十一日(9.7)	抵黄州会见胡林翼，共商进攻安徽诸事宜。留七日始行。
二十一日(9.17)	行至阳逻镇接到廷寄，令其停止入川，改攻安徽。
二十三日(9.19)	至武昌同湖广总督官文会商军事。
九月初三至初四日(9.28—29)	由武昌返抵黄州，与胡林翼共定四路进攻安徽之策。
初五日(9.30)	抵巴河，登岸驻陆营。
十月初二日(10.27)	曾国荃率领所部吉字营至巴河，曾贞幹率领所募湘勇至黄州。
二十四日(11.18)	曾国藩各军从巴河拔营，前往进攻安徽，曾国荃请假归湘。
十一月初三日(11.26)	驻军黄梅。
十三日(12.6)	由黄梅进驻宿松。委派朱品隆、李榕总理营务处。
十二月初六日(12.29)	胡林翼由黄州移驻英山，曾贞幹随行。
二十日(1860.1.12)	派朱品隆、李榕领军进扎太湖，与湖北湘军共同攻城。
二十四日(1860.1.16)	陈玉成援军围困鲍超于小池驿，日夜环攻。
二十七日(1860.1.19)	曾国藩调唐训方率军赴援小池驿。
三十日(1860.1.22)	多隆阿、蒋凝学进援小池驿，谋解鲍超之围。

咸丰十年(1860)

正月初十日(2.1)	清军攻陷江浦、九洑洲，天京合围。
十九日(2.10)	金国琛、余际昌率军越潜山之天堂水孔岭，至小池驿后山，袭击太平军之背，鲍超乘机冲出重围。
二十五日(2.16)	各路湘军联合发动反攻，太平军大战失利。
二十六日(2.17)	陈玉成再战复败，放弃太湖，连夜退走。
三月初五日(3.26)	李续宜至宿松会见曾国藩，议定曾国荃进攻安庆，多隆阿围攻桐城，李续宜驻兵青草塥策应。
闰三月十六日(5.6)	太平军再破清军江南大营，天京解围。张国梁、和春相继死。
二十六日(5.16)	左宗棠自英山来见。
二十七日(5.17)	曾国荃抵宿松。朱品隆、李榕已于数日前带吉字等营抵集贤关。
是月	刘长佑升授广西巡抚。
四月初一日(5.21)	奉东援苏州、常州之令，曾国藩以兵力单薄为由，拒不从命。
初三日(5.23)	曾国荃自宿松动身赴集贤关军营。
初十日(5.30)	曾国荃率军进围安庆。
十三日(6.2)	太平军攻克苏州，江苏巡抚徐有壬死，两江总督何桂清及其他江苏官员逃往上海。
十八日(6.7)	左宗棠回湘募勇，预计自成一军，在景德镇一带作战。
二十一日(6.10)	两江总督何桂清被革职拿问。曾国藩奉命赏加兵部尚书衔，署理两江总督。此时清政府尚不知苏州、常州已为太平军所占，数日之内连下谕旨，令曾国藩撤安庆之围，驰援苏州、常州。
五月初二日(6.20)	在湘军水师配合下，叛徒韦俊攻陷枞阳镇，安庆对外联系断绝。
初三日(6.21)	曾国藩复奏安庆之围不可遽撤，拟于长江南岸布兵三支，自任由祁门进图溧阳一路，以固江、浙人心。
初八日(6.26)	接到寄谕一道，应胡林翼奏请，令左宗棠以四品候补京堂襄办曾国藩军务。
十五日(7.3)	自宿松启行前赴祁门，带鲍超、张运兰等军万人随行，留曾国荃继续围攻安庆。
二十六日(7.14)	奉旨兼顾皖南军务。
六月初一日(7.18)	抵祁门驻扎。
二十四日(8.10)	奉旨实授两江总督，并授为钦差大臣，督办江南军务。
七月初十日(8.26)	置木匭于营门外，许军民人等投书言事。
二十四日(9.9)	张运兰至祁门。
二十八日(9.13)	命张运兰自祁门出发，由旌德进援宁国府。
八月初一日(9.15)	奉旨督办宁国军务，原督办宁国军务、湖南提督周天受听其调遣。
初七日(9.21)	李元度领军至祁门，曾国藩令其据守徽州。
十二日(9.26)	太平军攻克宁国府，周天受丧命。

二十日(10.4)	鲍超至祁门，其部已由宋国永统带赴援宁国，曾国藩令其速赴军营。
二十五日(10.9)	太平军攻克徽州府，平江勇溃散，李元度逃走。
二十六日(10.10)	接奉廷寄，令曾国藩速派鲍超率勇两三千名兼程前进，克日赴京。
九月初三日(10.16)	接恭亲王咨文，知咸丰皇帝由圆明园逃往热河，英法联军由通州进逼北京。
初六日(10.19)	采纳李鸿章的建议，奏请派万人北上赴援，而统兵人选必须由咸丰皇帝从曾国藩、胡林翼二人中指派，一俟接到明谕，立刻带兵起程。企图以往返奏报拖延时间，静观事态的发展。
十月十九日(12.1)	李秀成大军由羊栈岭进山，攻克黟县，距祁门六十里。曾国藩写下遗嘱，准备一死。
二十日(12.2)	鲍超、张运兰两军驰至，李秀成连战失利，退出岭外，绕道入浙江。
是日	左宗棠所募新勇至景德镇。严树森任河南巡抚。
十一月初四日(12.15)	太平军攻克建德，宝勇溃散。九江镇总兵普承尧不久即被革职拿问。
初八日(12.19)	复奏承询借夷助剿和委托洋商采米运津两事，认为这是同外国侵略者搞好关系的好机会，“目前资夷力以助剿、济运，得纡(纾)一时之忧，将来师其智以造炮制船，尤可期永远之利”。是为曾国藩洋务思想之始。

咸丰十一年(1861)

正月初七日(2.16)	李续宜补授安徽巡抚(未赴任)。
二十二日(3.3)	陈玉成自安徽桐城出发，开始第二次西征。
二十九日(3.10)	陈玉成大败湖北余际昌军，占霍山。
是月	太平军分两路进逼祁门，均以作战失利退兵。
二月初六日(3.16)	李续宜自青草塥出发回援湖北。
初八日(3.18)	陈玉成大军攻克黄州，武昌逃徙一空。
十一日(3.21)	胡林翼由英山移驻太湖，谋以长期围困安庆。
十四日(3.24)	彭玉麟由安庆出发，率军回援湖北。
二十五日(3.25)	北路太平军入岭进攻历口湘军营盘，距祁门二十里。曾国藩急调兵赴援。太平军闻讯退走。
三十日(4.9)	李世贤大军攻克景德镇，皖南镇总兵陈大富死。祁门大营粮运中断，文报不通，陷于困境。
三月初二日(4.11)	曾国藩由祁门赴休宁，调集山内各军进攻徽州，以打开通往浙江之路。
初九日(4.18)	陈玉成闻安庆事急，率二万大军自湖北随州东返，驰援安庆。
十一日(4.20)	李秀成攻克吉安府，挥军北上，直趋瑞州、临江。
十二日(4.21)	徽州太平军乘夜出城偷袭敌营，湘军大败奔溃。太平军乘胜追击，围困休宁。
十四日(4.23)	李世贤在江西乐平与左宗棠大战失利，撤兵走浙江。湘军粮道复通，祁门大营解围。

十八日(4.27)	曾国藩自休宁启行，返回祁门。
是日	陈玉成大军入集贤关，猛攻曾国荃湘军外壕。
二十一日(4.30)	曾国藩闻太平军退走，景德镇收复，决计乘机出山，移驻东流。
二十二日(5.1)	洪仁玕、林绍璋率军抵练潭一带，援救安庆。
二十三日(5.2)	李秀成大军围攻临江府。
二十六日(5.5)	曾国藩留张运兰守祁门，自率领大营人员出岭赴东流。
四月初一日(5.10)	曾国藩抵东流，立刻下令催鲍超驰援安庆。胡林翼调成大吉赴安庆助攻。
初六日(5.15)	李秀成大军攻克瑞州府。
初十日(5.19)	陈玉成闻鲍超、成大吉军将至，留刘玱琳、李仕福等四千人守集贤关外赤冈岭四垒，另留八千人守关内及菱湖南岸各垒，自率兵六千由马踏石连夜退走桐城。
五月初一日(6.8)	湘军攻毁赤岗岭第二、三、四三垒，李仕福等三千将士殉难。
初二日(6.9)	刘玱琳率第一垒战士突围走桐城，至马踏石遇水被俘，八百将士壮烈牺牲。
初八日(6.15)	李秀成大军经兴国、大冶进克武昌县，与黄州赖文光部隔江相望。
是日前后	成大吉奉命率军回援湖北。
十二日(6.19)	胡林翼由太湖动身返回武昌。
六月初一日(7.8)	安庆城外太平军各垒全部被曾国荃攻破，八千将士殉难。
初二日(7.9)	李秀成闻湘军将至，迅速从湖北退兵，经江西东走浙江。
七月上旬	陈玉成以久攻挂车河湘军营盘不下，率军自桐城西走英山，绕道湖北境内折回安徽。
十六日(8.21)	咸丰皇帝奕詝病死热河避暑山庄。
十九日(8.24)	太平军各路援军再入集贤关，日夜猛攻曾国荃湘军外壕。
八月初一日(9.5)	湘军攻陷安庆，叶芸来以下太平军将士一万六千人壮烈牺牲。
初二日(9.6)	陈玉成率军退出集贤关，经石牌、宿松、黄梅、英山、六安退至庐州。多隆阿随后攻陷舒城，进围庐州。
初七日(9.11)	自东流抵安庆城外巡视军营。
十二日(9.16)	胡林翼病危请假，李续宜署理湖北巡抚。
二十一日(9.25)	由东流移驻安庆，设公馆于原英王府内。
二十六日(9.30)	胡林翼病死武昌。
九月初二日(10.5)	曾国荃率军自安庆出发，沿江而下，一路攻向太平天国的首都天京。
十七日(10.20)	李续宜补授湖北巡抚，彭玉麟补授安徽巡抚。
二十日(10.23)	曾国荃攻陷无为州。
二十九日(11.1)	曾国荃率军攻陷巢县附近的东关，与太平军隔河对峙，因兵力不足，攻势暂时停顿下来。
十月初一日(11.3)	曾国荃回安庆，商讨进兵大计。
初六日(11.8)	曾国荃回湘招募新勇。
十六日(11.18)	上海官绅所派代表钱鼎铭抵安庆求援。

十八日(11.20)　奉旨督办江、皖、赣、浙四省军事，巡抚、提、镇以下文武官员皆归其节制。

十一月十六日(12.17)　奏派左宗棠统兵援浙，广信、徽州、饶州诸军皆归其节制。

二十八日(12.29)　太平军攻克杭州，杭州将军瑞昌、浙江巡抚王有龄皆死。

十二月二十四日(1862.1.23)　左宗棠补授浙江巡抚。

是月　沈葆桢补授江西巡抚，李桓补授江西布政使。李续宜调任安徽巡抚，严树森调任湖北巡抚，彭玉麟免安徽巡抚，改为候补兵部侍郎。

同治元年(1862)

正月初一日(1.30)　奉旨以两江总督兼协办大学士。

十五日(2.13)　左宗棠率军由江西入浙江。

十七日(2.15)　鲍超补授浙江提督，蒋益澧补授浙江布政使，陈士杰补授江苏按察使，曾国荃补授浙江按察使。

二月十五日(3.15)　曾国荃带新勇返回前线。

三月初八日(4.6)　李鸿章率湘、淮军八千人乘轮船由安庆出发赴援上海。

是日　曾国藩奏请派大员赴广东抽厘助饷，专供江、浙、皖各军。

十六日(4.14)　鲍超攻陷青阳。

二十日(4.18)　曾国荃攻陷巢县、含山。

二十一日(4.19)　曾贞幹攻陷繁昌。

二十二日(4.20)　曾国荃攻陷和州，鲍超攻陷石埭县、太平县。

二十八日(4.26)　鲍超攻陷泾县。

三十日(4.28)　李鸿章全军抵上海，奉旨署理江苏巡抚。

是日　曾贞幹攻陷南陵。

四月十五日(5.13)　多隆阿攻陷庐州，陈玉成率亲兵数千奔走寿州。

十七日(5.15)　陈玉成在寿州被苗沛霖诱捕，捆送胜保大营。

二十日(5.18)　曾国荃、曾贞幹、彭玉麟联军攻陷太平府，随后攻陷金柱关、东梁山、芜湖等城隘。

四月二十九日(5.22)　太平军陈得才、赖文光攻占渭南，洪兴、任武率西北回民起义于渭南。

五月初三日(5.30)　曾国荃率军进驻雨花台，开始对天京的围攻。

初八日(6.4)　太平天国著名将领、英王陈玉成在河南延津就义。

三十日(6.26)　黄翼升署理长江水师提督。

是月　多隆阿不肯与曾国荃会攻天京，经官文奏请，统兵入陕西。

六月十五日(7.11)　鲍超攻陷宁国府。

是月　陈得才、赖文光等率领远征西北的太平军回援天京，到达豫南一带。此后长期转战于鄂、豫、皖交界地区，为湘军所阻，始终未能接近天京。

七月初六日(8.1)　李续宜丁忧回籍，曾国藩兼署安徽巡抚，李续宜所部成大吉、萧庆衍、蒋凝学、毛有铭等军皆归曾国藩调度。

初八日(8.3)　袁甲三因病免职，李续宜授为钦差大臣，督办安徽军务。

二十一日(8.16) 奉旨节制李昭寿一军。
是月 钦差大臣僧格林沁奉命督办山东、河南军务，并调度直隶、江西两省防兵。
闰八月十二日(10.5) 奏请简派在京亲信大臣驰赴江南会办军务。
二十日(10.13) 李秀成率大军援救天京，日夜猛攻雨花台曾国荃大营。
二十四日(10.17) 刘长佑补授两广总督。
十月初五日(11.26) 李秀成自雨花台退兵，转攻江北。
十二日(12.3) 李鸿章实授江苏巡抚。
二十七日(12.18) 再次奏请简派大臣会办江南军务。
十一月十八日(1863.1.7) 曾贞幹病死雨花台湘军大营。
十二月二十七日(1863.2.14) 刘长佑调任直隶总督。

同治二年(1863)

正月二十八日(3.17) 从安庆出发赴天京城外，巡察各处湘军营盘，以定进退大计。
二月二十八日(4.15) 回到安庆，认为各军壕墙坚固，撤销退兵之议。
三月十八日(5.5) 曾国荃补授浙江巡抚，未赴任，仍留雨花台治军。左宗棠升授闽浙总督，兼署浙江巡抚。
四月 石达开在大渡河被俘，随后被押至成都杀害。
五月十五日(6.30) 湘军水陆合军攻陷太平军严密设防的九洑洲，天京粮路中断。
六月二十九日(8.13) 郭嵩焘补授广东巡抚。
七月初二日(8.15) 刘蓉补授陕西巡抚。
九月 湘军陆续攻陷城外要隘，天京逐渐合围。
十月初七日(11.17) 彭玉麟、鲍超水陆两军攻陷高淳、东坝等城隘，由皖南攻入苏南。
十二日(11.22) 鲍超军攻陷溧水、建平二县。
二十四日(12.4) 太平军苏州将领郜永宽等杀主将谭绍光投降淮军，苏州城陷落。
十二月 苏涣入京，李鸿章暂署通商事务大臣。

同治三年(1864)

正月二十一日(2.28) 曾国荃湘军攻陷天堡城，进驻太平门、神策门外，天京完全合围。
二月二十四日(3.31) 左宗棠率军攻陷杭州。
三月初七日(4.12) 鲍超军攻陷句容。
二十日(4.25) 鲍超军攻陷金坛，回籍省亲。
四月初六日(5.11) 李鸿章军攻陷常州。
二十七日(6.1) 太平天国领袖洪秀全在天京病逝，年五十岁。
是月 多隆阿死于陕西盩厔。杨岳斌(载福)奉旨督办江西军务，黄翼升实授长江水师提督，李朝斌补授江南提督。
五月三十日(7.3) 曾国荃攻陷地堡城。
是月 杨岳斌补授陕甘总督。
六月十六日(7.19) 曾国荃湘军攻陷天京，太平天国革命宣告失败。

十九日(7.22)	李秀成在天京城外方山被村民出卖，捆送萧孚泗营。
二十四日(7.27)	曾国藩由安庆动身赴江宁视察。
同日	曾国藩赏加太子太保衔，赐封一等侯爵，世袭罔替，赏戴双眼花翎。
二十九日(8.1)	曾国荃赏加太子少保衔，赐一等伯爵，李臣典封一等子爵，萧孚泗封一等男爵，三人皆赏戴双眼花翎。
七月初六日(8.7)	李秀成被曾国藩杀害于江宁。
十三日(8.14)	下令裁撤江宁城内外湘军二万五千名。
八月二十七日(9.27)	以病势日增为由，代弟曾国荃陈请开浙江巡抚缺，回籍调养。
九月初一日(10.1)	由安庆起行移驻江宁。
初八日(10.8)	行抵江宁，两江总督衙门暂设于原英王府内。
初九日(10.9)	洪仁玕等在江西石城被俘。
初十日(10.10)	接清廷上谕，批准曾国荃开缺回籍。
是月	左宗棠赐封一等伯爵，鲍超赐封一等子爵。张运兰赴福建按察使任，死于途中，所部老湘营由刘松山、易开俊分领。
十月初一日(10.30)	曾国荃离江宁返湘。
初六日(11.4)	洪仁玕等在江西南昌英勇就义。
十三日(11.11)	接奉驰赴鄂、皖一带，督军进剿捻军和太平军之命。
十一月初五日(12.3)	接奉上谕，撤销前令，毋庸赴皖。
是月	补行江南乡试，会考江南优贡。

同治四年(1865)

正月	赖文光部太平军与任化邦、张宗禹、牛宏升等部捻军在豫南地区完成混合整编工作，共推赖文光为领导人，史称新捻军。
二月	李瀚章补授湖南巡抚。清廷令彭玉麟署理漕运总督，彭坚辞不受。
三月	曾国藩闻恭亲王奕䜣被谴，革去一切差任，与彭玉麟入舟密谈，相对涕泣。
四月二十日(5.14)	接奉廷寄，加称一等侯爵为毅勇侯。
二十一日(5.15)	清军攻陷福建漳州，李世贤率部突围撤走。
二十四日(5.18)	僧格林沁在山东曹州高楼寨全军覆没，其本人亦毙命。捻军声威大震，清朝京师震动。
五月初三日(5.27)	接奉上谕，曾国藩督率各军赴山东一带剿捻，两江总督暂由李鸿章署理。
初五(5.29)至 初七日(5.31)	连接三道谕旨，令曾国藩统带各军星夜出省，赶赴山东督剿。
初九日(6.2)	曾国藩奏陈万难迅速前赴山东的情形。
是日	李鸿章派潘鼎新率军五千乘轮船航海至天津，堵截捻军北上之路，以卫护京城。
是日	接奉谕旨，督办直隶、山东、河南三省军务，所有旗、绿各营及地方文武员弁皆归节制。

二十五日(6.18)	由江宁登舟起行，北上剿捻，准备赴徐州驻扎。
闰五月十一日(7.3)	在清江浦闻捻军入皖，围困安徽布政使英翰于雉河集，急调刘松山、刘铭传、周盛波等军援救，并决定改道前赴临淮关，以便就近指挥。
二十一日(7.13)	奏定剿捻之策，划运河以西、贾鲁河以东、黄河以南、沙河与淮河以北，包括山东、河南、安徽、江苏四省的十三府、州为自己的作战区域，其余地区由所在督抚负责。计划在徐州、临淮、周口、济宁四镇重点设防，并另建马队自后追击，使捻军无论走到何处，都有兵堵剿。
二十九日(7.21)	抵临淮关驻扎。
六月初十日(8.1)	出示晓谕亳州、蒙城、宿州、永城四州、县民圩，令其“分别良莠”，捆送捻党，并派专员会同地方官前往查办。
十六日(8.7)	曾国荃补授山西巡抚，以病未痊愈为由，不肯赴任。
七月初八日(8.28)	初定各军驻防地点：刘铭传军驻周口，张树声军驻徐州，刘松山军驻临淮，潘鼎新军驻济宁。
二十四日(9.13)	补参陈国瑞只身逃走，不顾主将之罪，请撤帮办军务衔，褫去黄马褂。
是日	以救援雉河集不力，令易开俊撤差回籍，老湘营归刘松山一人统带。
是日	自临淮关起行，由陆路前往徐州。
八月初四日(9.23)	抵徐州驻扎。
是月	捻军张宗禹部留驻南阳，赖文光一支入山东曹州。
九月初一日(10.20)	曾国藩令临淮刘松山一军赴徐州接防，调周盛波军由徐州移驻归德府，变四镇设防为五镇设防。
十月三十日(12.17)	令徐州驻军分出一支移扎周口，抽出刘铭传一军充任游击之师，不再拘守原定十三府、州的作战区域，随捻军所至，跟踪尾追。
十二月初二日(1866.1.18)	湘军成大吉部在湖北麻城县哗变，兵勇纷纷投入捻军，捻军声势益壮。
二十八日(1866.2.13)	曾国藩以不懂军事为由，密折奏参山东巡抚阎敬铭、河南巡抚吴昌寿。
是月	张树声补授直隶按察使(为曾国藩奏留，未赴任)，所部树字营由其弟张树珊接统。

同治五年(1866)

正月十四日(2.28)	奏调侍讲学士刘秉章来营襄办军务。
	李昭庆军练成，令其驰赴周口，防堵捻军张宗禹部东去之路。
二十六日(3.12)	李鹤年调任河南巡抚，曾国荃调任湖北巡抚。
二月初九日(3.25)	由徐州启行赴济宁。
十五日(3.31)	驻邹县，朝拜孟子庙。
十六日(4.1)	途中拜谒孟林。行至曲阜，朝拜孔子庙、颜回庙。
十七日(4.2)	拜谒孔林，礼拜周公庙。

十九日(4.4)	抵济宁驻扎。
三月初五日(4.19)	奏请霆营饷需解决办法，请派鲍超赴豫南、鄂北一带剿捻。
是月	曾国荃率新募湘军一万二千人赴湖北巡抚任，史称新湘军。
四月初七日(5.20)	奏定分段防守运河、黄河之策。
初七至初九日(5.20—22)	同阎敬铭、刘长佑乘舟查勘黄河、运河，商定各军分防地段。
二十三日(6.5)	鲍超一军到达湖北。
五月二十二日(7.4)	奏定以弱军驻防四镇，抽出强军组成游击之师，分四路跟追捻军之策。
六月初七至初八日(7.18—19)	至嘉祥拜谒曾子庙和曾子墓，并与曾参后人连宗。
十四日(7.25)	
十五日(7.26)	采纳刘铭传的建议，奏定防守贾鲁河、沙河之策。
七月二十八日(8.8)	由济宁登舟前往周口，沿途察看运河堤墙。
	奏报捻军赖文光部全军渡贾鲁河西去，急调刘铭传、张树珊、潘鼎新等部赶赴沙河一线，兴办贾鲁河、沙河防河工程，并调刘松山、张诗日各军渡贾鲁河西进，与曾国荃、鲍超各军配合，力图将捻军歼灭于豫西、鄂东地区。
八月初九日(9.17)	抵周口驻扎。
十二日(9.20)	因病请假一月，在营调养。
十六日(9.24)	赖文光、张宗禹率捻军乘夜突破河南防区，由开封城南越壕东去，急趋山东。曾国藩防守贾鲁河、沙河挫败，急调湘、淮各军赴山东追击。防河之策受到重挫。
二十三日(10.1)	奏请速令李鸿章出驻徐州，与山东巡抚会办东路；曾国荃移驻南阳，与河南巡抚会办西路。曾国藩仍驻周口，居中调度。
是月	陕甘总督杨岳斌(即杨载福)、陕西巡抚刘蓉因病免职(仍留陕西治军)，左宗棠调任陕甘总督，乔松年调任陕西巡抚，英翰补授安徽巡抚。
九月十二日(10.20)	捻军在河南陈留、杞县一带分为两支：一支由赖文光、任化邦率领，仍在豫、鲁、苏、鄂、皖一带活动，史称东捻军；一支由张宗禹率领，转战入陕西，史称西捻军。
十三日(10.21)	奏请续假一月，观望形势，以定去留。
是月	李鸿章出驻徐州，曾国荃移驻襄阳。曾国荃具疏参劾湖广总督官文。
十月十三日(11.29)	因御史连章弹劾，清廷屡次降旨切责，曾国藩以病难速愈为由，奏请开协办大学士、两江总督缺，请另简钦差大臣接办军务，自己以散员留营效力，并附片陈请暂将封爵注销，以示自贬。
二十五日(11.1)	接奉上谕，赏假一月，在营调理，钦差大臣暂由李鸿章署理，曾国藩俟调理就愈，即行来京陛见。
是月	东捻军由山东转移至河南陈州一带，曾国荃移驻黄州。

十一月初六日(12.12) 接奉上谕，曾国藩回两江总督本任，暂缓来京陛见，江苏巡抚李鸿章授为钦差大臣，专办剿捻事宜。湖广总督官文奉旨开缺，入都供职。

十九日(12.25) 派员赴徐州，将钦差大臣关防送交李鸿章。

十二月初六日(1867.1.11) 新湘军郭松林部在湖北安陆府被东捻军击溃，郭松林重伤被俘，复被人救走。

二十一日(1867.1.26) 淮军张树珊部在湖北德安府被歼，张树珊毙命。

同治六年(1867)

正月初六日(2.10) 由周口启行赴徐州。

十一日(2.15) 李鸿章补授湖广总督。李瀚章调任江苏巡抚，署理湖广总督。

十五日(2.19) 曾国藩抵徐州。

十八日(2.22) 左宗棠授为钦差大臣，督办陕甘军务，专任进剿西捻军事宜。

十九日(2.23) 接两江总督、通商事务大臣关防及两淮盐政印信。

是月 刘铭传与鲍超在湖北尹隆河约期进攻捻军，刘铭传先期赴敌，欲邀首功，几被捻军歼灭。鲍超率军赶到，将其救出。事后刘铭传反责备鲍超延误约期，李鸿章亦左袒刘铭传。鲍超负气离营，请求回籍养病。不久霆军亦遣散。

二月初三日(3.8) 李鸿章由徐州移驻周口。

十六日(3.21) 曾国藩自徐州起行返江宁。

十八日(3.23) 新湘军彭毓橘部在湖北黄州被东捻军歼灭，彭毓橘与多数营官毙命，曾国荃的新湘军破产。

三月初六日(4.10) 抵江宁，还驻两江总督衙门。

五月初九日(6.10) 补授体仁阁大学士，仍留两江总督任。

是月 东捻军破运河堤墙东去，活动于青州一带。

六月 东捻军越胶莱河入山东半岛。李鸿章集数省之力兴办胶莱河防。

七月 东捻军由北端河口附近破胶莱河防西去，转战于鲁南、苏北一带。

十月十七日(11.12) 湖北巡抚曾国荃告病开缺回籍。

是月 东捻军骁将任化邦被淮军奸细刺杀，军势转衰。

十一月初四日(11.29) 直隶总督刘长佑革职，文华殿大学士官文署理直隶总督。

二十二日(12.17) 西捻军闻东捻军作战失利，由陕西宜川渡黄河东返。

是月 东捻军在山东寿光被围，损耗数万人，赖文光带少数部队突围，南走江苏。

十二月初十日(1868.1.4) 赖文光在扬州被俘，数日后英勇就义。东捻军宣告失败。

二十二日(1868.1.16) 因追剿捻军有功，赏云骑尉世职。

同治七年(1868)

正月初二日(1.26) 接见前美国公使，即将率中国使团出访美、英、法、普、俄各国的办理各国中外交涉事务大臣蒲安臣。

四月二十四日(5.16)	改授武英殿大学士。
闰四月	从江宁出发，沿途视察江南水陆各营，至上海查阅江南机器制造局各项工程。事毕，乘轮船返回江宁衙署。
六月二十八日(8.16)	西捻军被困于黄河、运河、徒骇河间，全军覆没，张宗禹不知所终。
七月初十日(8.27)	李鸿章以湖广总督授协办大学士，刘铭传封一等男爵。
二十日(9.6)	奉命调任直隶总督。
八月十三日(9.28)	江南造船所制成的第一艘轮船驶至江宁，曾国藩登船试航，取名“恬吉”。
十一月初四日(12.17)	由江宁登舟起行，赴直隶总督任。
十二月十三日(12.26)	抵京师，寓贤良寺。
十四至十八日(12.27—31)	陛见那拉氏与同治皇帝，会见军机大臣及内阁、翰林院各官。
十九日(1869.1.1)	访塔齐布宅，厚馈其母。
二十二日(1869.1.4)	移居法源寺。
二十八日(1869.1.10)	拜访穆彰阿故宅，见其家境败落，不胜今昔盛衰之感。

同治八年(1869)

正月初一日(2.11)	参加元旦朝贺。
初五日(2.15)	访倭仁宅。
十五日(2.25)	陪保和殿藩王宴。
十六日(2.26)	赴乾清宫廷臣宴。曾国藩班列汉官之首，与满大学士倭仁东西对坐于同治皇帝座前，是其生前享受的最高荣誉。
十七日(2.27)	谒恭亲王奕䜣宅邸。
二十二日(3.4)	出都赴保定。
二十七日(3.9)	抵保定。
二月初二日(3.14)	接直隶总督关防及长芦盐政印信。
十六日(3.28)	检阅直隶六镇练军。
五月二十一日(6.30)	奏请以湘军军制改造直隶练军。
七月初七日(8.14)	作《劝学篇示直隶士子》，提出儒学有义理、考据、经济、辞章四科，唯义理为治学根本。
八月	奏请调湘、淮军将领训练直隶六镇新兵。
九月	核定直隶练军章程，以湘军军制全面取代绿营军制。
十月	自保定出发，沿途查勘河工，在天津校阅洋枪队后返回保定。

同治九年(1870)

正月	刘松山在甘肃金积堡被回民起义军打死，其侄刘锦棠接统其军。
三月	肝病渐重，左目视线模糊，右目完全失明。
四月二十一日(5.21)	奏请病假一月。
五月二十二日(6.20)	续假一月。
二十三日(6.21)	天津教案发生。爱国民众殴毙法国驻天津领事丰大业等外国人二十名，焚毁教堂等外国机构多处。
二十六日(6.24)	接奉赴天津查办教案之命。
六月初三日(7.1)	预写遗嘱数条给二子，以防不测。
初六日(7.4)	由保定起行赴天津。

初十日(7.8)	抵天津。
十六日(7.14)	天津道员周家勋、知府张光藻、知县刘杰革职。
十九日(7.17)	会见法国公使罗淑亚，放走拐犯武兰珍、犯罪教民王三。
二十一日(7.19)	法国对普鲁士宣战，普法战争爆发。法国公使罗淑亚向崇厚提出“三员论抵”要求，并以战争相威胁。崇厚欲许之，曾国藩不敢答应，二人相对涕泣久之。
二十二日(7.20)	法国公使罗淑亚来见曾国藩，蛮横要求杀张光藻、刘杰、陈国瑞三人，为丰大业抵命，遭曾国藩拒绝。
二十三日(7.21)	上奏粉饰洋人侵华罪行，请求将张光藻、刘杰二人送刑部治罪。
二十六日(7.24)	以身体不支，奏请另简大臣来津协助查办教案。
七月初五日(8.1)	工部尚书毛昶熙至天津会办教案。
初六日(8.2)	曾国藩闻普法战争爆发，确信法国无力向中国开战。
十三日(8.9)	清廷令崇厚赴京，三口通商大臣暂由毛昶熙署理。
十四日(8.10)	时任中国海关总税务司的英国人赫德来天津活动，与曾国藩久谈。
二十日(8.16)	再次同赫德久谈。
二十五日(8.21)	江苏巡抚丁日昌至津协办教案，即日悬赏缉拿“凶犯”。
八月初二日(8.28)	两江总督马新贻遇刺身死，曾国藩调任两江总督，李鸿章调补直隶总督。
二十五日(9.20)	李鸿章至天津。
九月初六日(9.30)	交卸关防印信。
二十三日(10.17)	由天津起行入都。
十月十五日(11.7)	自京启行南返。
闰十月二十日(12.12)	抵江宁，暂住江宁盐巡道衙门。
十一月十七日(1871.1.7)	奉命充任通商事务大臣。
二十九日(1871.1.19)	刑部尚书郑敦谨至江宁查办马新贻被刺案。

同治十年(1871)

二月	同郑敦谨奏结马新贻被刺案。
五月	奏结李昭寿、陈国瑞寻仇斗殴案，提督李昭寿革职，提督陈国瑞以都司降补。
八月十二日(9.26)	检阅江宁督标及练军、湘军各营。
八月十三日至十月初六日(9.27—11.18)	自江宁登舟起行，先后到扬州、清江浦、徐州、丹阳、常州、常熟、苏州、松江等地检阅军营。
十月初七日(11.19)	抵上海，查阅江南制造总局所属各厂。
十一日(11.23)	设席庆祝六十一岁生日。
十三日(11.25)	由上海起行，乘轮船返江宁。
十一月二十二日(1872.1.2)	原两江总督衙门(即太平天国天王府)翻修一新，即日移入新署。

同治十一年（1872）

正月初二日（2.10）	至吴廷栋宅，言及昔年故交零落殆尽，黯然而别。
十四日（2.22）	值道光皇帝忌辰，回首往事，潸然泪下。
二十三日（3.2）	自即日起，时发脚麻之症，舌蹇，不能语。
二月初四日（3.12）	发脚麻、舌蹇之症，死于两江总督衙门。

附录二　主要参考书目

《中国近代史》上册　范文澜，人民出版社

《中国近代史稿》第一册　中国社会科学院近代史研究所，人民出版社

《太平天国史》　罗尔纲，中华书局，1991 年

《湘军兵志》　罗尔纲，中华书局，1984 年

《绿营兵志》　罗尔纲，中华书局，1984 年

《李秀成自述原稿注》　罗尔纲，中华书局，1982 年

《太平天国》　牟安世，上海人民出版社，1979 年

《太平天国通史》　茅家琦主编，南京大学出版社，1991 年

《太平天国兴亡史》　茅家琦等，上海人民出版社，1980 年

《中国近代史资料丛刊》Ⅱ，《太平天国》　神州国光社

《太平天国史料丛编简辑》　太平天国历史博物馆编，中华书局，1962 年

《清代通史》　萧一山，商务印书馆

《曾国藩》　萧一山，胜利出版社

《曾国藩传》　萧一山，中华文化出版事业社

《中兴名臣曾胡左李》　高伯雨，波文书局

《曾国藩评传》　何贻焜，中正书局

《曾国藩之生平及事业》 蒋星德，商务印书馆
《曾国藩之民族思想》 王德亮，商务印书馆
《曾国藩及其幕府人物》 李鼎芳，交通书局
《李鸿章传》 苑书义，人民出版社
《曾文正公全集》 曾国藩，传忠书局，光绪二年刊本
《曾国藩全集》 曾国藩，岳麓书社，1987 年
《曾文正公家书》 曾国藩，商务印书馆
《曾文正公手书日记》 曾国藩，中国图书公司，宣统元年刊本
《曾国藩未刊信稿》 曾国藩，中华书局
《湘乡曾氏文献》 曾国藩等，学生书局
《湘乡曾氏文献补》 曾国藩等，学生书局
《胡文忠公遗集》 胡林翼，同治六年刊本
《北援集议》 胡林翼辑，台北影印本
《左文襄公全集》 左宗棠，萃文堂刻刷局，光绪十六年 (1890)
《罗忠节公遗集》 罗泽南，长沙出版
《养晦堂文集》 刘蓉，思贤讲舍，光绪三年刊本
《养晦堂诗集》 刘蓉，台北影印本
《养知书屋诗文集》 郭嵩焘，养知书屋
《玉池老人自叙》 郭嵩焘，养知书屋
《郭嵩焘日记》 郭嵩焘，湖南人民出版社
《湖南褒忠录初稿》 郭嵩焘、罗汝怀等，同治十二年刊本
《骆文忠公自订年谱》 骆秉章，思贤书局
《沈文肃公政书》 沈葆桢，扫叶山房
《李兴锐日记》 李兴锐，中华书局
《张文襄公奏稿》 张之洞，铅印线装本

《涧于日记》 张佩纶，丰润涧于草堂张氏

《能静居日记》 赵烈文，学生书局

《湘军志》 王闿运，岳麓书社，1983 年合刊本

《湘绮楼日记》 王闿运

《湘军志平议》 郭振墉，岳麓书社，1983 年合刊本

《续湘军志》 朱德裳，岳麓书社，1983 年合刊本

《拙尊园丛稿》 黎庶昌，光绪十六年刊本

《曾国藩年谱》 黎庶昌，岳麓书社

《湘军人物年谱》（一） 梅英杰等，岳麓书社，1987 年

《庸庵全集》 薛福成，光绪十三年刊本

《庸庵笔记》 薛福成，上海扫叶山房

《水窗春呓》 欧阳兆熊、金安清，中华书局

《中兴将帅别传》 朱孔彰，岳麓书社，1989 年

《史记》 司马迁，中华书局

《清史稿》 赵尔巽等，中华书局

《大清实录》 台北影印

《筹办夷务始末》 故宫博物院影印本

《湖南通志》 湖南省志委员会，商务印书馆

《湖南文献汇编》 湖南文献委员会

《暝庵杂识》 朱克敬，进步书局

《从戎纪略》 朱洪章，紫阳堂

《归庐谈往录》 徐宗亮，光绪十二年刊本

《天岳山馆文钞》 李元度，爽溪精舍

《绿漪草堂文集》 罗汝怀，光绪九年刊本

《道咸宦海见闻录》 张集馨，中华书局

《庚子西狩丛谈》 吴永，道德书局
《霆军纪略》 陈昌，上海申报馆
《汪梅村先生集》 汪士铎，味古斋刊本
《汪悔翁乙丙日记》 汪士铎，明斋丛刻本
《灵峰先生集》 夏震武，浙江印刷公司
《饮冰室文集》 梁启超，中华书局
《清稗类钞》 徐珂，中华书局
《清代职官年表》 钱实甫，中华书局
《曾胡谈荟》 徐凌霄、徐一士，《国闻周报》连载
《凌霄一士随笔》 徐凌霄、徐一士，《国闻周报》连载
《一士类稿》 徐一士，古今出版社
《一士谈荟》 徐一士，一家社
《花随人圣庵摭忆》 黄濬，上海古籍书店
《湘乡县志》 黄楷盛，同治十三年刊本
《清谈》 胡怀琛，台北影印
《国朝遗事纪闻》 汤殿三，民学报馆
《皇朝经世文续编》 盛康辑，盛氏思补楼刊本
《梦厂杂著》 俞蛟，上海古籍出版社
《啸亭杂录》 昭梿，上海扫叶山房
《桐城文派》 王献永，中华书局，1982年
《皖志列传稿》 金鹤望，苏州利苏印书社
《辟园四种》 刘体智，木刻线装本
《桐城文学渊源撰述考》 刘声本，黄山书社
《素园丛稿》 姚永朴，商务印书馆
《近代人物小传》 沃丘仲子，中国书店影印本

《中国近代出版史料初稿》 张静庐，群联出版社

《泾舟老人年谱》 洪怀孙，民国廿四年刊本

《刘蓉年谱》 陆宝千，台北近代史研究所专刊

《明清进士题名碑录索引》 朱宝炯、谢沛霖，上海古籍出版社

《出自敌对营垒的太平天国资料——曾国藩幕僚鄂城王家璧文稿辑录》 皮明庥等编，湖北人民出版社

《柏堂集》 方宗诚，光绪二年刊本

《逊学斋诗文钞》 孙衣言，同治三年重刊本

《宝韦斋类稿》 李桓，赵宝墨斋，光绪六年刊本

《苏邻遗诗》 李鸿裔，光绪十四年刊本

《十三峰书屋全集》 李榕，成都文伦书局

《守墨斋遗集》 何应祺，同治五年刊本

《覆瓿集》 张文虎，金陵冶城宾馆刊本

《濂亭文集》 张裕钊，查氏木渐斋刊本

《桐城吴先生诗文集》 吴汝纶，吴氏家刊本

《桐城吴先生尺牍》 吴汝纶，吴氏家刊本

《小西腴山馆集》 吴大廷，光绪五年刊本

《求志集》 陈鼒，同治十一年刊本

《西学东渐记》 容闳，湖南人民出版社

《餐芍华馆遗文》 周腾虎，光绪三十一年刊本

《（六安）涂郎轩尚书年谱》 涂宗瀛，芜湖江东印书馆

《蒋介石先生嘉言类钞》 彭国栋，商务印书馆